Neuere Geschichte der Pädagogik

Weitere Bände in der Reihe http://www.springer.com/series/16174

Wolfgang Klafki

Pädagogisch-politische Porträts

Herausgegeben und eingeleitet von Karl-Heinz Braun, Frauke Stübig und Heinz Stübig

Springer VS

Wolfgang Klafki
Marburg, Deutschland

Neuere Geschichte der Pädagogik
ISBN 978-3-658-26750-6 ISBN 978-3-658-26751-3 (eBook)
https://doi.org/10.1007/978-3-658-26751-3

Die Deutsche Nationalbibliothek verzeichnet diese Publikation in der Deutschen Nationalbibliografie; detaillierte bibliografische Daten sind im Internet über http://dnb.d-nb.de abrufbar.

Springer VS

Springer VS ist ein Imprint der eingetragenen Gesellschaft Springer Fachmedien Wiesbaden GmbH und ist ein Teil von Springer Nature.
Die Anschrift der Gesellschaft ist: Abraham-Lincoln-Str. 46, 65189 Wiesbaden, Germany

Inhalt

Einleitung

Pädagogisches Sehen, Denken und Handeln in biografischen und epochalen Kontexten – Wolfgang Klafkis Beitrag zur erziehungswissenschaftlichen Biografieforschung

Karl-Heinz Braun, Frauke Stübig und Heinz Stübig

Nach der Aufsatzsammlung „Allgemeine Erziehungswissenschaft. Systematische und historische Abhandlungen“ (Klafki 2019 a) legen wir nun einen weiteren Band mit Schriften von Wolfgang Klafki (1927–2016) vor, der Leben, Werk und Wirkungen einiger bedeutender oder doch zumindest erinnerungswürdiger Theoretiker*innen und Praktiker*innen der Pädagogik behandelt. Die Texte können immer auch als exemplarische Beiträge zur Geschichte des pädagogischen Sehens, Denkens und Handelns in der Moderne verstanden werden. Damit schließen sie in gewisser Weise an Klafkis Dissertation (Klafki 1964) an, die man – ohne zu überziehen – als einen ideengeschichtlichen Beitrag zum pädagogischen Diskurs der Moderne deuten kann, der Wechselbeziehungen aufweist zu den Rekonstruktionen der philosophischen bzw. der soziologischen Problemgeschichte (vgl. Habermas 1985; Nassehi 2017). Die vorliegenden Aufsätze gehen darüber aber insofern qualitativ hinaus, als Klafki nunmehr die gesellschaftswissenschaftlichen und sozialgeschichtlichen Kontexte der Biografien und Werke einschließlich ihrer Wirkungen einbezieht, ohne den Eigensinn pädagogischer Erkenntnislogiken und Handlungsweisen aufzugeben. Wie er aus verschiedenen, aber jeweils spezifisch pädagogischen Blickwinkeln die Lebenszeit der Autor*innen und Praktiker*innen in die epochalen Kontexte stellt, soll in dieser Einleitung knapp skizziert werden.

1 Lebenswelt und pädagogische Identitätsbildung

In der Studie über seine Kindheit und Jugend geht Klafki der Frage nach, welche Kontextbedingungen Relevanz für seine eigene, schließlich in die Pädagogik mündende Persönlichkeitsentwicklung hatten und fokussiert sie begrifflich-konzeptionell

W. Klafki, *Pädagogisch-politische Porträts*, Neuere Geschichte der Pädagogik, https://doi.org/10.1007/978-3-658-26751-3_1

auf die Konstitution der eigenen, stets kollektiv vermittelten personalen Identität.[1] Dieses lebensweltlich-hermeneutische, sowohl verstehende als auch kritisch bewertende Rekonstruktionsverfahren wendet er auch bei den anderen Porträts an. Dabei kommen jeweils folgende Themenkomplexe zur Sprache:

a. Identitätsbildung als Kapitalbildungsprozess

Die Multiperspektivität dieser biografischen Rekonstruktionen kann mit Bourdieu (1992) als in sich differenzierter Kapitalbildungsprozess begriffen werden.[2] Demnach eignen sich die Pädagog*innen während ihrer Lebenszeit *ökonomisches* Kapital an (sie gehören einer bestimmten Klasse bzw. Schicht an, sie steigen sozial auf und/oder ab), sie erwerben *kulturelles* Kapital, indem sie sich mit kulturellen Objektivationen auseinandersetzen (z. B. Kunst und Wissenschaft) und inkorporieren sie (z. B. als philosophisch-pädagogische Sicht- und Denkweisen sowie als dialogische Argumentationsfähigkeiten) und erwerben dabei institutionalisierte Formen der kulturellen Anerkennung (z. B. in Form von Schul- und Universitätsabschlüssen und weitergehenden Zugängen zu Bildungsgängen und Berufslaufbahnen). Das geschieht nie rein individualistisch, sondern in zwischenmenschlichen Beziehungszusammenhängen, die – wenn sie über den unmittelbaren, zumeist familiären Kreis oder die intimen Freundschaften hinausgehen – die Möglichkeit *sozialer* Kapitalbildung enthalten, also des Aufbaus und Erhalts von Netzwerken, auf die man ggf. zurückgreifen kann. Das verweist schon auf *politische* Kapitalbildungen, also (semi-)politische Zusammenschlüsse zur Einflussnahme auf bzw. Gestaltung von systemischen (politischen und/oder ökonomischen) Prozessen (z. B. Reformaktivitäten zur Veränderung pädagogischer Institutionen oder Widerstandsaktivitäten gegen ein Herrschaftssystem, welches man grundlegend ablehnt). Nicht zuletzt ist auf die *symbolische* Dynamik aller dieser Kapitalbildungsmodi zu verweisen und darauf,

1 Zur Biografie Klafkis und zu seiner wissenschaftlichen Entwicklung vgl. auch den instruktiven Film von Neuß und Kiel: Pädagoginnen und Pädagogen der Gegenwart. Prof. Dr. Dr. mult. h. c. Wolfgang Klafki. Eine Reihe von Norbert Neuß und Ewald Kiel. München 2005/06.
[Bestellmöglichkeiten: Ludwig-Maximilians-Universität München. Unterrichtsmitschau und didaktische Forschung. Martiusstr. 4, 80802 München.]

2 Dazu muss man sie allerdings auch von ihrer Einseitigkeit, nämlich ihrer Reduktion auf die *Sozialfunktion* im Kampf um Sozial- und Bildungschancen befreien, sie also mit der *Sachdimension* von Bildungs- und Erziehungsprozessen in Beziehung setzten und sie so als Dimensionen des Widerspruchsverhältnisses von Bildung und Herrschaft deuten (vgl. dazu Nassehi 2016).

dass ihnen über ihren unmittelbaren „materialen" Sach- und Sozialbezug hinaus bestimmte Anerkennungs-/Missachtungs-Dimensionen innewohnen (z. B. welche wissenschaftlichen und pädagogischen Auffassungen vertreten werden und wie sie sich von anderen abgrenzen, wer mit wem welche sozialen Beziehungen pflegt). Dabei hat Klafki mehrfach betont, dass die Diskriminierung der Frauen auch in der pädagogischen Praxis und Wissenschaft zu überwinden sei, dabei allerdings offen gelassen, worin der *frauenspezifische* Beitrag zu diesen pädagogischen bzw. pädagogisch relevanten Kapitalbildungsprozessen besteht oder bestehen könnte.

b. Erlebnisräume und Erwartungshorizonte

Personale Identität ist keine statische Qualität, sondern ein dynamischer Prozess: Um die je eigene Identität zu *bewahren*, muss sich das je einmalige Subjekt immer wieder ändern, ohne dabei konturlos zu werden. Identitätsbildung ist somit ein prinzipiell unabschließbarer biografischer, immer wieder auszubalancierender Prozess, er beinhaltet *Projekte*, die dem Subjekt wichtig sind, solche, die es verwirklichen kann (indem es z. B. eine bestimmte pädagogische Tätigkeit ausübt) oder die es zu verwirklichen versucht (z. B. bestimmte wissenschaftliche Fragen neu aufzuwerfen und nach neuen Antworten zu suchen) oder die es aufgrund der Zeitumstände nicht verwirklichen kann. Gerade in politisch-sozialen Konstellationen, in denen subjektiv bedeutsame und ggf. auch gesellschaftspolitisch bedeutsame Projekte (wie z. B. nachhaltige Erziehungsreformen) auf massive Widerstände stoßen bzw. offensiv bekämpft und so verhindert werden, ist es eine komplizierte Entscheidung, wie damit umzugehen ist – und zwar jenseits von Opportunismus oder dogmatischer Verhärtung, wie also welche Wege aus der *Identit*äts*krise* gesucht werden bzw. ob es zur ggf. zeitlich begrenzten biografischen Dauerkrise kommt. Oder grundsätzlicher ausgedrückt: Die Menschen *erleben* bestimmte ökonomische, kulturelle, soziale und politische Sachverhalte und Ereignisse sowie deren symbolische Deutung (z. B. Das Ende des deutschen Kaiserreichs und die Novemberrevolution), und indem sie sie reflexiv verarbeiten, werden daraus *Erfahrungen. Wie* sie sie verarbeiten, das hängt zu einem relevanten Teil auch von personalen und gesellschaftlichen Erwartungen ab (z. B. nach 1918: Wiederherstellung des preußischen Obrigkeitsstaates oder Implementierung einer fundamentaldemokratischen Republik). Dabei gehört es zu den Besonderheiten der modernen individuellen Lebensführung und kollektiven gesellschaftlichen Lebenspraxis, dass in der Moderne die *Erwartungshorizonte* die *Erfahrungsräume* qualitativ übersteigen[3] – das bestimmt in relevanter Weise auch

3 Auf diesen Sachverhalt hat Koselleck (1989, S. 354ff.) nachdrücklich aufmerksam gemacht.

die pädagogischen und erziehungswissenschaftlichen Relationen von Lebenszeit und Epochenzeit und damit deren gerichtete Offenheit: Auch diesbezüglich liegt die Zukunft nicht in der Vergangenheit (z. B. kann Fröbels Spielpädagogik nicht alle theoretischen und praktischen Fragen der aktuellen Kindergartenpädagogik beantworten), auch wenn sich jede zukunftsbezogene Erwartung der historischen Gewordenheit und ihrer Hintergründe zu vergewissern hat, und zwar auch – mit Bloch gesprochen – in kritischer Vergegenwärtigung der „Unabgegoltenheit" bestimmter Projekte (so sind z. B. Fröbels Bildungsperspektiven noch längst nicht umfassend verwirklicht). – Wir haben damit einige Fragestellungen umrissen, die sich in dieser oder jener Weise als Akzentsetzung in *allen* Porträts unschwer wiederfinden lassen. Sie können den Leser*innen Anregungen geben, um die jeweiligen theoretischen Hintergrundannahmen und impliziten Argumentationslogiken zu verstehen und kritisch zu bewerten.

Es soll hier noch auf einen eher indirekten Zusammenhang hingewiesen werden, von dem wir uns bei der Zusammenstellung haben leiten lassen: Umfang und innere Zusammensetzung der verschiedenen identitätsbildenden Ressourcen der alltäglichen Lebensführung und der Biografie sind immer auch in die gesellschaftlichen Entwicklungen eingelassen. Dabei ist die neuere deutsche Geschichte von tiefen Zäsuren bestimmt, die sich in den dargestellten Biografien ebenfalls auf vielfältige Weise wiederfinden: Es handelt sich zum ersten um den Übergang von der mit zentralen demokratischen Strukturmängeln behafteten Weimarer Republik in den Faschismus. Die zweite Zäsur betrifft den durch äußere Befreiung ermöglichten und erzwungenen Übergang in die postfaschistische Phase in den Westzonen und der Ostzone. Zum dritten geht es um Übergänge in die Bundesrepublik mit ihrer allenfalls zögerlichen Aufarbeitung des Faschismus und Anerkennung des Antifaschismus. Von daher enthalten die Studien über Litt/Nohl, Litt und Blochmann ein Gruppenporträt, welches von allen drei Zeitabschnitten geprägt ist (vgl. dazu auch ausführlich Klafki/Brockmann 2002). In den anderen Beiträgen spielen die Jugenderfahrungen mit dem Faschismus eine gewisse Rolle, wobei der Schwerpunkt des pädagogischen und wissenschaftlichen Wirkens jedoch in der postfaschistischen Phase zu verorten ist (vgl. dazu auch Klafki 1988). Beide impliziten Gruppenporträts decken gewisse generationstypische Erfahrungsräume und Erwartungshorizonte auf und bieten von daher auch die Möglichkeit eines Vergleiches *innerhalb* wie auch *zwischen* den Generationen.

2 Autor*innen – Texte – Leser*innen

In diesem Buch werden Personen und ihre Biografien vorgestellt, die in den meisten Fällen Texte geschrieben haben, die von Klafki gedeutet werden, die wir gelesen und interpretiert und schließlich für diesen Band ausgewählt haben, und die nun von den Leser*innen dieses Buches rezipiert werden. Damit deuten sich schon Vermittlungsprozesse und entsprechende Spannungen, also auch Kontroversen an (wie man z. B. bestimmte Briefe von Nohl bzw. Litt interpretieren kann bzw. sollte). Aber damit nicht genug. Die Feststellung von Klafki, dass man eine(n) Schüler*in nicht wirklich verstehen könne, wenn man sie/ihn *nur als* Schüler*in betrachte, gilt auch für Autor*innen und Leser*innen: Sie sind nie nur das, und die außerhalb dieser Funktion relevanten Erfahrungsräume und Erwartungshorizonte sind offensichtlich für das Textverständnis nicht irrelevant. Dazu gehört u. a. die immer wieder situativ und biografisch zu bewältigende Spannung zwischen *Herkunfts-* und *Umgebungskultur* (die z. B. im Falle von Blochmann aufgrund der erzwungenen Emigration besonders krass waren). Oder anders formuliert: *Texte* stehen immer in Produktions- und Rezeptions-*Kontexten*, und diese entsprechen in einer hochdifferenzierten Gesellschaft wie der unsrigen in wichtigen Aspekten den Dimensionen und Modi der pädagogischen bzw. pädagogisch relevanten Kapitalbildung. Dabei können bezogen auf diese nachfolgenden Abhandlungen zwei Fragestellungen besonders hervorgehoben werden:

a. Was ist ein Autor?

Kürzlich hat Andreas Kablitz (2019) auf die diesbezügliche, nur indirekt ausgetragene (post-) strukturalistische Debatte zwischen Roland Barthes (1915–1980) und Michel Foucault (1926–1984) hingewiesen.[4] Barthes (2006; orig. 1969) hatte die Funktion des Autors für tot erklärt, weil aus der Biografie keine Rückschlüsse auf die vieldimensionale und diffuse Werkbedeutung möglich seien, diese nur im Text-Leser*innen-Dialog erschlossen werden könne, der keine endgültigen Deutungen zulasse. Als Ausfluss des Theorems vom „Prozess ohne Subjekt" (wie es z. B. auch Althusser [1973] damals vertrat), stellt er die übergreifenden *objektiven Bedeutungsstrukturen* der Sprache als ein Feld ohne (außersprachlichen) Ursprung ins Zentrum, der sich die Autor*innen wie eines „Wörterbuches" bedienen und daraus vermittels eines Dialog mit sehr verschiedenen (Theorie- und Praxis-)

4 Einen guten Überblick zur Gesamtdebatte um die Funktion der Autorenschaft bieten Jannidis et. al. (2000).

Kulturen ein Gewebe aus Zitaten schaffen würden, dessen Bedeutungsgehalte sie einfach übernehmen müssten und insofern nichts Neues, Originelles schaffen würden. Deshalb seien die *intersubjektiv geteilten Intentionen* der Autor*innen für den Prozess des Schreibens irrelevant. Eine solche Position, die die *gesellschaftliche Bestimmtheit* der intellektuellen Tätigkeiten vereinseitigt, indem sie deren *subjektive Bestimmung* ausblendet und ignoriert, war für Klafki nie akzeptabel, obwohl er selbstverständlich anerkannte, dass es pädagogische und erziehungswissenschaftliche Traditionslinien und -bestände gab und gibt, mit denen sich die Autor*innen auseinandersetzen sollten, was sie in den allermeisten Fällen auch getan haben; selbst der avantgardistische Anspruch, etwas *total* Neues zu schaffen, lebt ja von der Abgrenzung vom Alten. Damit erschließt sich schon eine Besonderheit von Klafkis historischer Denkweise, die sich in den Porträts als Personenbezüge ohne Personalisierungen vielschichtig wiederfindet: Er lässt sich nämlich auf diese sehr unterschiedlichen und z. T. widersprüchlichen Traditionen ein, setzt sich mit ihnen kritisch auseinander und erschließt konstruktiv ihre Wahrheits- bzw. Richtigkeitsgehalte, die er in einem komplexeren theoretischen und praktischen Zusammenhang aufhebt; er ringt also darum, sie in einen *synthetischen* Zusammenhang zu stellen. Dem entspricht auch das durchgängige *dialogische* Bemühen, diese Autor*innen als Zeitgenoss*innen zu betrachten, und zwar auch dann, wenn zwischen ihnen und Klafki ein erheblicher lebensgeschichtlicher und zeitgeschichtlicher Abstand besteht.

Anschlussfähiger an Klafkis Denk- und Schreibweise sind gewiss die Überlegungen von Foucault (1988), der u.a. folgende Funktionen und deren relationale Beziehungen unterscheidet:

I Zunächst charakterisiert die Nennung einer Autorin/eines Autors (ganz unabhängig von dessen psychischer Befindlichkeit, seiner „Innerlichkeit") im Zusammenhang mit einem Text seit der Moderne eine ihm äußerliche *Eigentumsbeziehung*, die einen willkürlichen öffentlichen Umgang durch andere Personen verbietet. Dabei ist es häufig gar nicht so einfach, die jeweiligen Rechtsinhaber*innen zu ermitteln, insbesondere von unveröffentlichten historischen Texten. Bei den Briefen von Litt und Nohl erfolgte die Zuordnung wohl im Wesentlichen dadurch, dass sie im Besitz der Personen waren und so in die jeweiligen Archive aufgenommen wurden. Der Autorenname (z.B. Klafki) kann also nicht auf den Eigennamen reduziert werden, er ist nicht ein Eigenname wie jeder andere.

II Solche Relationsbestimmungen zwischen Text und Autor*in sind aber auch nicht per se erforderlich, weil es Textgattungen gibt (z. B. politische Programme von Parteien oder Stellungnahmen von wissenschaftlichen Gesellschaften), bei denen der Autor/die Autorin bzw. entsprechende Kollektive bewusst nicht genannt werden, um die Übereinstimmungen der jeweiligen Organisation oder Institution zu dokumentieren.

III Bei Verfassern ist die Autor*innenfunktion nur *eine* Seite ihrer *Identitätsbildung*, ist somit eine Teil-Identität, die in spannungsreichen Beziehungen zu den anderen Teil-Identitäten und der Gesamtidentität steht. Dabei ist der Vorgang des Schreibens immer auch Teil eines Projektes, Facette eines Identitätsentwurfs, weist somit transzendierende („transzendentale") Züge auf. Die schreibenden Subjekte leben nicht nur in einem bestimmten *sozialen Milieu* als einer typischen, wenn auch nicht gradlinigen Relation zwischen den systemisch eingebundenen Sozialräumen und Lebenswelten (z.B. denen des aufstrebenden Bürgertums im Vormärz oder des Bildungsbürgertums in der Weimarer Republik), sondern immer auch in einer spezifischen *sozialen* und *pädagogischen Atmosphäre* mit ganz besonderen Stimmungen. Es gehört zur besonderen hermeneutisch-rekonstruktiven Qualität[5] der hier zusammengestellten Porträts, dass es Klafki auf faszinierende Weise gelingt, diese unterschiedlichen sozialen und pädagogischen Atmosphären in den z.T. weit auseinander liegenden Epochen, die von sehr unterschiedlichen politisch-sozialen Konstellationen geprägt sind, anschaulich und zugleich systematisch deutlich zu machen (das gilt besonders für die Interpretation des Briefwechsels zwischen Litt und Nohl wie auch für die knappe Interpretation der Hauslehrerbriefe von Herbart[6], aber auch für seine autobiografischen Rekonstruktionen sowie die plastischen Schilderungen der pädagogisch-sozialen Atmosphären in der Jugendbewegung). Insofern enthält die Nennung eines Autorennamens immer auch einen Fingerzeig auf die multiperspektivisch zu erschließenden Kontexte (es ist also nicht irgendein Name).

IV Ein besonderer, nämlich normativer Aspekt der subjektiven Seite der Autor*innenfunktion erschließt sich, wenn man ihn sowohl als reales als auch

5 Auch wenn es in den Studien oder anderen diesbezüglichen Texten keine Verweise auf die entsprechenden Arbeiten von Otto Friedrich Bollnow (1903–1991) gibt, so gehen wird dennoch davon aus, dass er dessen Studie über „Das Wesen der Stimmungen" (Bollnow 2009, bes. T. 1 und Kap. XIV) sowie über „Die pädagogische Atmosphäre" (Bollnow 2001, bes. T. 2 und 3) kannte und so manches davon in seine Darstellungen eingeflossen ist. Offensichtlich gehört der Brief zu jener Textgattung, wo die „Erfahrung zur Sprache drängt" – wie es Waldenfels (2019) in seinem neuesten Buchtitel prägnant auf den Punkt gebracht hat.

6 Interessierten Leser*innen seien diesbezüglich die ausführliche frühere Dokumentation und Interpretation von Herbarts Hauslehrerbriefen und seiner Korrespondenz in Klafki (1966) empfohlen. In diesen und vergleichbaren Schriften kommt Klafkis Fähigkeit zur *Text*-Hermeneutik voll zum Tragen.

als potenzielles *Vernunftwesen* betrachtet, welches begründet und damit verantwortbar bestimmte pädagogische und/oder wissenschaftliche Auffassungen vertritt und so disziplinäre und professionelle Identitätsdiskurse mitbestimmt (z. B. zur elastischen Einheitsschule oder zur sozialwissenschaftlichen Transformation der geisteswissenschaftlichen Hermeneutik in Richtung Ideologiekritik). Deshalb kann und sollte man davon ausgehen, dass bestimmte Autor*innen bzw. Autor*innengruppen ein verbindliches *Qualitätsniveau* vertreten (z. B. was die empirische Fundierung ihrer Auffassungen betrifft), dass sie ein relativ *einheitliches thematisches Feld* (z. B. Erziehungsziele und deren anthropologische/subjektwissenschaftliche Hintergrundannahmen) mit *verbindlichen Begrifflichkeiten* bearbeiten (z. B. bezüglich der Verwendung von Grundbegriffen wie materiale, formale und kategoriale Bildung) und dass ihr *Sprachstil* zeittypisch ist. Gerade dies erfordert für die nachfolgende Generationen erhebliche „Übersetzungsarbeit" – man denke da auch an die frühen, noch rein geisteswissenschaftlichen Arbeiten von Klafki – z. B. die 1., 2., 7. und 8. Studie in Klafki 2019 a. So gesehen hat die Nennung eines Autorennamens immer auch eine ordnende, eine klassifizierende Funktion (z. B. steht Herbart für die klassische Periode der Aufklärung und Blochmann für die Geisteswissenschaftliche Pädagogik).

V Einen Text mit einem Autorennamen in Verbindung zu setzen, ist stets auch Voraussetzung dafür, ein *Werk* zu konstituieren, denn diesem Vorgang geht die Annahme voraus, dass es zwischen verschiedenen (häufig veröffentlichten oder nachträglich veröffentlichten) Texten einen Zusammenhang gibt, nicht des puren Gleichklangs, aber doch des inneren Zusammenhangs – etwa zwischen wissenschaftlichen Texten aus verschiedenen biografischen und zeitgeschichtlichen Perioden (z. B. vor, während und nach dem Faschismus) und politischen Stellungnahmen der unterschiedlichsten Art. Aus diesem Grund nehmen die Werkdarstellungen in der Mehrzahl der nachfolgenden Porträts einen erheblichen Platz ein; sie sind zum Teil genetisch-systematisch angelegt (so besonders bezogen auf Herbart und Litt), oder sie nehmen eher den Charakter eines „Literaturberichtes" an (vgl. beispielsweise das Porträt von Kramp). Eine Besonderheit ist bezüglich der Werkdynamik hervorzuheben: Klafki bemüht sich stets und mit nachvollziehbarem Erfolg, komplexe, nicht-lineare Beziehungen zwischen den jeweiligen allgemeinen und pädagogischen Erlebnis- und Erfahrungsräumen und den wissenschaftlichen Reflexionen mit ihren besonderen Erkenntnisansprüchen und Erwartungshorizonten herzustellen. Wie komplex diese Beziehungen sind, machen gerade die Ergebnisse der Studien über Nohl und Litt hinsichtlich der Entwicklung der Geisteswissenschaftlichen Pädagogik deutlich. Dies kann man auch auf die wissenschaftliche Entwicklung von

Klafki selbst anwenden: So zeigt das 10. Porträt, wie engagiert der *Jung-Lehrer* Klafki in einer *außerschulischen* pädagogischen *Jugendgruppe* aktiv war und wie diese Erlebnisse und Erfahrungen sein Verständnis der Lehrtätigkeit mitbestimmt haben (vgl. Klafki/Braun 2007, S. 25ff.). Er hat diese reformpädagogische Grundhaltung, dass „Gute Schule mehr ist als Guter Unterricht" erst über 20 Jahre später theoretisch systematisiert und mit dem Plädoyer der Kooperation von Schule und Jugendarbeit verbunden (vgl. Klafki 1976); von daher überrascht es auch nicht, dass er für die verschiedensten Modelle und Konzepte der Schulsozialarbeit immer aufgeschlossen war.

VI In den Porträts kommt auch das zum Vorschein, was Foucault *„Ego-Pluralität"* genannt hat: Dass es nämlich neben dem realen, empirischen Autor, der sich als solcher zu erkennen gibt (wenn Klafki z. B. die Begegnung mit bestimmten Menschen schildert) auch ein anonymes Ich, einen diskursiven Jedermann gibt (wenn z. B. darauf hingewiesen wird, wie der Argumentationsvorgang jetzt unterbrochen bzw. wieder aufgenommen wird), denn das könnte quasi jede(r) so oder ähnlich schreiben, z. B. auch interpretierende Leser*innen wie wir. Davon ist das Ich zu unterscheiden, welches generelle offene Fragen aufwirft, solche, die in Zukunft zu bearbeiten sind, und begründet, warum sie dringend bearbeitet werden sollten (z. B. vor welchen Herausforderungen die von Froese mitbegründete Vergleichende Erziehungswissenschaft angesichts der drastisch voranschreitenden Internationalisierungs- und Globalisierungsprozesse steht und wie diesbezüglich die Forschungsverfahren und -ergebnisse der PISA-Untersuchungen einzuschätzen sind).

b. Welche Verallgemeinerungsansprüche haben Porträt-Studien?

Dass Leser*innen sich für historische Biografien interessieren, kann man angesichts des Booms an populären historischen Zeitschriften und (Auto-)Biografien gewissermaßen voraussetzen. Damit ist die aufgeworfene Frage aber nicht beantwortet. Allerdings haben wir im Zusammenhang mit den verschiedenen Autorenfunktionen schon einige Hinweise auf mögliche Antworten gegeben. Um sie fortzuführen greifen wir – das wird viele Leser*innen wahrscheinlich überraschen – mit einem spezifischen methodischen Blickwinkel auf die Typologie des Fundamentalen und Elementaren zurück, die Klafki bereits in seiner Dissertation (1964, 14. Kap.) abschließend entwickelt hatte; er unterschied:

I *Grunderfahrungen* und *Grunderlebnisse*: Solche thematisieren und vermitteln die nachfolgenden Studien auf sehr vielfältige Weise, und zwar bezogen sowohl auf die alltägliche Lebensführung (wie z. B. Krankheiten in der Familie bewältigt werden können) wie auch das pädagogische Handeln (z. B. der Umgang mit den anvertrauten Kindern und Jugendlichen im Privatunterricht oder in einer Jugendgruppe) oder auch bei politisch gefährlichem Engagement (z. B. antifaschistischem Widerstand).

II Das *Exemplarische* stellt eine besondere Relation zwischen dem Einzelnen, dem Besonderen und dem Allgemeinen dar, es steht für einen kasuistischen objektiven und intersubjektiven Strukturzusammenhang und die Relationen zwischen beidem – ganz im Sinne der Einsicht, dass Bildungsprozesse doppelseitig aufschließende Entwicklungsprozesse sind. Da jede Biografie und jeder Text als ein vorliegender Fall in solchen Zusammenhängen steht, kann sie/er stets auch als beispielhaft für eine bestimmte epochale Erlebnis-Ereignisstruktur stehen, die dann selbstverständlich jeweils genau herauszuarbeiten ist. So steht z. B. jede Lehrerin, jede Schulleitung, jede Schulordnung, jedes Schulbuch in solchen Zusammenhängen, kann also als *ein Beispiel* für eine ganz bestimmte Relation stehen.

III Eine besondere Qualität erhält das Exemplarische, wenn es den Anspruch des *Typischen* erfüllt, der jeweils vorliegende Fall gewisse Identitätsangebote enthält, weil er also für eine Epoche oder auch eine spezielle historische Konstellation charakteristische, prägnante Beziehungen zwischen systemischen, institutionellen, sozialräumlichen und interaktiven Prozessen aufweist. So finden sich in den nachfolgenden Porträts zahlreiche Beispiele für typische Relationen zwischen pädagogischen Erfahrungen und erziehungswissenschaftlichen Reflexionen oder auch typische Brüche zwischen pädagogischem Ethos und politischer Abstinenz (z. B. in der Zeit des Faschismus). Es gibt somit auch disziplin- und professionstypische Verzerrungen und darauf zumeist aufbauende Ideologieproduktionen.

IV Dieses Typische erhält ein nochmals erhöhtes Verallgemeinerungsniveau, wenn es *repräsentative* Ansprüche erhebt und erfüllt, wenn es also für einen übergreifenden Sachverhalt als typisch gilt. Repräsentativ können einzelne Texte ohne Bezug zu einem Werk sein (sie können für das Gesamtwerk „untypisch" sein oder es gibt kein solches Werk), wenn in ihnen Fragen erörtert und Lösungen vorgeschlagen werden, die nicht nur von dieser Autorin oder diesem Autor behandelt wurden, von den betreffenden aber in einer besonderen Dringlichkeit, Prägnanz, Stringenz, Anschaulichkeit usw. Dann ist dieser Text ein repräsentatives Beispiel für eine bestimmte pädagogische Sichtweise und Handlungsperspektive (z. B. bezüglich bestimmter Fragen der inneren

Schulreform und ihrer Beziehung zu speziellen Strukturreformen). Auf solche Texte verweist Klafki immer wieder. – Eine besondere Qualität erreicht die Repräsentativität, wenn sie sich auf das Werk einer bestimmten Person oder Personengruppe bezieht, wenn also ein komplexes Gefüge aus pädagogischen, philosophischen, kultur- und sozialwissenschaftlichen (ggf. auch naturwissenschaftlichen, speziell biologischen) Argumentationen und Befunden begründet und entfaltet wird, welches in einer bestimmten Epoche als charakteristisch angesehen werden kann. In diesem Sinne ist Herbart auch in dem Sinne repräsentativ, als bei ihm die (Praktische) Philosophie noch die „Königsdisziplin" ist und seine Beziehungen zum Eigensinn des Pädagogischen durchaus gebrochen sind (in späterer und neuerer Zeit gibt es repräsentative Ansätze, bei denen die Soziologie diese Funktion der „Königsdisziplin" einnimmt – etwa bei Emile Durkheim (1858–1917) oder bei bestimmten bildungsökonomischen Ansätzen in den 1970er Jahren). Repräsentativ sind alle in den Studien 2 bis 4 behandelten oder auch nur erwähnten Vertreter*innen der Geisteswissenschaftlichen Pädagogik dahingehend, dass sie von der geisteswissenschaftlich ausgerichteten Lebensphilosophie Wilhelm Diltheys (1833–1911) ausgehen und sich um die Begründung der relationalen Autonomie der Pädagogik und des Eigenrechts der Kindheit und Jugend in Theorie und Praxis bemüht haben. Karl Seidelmann kann in diesem Kontext als Repräsentant einer pädagogischen und erziehungswissenschaftlichen Grundhaltung anerkannt werden, die sich durchgängig dem Erfahrungsraum und Erwartungshorizont der Jugendbewegung auch bei der Gestaltung der Schulverhältnisse (insbesondere in Gestalt der Landerziehungsheime) verpflichtet gefühlt und von daher auch alle pädagogischen Grundsatzfragen erörtert hat.

V Den höchsten Verallgemeinerungsanspruch haben dann die Repräsentationen, die als *klassisch* eingestuft werden bzw. werden könn(t)en, denn damit wird – frei nach Kurt Lewin (1890–1947) – der lange Weg vom *vorliegenden* Fall zum „*reinen*", zum „*idealen*" Fall (zur idealen Autorin, zum idealem Text, zum idealem Leser) abgeschlossen. Bereits der oberflächliche Blick in die entsprechenden Klassiker-Ausgaben[7] zeigt, wie extrem umstritten dieser Begriff bzw. die Subsumierung von Personen oder Personengruppen unter ihn ist. Für modernes Denken ist es dabei völlig ausgeschlossen, einen festen Kanon

7 Wir verweisen hier exemplarisch nur auf die etwas ältere Darstellung von Scheuerl (1991; ihr ist auch die 2. Studie zu Litt entnommen) und die neueren von Tenorth (2010) und Dollinger (2012) sowie auf Riemeck (2014). Vgl. zur Interpretation der pädagogischen Klassiker, einschließlich der verschiedenen sozialistischen Traditionen, aus Sicht der sich marxistisch bzw. marxistisch-leninistisch verstehenden Pädagogik in der DDR Günther (1988).

an Auffassungen, Erfahrungs-, Denk- und Argumentationsweisen festzulegen und darauf fußend Personen bzw. Texte oder Werke zu bestimmen, denen diese Leistungen zuzuschreiben sind. Dieses Dilemma hat dann Auffassungen nahegelegt, auf den Begriff des Klassischen bzw. der Klassiker*innen gänzlich zu verzichten.[8] So aber würde das Kind mit dem Bade ausgeschüttet, also sinnvolle und notwendige Verallgemeinerungsansprüche an pädagogische Porträts aufgegeben. Klafki selbst nennt in dem Herbart- (S. 24) sowie in dem Litt-Porträt (S. 129) ein bedeutsames Kriterium, welches auch der erwähnten Tatsache Rechnung trägt, dass in der Moderne der Erwartungshorizont den Erfahrungsraum qualitativ überschreitet: Dass nämlich die *strukturellen Fragestellungen* entscheidend sind und nicht vorrangig die jeweils angegebenen *exemplarischen Lösungen* (so sehr deren Wirkungen in den [Fach-] Öffentlichkeiten und Erziehungswirklichkeiten einzubeziehen sind).[9] Diese offenen Problemformulierungen weisen jeweils einen Sinnüberschuss und Anregungsreichtum auf, sie weisen in gewisser Weise über den zugehörigen Epochenkontext hinaus. Hier werden Probleme aufgeworfen, die häufig in der jeweiligen Epoche der Disziplin- und Professionsgeschichte noch gar nicht befriedigend beantwortet werden können, also für den weiteren Erkenntnis- und Praxisfortschritt ein „bleibender Stachel" sind, an dem sich nachfolgende Genrationen von Theoretiker*innen, aber auch von Praktiker*innen abarbeiten müssen, an denen sie nicht „vorbeikommen", wenn sie nicht die pädagogischen Errungenschaften und Fortschritte gefährden oder gar zerstören wollen. Man denke z. B. an die Relationsbestimmung von materialer und formaler Bildung und die umstrittene Reichweite der kategorialen Bildung oder die tatsächlichen sozialen Integrationsmöglichkeiten von Integrierten Gesamtschulen bzw. Gemeinschaftsschulen und ihren Anspruch auf umfassende Bildungschancengleichheit bzw. -gerechtigkeit oder das Verhältnis von Demokratie als Staats- und als Lebensform angesichts des grassierenden Rechtspopulismus in ganz Europa und nicht nur dort. Hier haben Texte und Werke dann eine klassische Funktion, wenn sie bei der jeweils aktuellen Bearbeitung dieser Theorie- und Praxisfragen unverzichtbar sind, und zwar auch dann – was in den allermeisten Fällen so sein wird –, wenn wir ihren theoretischen und praktischen Antworten heute nur noch begrenzt zustimmen können. Wie

---

8 Vgl. dazu die Einleitungen (bzw. Nachworte) der Herausgeber zu den jeweiligen (in Anm. 7) erwähnten Publikationen.

9 Das ist auch der Grundtenor der Plädoyers „Klafki weiterzudenken" in Braun/Stübig/Stübig (2018).
Vgl. demnächst auch Lin-Klitzing/Arnold [in Vorb.]

schwierig eine begründete Qualifizierung von Personen und ihren Texten und Werken als Klassiker*in ist, können die Leser*innen „am eigenen Leib" erfahren, wenn sie die hier vorgestellten Personen und ihre Werke dementsprechend zu subsumieren suchen: Bezüglich Herbart, Litt[10] und Nohl dürfte das unstrittig sein, bei Blochmann, Froese und Kramp würden sich die Auffassungen wahrscheinlich schon scheiden. Und wie ist es mit Klafki selbst? Dass er eine ganze Reihe von klassischen Texten verfasst, ist gewiss unstrittig; aber hinsichtlich der Einstufung als Klassiker hat er wahrscheinlich im Moment einen Kandidatenstatus – mit guter Aussicht auf Anerkennung in absehbarer Zeit.

3 Modernität und Barbarei – Faschismus und Antifaschismus

Das entschiedene Diktum von Adorno (1969, S. 85) – „Die Forderung, daß Auschwitz nicht noch einmal sei, ist die allererste an Erziehung" – hat in der bundesdeutschen Erziehungswissenschaft über lange Zeit eine überwältigende Mehrheit gefunden – und findet es wahrscheinlich auch heute noch. Gleichwohl sind die Begründungsmuster dafür und die damit verbundenen politischen Optionen und Strategien durchaus unterschiedlich bis gegensätzliche. Sie reichen von radikaler Gesellschafskritik über den „hilflosen Antifaschismus" bis hin zum Legitimationsmuster einer „Gnade der späten Geburt" (vgl. Haug 1987). Diesbezüglich lassen sich in den nachfolgenden Studien besonders zwei Problemkreise ausmachen:

a. Barbarei in modernen Gesellschaften: kein historischer „Betriebsunfall"

Es war immer umstritten, ob der Zivilisationsbruch des deutschen und internationalen Faschismus modernitäts-*extern* oder modernitäts-*intern* zu deuten sei. Die Antwort von Klafki war eindeutig: Auch wenn er gegen alle normativen Ansprüche des Projekts Moderne gerichtet war, so waren diese *gegen*-modernen Bewegungen und Herrschaftsformen immer ein Teil der je *gegenwärtigen* Wirklichkeit moderner Gesellschaften und nicht etwa *vor*-moderne Restbestände oder Wiederbelebungen.

10 Allerdings hat Klafkis (1982) umfassende Monografie zu Litt wenig Resonanz in der (Fach-)Öffentlichkeit gefunden, was ihn nicht nur erstaunt, sondern auch betrübt hat.

Wie immer man die zeitdiagnostische Qualität von Adornos und Horkheimers „Dialektik der Aufklärung" (Horkheimer/Adorno 1987; zuerst 1947) bewerten mag[11], sie markiert ein verantwortbar nicht mehr unterschreitbares Einsichtsniveau – zu dem auch das nicht weniger berühmte Diktum von Horkheimer (1988 [zuerst 1939], S. 308f.) passt: „Wer aber vom Kapitalismus nicht reden will, sollte auch vom Faschismus schweigen." Diese Zusammenhänge haben Klafki in allen seinen Perioden des wissenschaftlichen Arbeitens beschäftigt und je mehr er sich für gesellschaftswissenschaftliche und sozialgeschichtliche Fragestellungen und Methoden geöffnet hat, desto tiefer ist er in die vielen Schichten dieser Relationen eingedrungen. Es ist kein Zufall, dass er sich in seiner letzten großen Arbeit, seinem „Alterswerk", wiederum genau dieser Problemstellung zugewendet hat (vgl. Klafki/Brockmann 2002).[12] Die Studien 2 bis 4 sind in diesem biografischen Zusammenhang zu sehen und zu interpretieren, und sie machen deutlich, wie unterschiedlich prominente Vertreter*innen der Geisteswissenschaftlichen Pädagogik sich mit diesen Überlagerungen von Moderne und Gegenmoderne, von vernunftgeleiteten und vernunftwidrigen bis hin zu anti-wissenschaftlichen und irrationalen Einstellungen und Stellungnahmen im pädagogischen Feld auseinandergesetzt haben. Bemerkenswert ist dabei u. a. das Paradox, dass sich der sozialdemokratisch eingestellte und reformpädagogisch sehr aktive Nohl extrem opportunistisch im Faschismus verhalten hat (vgl. die Belege in der 2. Studie, S. 72ff.), während der politisch eher konservative und der Reformpädagogik skeptisch gegenüberstehende Litt zu einer Einschätzung des wissenschaftlich-kulturellen Klimas (ebd., S. 84f.) und bestimmter Tendenzen der damaligen Dilthey-Rezeption gelangte (vgl. ebd., S. 60f.)[13], die – zu unserer großen Überraschung! – in bestimmten Aspekten mit der Rekonstruktion der ideengeschichtlichen Entwicklung Deutschlands seit Mitte des 19. Jahrhunderts von Georg Lukács (1885–1971) übereinstimmt, die dieser mit dem prägnanten Titel „Die Zerstörung der Vernunft" auf den Punkt gebracht hatte (vgl. speziell zu Dilthey Lukács 1973, Kap. IV, bes. S. 100ff.).[14] Der Schriftsteller Alfred Andersch

11 Vgl. die ausgewogene philosophische Deutung und Bewertung von Habermas (1985, Kap. V); die weiterhin bestehende und sogar in den letzten 20 bis 25 Jahren noch verstärkte Relevanz der damals aufgeworfenen Fragen belegt der Tagungsband von Miller/Soeffner (1996).

12 Dazu können in jedem Fall auch die 5 Studienhefte zur Geisteswissenschaftlichen Pädagogik gezählt werden, die parallel zu diesem Band erscheinen (vgl. Klafki 2019 b).

13 Vgl. dazu auch mit ergänzenden Dokumenten und Interpretationen Schwiedrzik (1996).

14 Problemtisch an Lukács Gesamtdeutung ist die Annahme, dass es nach der klassischen Periode keine relevanten Fortschritte mehr in der Philosophie und den Wissenschaften (sowie auch in der Literatur) gegeben habe, sie also eine reine „Grablegung des alten Deutschlands" sei (vgl. Lukács 1972). Dem können wir in dieser Einseitigkeit nicht

(1914–1980) hat in seiner dem nahen Tod abgerungenen Jugenderinnerung „Der Vater eines Mörders. Eine Schulgeschichte“, eine beängstigende Frage aufgeworfen. Er kennzeichnet in dem Text die pädagogischen Handlungsweisen des Leiters des Wittelsbacher Gymnasiums, Oberstudiendirektor Gebhard Himmler; sein Sohn war der für den Holocaust verantwortliche Heinrich Himmler (1900–1945). Im Nachwort heißt es: „Angemerkt sei nur noch, wie des Nachdenkens würdig es doch ist, daß Heinrich Himmler, – und dafür liefert meine Erinnerung den Beweis –, nicht, wie der Mensch, dessen Hypnose er erlag, im Lumpenproletariat aufgewachsen ist, sondern in einer Familie aus altem, humanistisch fein gebildetem Bürgertum. Schützt Humanismus denn vor gar nichts? Die Frage ist geeignet, einen in Verzweiflung zu stürzen.“ (Andersch 1982, S. 136)

b. Antifaschismus als bewusstes pädagogisch-politisches Engagement

Unter dezidiert pädagogischen Fragestellungen hat Klafki die übergreifende Tendenz zur Zerstörung der Vernunftansprüche der Aufklärung als *Verfall* der klassischen Bildungskonzepte diagnostiziert, zu der auch die Behauptung einer unpolitischen Pädagogik in Theorie und Praxis gehörte, die damit der alten und neuen Liaison von Bildung und Macht bzw. Herrschaft den Weg bahnte und sie legitimierte. Diese angeblich unpolitische Forderung nach einer unpolitischen Pädagogik hat den verschiedensten wissenschaftlichen Anpassungs- und Unterwerfungstendenzen von Wissenschaft und Philosophie während des Faschismus den Weg gebahnt und Kollaborationen eröffnet. Das prägnanteste Beispiel ist dafür immer noch das Verhalten von Martin Heidegger (1889–1976)[15], auf das in dem Blochmann-Porträt (S. 144ff.) eingegangen wird. Elisabeth Blochmann kannte Heidegger persönlich und bat ihn mehrfach erfolglos, sich für sie als Jüdin einzusetzen, um ihre Entlassung zu verhindern bzw. rückgängig zu machen. Unter denjenigen, die in Deutschland geblieben sind, stellt Adolf Reichwein ein einprägsames Gegenbeispiel zu einem derartigen Verhalten dar. Sein pädagogisches und politisches Denken und Handeln weist auch auf eine Alternative zur Mischung aus Anpassung und Rückzug bei Nohl

zustimmen; aber das entwertet seine kritischen Befunde nicht, die auch mit anderen neueren Forschungen zum Problemfeld „Philosophie und Faschismus“ übereinstimmen (vgl. z. B. Haug 1989; Laugstien 1990; Sandkühler 2009) und die mit Klafkis Forschungsergebnissen kompatibel sind.

15 Vgl. dazu über die in Anm. 11 erwähnte Literatur hinaus bes. Farias (1989) und darin ausführlich Habermas (1989).

und innerer Emigration bei Litt hin – Klafki hat die Biografie von Reichwein mit viel Feingefühl und großer Sympathie nachgezeichnet, da er zu der kleinen Anzahl nicht nur von Pädagog*innen, sondern überhaupt von Bürger*innen gehörte, die in Deutschland aktiven Widerstand geleistet und ihre Überzeugungen mit ihrer Hinrichtung beglaubigt haben. Er hat – auch das wird in der Studie sehr deutlich – ein Vermächtnis hinterlassen, dass die nächste Generation, nicht nur, aber insbesondere Pädaog*innen verpflichtet: Nämlich alles zu tun, dass „Nie wieder Krieg" und „Nie wieder Faschismus" sei. Man kann die Biografie und das Werk von Klafki sowie die Studie über Froese auch als überzeugende Beispiele lesen, wie politisch engagierte Erziehungswissenschafler*innen der nachfolgenden Generation dieser Verpflichtung in „vorbildlicher" Weise gerecht geworden sind.

Wie wenig diese inneren und zugleich eigensinnigen Relationen zwischen wissenschaftlicher Reflexion und politischem Engagement auch in der Geschichte und Gegenwart der Bundesrepublik eine Selbstverständlichkeit sind, sei – über die Hinweise im Blochmann-Porträt (S. 152ff.) hinaus – abschließend an zwei hochschulpolitischen Beispielen verdeutlicht. Als sich Jürgen Habermas Ende der 1950er Jahre um mögliche Förderer für sein Habilitationsprojekt bemühte, erklärte sich nur der in Marburg lehrende Antifaschist Wolfgang Abendroth (1906–1985) zur Unterstützung bereit. Um in der damaligen Philosophischen Fakultät eine Mehrheit zu erhalten, musste Habermas zwei Kapitel (§§ 13 und 14) seiner dann legendär gewordenen und Wolfgang Abendroth in Dankbarkeit gewidmeten Arbeit zum „Strukturwandel der Öffentlichkeit" herausnehmen, weil sie „zu politisch seien". Dennoch wurde die Arbeit im Herbst 1961 mit nur einer Stimme Mehrheit angenommen – wie Abendroth erzählt hat.[16] – Das verdeutlicht das politisch-kulturelle Klima an der Marburger Universität, an die Klafki 1963 berufen wurde.

Dass es dann nicht zuletzt durch die Studentenbewegung und ihre Wissenschaftskritik Fortschritte gab, ist gewiss nicht zu leugnen; dass diese aber sehr schwer zu erringen waren, zeigen die heftigen Auseinandersetzung um die Habilitation des Abendroth-Schülers Reinhard Kühnl (1936–2014), der im Laufe der 1970er und 1980er Jahre zu einem international anerkannten Faschismusforscher wurde. In diese Auseinandersetzungen hat Klafki (1971) mit einem sehr differenzierten und zugleich deutlich positiv Stellung nehmendem Gutachten eingegriffen, in dem er auch die unhaltbaren Einwände des später im „Historiker-Streit" bekannt gewordenen, damals noch in Marburg lehrenden Historikers Ernst Nolte (1923–2016) energisch

16 Vgl. zu diesem Vorgang Müller-Dohm (2014, S. 129ff); Habermas hat Abendroth später fast liebevoll als „Partisanenprofessor" bezeichnet; der Text ist abgedruckt in den „Philosophisch-*politischen* Profilen" (vgl. Habermas 1981), von dessen Titel und Anlage wir uns haben anregen lassen.

zurückweist. Es ist für seine Argumentationsweise (ebd., bes. S. 78f., S. 91ff.) typisch, dass er die mehrdimensionalen Analysen von Kühnl zum Faschismus und zum Neofaschismus hervorhebt: das Zusammenspiel sozioökonomischer Faktoren mit nicht ausschließlich ökonomisch vermittelten Ideologien und deren sozialpsychologische Rezeptionsbereitschaften, differenziert nach den unterschiedlichen Interessen der verschiedenen Anhängergruppen (Großindustrie und mittleres bzw. Kleinbürgertum) und entsprechender Herrschaftspraktiken sowie die Verselbständigung der faschistischen Herrschaftseliten gegenüber ihren Trägergruppen. Übergreifend hebt er insbesondere den Verzicht der damals recht populären, marxistisch gemeinten, pseudomaterialistischen, einlinig-determinierenden „Ableitung" der faschistischen Massenbewegungen und Ideologieformen aus den Produktionsverhältnissen und der sozialen Lage hervor. Dem lag offensichtlich die Einsicht zugrunde, dass „Komplexbegriffe" (Luhmann) wie Faschismus und Antifaschismus einerseits notwendig sind, um bestimmte Tendenzen „zuzuspitzen", „auf den Punkt" und auf den Begriff zu bringen, dass sie aber andererseits immer auch zurückgenommen, zergliedert und in ihren verschiedenen Dimensionen – z. B. bezüglich der Relationen zwischen Ökonomie, Politik und Pädagogik – eigensinnig zu analysieren sind, um dann ein neues Niveau der komplexen Zusammenschau dieser Tendenzen zu erhalten.

Die Beispiele belegen in beeindruckender Weise, wie sehr das Vermächtnis von Reichwein und anderen Antifaschisten – wie es Wolfgang Klafki durchgängig rezipiert hat – immer wieder aktualisiert und praktisch verwirklicht werden muss. Oder grundsätzlicher formuliert: Der Antifaschismus ist als Aufgabenstellung der pädagogischen Verantwortungsethik ebenso wenig abschließbar wie das übergreifende Projekt Moderne.

Dank

Zum Schluss möchten wir Frau Hildegard Klafki für ihre vielfältige Ermutigung während unserer Arbeit an den Texten ihres Mannes herzlich danken ebenso wie Frau Heike Lang (Informationszentrum für Fremdsprachenforschung, Philipps-Universität Marburg), die die vorliegenden Texte abgeschrieben bzw. eingescannt und das Entstehen dieser Publikation von Anfang an begleitet hat.

Daneben gilt unser Dank auch dieses Mal der Leiterin des Archivs der Bibliothek für Bildungsgeschichtliche Forschung am Deutschen Institut für Internationale Pädagogische Forschung (Berlin), Frau Dr. Bettina Reimers, für ihre Hilfe bei der Realisierung dieses Projekts.

Magdeburg/ Marburg, im Juni 2019

Literatur

Adorno, Theodor W.: Erziehung nach Auschwitz. In: Ders.: Stichworte. Kritische Modelle 2. Frankfurt/M.: Suhrkamp 1969. S. 85–101.

Althusser, Louis: Bemerkungen zu einer Kategorie: „Prozeß ohne Subjekt und ohne Ende/ Ziel." In: Horst Arenz et. al. (Hrsg.): Was ist revolutionärer Marxismus? Westberlin: VSA 1973. S. 89–94.

Andersch, Alfred: Der Vater eines Mörders. Eine Schulgeschichte. Zürich: Diogenes 1982.

Barthes, Roland. Der Tod des Autors. In: Ders.: Das Rauschen der Sprache. Frankfurt/M.: Suhrkamp 2006. S. 57–62

Bollnow, Otto Friedrich: Die pädagogische Atmosphäre. Essen: Die Blaue Eule 2001.

Bollnow, Otto Friedrich: Das Wesen der Stimmungen. Studienausgabe. Bd. 1. Würzburg: Königshausen & Neumann 2009.

Bourdieu, Pierre: Ökonomisches Kapital – Kulturelles Kapital – Soziales Kapital. In: Ders.: Die verborgenen Mechanismen der Macht. Hamburg: VSA 1992. S. 49–79.

Braun, Karl-Heinz, F. Stübig und H. Stübig (Hrsg.): Erziehungswissenschaftliche Reflexion und pädagogisch-politisches Engagement. Wolfgang Klafki weiterdenken. Wiesbaden: Springer VS 2018.

Dollinger, Bernd (Hrsg.): Klassiker der Pädagogik. Die Bildung der modernen Gesellschaft. Wiesbaden: VS-Verlag 2012.

Farías, Victor: Heidegger und der Nationalsozialismus. Frankfurt/M.: S. Fischer 1989.

Foucault, Michel: Was ist ein Autor? In: Ders.: Schriften zur Literatur. Frankfurt/M.: Fischer Taschenbuch 1988. S. 7–31.

Günther, Karl-Heinz: Über pädagogische Traditionen. Aus Schriften und Reden zur Geschichte der Erziehung. Berlin: Volk und Wissen 1988.

Habermas, Jürgen: Philosophisch-politische Profile. Frankfurt/M.: Suhrkamp 1981.

Habermas, Jürgen: Der philosophische Diskurs der Moderne. Frankfurt/M.: Suhrkamp 1985.

Habermas, Jürgen: Heidegger – Werk und Weltanschauung. In: Farías 1989. S. 11–37.

Haug, Wolfgang Fritz: Vom hilflosen Antifaschismus zur Gnade der späten Geburt. Hamburg: Argument 1987.

Haug, Wolfgang Fritz (Hrsg.): Deutsche Philosophen 1933. Hamburg: Argument 1989.

Horkheimer, Max: Die Juden und Europa. In: Ders.: Gesammelte Schriften. Bd. 4. Frankfurt/M.: Fischer Taschenbuch1988.

Horkheimer, Max/ Theodor W. Adorno: Dialektik der Aufklärung. In: Max Horkheimer: Gesammelte Schriften. Bd. 5. Frankfurt/M.: Fischer Taschenbuch 1987. S. 13–290.

Jannidis, Fotis et. al. (Hrsg.): Texte zur Theorie der Autorschaft. Stuttgart: Reclam 2000.

Kablitz, Andreas: „Was ist ein Autor?" (Michel Foucault). In: Frankfurter Allgemeine vom 27.2.2019.

Klafki, Wolfgang: Das pädagogische Problem des Elementaren und die Theorie der kategorialen Bildung. Weinheim/Bergstr.: Beltz 1964.

Klafki, Wolfgang: J. Fr. Herbart: Hauslehrerberichte und pädagogische Korrespondenz 1797–1807. Weinheim: Beltz 1966.

Klafki, Wolfgang: Gutachten zum Habilitationsantrag von Herrn Dr. phil. Reinhard Kühnl für das Fach Wissenschaftliche Politik. In: Fachbereich Gesellschaftswissenschaften der Philipps-Universität Marburg (Hrsg.): Gutachten und Stellungnahmen im Habilitationserfahren Dr. Reinhard Kühnl. Neuwied/Berlin: Luchterhand 1971. S. 77–95.

Klafki, Wolfgang: Außerschulische Jugendarbeit und Schule. In: Ders.: Aspekte kritisch-konstruktiver Erziehungswissenschaft. Weinheim/Basel: Beltz 1976. S. 191–215.

Klafki, Wolfgang: Die Pädagogik Theodor Litts. Eine kritische Vergegenwärtigung. Königstein/Ts.: Scriptor 1982.

Klafki, Wolfgang (Hrsg.): Verführung – Distanzierung – Ernüchterung. Kindheit und Jugend im Nationalsozialismus. Autobiographisches aus erziehungswissenschaftlicher Sicht. Weinheim/Basel: Beltz 1988.

Klafki, Wolfgang: Allgemeine Erziehungswissenschaft. Systematische und historische Abhandlungen. Hrsg. und eingel. von K.-H. Braun, F. Stübig und H. Stübig. Wiesbaden: Springer VS 2019 (a)

Klafki, Wolfgang: Geisteswissenschaftliche Pädagogik. Fünf Studienbriefe für die Fern-Universität Hagen. Hrsg. von C. Grunert und K. Ludwig. Wiesbaden: Springer VS 2019 (b). [im Druck]

Klafki, Wolfgang und K.-H. Braun: Wege pädagogischen Denkens. Ein autobiografischer und erziehungswissenschaftlicher Dialog. München Basel: Reinhardt 2007.

Klafki, Wolfgang und J.-L. Brockmann: Geisteswissenschaftliche Pädagogik und Nationalsozialismus. Herman Nohl und seine „Göttinger Schule" 1932–1937. Eine individual- und gruppenbiografische, mentalitäts- und theoriegeschichtliche Untersuchung. Weinheim/Basel: Beltz 2002.

Koselleck, Reinhart: ‚Erfahrungsraum' und ‚Erwartungshorizont' – zwei historische Kategorien. In: Ders.: Vergangene Zukunft. Frankfurt/M.: Suhrkamp 1989. S. 349–375.

Laugstien, Thomas: Philosophieverhältnisse im deutschen Faschismus. Hamburg: Argument 1990.

Lin-Klitzing, Susanne und K.-H. Arnold (Hrsg.): Wolfgang Klafki: Allgemeine Didaktik. Fachdidaktik. Politikberatung. Beiträge zum Marburger Gedenksymposium. Bad Heilbrunn: Klinkhardt. [in Vorb.]

Lukács, Georg: Die Grablegung des alten Deutschland. Reinbek b. Hamburg: Rowohlt 1967.

Lukács, Georg: Die Zerstörung der Vernunft. Bd. 2: Irrationalismus und Imperialismus. Darmstadt/Neuwied: Luchterhand 1973.

Miller, Max und H.-G. Soeffner (Hrsg.): Modernität und Barbarei. Soziologische Zeitdiagnose am Ende des 20. Jahrhunderts. Frankfurt/M.: Suhrkamp 1996.

Müller-Doohm, Stefan: Jürgen Habermas. Eine Biographie. Berlin: Suhrkamp 2014.

Nassehi, Armin: Der soziologische Diskurs der Moderne. Berlin: Suhrkamp 2017.

Nassehi, Armin: Sozialer Sinn. In: Ders. und G. Nollmann (Hrsg.): Bourdieu und Luhmann. Berlin: Suhrkamp 2016. S. 155–188.

Riemeck, Renate: Klassiker der Pädagogik von Comenius bis Reichwein. Marburger Sommervorlesungen 1981/1982/1983 mit Quellentexten. Hrsg. von H. C. Berg, B. Hildebrand, F. Stübig und H. Stübig. Marburg: Tectum 2014.

Sandkühler, Hans Jörg (Hrsg.): Philosophie im Nationalsozialismus. Hamburg: Meiner 2009.

Scheuerl, Hans (Hrsg.): Klassiker der Pädagogik. Bd. 1, 2. München: C. H. Beck 1991.

Schwiedrzik, Wolfgang M.: Lieber will ich Steine klopfen. Der Philosoph und Pädagoge Theodor Litt in Leipzig. Leipzig: Universität Leipzig 1996.

Tenorth, Heinz-Elmar (Hrsg.): Klassiker der Pädagogik. Bd. 1, 2. München: C. H. Beck 2010.

Waldenfels, Bernhard: Erfahrung, die zur Sprache drängt. Berlin: Suhrkamp 2019.

1 Pädagogische Erfahrung und pädagogische Theorie bei Johann Friedrich Herbart*

* Vortrag anläßlich der Festwoche zum 150jährigen Bestehen des Herbartgymnasiums Oldenburg am 9. Mai 1994.

W. Klafki, *Pädagogisch-politische Porträts*, Neuere Geschichte der Pädagogik, https://doi.org/10.1007/978-3-658-26751-3_2

1 Einleitung

Heute vormittag hat die Festwoche zum 150jährigen Geburtstag dieser Schule begonnen. Sie trägt zwar erst seit 1988 den Namen Johann Friedrich Herbarts, aber diese Namensgebung konnte an eine weit ins 19. Jahrhundert zurückreichende Herbart-Tradition der Schule anknüpfen.[1] Da ist es fast selbstverständlich, daß in dieser Woche auch des Namenspatrons und seines Werkes gedacht wird. Das kann nun – angesichts des umfangreichen wissenschaftlichen Lebenswerkes Herbarts – hier nur unter wenigen, ausgewählten Aspekten geschehen. Das gilt auch hinsichtlich der Pädagogik Herbarts, die „nur" eine von drei Dimensionen seines wissenschaftlichen Schaffens gewesen ist, neben und im Zusammenhang mit seiner *Philosophie* und seiner *Psychologie*.

Aber selbst bei der Eingrenzung auf die pädagogische Dimension ist es ausgeschlossen, hier einen auch nur halbwegs vollständigen Grundriß der Herbartischen Pädagogik zu zeichnen:

- erstens, weil diese Pädagogik großenteils in anspruchsvollen, theoretisch oft schwierigen und voraussetzungsreichen Abhandlungen, Aufsätzen und Büchern vorliegt; das gilt auch für jenes Buch, das mit Recht nach wie vor als das pädagogische Hauptwerk gilt, die „Allgemeine Pädagogik, aus dem Zweck der Erziehung abgeleitet" aus dem Jahre 1806, von der Herbart selbst gesagt hat, daß manches in ihr schwer verständlich, ja z. T. „dunkel" wirken müsse, weil er nicht alle Voraussetzungen seiner Gedankengänge darin hätte darlegen können;
- zweitens, weil das pädagogische Gesamtwerk Herbarts keineswegs so einheitlich und widerspruchsfrei ist, wie es die abkürzende Redeweise von „der" Pädagogik Herbarts vorspiegeln könnte.[2]

Ich werde Sie heute also weder mit einem konzentrierten Aufriß „der" Pädagogik Herbarts traktieren noch kann ich auf die unterschiedlichen Interpretationen und die Kontroversen eingehen, die es schon seit der Mitte des vorigen Jahrhunderts über Herbarts pädagogisches Werk gibt, in bestimmten Phasen auffällig verdichtet, z. T. als Ausfluß fundamentaler Fehlinterpretationen, z. T. aber auch auf der Basis

1 Vgl. die historischen Beiträge der Festschrift „Herbartgymnasium 1844–1994". Oldenburg 1994.

2 Vgl. z. B. meine Abhandlung „Der zwiefache Ansatz Herbarts zur Begründung der Pädagogik als Wissenschaft" in: Pädagogische Blätter. Heinrich Döpp-Vorwald zum 65. Geburtstag. Hrsg. von Franz-Joseph Holtkemper. Ratingen 1967. S. 76–101. Nachdruck in: Herbart-Interpretation und Kritik. Hrsg. von Berthold Gerner. München 1971. S. 81–111.

überaus gründlicher Studien und auf hohem Niveau und zwar bis in die Gegenwart hinein. Damit entfällt auch die Möglichkeit, *den* Beiträgen meinen Tribut zu zollen, die Oldenburger Kollegen zur Herbart-Forschung geleistet haben, nicht zuletzt mein einstiger Göttinger Kommilitone Hans-Dietrich Raapke.[3] Mir liegt noch an folgendem Hinweis: Gerade in den letzten Jahren ist innerhalb der deutschen, seit kurzem aber auch wieder in der skandinavischen Erziehungswissenschaft ein überraschend lebhaftes Interesse einer Reihe von Didaktikern und von Vertretern der Allgemeinen Erziehungswissenschaft für Herbarts Pädagogik zu beobachten.[4] Das ist ein weiterer Beleg dafür, daß Herbart mit Recht in der deutschen und in weiten Bereichen der internationalen Pädagogik als ein Klassiker gilt, neben Schleiermacher nicht zuletzt als Begründer der wissenschaftlichen Pädagogik in Deutschland – und dies unbeschadet der vorher angedeuteten Kontroversen über die angemessene Auslegung seines Werks und dessen Bedeutung für heutiges pädagogisches Denken.

Die Bezeichnung als „Klassiker" ist nun weitaus mehr als eine schmückende Floskel, derer man sich an Gedenktagen und bei ähnlichen Gelegenheiten bedient. Die Rede von „Klassikern" einer Disziplin, in unserem Falle: der Pädagogik, hat vielmehr eine problemgeschichtlich gehaltvolle Bedeutung: Als „Klassiker" bezeichnen wir Personen, die in die Geschichte des pädagogischen Denkens neue Problemstellungen, neue Sichtweisen, neue Fragestellungen und in diesem Zusammenhang meistens auch neue Grundbegriffe eingebracht haben, m. a. W.: Autorinnen und Autoren, die das pädagogische Denken auf ein neues Niveau zu bringen vermochten. An dem Niveau der *Problemstellungen* der Klassiker müssen sich die Nachfolgenden „abarbeiten" (um es mit Hegel auszudrücken), sie müssen dieses Niveau jeweils neu erst wieder erreichen, um ggf. darüber hinauszukommen. Natürlich sind auch die Versuche der Klassiker, die von ihnen aufgeworfenen Probleme zu *lösen*, also ihre

3 Vgl. Johann Friedrich Herbart. Leben und Werk in den Widersprüchen seiner Zeit. Neun Analysen. Hrsg. von Friedrich W. Busch und Hans-Dietrich Raapke. Oldenburg 1976. Darin u.a. Hans-Dietrich Raapke: Johann Fridrich Herbart – Pädagoge in den Widersprüchen seiner Zeit. S. 11–37.
Herbart – Schulen – Lehrer. Dokumente über Johann Friedrich Herbart und zur Geschichte des Oldenburger Schulwesens. Zsgest. und beschr. von Klaus Klattenhoff. Oldenburg 1976.

4 Als Beispiele nenne ich: Dietrich Benner: Die Pädagogik Herbarts. Eine problemgeschichtliche Einführung in die Systematik neuzeitlicher Pädagogik. Weinheim 1986. 2., überarb. Aufl. Weinheim/München 1993.
Jörg Ramseger: Was heißt „durch Unterricht erziehen"? Erziehender Unterricht und Schulreform, Weinheim/Basel 1991. (2. Kapitel: Erziehender Unterricht bei Herbart – Rekonstruktion und Neuinterpretation. S. 20–82, 3. Kapitel: Herbarts Konzeption des erziehenden Unterrichts im Kontext der aktuellen schulpädagogischen Literatur. S. 83–109.)

ausgeführten Antworten interessant, aber sie sind nicht das Entscheidende. Solche Lösungen mögen sich im weiteren Erfahrungs-, Forschungs- und Denkprozeß als zeitbedingt erweisen, als an bestimmte Voraussetzungen gebunden, die inzwischen durch neue Entwicklungen oder neue Erkenntnisse überholt sind. Das entscheidende Kriterium aber, an dem wir uns orientieren, wenn wir einer Pädagogin oder einem Pädagogen den Rang einer Klassikerin oder eines Klassikers zusprechen, ist – um es noch einmal zu wiederholen – die Originalität und das Niveau der Problemstellungen, die sie in die weitere Denkentwicklung und ggf. in die Entwicklung der pädagogischen Praxis eingebracht haben. Daher ist die angemessene Form der „Schülerschaft", der „Nachfolge", der Aneignung des Werkes eines Klassikers oder einer Klassikerin denn auch nicht die brave, wohl gar dogmatische Wiederholung ihrer Lösungsversuche, sondern das produktive Weiterdenken, ihrer Problemstellungen, die Übersetzung auf Bedingungen der jeweiligen Gegenwart, die kritische Prüfung der Tragweite und der Grenzen der „klassischen" Fragestellungen, aber selbstverständlich auch der Entwurf ergänzender oder alternativer Perspektiven und ggf. der entschiedene Widerspruch. Aber selbst solcher Widerspruch ist, wenn er sich wirklich als weiterführend erweist, produktiv-dialektisch an die überwundene Position zurückgebunden, weil erst die Auseinandersetzung mit dieser Position den neuen Entwurf möglich gemacht hat.

2 Biographische Skizze

Nun kann ich kaum annehmen, daß die Mehrzahl von Ihnen mit dem Namen Herbart genauere Vorstellungen verbindet. Bevor ich also zum Hauptthema meines Vortrages komme, schalte ich eine Lebensskizze des Namenspatrons dieser Schule ein.[5]

Johann Friedrich Herbart wurde am 4. Mai 1776 hier in Oldenburg geboren, damals einer mittleren, kulturell anregenden Residenzstadt mit etwa 5.000 Einwohnern. Er war das einzige Kind des Oldenburger Regierungs- und Justizrats Thomas Gerhard Herbart und seiner Frau, die ebenfalls aus Oldenburg stammte, der Tochter eines Arztes. Die Mutter kümmerte sich in ihrer resoluten, nicht selten wohl etwas exzentrischen Art in ungewöhnlicher Intensität um seine Erziehung, offenbar in einer Mischung von Überbehütung, konsequenter Befolgung strenger

5 Das nach wie vor maßgebliche Werk zur Biographie Herbarts ist die zweibändige Darstellung von Walter Asmus, dem Nestor der deutschen Herbartforschung: Johann Friedrich Herbart – Eine pädagogische Biographie. Band I: Der Denker 1776–1809. Heidelberg 1968. Band II: Der Lehrer 1809–1841. Heidelberg 1970.

Erziehungsgrundsätze und ehrgeizigen Zukunftshoffnungen, die sie auf den Sohn projizierte. Diese Identifikation nahm im Laufe der Entwicklung Herbarts als Jugendlicher und als junger Mann noch zu. Herbarts Mutter beeinflußte, wie noch zu erwähnen sein wird, wichtige Lebensentscheidungen Herbarts bis zu ihrem Tode 1802 in starkem Maße.

Nach dem Anfangsunterricht, den ihm wohl vorwiegend seine Mutter bis zu seinem 8. Lebensjahr erteilte, besuchte er eine Privatschule, wurde danach von einem hochqualifizierten Hauslehrer, dem Theologen H. W. F. Ueltzen, unterrichtet und nahm überdies privaten Musikunterricht im Geigen-, Cello-, Harfen- und vor allem im Klavierspiel. Er bewies früh hohe Musikalität und war später, als Jenenser Student, als hervorragender Pianist bekannt. Noch als Professor in Königsberg komponierte er Lieder und Sonaten, deren eine auch im Druck erschienen ist.

Ich kehre zur Chronologie zurück: Als 15jähriger wurde Herbart Schüler der vorletzten Stufe der Lateinschule in Oldenburg, schon ein Jahr später ging er in die Prima über. Diese Schule wurde 1792 zu einem anspruchsvollen Gymnasium mit einem Fachkurssystem, das den bisherigen Klassenunterricht ersetzte – jeder Lehrer unterrichtete bis dahin eine Klasse in sämtlichen Fächern – umgewandelt. Diese Reform ist eines von mehreren Beispielen der Tätigkeit des aufgeklärten evangelischen Generalsuperintendenten Esdras Heinrich Mutzenbecher, den der regierende Oldenburger Herzog Peter Friedrich Ludwig 1789 nicht nur als Kirchen-, sondern vor allem auch als Schulreformer ins Land gerufen hatte.[6] Während der gesamten Lateinschul- und Gymnasialzeit Herbarts stand der Unterricht im Lateinischen und Griechischen im Zentrum, ergänzt vor allem durch Geschichte, Geographie, Literatur und deutschen Sprachunterricht sowie Französisch, durch Anfangsgründe der Mathematik und des naturwissenschaftlichen Unterrichts. Nicht zuletzt wurden auf dem Gymnasium auch alte und zeitgenössische philosophische Texte gelesen, u.a. hat Herbart nach seinem eigenen Zeugnis damals die Lektüre der Grundlegung zur Metaphysik der Sitten von Immanuel Kant stark beeindruckt. Mit knapp 17 Jahren hielt er im Frühjahr 1793 als Primus seiner Klasse die Abschiedsrede für den damaligen Abiturientenjahrgang seiner Schule zum Thema „Etwas über die allgemeinsten Ursachen, welche in Staaten das Wachstum und den Verfall der Moralität bewirken". Als er 1794 selbst mit glänzender Beurteilung seine Gymnasialzeit als noch nicht 18jähriger abschloß, wählte er als Thema seiner schulöffentlichen lateinischen Rede das Thema „Ciceros und Kants Gedanken über das höchste Gut und den Grundsatz der praktischen Philosophie", m. a. W.: der Ethik.

---

6 Vgl. Johanna-Luise Brockmann: Esdras Heinrich Mutzenbecher (1744–1801). Ein Beitrag zur Geschichte des Bildungswesens im Zeitalter der Aufklärung. Oldenburg 1959. (Oldenburger Forschungen. H. 14.)

Im Sommersemester des gleichen Jahres 1794 begann er an der Universität Jena das Studium der Rechtswissenschaft und der Philosophie; sehr bald sollte die Philosophie ins Zentrum seiner Studien rücken. Die Wahl des Studienortes ist wohl vor allem durch seine Mutter bestimmt worden, die nun für längere Zeit ihren Wohnsitz in der Nähe Jenas nahm.

Ich halte an dieser Stelle der Lebensskizze Herbarts einen Augenblick inne und versuche, in wenigen Stichworten in Erinnerung zu rufen, in welchem gesellschaftlich-politisch-kulturellen Raum wir uns befinden, wenn wir den Bildungsweg Herbarts im Zeitraum zwischen der Mitte der 70er Jahre und dem ausgehenden 18. Jahrhundert verfolgen.

Es ist die Phase der späten Aufklärung. Gesellschaftlich-politisch gesehen zeichnet sich das Ende des absolutistischen Zeitalters und, in unterschiedlichen Graden, die Wandlung der streng ständisch gegliederten Gesellschaft zur bürgerlichen Gesellschaft ab: teils zögernd, teils von vehementen Widerständen gebremst, teils in der Weise begrenzter Reformen, so etwa bei den Vertretern des aufgeklärten Absolutismus, zu denen man auch den Herzog Peter Friedrich Ludwig zählen darf, der 1785 die Regentschaft in dem gerade erst aus hundertjähriger dänischer Statthalterschaft entlassenen Land Oldenburg übernommen hatte, teils bereits als Durchbruch zu bürgerlich-republikanischen politischen Verfassungen, so im Geburtsjahr Herbarts 1776, in der Unabhängigkeitserklärung der Vereinigten Staaten von Amerika und der darin eingeschlossenen Formulierung allgemeiner Menschenrechte, 13 Jahre später dann in der Französischen Revolution.

Unter kulturellem Aspekt – ich deute hier in Stichworten nur auf Dichtung und Philosophie hin – lernt Herbart außer Beispielen der spätaufklärerischen, moralisch akzentuierten Dichtung seiner Zeit (so des damals viel gelesenen und auf den Bühnen gespielten Schauspielers und Theaterdichters August Wilhelm Iffland), aber z. B. auch Werke der Lyrik und der Dramatik des frühen und des mittleren Schiller kennen; Herbart ist seither ein Verehrer Schillers geblieben, dem er in Jena auch persönlich begegnen sollte. Von der Philosophie wird gleich noch zu sprechen sein.

Ich hatte bereits erwähnt, daß Herbart sich in seinem Studium sehr bald schwerpunktmäßig auf die Philosophie konzentrierte. Er trat in den Studentenkreis des in Jena lehrenden jungen Professors Johann Gottlieb Fichte ein. Fichte, ein philosophischer Feuerkopf, radikalisierte den Kerngedanken der Philosophie Kants von der konstruktiven Gestaltungsfähigkeit des menschlichen Geistes – in der Form gegenstandsgerichteter, rationaler Verstandestätigkeit *und* als selbstreflexive Vernunfttätigkeit hinsichtlich des Erkennens, des moralischen Handelns und des ästhetischen Urteilens – über Kant hinaus und entwarf ein kühnes idealistisches System, dem Kant allerdings nicht zustimmen konnte. Herbart war zunächst, wie er selbst bekundet hat, ebenso beeindruckt wie verwirrt von der Neuartigkeit der Philosophie Fichtes, begann aber schon seit seinem 4. Studiensemester, sich schrittweise kritisch von Fichte zu distanzieren und, selbstbewußt genug, an einer eigenen „realistischen" Philosophie zu arbeiten.

Außer diesem frühen Impuls zur Entwicklung einer eigenen philosophischen Position vermittelte die Jenaer Zeit Herbart eine weitere, lebensgeschichtlich bedeutsame Erfahrung: Er wuchs bald in einen Kreis von Fichte-Schülern hinein, der sich „Bund der Freien Männer"[7] nannte. Es war ein Freundeskreis, der sich unter der Idee, „das Gute und Wahre" als „Zweck der Humanität zu befördern" (Zitate Asmus I, S. 77), regelmäßig zur Lektüre, zu Referaten und zu Diskussionen über literarische, ethisch-anthropologische und politische Probleme, aber auch zu heiterer Geselligkeit traf. Zwischen Herbart und mehreren anderen Mitgliedern dieses Kreises entwickelte sich eine intensive, nicht selten lebenslang andauernde Freundschaftsbeziehung.

Ein Schweizer Freund Herbarts, Johann Ludwig Fischer, der dem Bund Freier Männer angehörte – übrigens auch ein Freund und Förderer Pestalozzis – war es dann, der Herbart und seine Mutter im Laufe des Jahres 1797, also schon während des 3. Studienjahres, darüber informierte, daß der ehemalige Landvogt des Bezirks Interlaken im Kanton Bern, der inzwischen zu den Mitgliedern der Berner Stadtregierung gehörte, für drei seiner Söhne – sie waren zu jener Zeit 14, 10 und 8 Jahre alt – einen deutschen Hauslehrer suchte. Nach etlichen Gesprächen im Freundeskreis, unter starkem Einfluß seiner Mutter und nach Briefwechseln mit dem Landvogt entschied Herbart sich für die Annahme dieses Angebots. Er hat diese Stelle dann im Sommer 1797 angetreten und bis zum Ende des Jahres 1799, also zweieinhalb Jahre lang wahrgenommen. Diese Zeit sollte, für Herbart zunächst selbst unerwartet, eine Phase intensivsten pädagogischen Engagements und reichster pädagogischer Erfahrungen werden. Ich werde darauf im Hauptteil meines Vortrages zurückkommen. In den letzten Monaten der Schweizer Zeit hat er zusammen mit einem Freund Pestalozzi, der damals als Lehrer in Burgdorf im Kanton Bern wirkte, besucht, in seinem Unterricht hospitiert und mit ihm Gespräche geführt.

Weil die Details der folgenden Lebensstationen Herbarts als Hintergrundinformationen für *diesen* Vortrag nicht unbedingt erforderlich sind, skizziere ich sie hier nur noch in groben Zügen.

Herbart hatte schon während des zweiten Jahres seiner Hauslehrertätigkeit in Absprache mit dem Altlandvogt Steiger und seiner Frau den Plan entwickelt, längere Zeit – etwa 8–10 Jahre – im Hause Steiger zu bleiben, um sein dort entwickeltes flexibles Erziehungskonzept für die drei ihm anvertrauten Jungen bis zum Abschluß

7 Willy (Wilhelm) Flitner: August Ludwig Hülsen und der Bund der Freien Männer. Jena 1913.

der Jugendphase verwirklichen zu können. Gegen Ende des Jahres 1799 jedoch spitzte sich die schon längere Zeit schwelende Ehekrise seiner Eltern dramatisch zu. Dem Wunsch der offensichtlich psychosomatisch schwer erkrankten Mutter sowie dem Rat einiger Freunde folgend entschloß sich Herbart schweren Herzens, nach Deutschland zurückzukehren.

Der Spannungen zwischen seinen Eltern wegen blieb er jedoch nicht im Oldenburger Elternhaus, sondern nahm das Angebot seines Jenaer Studienfreundes Johann Smidt, des späteren Bremer Bürgermeisters, an, in dessen Haus in Bremen und im Kreise seiner Familie zu wohnen. Er bereitete sich dort zwei Jahre lang auf den formellen Abschluß seines Studiums, und zwar an der Universität Göttingen, vor, hielt in Bremen Vorträge in einem pädagogisch interessierten Frauenkreis, unterrichtete Mathematik an der Bremer Domschule, bereitete einen Bremer Studenten auf sein Studium vor und nahm am kulturellen Leben Bremens teil.

Im Oktober 1802 legte er dann in Göttingen mit Erfolg seine Promotionsprüfung in Form einer Disputation über zehn von ihm formulierte philosophische Thesen vor und – man höre und staune – am folgenden Tag das Habilitationskolloquium über zwölf Thesen, darunter auch einige pädagogische, ab. Die Zusage, diese Thesenreihen zu Abhandlungen auszuarbeiten und gedruckt vorzulegen, wurde ihm später erlassen, da er inzwischen mehrere philosophische und pädagogische Publikationen, vor allem zum Problem der Elementarmethode bei Pestalozzi, veröffentlicht hatte.

Seit dem Wintersemester 1802/03 hielt Herbart dann als Privatdozent der Philosophie Vorlesungen und Kolloquien an der Universität Göttingen über Logik, Metaphysik und Ethik, nicht zuletzt aber auch über Pädagogik. Eine dieser Vorlesungen wird später noch zur Sprache kommen.

Nachdem er 1805 Rufe an die Universitäten Heidelberg und Landshut ausgeschlagen hatte, wurde er im gleichen Jahre außerplanmäßiger Professor in Göttingen. 1806 erschien dann sein pädagogisches Hauptwerk, die „Allgemeine Pädagogik", zwei Jahre später seine Moralphilosophie unter dem Titel „Allgemeine praktische Philosophie". In diesem Jahr, 1808, erhielt er einen Ruf auf jene philosophische Professur an der Universität Königsberg, die Kant innegehabt hatte, formell bis 1801, de facto bis 1796.

Die Berufung nach Königsberg war seitens der damaligen preußischen Regierung, die nach der Niederlage Preußens gegen Napoleon 1806/07 gesamtpolitisch und kulturpolitisch einen Reformkurs einschlug und progressiven Gruppen der liberalen bürgerlichen Intelligenz und des Reformadels ungewöhnliche Wirkungschancen eröffnete, zweifellos mit einer bestimmten Erwartung verbunden, der Hoffnung nämlich, Herbart werde sich dank seines starken pädagogischen Interesses intensiv an jenen pädagogischen Reformbestrebungen beteiligen, die von Ideen der späten Aufklärung, des philosophischen Idealismus und des Neuhumanismus geprägt waren: Parallel zu den politischen Reformen des Freiherrn vom Stein – ich nenne die Stichworte „Bauernbefreiung" und „Aufbau der kommunalen Selbstverwaltungen" – ging es Fichte, Schleiermacher, ab 1809 Wilhelm von Humboldt und seinen Mitarbeitern u.a. um den Aufbau eines umfassenden, qualifizierten Volksschulwesens, eines im Sinne der klassischen Humanitätsidee neu gestalteten Gymnasiums und der Umwandlung der überkommenen Universitäten zu Stätten freier, philosophisch reflektierter Forschung und Lehre einschließlich der offenen Diskussion zwischen Lehrenden und Studierenden.

Herbart hat nun zwar in Beratungsgremien im Rahmen dieser pädagogischen Reformbestrebungen, die freilich nach 1814/15 sehr schnell durch die wieder erstarkende Restauration verdrängt und weitgehend zunichte gemacht wurden, mitgewirkt, und er hat durch die Gründung eines pädagogischen Seminars an der Universität Königsberg einen wichtigen Beitrag zur späteren Weiterentwicklung der Lehrerbildung geleistet. Aber er teilte die Hoffnung der Reformer, eine umfassende Bildungsbewegung im Sinne der Humanitätsidee durch den forcierten Aufbau und die Reform des öffentlichen Schulwesens erreichen zu können, nicht. So ist seine Mitwirkung innerhalb solcher Bestrebungen letztlich halbherzig und ambivalent geblieben.

In der Königsberger Wirkungszeit, in der er eine Engländerin heiratete, entstanden nun mehrere seiner Hauptschriften zur Begründung einer wissenschaftlich exakten Psychologie, die er als Vorstellungspsychologie konzipierte, und zu zentralen Gebieten der Philosophie, etwa der Logik und der Metaphysik, letztere im Sinne einer umfassenden, reflexiven Erkenntnis- und Wissenschaftstheorie.

1833, also mit 57 Jahren, folgte Herbart nach 25jährigem Wirken in der ostpreußischen Provinzhauptstadt einem Ruf als Professor für Philosophie nach Göttingen, also an jene Universität, von der seine wissenschaftliche Laufbahn ihren Ausgang genommen hatte. Zwei Jahre vorher hatte sich Herbarts Hoffnung nicht erfüllt, nach Hegels Tod (1831) als dessen Nachfolger auf den Lehrstuhl für Philosophie an die Friedrich-Wilhelms-Universität in Berlin berufen zu werden. – In Göttingen hat Herbart seine Vorlesungs- und Forschungstätigkeit bis zu seinem Tode im Jahre 1841 fortgesetzt. Nach wie vor war es für den Philosophen Herbart selbstverständlich, weiterhin auch pädagogische Vorlesungen zu halten. Überdies erschien in dieser Zeit sein später viel gelesener, weil in knapper, thesenartiger Form gefaßter „Umriß pädagogischer Vorlesungen" (in 1. Auflage 1835). Außerdem entstand 1832 ein Buchmanuskript unter dem Titel „Pädagogische Briefe oder Briefe über die Anwendung der Psychologie auf die Pädagogik", das allerdings erst nach seinem Tode veröffentlicht wurde.

In die letzten Göttinger Jahre fällt ein politischer Vorgang, der im Zusammenhang mit den liberalen Bestrebungen des sogenannten „Vormärz" steht, eine Krise, die im damaligen Deutschland weit über Göttingen hinaus Beachtung fand und deren Verlauf und Nachwirkungen Herbart erheblich belastet haben. König Ernst August von Hannover hob 1837 die vier Jahre zuvor von fortschrittlich-liberalen Kräften mühsam durchgesetzte neue Verfassung auf. Durch Dekret setzte er die Verfassung von 1819, die deutlich vom restaurativen Geist der Zeit nach dem Wiener Kongreß geprägt war, wieder in Kraft und forderte von allen Beamten seines Territoriums den schriftlichen Eid auf die restaurierte politische Ordnung. Sieben Göttinger Professoren, darunter der namhafte Historiker Dahlmann, der Literaturhistoriker Gervinus sowie die Brüder Jakob und Wilhelm Grimm, beide Germanisten, verweigerten den Eid, veröffentlichten ihren Widerspruch und wurden daraufhin des Landes verwiesen. – Herbart und einige Funktionsträger der Göttinger Universität distanzierten sich vom Vorgehen ihrer liberalen Kollegen und leisteten die vom König geforderte Loyalitätserklärung.

So unbestreitbar die subjektive Redlichkeit der Position Herbarts sein dürfte, sie bestätigt, daß er – wie schon in seiner Schweizer Hauslehrerzeit – bei aller Liberalität in wissenschaftlicher und pädagogischer Hinsicht politisch konservativ eingestellt war; er forderte auch im vorliegenden Falle politische Loyalität gegenüber dem herrschenden Monarchen und die konsequente Trennung von Wissenschaft und Politik, offensichtlich in Verkennung der Tatsache, daß eben diese Auffassung eine politische Entscheidung einschloß.

Die große Wirkung der Pädagogik Herbarts setzte erst zwei Jahrzehnte nach seinem Tode, also seit den 60er Jahren des 19. Jahrhunderts ein, durch jene meist indirekten Herbart-Schüler und, wenn man so will, -Enkel, die sich selbst als Herbartianer bezeichneten und als Psychologie- und/oder Pädagogik-Professoren an Universitäten oder als Lehrerbildner, vor allem im Bereich der Volksschullehrerseminare, wirkten. Sie haben Herbarts Theorien allerdings vielfach verkürzt, schematisiert und dogmatisiert.[8] Aber das ist ein Kapitel, das hier nicht behandelt werden kann.

8 Vgl. Bernhard Schwenk: Das Herbart-Verständnis der Herbartianer. Weinheim 1963. Ders.: Probleme der Herbart-Nachfolge. In: Zeitschrift für Pädagogik 1968, S. 366–382.

3 Wurzeln der entfalteten pädagogischen Theorie Herbarts in den praktischen Erfahrungen während seiner Hauslehrertätigkeit 1797–1799

Vor dem Hintergrund der Lebensskizze Herbarts wende ich mich nun dem Hauptthema meines Vortrages zu, dem Verhältnis der praktisch-pädagogischen Erfahrungen Herbarts zur Entwicklung seiner pädagogischen Theorie.

Meine Kernthese lautet: Fast alle zentralen Elemente dieses nicht selten abstrakt-theoretisch anmutenden pädagogischen Systems, das er seit 1802 auszuarbeiten begann, 1806 in seiner „Allgemeinen Pädagogik" zum ersten Mal umfassend und systematisch entfaltete und in seinen späteren pädagogischen Veröffentlichungen ergänzte, z. T. auch modifizierte, haben ihre Wurzeln in den Hauslehrererfahrungen Herbarts und seiner intensiven Reflexion dieser Erfahrungen schon während der zweieinhalbjährigen Tätigkeit im Hause Steigers. Herbart hat diesen Tatbestand in seinen Veröffentlichungen nur selten und auch dann nur beiläufig angedeutet, nirgends aber ausführlich erläutert. Auch in der Herbart-Literatur gibt es bisher nur wenige Ansätze, jenen Zusammenhang gründlich aufzuschlüsseln, und die beiden wichtigsten dieser wenigen Ansätze – sie stammen von Fritz Seidenfaden[9] und Walter Asmus[10] – sind seit einem Vierteljahrhundert nicht weiterverfolgt worden.

Die Quellen, aus denen sich Herbarts Hauslehrerpraxis und seine erfahrungsnahe Reflexion dieser Praxis rekonstruieren lassen, sind erstens seine fünf uns erhaltenen Berichte, die er über seine pädagogische Arbeit für den Altlandvogt Steiger verfaßt hat; leider sind weitere Berichte, deren es vermutlich noch drei bis fünf gegeben hat, verschollen; die zweite Quellengruppe bilden Briefe Herbarts aus den Schweizer Jahren, die er an seine Eltern und vor allem an Freunde aus dem Kreise der „Freien Männer" schrieb und in denen er von seiner Tätigkeit berichtete; schließlich gibt es einen Briefwechsel, den Herbart nach seiner Rückkehr nach Deutschland noch lange Jahre mit seinem Lieblingsschüler Karl Steiger geführt hat. Dieser Briefwechsel wäre eine gesonderte Betrachtung wert. Indessen kann ich schon die Berichte und die Freundesbriefe hier nur in kleinen Ausschnitten zur Sprache bringen.[11]

---

9 Fritz Seidenfaden: Die Pädagogik des jungen Herbart. Weinheim/Berlin 1967. S. 121–138.

10 Asmus: Johann Friedrich Herbart. Bd. I, Viertes Kapitel: Erziehender Lehrer in der Schweiz. S. 108–156.

11 Vgl. meine Edition: J. Fr. Herbart: Hauslehrerberichte und pädagogische Korrespondenz 1797–1807. Eingel. und mit Anm. vers. von Wolfgang Klafki. Weinheim 1966. (Kleine Pädagogische Texte. Bd. 34.)

Im folgenden verwende ich ein *rückschreitendes Verfahren*, um meine Kenntnisse vom Ursprung zentraler Elemente der entfalteten Theorie Herbarts in seiner Hauslehrerpraxis zwar nicht im strengen Sinne bemessen, aber doch hoffentlich hinreichend plausibel machen zu können. In einem *ersten* Schritt skizziere ich ausgewählte Aspekte der ausgearbeiteten systematischen Pädagogik Herbarts, in einem *zweiten* Schritt lenke ich den Blick zurück auf Dokumente aus der Hauslehrerzeit.[12]

3.1 Kernelemente der entfalteten Theorie

Ohne Vollständigkeitsanspruch werde ich vier miteinander vernetzte Theorieelemente herausheben.

Erstens: Herbart rückt in seiner Pädagogik den zu erziehenden bzw. den bildungsfähigen – Herbart sagt auch den „bildsamen" – jungen Menschen *als je einzelnen* ins Zentrum seiner Überlegungen. In dem durch Erziehung angeregten und unterstützten Bildungsprozeß geht es nach seiner Auffassung um die Entwicklung des Aufwachsenden zu einer selbständig denkenden und urteilenden sowie zu einer selbstverantwortlich handelnden Person. Insofern steht Herbart in der Tradition der Aufklärung mit ihrer Überzeugung vom Recht jedes Menschen auf Bildung zur Menschlichkeit, d. h. auf Anregung und Förderung seiner menschlichen Möglichkeiten, und Herbart steht damit auch in der Nachfolge Immanuel Kants, trotz aller Kritik, die er an einigen zentralen Elementen der Philosophie des Königsberger Philosophen, insbesondere auch einigen Kerntheoremen der Moralphilosophie bzw. Ethik Kants (oder in der Sprache jener Zeit gesprochen: „praktischen Philosophie") geübt hat. Einerseits hielt Herbart den berühmten Zentralgedanken dieser praktischen Philosophie, den „kategorischen Imperativ", als einziges Orientierungskriterium für das sittliche Handeln des Menschen nicht für ausreichend; ich zitiere eine der Versionen, in denen Kant diesen Imperativ formuliert hat: „Handle so, daß du die Menschheit, sowohl in deiner Person, als in der Person eines jeden anderen, jederzeit zugleich als Zweck (gemeint ist als Selbstzweck; W. Kl.), niemals bloß als

12 Der wichtigste Bezugstext ist Herbarts „Allgemeine Pädagogik". Vgl. die Textausgabe in dem von Walter Asmus herausgegebenen Band: Herbart: Pädagogische Grundschriften. Düsseldorf/München 1965. S. 9–155. (Pädagogische Texte. Hrsg. von Wilhelm Flitner; es handelt sich um den zweiten von drei Bänden ausgewählter pädagogischer Schriften Herbarts) oder den Band Johann Friedrich Herbart: Systematische Pädagogik. Eingel., ausgew. und interpretiert von Dietrich Benner. Stuttgart 1986, dort S. 71–191.

Mittel brauchtest."[13] Andererseits hat Herbart nicht weniger entschieden an diesem Prinzip als einer *unverzichtbaren formalen* Leitorientierung ethischen Handelns festgehalten.[14] Soviel zum ersten hier bedeutsamen Kerngedanken Herbarts, der Selbstbestimmungsfähigkeit des Individuums als Erziehungsziel.

Zweitens: Die *zweite* Bestimmung klang im Vorangehenden bereits an: Zu einer selbständig denkenden, selbständig urteilenden und selbstverantwortlich handelnden Person kann der junge Mensch durch Erziehung und Unterricht nicht von anderen, also auch nicht von seinen männlichen oder weiblichen Erziehern „gemacht" werden; er muß diese Qualitäten letztlich selbst, d.h. in einem immer stärker selbstgesteuerten Entwicklungsgang in sich hervorbringen. Erziehung und Unterricht können und sollen jeden einzelnen jungen Menschen dazu anregen, ihn durchaus auch „herausfordern", ihm Aufgaben stellen, Hilfen und Gelegenheiten bieten, sein selbständiges Denken und Urteilen hervorzubringen und sich im selbstverantwortlichen Handeln zu erproben, wenn auch zunächst auf die Möglichkeiten des noch nicht Erwachsenen begrenzt. Aber keiner kann einem anderen selbständiges Denken, Urteilen und Handeln „von außen" einflößen, direkt übermitteln, noch weniger ihn dazu zwingen oder manipulieren. An einer Stelle heißt es bei Herbart: „Erziehung würde Tyrannei sein, wenn sie nicht zur Freiheit führte"[15] (1. Bericht, S.41).

Nur wenn man diese Auffassung Herbarts berücksichtigt, ist man dagegen gefeit, Herbarts viel zitierte Theorie des „erziehenden Unterrichts" mißzuverstehen. „Erziehender Unterricht" zielte keineswegs auf direkte Vermittlung sittlicher Verhaltensnormen. Er konnte nach Herbart nicht mehr, aber er sollte auch nicht weniger leisten als jungen Menschen – auf der Basis erster moralischer Elementarerfahrungen, die gewöhnlich außerhalb des Unterrichts im Umgang mit Eltern,

---

13 Immanuel Kant: Grundlegung zur Metaphysik der Sitten (1785/86). Bd. IV der Werkausgabe von Wilhelm Weischedel. Frankfurt a.M. 1964. S.66f.

14 Vgl. dazu die überzeugende Interpretation in der besten neueren Auslegung der systematischen Pädagogik Herbarts durch Dietrich Benner: Die Pädagogik Herbarts. S.140–146, 148.

15 Die Hauslehrerberichte und die pädagogische Korrespondenz Herbarts bis 1807 zitiere ich im folgenden nach meiner Ausgabe „J. Fr. Herbart: Hauslehrerberichte und pädagogische Korrespondenz 1797–1807", setze bei den Berichten aber die entsprechenden Seitenzahlen einer vermutlich leichter greifbaren Edition von Asmus hinzu, die aber nicht die Korrespondenz enthält. Herbart: Kleinere Pädagogische Schriften. Hrsg. von Walter Asmus. Düsseldorf 1964. (Es handelt sich um den ersten Band der in Anmerkung 13 genannten dreibändigen Auswahledition der pädagogischen Schriften Herbarts.) Das Zitat findet man in Klafki: J. Fr. Herbart: Hauslehrerberichte. S.41 (im folgenden abgekürzt Kl. 1966), bei Asmus (im folgenden Asmus 1964) S.28.

anderen Erwachsenen und Altersgenossen gewonnen werden müßten – in prägnanter Weise *positive* und *negative* Beispiele für sittlich gehaltvolle zwischenmenschliche und gesellschaftliche Beziehungen vor Augen zu stellen und ihr eigenes moralisches Urteil herauszufordern: Beispiele etwa für Gerechtigkeit und Ungerechtigkeit, für Wohlwollen oder Mißtrauen usw. Herbart nannte eine solche prägnante Darstellung sittlich relevanter Beziehungen im Unterricht überraschenderweise „ästhetische Darstellung der Welt“: gemeint war die Darstellung der menschlichen Wirklichkeit, vor allem in Dichtung, Geschichte und Religion.[16]

Die praktische Bewährung solcher durch erziehenden Unterricht herausgeforderten Urteile konnte nach Herbart *nicht* im Unterricht, sie mußte in außerunterrichtlichen Realsituationen erfolgen. Hier sollte der Einzelne letztlich auf sich selbst gestellt beweisen, ob er seinen moralischen Urteilen auch in seinem eigenen moralischen Handeln folgt, sie für sich auch gegen widerstrebende Motive *praktisch* verbindlich macht. Pädagogische Hilfen für diese Selbsterziehungsaufgabe bezeichnete Herbart mit einem Begriff, der später und bis heute hin meistens in völlig anderer Bedeutung verwendet wird, nämlich mit dem Begriff „Zucht“. Bei Herbart meint dieser Begriff gerade *nicht* äußere Disziplinierung, sondern eben: Hilfe zur *moralischen Selbsterziehung* des jungen Menschen im Handeln.[17]

Wir können festhalten: Grundsätzlich folgt aus Herbarts Gedanken, daß „erziehender Unterricht“ und „Zucht“ im oben gekennzeichneten Sinne die Entwicklung zur Selbständigkeit durch Anregung und Förderung des Selbst-Denkens, des Selbst-Urteilens und – in Ansätzen – des selbstverantwortlich-Handelns ermöglichen sollte, daß der Bildungsprozeß immer ein je individueller, selbständig vollzogener Vorgang sein muß. Man wird allerdings fragen müssen, ob es Herbart – als jungem Hauslehrer in der Schweiz und später in seiner pädagogischen Theorie – immer überzeugend gelungen ist, dem von ihm selbst so nachdrücklich betonten Prinzip der Selbsttätigkeit des sich entwickelnden Individuums konsequent gerecht zu werden.

Ich komme zu einem *dritten* Kerngedanken Herbarts: Die Herausbildung der Individualität und der Selbsttätigkeit schließen ein, daß junge Menschen jene persönliche, zugleich kognitive und emotionale Einstellung zu ihren gegenständlichen und ihrer zwischenmenschlich-gesellschaftlichen Wirklichkeit entwickeln,

---

16 Vgl. Herbarts Abhandlung „Über die ästhetische Darstellung der Welt als das Hauptgeschäft der Erziehung“, zuerst im Anhang der 2. Auflage seines Buches „Pestalozzis Idee eines ABC der Anschauung“ (1804) erschienen.
S. die Wiedergabe der Abhandlung in: Herbart: Kleinere Pädagogische Schriften. S. 105–120. (Ausgabe Asmus)

17 Vgl. Herbart: Allgemeine Pädagogik. (Ausgabe Asmus) S. 124ff. (Fünftes Kapitel: Zucht)

die wir *Interesse* nennen. Daher schließt Herbarts pädagogische Theorie als wichtiges Teilelement eine Theorie der Interessenbildung ein. Wenigstens zwei Aspekte dieses Theorieelements müssen hier angesprochen werden: Auf der einen Seite geht es Herbart darum, daß junge Menschen durch Unterricht dazu angeregt und befähigt werden, persönliche Interessen*schwerpunkte* zu finden und auszubilden. Auf der anderen Seite erkennt Herbart die Gefahr, daß einseitige Fixierungen auf eine einzige oder sehr wenige Interessenrichtungen die späteren Möglichkeiten des einzelnen hinsichtlich beruflicher, privater und gesellschaftlich-politischer Entscheidungen begrenzen würden. Insofern plädiert er für *vielseitige* Interessenbildung, ohne damit individuelle Schwerpunktsetzungen im Rahmen der Vielseitigkeit ausschließen zu wollen.

Nun zu einem *vierten* und – in unserem Zusammenhang – letzten Aspekt der entfalteten pädagogischen Theorie Herbarts; er schließt an die zweite Bestimmung, also an die Kennzeichnung des Bildungsprozesses als eines je individuellen Vorgangs an.

Alle Hilfen, die erziehende Erwachsene Kindern oder Jugendlichen mit Aussicht auf längerfristige Wirkung geben können, alle pädagogischen Anregungen, Aufgabenstellungen, Anforderungen, Hilfen, Ermutigungen, aber auch Korrekturen, Mahnungen, Kritik, im Extremfall auch Strafen setzen nach Herbarts Auffassung ein Vertrauensverhältnis zwischen den Erziehenden bzw. unterrichtenden Erwachsenen und jungen Menschen voraus, eine menschliche Beziehung, eine, wie Herbart in der Allgemeinen Pädagogik einmal sagt, „Gemeinschaft zwischen dem Zögling und dem Lehrer".[18] Auf der Seite der Erziehenden ist ein solches pädagogisches Verhältnis durch Zuwendung zum jungen Menschen gekennzeichnet, durch die Bemühung, ihn als ein im Entwicklungsprozeß befindliches Individuum in seinen Möglichkeiten, Stärken und Schwächen *verstehen* zu wollen, anders formuliert: durch das Bestreben, jenen *„pädagogischen Takt"* zu entwickeln, dessen fundamentale Bedeutung Herbart schon in seiner ersten Pädagogik-Vorlesung in Göttingen im Jahre 1802 in einer scharfsinnigen, mit Recht als „klassisch" geltenden Argumentation herausarbeitete.[19] Der von Herbart geprägte Begriff „pädagogischer Takt" bezeichnet das unverzichtbare Verbindungsglied zwischen pädagogischer Theorie und pädagogischer Praxis, m. a. W. jenes pädagogische Einfühlungs- und Urteilsvermögen, das der Pädagoge benötigt, um in immer wieder neuen pädagogischen Situationen und im Umgang mit je individuellen jungen Menschen angemessen entscheiden und handeln zu können. Gemeint ist die Fähigkeit des Erziehers bzw. Lehrers, seine pädagogische Grundeinstellung, seine Grundsätze – z. B. das Prinzip,

---

18 Herbart: Allgemeine Pädagogik. (Ausgabe Asmus) S. 28.

19 Herbart: Kleinere Pädagogische Schriften. (Ausgabe Asmus) S. 126ff.

Hilfe zum Selbständig-Werden des jungen Menschen leisten zu wollen – auf *dieses* Mädchen, *diesen* Jungen in *dieser* Situation konkret auslegen und in entsprechende Handlungen übersetzen zu können. Nach Herbart ist dies eine pädagogische Fähigkeit, die man nur in der Praxis erlernen kann, allerdings einer Praxis, der bereits grundsätzliche pädagogische Überlegungen vorausgegangen sein sollten, und einer Praxis, die vom Praktiker immer wieder neu reflektiert werden müsse.

3.2 Ursprünge in den Hauslehrererfahrungen

Ich gehe nun – chronologisch zurückschreitend – zum zweiten Darstellungsschritt des Hauptteils dieses Vortrages über. Darin will ich Belege für meine These vom Ursprung fast aller zentralen Elemente der pädagogischen Theorie Herbarts in seiner Hauslehrerpraxis vorstellen. Dabei kann ich hier aus dem recht umfangreichen Material wiederum nur einige Beispiele auswählen.

Herbart unterrichtete im Hause Steiger zwar vom Beginn seiner Tätigkeit an die drei ihm anvertrauten Söhne – es waren die ältesten der sieben Kinder des Ehepaares –, meistens getrennt, bisweilen aber auch gemeinsam. Gleichwohl konzentrierte er seine pädagogische Arbeit im ersten halben Jahr in Absprache mit dem Vater vor allem auf den ältesten, den 14jährigen Ludwig Steiger, sowohl hinsichtlich des zeitlichen Anteils an den täglichen 4–6 Unterrichtsstunden, die Herbart gab und die durch Zeiten individueller Lernarbeit jedes der drei Jungen ergänzt wurden, als auch hinsichtlich der Unterrichtsvorbereitung und der Nachbesinnung, die Herbart überaus gründlich betrieb. Dabei verstand er seinen Unterricht mit Ludwig, mit dem 10jährigen Karl und dem 8jährigen Rudolf ausdrücklich als einen Suchprozeß, als eine Folge von Versuchen, um herauszufinden, wo die Interessen seiner Schüler lagen, ihre Ansprechbarkeit, ihre Stärken und Schwächen. Inhaltlich war der Rahmen, weitgehend auf Herbarts Vorschläge hin, mit dem Altlandvogt abgesprochen worden: Latein und Griechisch, und zwar von Anfang an vor allem auf die Lektüre von Texten, nicht auf formalen Sprach- und Grammatikunterricht abgestellt; „deutscher Stil" – heute würden wir von mündlicher und vor allem schriftlicher Sprachgestaltung sprechen; Religion, Geographie und Geschichte, Mathematik und Naturwissenschaften, darüber hinaus Musik, vor allem Klavierunterricht. Aber die Einzelheiten, die zeitliche Reihenfolge der Fächer, die überdies nicht immer strikt voneinander getrennt wurden, die Auswahl der Themen bzw. Texte, das alles blieb vorwiegend Herbart und – im eben skizzierten Rahmen – dem von den Schülern bekundeten oder von Herbart im Unterricht erkundeten Interesse überlassen. Herbart legte dabei keinen vorweg im Detail fixierten Stundenplan zugrunde, er arbeitete also nicht im 45-Minuten-Takt mit ständig wechselnden

Fächern. Vor allem konzentrierte er sich über längere Perioden – Wochen oder auch Monate lang – vorwiegend auf wenige Unterrichtsbereiche und innerhalb ihrer noch einmal meistens auf einen Schwerpunktbereich, also z. B. die Lektüre von lateinischen oder griechischen Autoren, die Geschichte, die Chemie, die Mathematik. Er erteilte also Epochenunterricht.

Ich versuche nun, einige Einblicke in seine Berichte aus jener Zeit unter den Gesichtspunkten „Konzentration auf den individuellen jungen Menschen", „Hilfe zum selbständigen Lernen und Interessenbildung", „Erziehender Unterricht" und „Aufbau eines Vertrauensverhältnisses zwischen Lehrer und Schüler im Unterricht und über den Unterricht hinaus" sowie unter dem Aspekt des „pädagogischen Takts" als Grundeinstellung und ständiger pädagogischer Selbstbildungsaufgabe des Erziehers zu geben. Dabei handelt es sich um miteinander zusammenhängende Momente, sie kommen in den folgenden Zitaten also meistens nicht streng gesondert, vielmehr in wechselnden Kombinationen und mit situationsspezifischen Akzenten zur Sprache.

In einem Brief vom Februar 1797, als Herbart noch von Jena aus mit dem Altlandvogt Steiger über die Annahme der Hauslehrerstelle korrespondierte, schreibt der damals Zwanzigjährige über seine Wunschvorstellung hinsichtlich der Beziehung zu den drei Jungen:

> „Um die Gesellschaft der Diszipel" – also um den Umgang mit den drei Jungen – „auch außer den Lehrstunden würde ich selbst sehr bitten. Es sollte meine höchste Freude sein, ihnen noch etwas mehr als bloßer Lehrer werden zu können. Durch 4 bis höchstens 6 eigentliche Lehrstunden, verbunden mit einiger Anleitung und Nachhilfe bei den eignen Übungen, welche die Zwischenstunden ausfüllen werden, hoffe ich sie für den ganzen Tag, die Erholungsstunden abgerechnet, beschäftigen zu können. Auch die letztern würde ich gern manchmal mit ihnen teilen, um mehr ihr Freund als ihrer Aufseher zu sein. Nur möchte ich sie nicht gern so sehr an meine Gegenwart binden, daß sie sich dadurch gedrückt fühlten, an einer freien Äußerung ihrer Kräfte und Neigungen gehindert, oder gar verleitet würden, Schleichwege zu suchen, um sich der Aufmerksamkeit ihres Wächters zu entziehen; wovon mir so manche traurige Beispiele aus eigner Erfahrung bekannt sind" (Kl. 1966, S. 25).

Die folgenden Zitate aus den Berichten und Briefen Herbarts zeigen, wie er immer wieder neu versuchte, die individuelle Eigenart seiner Schüler zu ergründen, wobei er diese Eigenart nicht als statisch vorgegebene Anlage oder als Ausdruck genetisch fixierter Begabungen verstand, sondern im Sinne eines insbesondere in der Kindheit und Jugend offenen Entwicklungsprozesses, der entscheidend von den Situationen und Erfahrungen abhängt, die junge Menschen unter ihren jeweiligen Lebensbedingungen mit der gegenständlichen Welt und mit den ihnen begegnenden Menschen, nicht zuletzt auch mit ihren Erziehern, machen. In Herbarts Sicht war dabei die Verarbeitung der Erfahrungen durch die jungen Menschen entscheidend, und er beobachtete daher aufmerksam ihre Ansprechbarkeit oder Nichtansprechbarkeit auf bestimmte Angebote, Anforderungen und Aufgaben, Symptome sich andeutender Interessen oder Reaktionen des Desinteresses, die Auffassungs- und Konzentrationsfähigkeit in der jeweiligen Phase des individuellen Entwicklungsweges.

Im ersten erhaltenen Bericht Herbarts an den Altlandvogt Steiger vom November oder Dezember 1797, also etwa ein halbes Jahr nach Beginn seiner Tätigkeit, berichtet er u. a. über einige Versuche mit Ludwig, griechische Texte zu lesen. Aber Ludwigs Vorkenntnisse hätten sich als äußerst oberflächlich und dürftig erwiesen – Herbart sagt das ohne moralischen Vorwurf –, vor allem aber hätte Ludwig den betreffenden Text, Xenophons romanhafte Darstellung der Erziehung eines persischen Königssohns „langweilig", und er selbst, Herbart, ihn „unnütz" gefunden. Herbart schreibt nun, er wolle neue Versuche, Ludwig für griechische Lektüre zu interessieren, auf später verschieben, und er begründet das folgendermaßen:

> „Das Griechische rechne ich zwar zu den wesentlichen Kenntnissen jedes Menschen, der Zeit und Gelegenheit hat, sich vollständig zu bilden; aber wenn man, wie *Ludwig*, schon viele Zeit verloren hat, und wenn man denkt und fühlt, wie er, so zweifle ich, daß es das Erste und Nächste sei. Ich würde damit eilen, wenn *Ludwig* Sinn hätte für den hohen Wert, der dem griechischen Geiste, der griechischen Poesie besonders, eigentümlich ist; oder wenn es leicht wäre, ihm jetzt diesen Sinn zu geben, oder wenn ich nicht hoffte, ihm denselben noch künftig, zu einer Zeit, wo es gerade nötig sein wird, einzuflößen. Jetzt möchte ich, ohne etwas im voraus zu bestimmen, warten, bis *Ludwigs* nähere Bedürfnisse" (d. h. seine gegenwärtigen, aktuellen Bedürfnisse; W. Kl.) „weniger drängen, bis sie Zeit übrig lassen zu einem, seinen jetzigen Arbeiten fremden, ganz neuen Studium, denn so sehe ich für ihn das Griechische an" (Kl. 1966, S. 33f.; Asmus 1964, S. 21).

Dann aber heißt es:

> „Er verspricht sich jetzt Nutzen von der Mathematik und findet Freude an den Naturwissenschaften. Trotz des vielen Mißlingens experimentiert er doch für sich und fordert mich dazu auf. Daß ich dabei nicht auch in den Handgriffen sein Lehrer sein kann, dafür hoffe ich Nachsicht; denn ich hatte nicht, wie er, das seltene Glück, mir diese Geschicklichkeit in meiner Jugend erwerben zu können. Übrigens ist mir das Mißlingen gar nicht leid. Es lehrt ihn, wie schwer es sei, auch die richtigsten Theorien recht und mit Erfolg anzuwenden. An seine jetzigen verunglückten Versuche werde ich ihn einst erinnern können, wenn unter uns von den Theorien über die Staatsverfassungen oder dergl. die Rede sein wird. Unsere Versuche werden uns aber auch endlich glücken; das wird ihn wieder überzeugen, daß man aus dem Mangel des Erfolgs bei unvorsichtiger Anwendung nicht auf die Unrichtigkeit einer Theorie

schließen dürfe. So, hoffe ich, können diese Experimente etwas dazu beitragen, ihm den wachsamen Untersuchungsgeist zu geben, der neue Ideen und alte Erfahrungen gleich unparteiisch schätzt und prüft" (Kl. 1966, S. 34; Asmus 1964, S. 218).

Danach bittet Herbart den Altlandvogt, Ludwig und ihm jeweils irgendeinen monatlichen Betrag für die Materialien zu solchen chemischen Versuchen zu bewilligen, und zwar für den Schüler und den Lehrer einen gleich hohen Betrag.

„Er könnte dann nach eigner Lust und eigner Erfindung sich selbst üben; und das würde seine Liebe zur Wissenschaft und seiner Aufmerksamkeit auf ihre Lehren befördern; ich machte von meinem Anteile diejenigen Versuche, die ich vorzüglich wichtig und zur Erläuterung des Vortrages" (also systematisch aufgebauter, von Herbart strukturierter Lehrgangssequenzen mit Demonstrationsexperimenten; W. Kl.) „nötig finde. Unvorsichtigkeiten, Zerbrechen der Gefäße usw. muß jeder aus seinem eigenen Vermögen ersetzen. Über jenes von Ihnen ausgesetzte Geld aber würden wir beide monatliche Rechnung ablegen. Die Zeit, welche ihn die Versuche kosten, habe ich bisher weniger einschränken zu dürfen geglaubt, weil sie noch eine Art von Arbeit für ihn sind; je leichter und angenehmer sie ihm aber werden, desto mehr wird er sie" (später; W. Kl.) „als Erholung ansehen müssen" (Kl. 1966, S. 34; Asmus 1964, S. 22).

Herbart ließ nun durchaus offen, ob es sich bei der damaligen Ansprechbarkeit Ludwigs auf einige naturwissenschaftliche Fragen und das Experimentieren nur um ein vorübergehendes Phänomen oder bereits um die Anfänge eines dauerhaften Interesses handle. Umso mehr unterstützte Herbart Ludwigs Wunsch, an privaten Vorlesungen eines Berner Pfarrers über Naturgeschichte teilnehmen zu können, und er bat Ludwigs Vater um sein Einverständnis. Nachdem er in dem Bericht mehrere Gründe dafür genannt hat, heißt es: „Was bei weitem am meisten Gewicht hat, – jetzt wünscht er es. Dieser Wunsch dürfte, wenn er jetzt nicht festgehalten wird, künftig kaum wiederkehren." Herbart schließt diese Passage mit der Bemerkung: „Eigene traurige Erfahrung läßt es mich täglich bedauern, daß man in meiner Jugend auf solche Wünsche so wenig Rücksicht nahm" (Kl. 1966, S. 35; Asmus 1964, S. 22).

Wie sensibel der junge Hauslehrer sich im übrigen die damalige psychische Gesamtsituation Ludwigs zu verdeutlichen versuchte, zeigt folgende Charakteristik:

„Im Ganzen genommen, soweit ich *Ludwig* bis jetzt kenne, glaube ich, man müsse alle Hoffnung auf seinen Verstand gründen. Er ist vielleicht zu gesund, fühlt sich zu wohl, hat ein zu fröhliches Temperament, um, bis jetzt, zarter Empfindlichkeit, Innigkeit, Reizbarkeit, fester Anhänglichkeit an irgendeinen Menschen oder eine Wissenschaft oder einen Lieblingsgedanken Raum in seinem Herzen zu lassen. Dadurch ist er gewiß gegen jede denkbare Art von *Schwärmerei*, sie sei, welche sie wolle, völlig gesichert. Dagegen ist er heftig in seinen Begierden und nicht gewohnt, sich ihnen selbst freiwillig zu widersetzen; bei seinem schnell heranwachsenden Körper fürchte ich

> daher nach ein paar Jahren von der Seite der tierischen Sinnlichkeit einen gewaltigen Sturm. Sich selbst überlassen, würde er durch diese Lebhaftigkeit der Begierden ein *Egoist*, und da sein natürlicher Verstand weder durch Liebe, noch Ehrgeiz, noch Wißbegierde, noch irgendeine andere herrschende Neigung dieser Art verdunkelt würde, ein sehr *kluger, überlegter, konsequenter* Egoist werden. Durch eine Leitung hingegen, wie sie sein sollte, ließe sich eine solche Disposition zu der vortrefflichsten Vielseitigkeit des Interesse, zur hellsten Klarheit des Verstandes, – eben wegen jener Freiheit von allen bestimmteren Neigungen und aller Schwärmerei, – und zu einer großen Energie des Charakters, – wegen des wahrscheinlich bevorstehenden harten Kampfes mit der Sinnlichkeit, – endlich wegen seines heitern Temperaments zu einer glücklichen Empfänglichkeit für Freuden aller Art ausbilden. Aber welche unendlich schwere Aufgabe! Man müßte ihn doch irgendwo fassen können, um ihn zu führen! Man muß doch Wind haben, um zu segeln! Man bedarf doch einer Triebfeder, um Tätigkeit hervorzubringen! Da sich in ihm solche Triebfedern nicht regen und da die Geschenke des Glücks ihn den Sporn äußerer Verhältnisse, der Kinder dürftiger Eltern oft so mächtig vorwärts treibt, nicht fühlen lassen, – was bleibt übrig als sein Verstand, – als das *leidende* Vermögen, aufzunehmen, was man ihm langsam, und vorher wohl verarbeitet, darreicht, – und die Hoffnung, daß an diesem schwachen Funken sich einst *tätiges* Selbstdenken und das Streben, seinen *Einsichten* gemäß zu *leben*, entzünden werde? Diese Hoffnung stärkt bei mir das sichtbare Wachsen seiner Aufmerksamkeit, seitdem ich mich mit ihm beschäftige" (Kl. 1966, S. 35f.; Asmus 1964, S. 23).

Die Folgerung, die Herbart aus seiner pädagogisch-psychologischen Deutung der generellen psychischen Situation Ludwigs und speziell seiner Lernsituation zu jenem Zeitpunkt zog, zeigt deutlich, daß er damals bereits auf dem Wege zu seiner Theorie des erziehenden Unterrichts und seiner Voraussetzungen war: Im Kontrast zu seinen Vorschlägen, Ludwigs damaliges Interesse für die Naturwissenschaften nachdrücklich zu unterstützen und zu fördern, müsse er, Herbart, den Altlandvogt „noch für lange Zeit um Aufschub bitten für all das, was unmittelbar auf sein (Ludwigs, W. Kl.) Herz wirken soll. Dahin rechne ich vorzüglich den historischen, religiösen und moralischen Unterricht" (Kl. 1966, S. 37; Asmus S. 24f.). Denn dafür fehlten Ludwig in jener Phase offensichtlich noch die notwendigen Selbst- und Fremderfahrungen, die Aufgeschlossenheit und Ansprechbarkeit für menschlich-moralische Probleme. – Und dann bringt Herbart eine zweite, damals noch fehlende Bedingung für „erziehenden Unterricht" im früher erörterten Sinne zur Sprache: eine hinreichend tiefe Vertrauensbeziehung zwischen Lehrer und Schüler, die über jene Vertrauensebene hinausreicht, die auch ein Unterricht erfordert, der vorwiegend kognitiv strukturierte Themen und entsprechende Fähigkeiten anspricht wie etwa der mathematische oder naturwissenschaftliche Unterricht. Herbart drückt die zu jenem Zeitpunkt in seinem Verhältnis zu Ludwig noch fehlende Bedingung für einen Unterricht, der personale Selbstreflexion erfordert und zur Entwicklung moralischer Überzeugungen beitragen könnte, folgendermaßen aus: „Er liebt mich noch nicht; ich kann zu wenig in seine Art, sich zu vergnügen, einstimmen und bin ihm noch durch meinen Unterricht" – gemeint sind hier vermutlich Herbarts vorsichtige Versuche, historische, religiöse und moralische Probleme anzusprechen – „mehr lästig als angenehm. Solange er mich nicht liebt, wage ich nur selten, mein Urteil zu äußern, und mag mich nicht als immer wachsamer Sittenrichter bei ihm eindrängen" (Kl. 1966, S. 38; Asmus 1964, S. 26). Unerträglich aber sei ihm, Herbart, der Gedanke, daß er

> „Ludwig eine Pflicht auf eben die Weise begreiflich machen sollte, wie jetzt einen mathematischen Satz. Bei den letztern" – also mathematischen Sätzen – „schreckt es mich nicht, die gleiche Sache drei Tage und länger nach der Reihe vorzutragen und ihn so viele vergebliche Versuche machen zu lassen, bis es ihm endgültig gelingt, den Vortrag recht aufzuschreiben. Wenn aber der Begriff einer Pflicht ebenso viele Anstrengungen brauchte, um sich in Ludwigs Kopfe einen Platz zu verschaffen, wie könnte sie noch Kraft genug behalten, auf das Herz zu wirken? … Ludwig würde es nicht leisten können; wir würden gegeneinander bitter werden, und unser bisheriges gegenseitiges Wohlwollen würde sich in ein unerträglich drückendes Verhältnis verwandeln. Anstatt die ganze Schwere der Pflicht sich selbst freiwillig aufzuerlegen …, in dieser Herrschaft über sich selbst seine wahrste Größe zu finden, würde er den Lehrer, der das von ihm verlangte …, als den ärgsten, ungerechtesten aller Tyrannen ansehen" (Kl. 1966, S. 39f.; Asmus 1964, S. 26).

An dieser Stelle kann ich auf die weitere Entwicklung des Verhältnisses Herbarts zu Ludwig Steiger nicht mehr eingehen. Politische Ereignisse im Gefolge der Nachwirkungen der Französischen Revolution und im Zusammenhang der ersten Napoleonischen Kriege führten nämlich zuerst zu einer abrupten Veränderung: Mit französischer Unterstützung gab es in den ersten Tagen des Jahres 1798 in einigen Schweizer Kantonen Aufstandsbewegungen gegen die herrschenden, ständisch-aristokratischen Verfassungen. Auch in Bern wurde die Situation kritisch, man befürchtete den Einfall der Aufständischen oder der französischen Truppen. Zur Abwehr wurden in Bern u. a. freiwillige Kompanien aufgestellt. Der 15jährige Ludwig erhielt in diesen ersten Januartagen wie etliche Altersgefährten aus den „regierenden Familien" Berns von seinem Vater die Erlaubnis, sich zum Wehrdienst zu melden, ohne daß der Landvogt darüber vorher mit Herbart gesprochen hatte. Ludwig nahm nun nur noch sozusagen „auf Abruf" am Unterricht teil, und wenige Wochen später trat er voll in eine Scharfschützenkompanie ein.

Herbart muß seinen zweiten, uns erhaltenen Bericht an den Altlandvogt noch vor diesem Einrückungsdatum geschrieben haben (Kl. 1966, S. 47ff.; Asmus Asmus 1964, S. 32f.). Es ist ein Dokument tiefer Enttäuschung. Erstens hielt Herbart die Entscheidung des Vaters für falsch, weil er sie als gefährlich für Ludwigs weitere Entwicklung einschätzte – ein Urteil, das er später z. T. revidierte; zweitens empfand er es als Vertrauensbruch, daß der Landvogt ihn nicht vor seiner Entscheidung konsultiert hatte; drittens aber hatte Herbart sich in Abstimmung mit dem Ehepaar Steiger erst kurz vor diesen Ereignissen entschlossen, sich auf eine längerfristige, nämlich 8- bis 10jährige Hauslehrertätigkeit einzustellen und sukzessiv offen-flexible Erziehungskonzepte für jeden der drei Jungen bis zum Ende ihrer Erziehungsbedürftigkeit als Jugendliche zu entwickeln und dann zu verwirklichen.

Nach dem baldigen Ende jener militärischen Affäre kehrte Ludwig ins Elternhaus zurück und wurde weiterhin von Herbart unterrichtet, sehr bald aber nur noch in begrenztem Umfang, gewissermaßen in einem „Ergänzungsunterricht", weil der Vater ihm den Eintritt in eine berufliche Ausbildung im Forstwesen erlaubte. Das Verhältnis zwischen Herbart und dem Altlandvogt stabilisierte sich in den folgenden Monaten wieder, so daß Herbart bereits im Sommer 1799 wieder zu seinem Vorhaben einer langfristigen pädagogischen Tätigkeit in der Familie Steiger zurückfand. Wir wissen bereits, daß Herbart dieses Vorhaben gegen Ende des Jahres 1799 aus ganz anderen Gründen endgültig aufgeben mußte.

Während also das pädagogische Verhältnis zu Ludwig vor und nach der Militäraffäre insgesamt zwar als hinreichend positiv, aber ohne besonderen persönlichen Tiefgang eingeschätzt werden darf und so auch von Herbart eingeschätzt worden ist, möchte ich nun noch die ungewöhnliche Intensität der pädagogischen Beziehung charakterisieren, die sich seit dem Anfang des Jahres 1798 zwischen Herbart und dem zweitältesten Sohn Steigers, dem damals 11jährigen Karl, entwickelte. Hier ist es leider nicht möglich, diesen Prozeß anhand der uns zugänglichen Dokumente genauer nachzuzeichnen. Vielmehr charakterisiere ich nur zwei Höhepunkte, die zwar mit Sicherheit nicht repräsentativ für den größten Teil des alltäglichen Unterrichts gewesen, die aber doch die Tiefendimension dieser Beziehung zeigen, fruchtbare Momente im Bildungsprozeß im Sinne Friedrich Copeis.[20] Unüberhörbar klingen in Herbarts geradezu enthusiastischer Darstellung solcher pädagogischer Sternstunden auch homoerotische Momente an, ohne daß es irgendeinen Hinweis gäbe, homosexuelle Beziehungen zu vermuten.

Ich zitiere aus zwei Briefen Herbarts vom September 1799, also aus der letzten Phase seiner Hauslehrertätigkeit. In einem dieser Briefe schildert Herbart ein Erlebnis aus dem Griechisch-Unterricht mit Karl. Herbart las mit ihm den Platonischen Sokrates-Dialog „Euthyphron" über die Frage „Was ist Frömmigkeit?". Nach einigen einleitenden Sätzen Herbarts über die Anfangspassagen des Dialogs heißt es:

> „Sokrates war eben daran, seinen Euthyphron (den Plato ein wenig zu pinselhaft schildert) das Resultat ziehen zu lassen. „Welches ist denn ...", fragt jetzt Sokrates,

20 Friedrich Copei: Der fruchtbare Moment im Bildungsprozeß. 9. Aufl. Heidelberg 1969.

„das über alles herrliche Werk, zu welchem die Götter sich unserer Hilfe bedienen?" Der alberne Euthyphron fällt noch einmal vom Gipfel der Forschung und läuft dann ungeduldig fort.
Wir sehn ihm nach – und sinnen über das Rätsel, was Plato nicht weiter auflöst. „Die Schöpfung – kann es nicht sein," sagte Karl, „dazu brauche Gott nicht die Hilfe der Menschen." „Ist denn das das herrlichste Werk Gottes?" fragte ich. – Sinne nach. Wozu diese Erde? – Seine Augen wurden heller, glänzender, – die Menschen – Bildung der Menschen – dazu sollen wir helfen. Wir fanden es zusammen. Er war ganz verklärt. So strahlte es ihm nun auf einmal in die Seele, wovon ich ihm dann und wann nur dunkel geweissagt hatte; – dies Resultat seiner ziemlich mühsamen Arbeit, denn noch wird ihm Plato nicht leicht. Ich brauche von einem noch nicht 12jährigen Knaben wohl kaum zu sagen, daß dieser Dialog sein erster war. – Jetzt kam er meiner Entwicklung, meiner Anwendung, meiner Annäherung an ihn, entgegen, ich umarmte ihn, dann hing er sich an mich, wir liefen zum Tor hinaus, liefen dreimal schneller als sonst, – die Sonne ging unter – strahlte von den Schneebergen zurück – wir sprachen von Gott, – von den Sonnanbetern, – scherzten, lachten, – sahen die Schneeberge sterben, dachten der Auferstehung, – ich dachte des Augenblicks, wo ihn dieser Gedanke entzücken wird."

Und nun kehrt der ins pädagogische Schwärmen geratene Briefschreiber in die Banalitäten des Alltags zurück, indem er wohl auch mit einem Schuß Selbstironie, den Brief mit dem Satz schließt:

„ ... ach, es läutet zum zweitenmal, ich muß zum Essen herunter" (Kl. 1966, S. 74f.).

In einem anderen Brief an den Studienfreund Johann Smidt, den bereits einmal erwähnten, später berühmten Bremer Bürgermeister, schreibt Herbart zunächst, daß die Erziehungstätigkeit recht oft der mühseligen Arbeit eines Schatzgräbers gleiche. Dann aber fährt Herbart fort:

„... viel öfter pflege ich der Liebe – einer Liebe, die besonders seit einem halben Jahre, zuweilen ihr Gefäß etwas zu voll füllt, zuweilen mit dem ernsten Verhältnisse des Lehrers sonderbar kontrastiert. Mein Carl ist ein so verständiger – schöner, – guter, – inniger Junge, daß mein Arm nun schon unwillkürlich sich um ihn schlingt, daß ich ihn nicht gut anders als an meiner Brust liegend neben mir sitzen lassen kann, daß die rixae amantium (Umarmungen der Liebenden; W. Kl.) sich meistens mit Küssen endigen, daß ich manchmal nicht nur pro forma mit ihm zum Knaben werde, – dagegen muß er denn auch mit mir Mann sein, den Homer nicht nur, sondern den Sophokles und Plato mit mir teilen – und da beginnt dann erst mein Fest, wenn ich sehe, daß ihm die Sprachen nicht gar schwer, aber der Sinn noch viel leichter wird – wenn ich ihn den Dichter zuweilen auf einmal anstaunen – die Wendungen der Untersuchungen vorher raten, – das Resultat in seinen Augen glänzen sehe. Freilich haben wir vom Sophokles und Plato nur erst von jedem ein Stück gelesen – ..." (Kl. 1966, S. 75f.).

Schon in meinem biographischen Abriß habe ich erwähnt, daß Herbart wenige Monate später seine pädagogische Praxis im Hause Steiger abbrechen mußte. Dieser Entschluß ist ihm nur dadurch etwas erleichtert worden, daß zunächst zwei Freunde aus dem Bund der Freien Männer, die weiterhin in der Schweiz blieben, und danach ein pädagogisch engagierter Theologiekandidat aus Bremen seine Nachfolge in Bern antraten. Herbart hat dann bis 1802 mit Karl Steiger im Sinne von Berichten und pädagogischer Beratung korrespondiert, ihn dann seit dem Wintersemester 1803/04 in Göttingen als Studenten der Rechtswissenschaft und Philosophie wieder direkt betreut, und er ist später noch lange in freundschaftlichem Briefkontakt mit ihm geblieben. Karl Steiger hat die hohe Bedeutung, die die Begegnung mit Herbart als Erzieher und Lehrer für seinen gesamten Lebensweg gehabt hat, auch später mehrfach nachdrücklich und dankbar bekundet.

Herbart aber schrieb seinem früheren Schüler in einem Brief aus dem Jahre 1806, daß er ihm – also Karl – in gewisser Weise seine Allgemeine Pädagogik „verdanke" (Kl. 1966, S. 134).

4 Abschließende Bemerkungen

Ich hoffe, daß ich Ihnen erstens mit meinem Vortrag den Namenspatron dieser Schule ein wenig näher bringen konnte, sofern es dessen bedurfte; daß es zweitens gelungen ist, Wurzeln zentraler Elemente der systematischen pädagogischen Theorie Herbarts in seiner ungewöhnlich engagierten Hauslehrerpraxis zu verdeutlichen und drittens dazu anzuregen, heutige Erziehungs- und Schulprobleme im Lichte pädagogischer Fragestellungen Herbarts – Individualitätsbildung, Interesse, erziehender Unterricht, Vertrauen und pädagogischer Takt – erneut zu durchdenken.

Der Schule wünsche ich eine gelingende Festwoche als Auftakt eines neuen Jahres fruchtbarer pädagogischer Entwicklung

2 Theodor Litt und Herman Nohl 1925–1960

Zur Entwicklung ihrer Freundschaft. Eine Korrespondenz-Analyse

W. Klafki, *Pädagogisch-politische Porträts*, Neuere Geschichte der Pädagogik, https://doi.org/10.1007/978-3-658-26751-3_3

1 Zum historischen Hintergrund des Briefwechsels zwischen Litt und Nohl: Quellenlage und Forschungsstand

Der Tatbestand, dass es zwischen Theodor Litt und Herman Nohl mindestens seit dem letzten Drittel der zwanziger Jahre des 20. Jahrhunderts einen über nahezu dreieinhalb Jahrzehnte andauernden Briefwechsel gegeben hat, ist soweit ich sehe, bisher in der Literatur nur sporadisch angesprochen worden. Selbst in Elisabeth Blochmanns eindrucksvoller, feinfühliger Nohl-Biografie[1] kommen zwar einige wichtige Aspekte dieser Beziehung zur Sprache; aber der relativ kontinuierliche Gesamtprozess dieser Beziehung, die vor allem in Briefen und Postkarten und der wechselseitigen Zusendung vieler Publikationen beider zum Ausdruck kommt, ist von Frau Blochmann nicht dargestellt, besser: dessen Nachzeichnung von ihr auch nicht angestrebt worden.

Das Vorhaben, diesen Korrespondenz-Prozess der beiden Philosophen und Pädagogen in seinen drei Hauptphasen – während der zweiten Hälfte der Weimarer Republik, der Zeit der nationalsozialistischen Herrschaft und den anderthalb Jahrzehnten der Entwicklung der Bundesrepublik Deutschland – nachzuzeichnen und sowohl hermeneutisch zu interpretieren als auch kritisch zu kommentieren, stößt allerdings an deutliche Grenzen:

- Auf der Seite Litts liegen zwar 73 Briefe und Postkarten – beginnend mit einem Brief Litts vom 24.6.1927 – vor; allerdings fehlen, ohne ermittelbare Gründe, entsprechende Dokumente aus den Jahren 1928, 1930, 1936, 1939 und 1946 sowie für die Spanne zwischen dem 15.1.1956 und dem 6.3.1958. Das letzte Dokument ist eine Postkarte Litts an Nohl vom 23.1.1960. Überdies ist dem ersten erhalten gebliebenen Brief Litts an Nohl vom 24.6.1927 zu entnehmen, dass mindestens *ein* vorangehendes Postdokument verloren gegangen sein muss.
- Hinsichtlich Nohls sind insgesamt nur 5 Briefe bzw. Postkarten aus dem Zeitraum zwischen dem Ende des Jahres 1940 und dem Jahr 1955 erhalten. Die Gründe für die großen Lücken habe ich nicht ermitteln können.[2]

1 Elisabeth Blochmann: Herman Nohl in der pädagogischen Bewegung seiner Zeit 1879–1960. Göttingen 1969. – Zu Litt vgl. bes. S. 171f. und S. 176f.

2 Auch in Frau Blochmanns Buch findet man keine Angaben oder Vermutungen über Ursachen für den Verlust der Briefe und Karten Nohls an Litt. Glücklicherweise lassen sich manche Informationen über Inhalte der verloren gegangenen Brief- und Karten-Dokumente Nohls aus Litts postalischen Quellen erschließen.
Alle Nohl und Litt betreffenden Quellen befinden sich in der Handschriftenabteilung der Niedersächsischen Staats- und Universitätsbibliothek Göttingen. – Die Dokumente

Auch die Frage, seit wann es Kontakte zwischen Nohl (7.10.1879–26.9.1960) und Litt (27.12.1880–16.7.1962) gegeben hat, lässt sich nach der bisherigen Quellenlage nicht klar beantworten. Mit hoher Wahrscheinlichkeit hat es vor dem Ende des Ersten Weltkrieges keinerlei Begegnung zwischen ihnen gegeben. Möglicherweise sind beide sich in den frühen 20er Jahren auf größeren pädagogischen oder philosophischen Tagungen begegnet; aber auch dafür sind bisher m. W. keine Belege gefunden worden. Sicher ist, dass Litt und Nohl mindestens seit den Jahren 1924 oder 1925 erste intensivere Gesprächskontakte hatten, und zwar im Zusammenhang mit der Planung und der Gründung der Zeitschrift „Die Erziehung".

2 Die Gründung der Zeitschrift „Die Erziehung"

Initiatoren dieser Gründung waren, wie wir aus vorliegenden Originalquellen (vorwiegend Briefwechseln und gedruckten Dokumenten) wissen[3], Wilhelm Flitner und Aloys Fischer und auf deren Anregungen hin besonders Eduard Spranger. Spranger gewann dann Litt als weiteren Herausgeber, und Flitner konnte Spranger gegen dessen anfängliche Bedenken dazu bewegen, auch Nohl in den Herausgeberkreis aufzunehmen.[4] In die Planungsphase ist der Besitzer des Verlages Quelle & Meyer, Dr. Heinrich Meyer, der wohl zu den Mit-Initiatoren der Gründung der Zeitschrift gezählt werden muss, hinsichtlich finanzieller und verlagstechnischer Aspekte öfters einbezogen worden.

Flitner hat den Planungsprozess in seiner Biographie „Erinnerungen 1889–1945" geschildert[5], und Ernst H. Ott hat in seiner von Otto-Friedrich Bollnow angeregten

Litts sind in Kopien auch im Litt-Archiv der Erziehungswissenschaftlichen Fakultät der Universität Leipzig (Karl-Heine-Str. 22b, 04229 Leipzig) zugänglich.

3 Vgl. die Angaben in der Abhandlung von Ulrich Herrmann: „Die Herausgeber müssen sich äußern." Die „Staatsumwälzung" im Frühjahr 1933 und die Stellungnahmen von Eduard Spranger, Wilhelm Flitner und Hans Freyer in der Zeitschrift „Die Erziehung". In: Pädagogik und Nationalsozialismus. Hrsg. von Ulrich Herrmann und Jürgen Oelkers. Weinheim 1989. S. 281–325, bes. S. 324.

4 Sprangers Bedenken bezogen sich nach Flitners Darstellung darauf, dass Nohl über die pädagogische Reflexion hinaus häufig auf praktische, reformpädagogische Aktivitäten drängte und damit die nach Sprangers Auffassung notwendige reflexive Distanz zur pädagogischen Praxis und ihren z. T. heftigen Kontroversen verlieren könnte.

5 Wilhelm Flitner: Erinnerungen 1889–1945. Paderborn 1986. S. 318–322 (Gründung der Zeitschrift „Die Erziehung" (1933–1936) S. 367–375 und „Ende der Zeitschrift" (1937–1943) S. 371–375.)

Dissertation unter dem Titel „Wilhelm Flitner, die Gründung der Zeitschrift ‚Die Erziehung' und die hermeneutisch-pragmatische Pädagogik" (1971)[6] eine relativ ausführliche, später durch mehrere Aufsätze ergänzte Darstellung der Vorbereitungs- und Gründungsphase und der ersten Arbeitsperiode bis zum nationalsozialistischen Umbruch 1933 sowie die krisenreiche Zeit bis 1936/37 durch Quellenstudien und eine Inhaltsanalyse der Zeitschriftenbeiträge erarbeitet.[7] Jedoch findet man weder genauere Angaben über die Anzahl der Herausgebersitzungen, noch auf die Fragen, ob es solche Treffen regelmäßig, z. B. jährlich einmal oder öfters gegeben hat oder ob regelmäßig Sitzungsprotokolle angefertigt worden sind.

Nun liegt die Vermutung nahe, dass im Verlauf des Briefwechsels zwischen Litt und Nohl auch Fragen oder Probleme der Zeitschrift, z. B. nach Herausgebersitzungen, angesprochen worden sind. Diese Vermutung wird jedoch durch die dokumentierten Briefe und Karten beider nicht bestätigt.

3 Eine Kontroverse zwischen Nohl und Litt 1925–1927

Unter dem Gesichtspunkt der Korrespondenzanalyse, die den Schwerpunkt dieses Beitrags bildet, kommt einer theoretischen Kontroverse zwischen Theodor Litt und Herman Nohl – sowie einer Doktorandin Nohls, Erika Hoffmann, die allerdings im Wesentlichen Nohls Auffassungen wiederholt – insofern besondere Bedeutung zu, als sie den dissonanten Vorklang einer Beziehung bildet, die für beide Philosophen und Pädagogen lebenslang Bedeutung gewinnen sollte. Dass aus jener Kontroverse im Zeitraum von fast 35 Jahren eine Freundschaft, vorwiegend im Medium von Briefen und wechselseitiger Zusendung von Publikationen, werden sollte, konnten sie zu jenem Zeitpunkt selbstverständlich noch nicht voraussehen.

Litt veröffentlichte 1925 eine Schrift zum Thema „Die Philosophie der Gegenwart und ihr Einfluss auf das Bildungsideal"[8]; sie erschien 1927 in überarbeiteter, zweiter und 1930 in nochmals verbesserter Auflage. Nohl rezensierte das kleine Buch Litts in seiner ersten Auflage in der „Deutschen Literaturzeitung" im Jahre 1927.[9] Anlass

6 Ernst H. Ott: Wilhelm Flitner: Die Gründung der Zeitschrift „Die Erziehung" und die hermeneutisch-pragmatische Pädagogik. In: Zeitschrift für Pädagogik 28 (1982) S. 775–784.

7 Ernst H. Ott: Die pädagogische Bewegung im Spiegel der Zeitschrift „Die Erziehung". In: Zeitschrift für Pädagogik 30 (1984) S. 619–632.

8 Leipzig/Berlin 1925.

9 Neue Folge. H. 29. S. 1402–1406.

der Schrift Litts waren die heftigen Kontroversen, die zwischen verschiedenen philosophischen Richtungen, soweit sie wesentliche Beziehungen zu Erziehungsfragen, besonders zum Problem pädagogischer Zielvorstellungen bzw. Bildungsideale aufwiesen, schon in den ersten Jahren der Weimarer Republik ausgefochten wurden, so vor allem – direkt und indirekt – zwischen *(erstens)* „positivistischen" bzw. „psychologistischen", *(zweitens)* „idealisierten" bzw. „logizistischen", an Paul Natorp exemplifizierten und *(drittens)* „lebensphilosophischen" Positionen, die Litt vor allem an Dilthey und seinen „Schülern" verdeutlichte.

Litt machte nun den Versuch, die Wahrheitsmomente der drei genannten philosophisch-psychologisch-pädagogischen Denkansätze herauszuarbeiten, zugleich aber ihre Grenzen hinsichtlich des Anspruchs, in pädagogischer Perspektive „Bildungsideale" und ihre Konkretisierung in pädagogischer Praxis zu begründen, zu bestimmen.

Damit war für Litt die Notwendigkeit deutlich, die begrenzten Wahrheitsmomente der drei skizzierten Positionen nicht einfach nebeneinander stehen zu lassen, sondern sie theoretisch und praktisch aufeinander zu beziehen, m. a. W.: Sie in übergreifenden Synthesen „aufzuheben", also auf einer neuen, vierten Reflexionsebene „dialektisch-reflexiv" zu vermitteln, und zwar angesichts der konkreten historischen Entwicklungsphase der 20er Jahre des vorigen Jahrhunderts. Litt betonte dabei, dass so verstandene dialektische „Synthesen" durchaus unterschiedliche Konkretisierungen, Realisierungsspielräume erlaubten und dass auf dieser Ebene kontroverse Auffassungen und Konzepte pädagogisch legitim seien, sofern sie nicht letztlich doch auf den Anspruch der Alleinherrschaft *einer* der skizzierten Grundpositionen hinausliefen.

Auch hinsichtlich Diltheys als des nach Litts Auffassung namhaftesten und differenziertesten Vertreters der dritten, vorher genannten Position, nämlich der „Lebensphilosophie" und „Lebenspädagogik", vertritt Litt in seinem Text die Auffassung, dass jener die Dichotomie zwischen „positivistischer" und „logizistischer" Philosophie und Pädagogik nicht „auf höherer Ebene" überwinde, „aufhebe", sondern dass er in den meisten seiner Aussagen zum Thema die Spannung zwischen „Leben" und „Idee", Subjekt-Anspruch und Geltungsanspruch „objektiver" Gehalte (Erkenntnisse, ethische Prinzipien, ästhetische Werke) letztlich doch zugunsten der Subjektivität abspanne. Die Polarität zwischen „Subjekt" und „objektivem Gegenstand", „Individuum" und „Gemeinschaft" sowie weiteren vergleichbaren, nach Litt nur dialektisch zu verstehenden Polaritäten, würde letztlich auch in Diltheys Schriften allzu oft zugunsten des Subjekt-Pols „abgespannt".

Damit ist schon angedeutet, dass Litt die Einsicht und damit die Anerkennung einer *vierten* Erkenntnis- und Handlungsdimension für notwendig hält; er nennt sie die „dialektische Lösung". Litt legt sie nun aber nicht als überhistorische, also zeitlos allgemeingültige Lösung des Bildungsproblems aus, sondern als eine im geschichtlichen Prozess immer wieder neu zu bewältigende Aufgabe, in der der Anspruch, das individuelle Interesse der einzelnen Personen (Subjekte) und der jeweiligen „Gemeinschaften" (Gruppen, Parteien usw.) einerseits mit dem „Anspruch" der im historischen Prozess gewonnenen (und in die Zukunft hinein weiter zu gewinnenden) „objektiven Erkenntnisse, ethischen Prinzipien, ästhetischen Werke" andererseits immer wieder neu „vermittelt", im Sinne Hegels „aufgehoben" werden muss.

Die damalige pädagogische Situation kennzeichnete Litt jedoch dahingehend, dass in ihr das subjektive Moment in verschiedenen Varianten, insbesondere in der „Reformpädagogik" vorherrsche, und er folgerte daraus, dass diese Einseitigkeit durch eine stärkere Betonung des objektiven Moments ausgeglichen werden müsse.

Nohl setzte am Schluss seiner Rezension dem aus seiner Sicht unbefriedigenden, abstrakten Lösungskonzept Litts ein scharf formuliertes Urteil entgegen. Ich zitiere daraus wenige Aussagen: Litt betone, ähnlich wie der Kulturphilosoph und Soziologe Georg Simmel (1858–1918), das „Gegenüber von Leben und Idee, die eigentümliche Spannung zwischen der fließenden Bewegung und dem Jenseits beharrender Sinngehalte sei das strukturelle Grundmotiv der geistigen Wirklichkeit" (S. 53). „Aber in der weiteren Darstellung dieses dialektischen Verhältnisses werde nun von Litt [...] die rein dialektische und objektive Haltung verlassen, und eine Polemik tritt an ihre Stelle, die dem Gegner nicht mehr gerecht wird, weil sie ihm seine Substanz nimmt [...]. Aus dem Leben mit seinem Bedeutungsgehalt wird das vitale Leben, aus dem Wesensausdruck wird die Willkür und Selbstherrlichkeit des Subjekts mit seinen Neigungen und Bedürfnissen. Wie denn überhaupt die eigenen Kategorien der Lebensphilosophie (im Sinne Diltheys und Nohls) [...] nicht zu ihrem Recht kommen und der große Sinn dieser Bewegung in Gefahr ist, verloren zu gehen über der nun betonten Sachlichkeit und Objektivität."

Dieses Versagen der Argumentation Litts zeige sich besonders deutlich, ja „brennend", wenn nun das Problem „des Bildungsideals des Deutschen von heute zur Debatte steht, d.h. die eigentümliche Entscheidung, die ich angesichts meiner historischen Wirklichkeit als Ihre Lösung ansehe, wenn ich den dialektischen Kosmos gleichgewichtiger Inhalte gegenüber meinen eigensinnigen [gemeint war wohl: den meiner eigenen Überzeugung entsprechenden; W. Kl.] Schritt tue".

Es kann hier nicht die Aufgabe sein, Recht und Grenze der Kontroverse zwischen Litt und Nohl, die von beiden Autoren nicht direkt fortgeführt worden ist, zu erörtern. Unter dem Gesichtspunkt der Entwicklung eines Freundschaftsverhältnisses zwischen beiden ist m. E. die Vermutung begründet, dass zum Zeitpunkt ihres Disputs im Jahre 1925 von einer solchen Beziehung noch nicht die Rede sein konnte.[10]

1927

Litt an Nohl, 24.6.1927

Der erste, im Original erhaltene Brief Litts an Nohl – er leitete eine Folge von 73 Briefen und Postkarten an seinen Göttinger Kollegen bis zum Januar 1960 ein –, trägt das Datum des 24.6.1927. Dieser Text war höchst wahrscheinlich die zweite, überarbeitete und um einige Seiten erweiterte Auflage seiner Broschüre „Die Philosophie der Gegenwart und der Einfluß auf das Bildungsideal" (Erstauflage Leipzig/Berlin 1925), die Nohl wohl inzwischen erhalten hatte.

Wahrscheinlich hatte Nohl in einem *vor* dem 24.6.1927 verfassten Brief eine Bemerkung über die unbefriedigende Situation hinsichtlich des erziehungswissenschaftlichen Nachwuchses gemacht. Litt bestätigte diese Einschätzung nämlich in seinem Brief und fügte folgende Bemerkung hinzu: Diese missliche Nachwuchslage liege „doch sicherlich am besonderen Charakter der Pädagogik als Theorie".

Ohne diese Einschätzung genauer zu erläutern, fügte er hinzu: Er habe auch „keine Hoffnung auf Besserung", glaube außerdem, „dass auf die jetzige Wertschätzung der Pädagogik bald ein Rückschlag folgen werde".

Der folgende Satz lässt m. E. den Rückschluss zu, dass Litt mit dem Wort „Pädagogik" in der vorangehenden Aussage die „theoretische Pädagogik" gemeint hat. Im Folgenden heißt es nämlich – für Litt m. E. eine überraschende Aussage –: „Das Beste und Entscheidende macht ja doch die Praxis des einzelnen und mit [...] Lehrern, nicht die Begriffsarbeit, von der man zweifeln kann, ob sie mehr Klarheit oder mehr Verwirrung schafft."

Der vorletzte Absatz des Briefes enthält zunächst eine Einschätzung, die in verschiedenen Versionen in vielen Briefen Litts während der mindestens dreieinhalb

10 Diese Einschätzung soll keineswegs besagen, dass es zwischen Freunden nicht in wichtigen Fragen durchaus ernste Kontroversen geben kann. Aber die Schärfe im Stil der Kontroverse aus dem Jahre 1925 zwischen Nohl und Litt spricht m. E. gegen etwaige Vermutungen, dass sich zwischen Nohl und Litt bereits zu jener Zeit Anfänge eines freundschaftlichen Verhältnisses abgezeichnet hätten. – Schon an dieser Stelle ist m. E. aber ein chronologisch vorausgreifender Hinweis am Platze: Unterschiedliche Einschätzungen von Textstellen Diltheys zur Frage seiner Deutung des Verhältnisses von Subjektivität und Objektivität im Hinblick auf Bildungsprozesse i. w. S. d. W. sind über Jahrzehnte hinweg im wissenschaftlichen Diskurs zwischen Nohl und Litt später mehrfach zur Sprache gekommen, gleichsam als ebenso ernsthaftes wie freundschaftliches Interpretationsspiel. Ich werde an späterer Stelle darauf hinweisen.

Jahrzehnte des kommentierten Briefkontakts zwischen Litt und Nohl wiederkehrt. Gemeint ist der von Litt immer wieder betonte Unterschied der Lebens-Grundbestimmung beider Männer: Auf der einen Seite Nohls letztlich immer wieder optimistische und aktive Einstellung, obwohl auch er zeitweilig von depressiven Phasen nicht verschont geblieben ist; im Kontrast dazu die von Litt oft bekundeten pessimistischen Schübe. Im Brieftext heißt es: „In Ihnen lebt offenbar doch viel mehr Zuversicht."

Als Beleg für diese Einschätzung bezieht sich Litt auf eine in der Nohl-Literatur m. W. bislang unbekannt gebliebene Information, die Nohl ihm mitgeteilt hatte, nämlich Nohls „Gedanke, die Leitung einer pädag.[ogischen][11] Akademie zu übernehmen".

Litts skeptische Einschätzung dieser Erwägung Nohls lautet: „ … diese Übernahme hätte den Abschied von *aller*[12] *theoret.[ischen] Tätigkeit (auch in philosoph.)*[13] *bedeutet, dazu der Eintritt in eine Welt voll kleiner Plagen und Enttäuschungen (wie ich sie aus meiner eigenen Schulzeit kenne), bereitet durch Menschen, mit denen zusammen Sie Ihre Gedanken hätten durchführen müssen. Tausendmal lieber als einzelner* Lehrer zusammen mit einer lebendigen Klasse denn als Direktor mit einem vielköpfigen Kollegium zusammen zu arbeiten genötigt." Litt schließt den Brief mit dem Satz: „Ich würde gerne wieder einmal mit Ihnen Gedanken austauschen; vielleicht würde mich ihr impetus mitreißen. Herzliche Grüße Ihres Th. Litt."

Litt an Nohl, 23.7.1927

Litt nimmt zu zwei Aspekten der Kritik Nohls an seiner (Litts) Argumentation in der ersten Auflage der Schrift „Die Philosophie der Gegenwart" Stellung und bedauert, dass er die Rezension Nohls nicht bereits *vor* der Drucklegung der zweiten Auflage gelesen hätte und dass Nohl und er die Kontroverse nicht mündlich austragen könnten. Auf seiner Postkarte könne er, Litt, nun nur in Andeutungen antworten. Litt skizziert dann zwei Gegenargumente: Erstens könnte er „durch eine nicht kleine Reihe von Zitaten beweisen", dass, „die Lebensphilosophie (z. B. Nietzsche) und die zugehörige Pädagogik (z. B. manche Arbeitsschulvertreter) den Sinn vitalisiert und subjektiviert" hätten.

Das zweite Argument Litts gegen Nohls Verteidigung der „Lebensphilosophie" und lebensphilosophisch orientierter Pädagogik lautet: „Wie ich mir das Zusammenkommen von Leben und Idee denke, d. h. wie es möglich ist, daß in

11 Abkürzung nach Litt.

12 Hervorhebung von Litt.

13 Gemeint war zweifellos: „ … in philosophischer Hinsicht".

einer Sinngestaltung der *Objektivität* der betr. Sinnsphäre und die *Individualität* des produzierenden Lebens sich durchdringen, das habe ich am ausführlichsten [in] „Individuum und Gemeinschaft", 3. Aufl., S. 342–360, besonders S. 353–357 zu zeigen versucht. Wenn Sie den Begriff der ‚Lebensphilosophie' so weit fassen, daß Sie diese Betrachtungsweise als ihr zugehörig oder auf ihrem Boden möglich anerkennen, dann sind wir in der Sache einig, aber dann trennen Sie sich auch von denjenigen Lebensphilosophen, die die subjektive Seele in der besagten Weise überbetonen und dem ‚Etwas' seinen Eigenwert nehmen. – Ich glaube also das ‚Historische', das ‚konkrete Bildungsideal' genau in der gleichen Weise mit der Sachlichkeit der Kulturprinzipien in Verbindung bringen zu können, wie ich es an der zitierten Stelle mit den Gebilden der Musik getan habe. Und von da aus ist dann auch in der Konkretheit der deutschen Lage eine *Mehrheit* von Bildungstendenzen möglich, von denen keine bloß ‚Ausdruck', vielmehr jede an den Sachprinzipien der Kultur orientiert ist.

Hoffentlich machen diese flüchtigen Sätze das Gemeinte einigermaßen deutlich. – Herzliche Grüße Ihres Th. Litt."

1929

22.3.1929

Litt schreibt in der Anrede „Sehr verehrter Herr Nohl", er habe „schon vor dem Frühstück" in die angekündigte und nun bei ihm eingetroffene, von der Nohl-Schülerin Erika Hoffmann verfasste Dissertation „Das dialektische Denken in der Pädagogik" (1929) hineingeschaut. Das für ihn (Litt) Entscheidende, worin er sich von Hegels Dialektik-Interpretation unterscheide, sei bei Erika Hoffmann verfehlt. Zwar betone Frau Hoffmann den Unterschied zwischen Hegels und Litts Dialektikbegriff. Aber sie missverstehe gleichwohl seinen (Litts) Dialektikbegriff. Er betone: „Keine konkrete pädagogische *Entscheidung* könne durch die Klärung der Dialektik *allgemeiner pädagogischer Prinzipien abgeleitet* werden" (Hoffmann: Das dialektische Denken in der Pädagogik. S. 70).

Ähnliche Argumente habe er in den Büchern „Die Philosophie der Gegenwart und ihr Einfluß auf das Bildungsideal" (2. Aufl. 1927), und „Führen oder Wachsenlassen" (2., verb. Aufl. 1929) sowie in der Systemskizze „Pädagogik" (3. Aufl. 1921) geäußert. Erika Hoffmanns Kritik beruhe also auf gravierenden Fehlinterpretationen. – Er schließt den Brief mit herzlichen Grüßen.[14]

---

14 Erika Hoffmanns Arbeit erschien in der von Nohl herausgegebenen, hauptsächlich Dissertationen enthaltenden Schriftenreihe „Göttinger Studien zur Pädagogik" (Langensalza 1929).

1931

Litt an Nohl, 5.7.1931

Litt leitet diesen Brief nach der Anrede „Sehr verehrter, lieber Herr Nohl“ wie folgt ein: „Ich habe Ihre Abhandlung mit starker innerer Spannung gelesen und den Eindruck gewonnen, daß hier die Linie gezeichnet ist, auf der wir, denen es um eine nichtdogmatisch (vor)gehende Erziehung zu tun ist, gemeinsam marschieren können.“ Gemeint war Nohls Aufsatz „Die Polarität in der Didaktik“, zuerst in der Zeitschrift „Die Erziehung“ 6 (1930/31) S. 277ff.

Die inhaltliche Bedeutsamkeit dieser Aussage bedarf hier einer knappen Erläuterung. Sie kann im gegebenen Rahmen nur in Form weniger zentraler Thesen Nohls erfolgen.[15] „Wo das Leben dynamisch gesehen wird, zeigt es polare Spannung von ständigem Werden und zugleich Ständigwerden, ein Verhältnis von Grenzenlosigkeit und Begrenzung, Offenheit und Festigung, Freiheit und Festigung zugleich“ (S. 89). „Es kommt heute alles darauf an, daß die Pädagogik sich in dieser Lage richtig, d. h. autonom pädagogisch zurechtfindet. Daß sie nicht von einer politischen Welle, der liberalistischen, zu einer neuen, entgegengesetzten hinüberschaukelt, sondern tapfer ihre Freiheit bewahrt und aus der Einsicht in die wahre, ewige, polare Struktur des geistigen Lebens und das dynamische Gesetz seines Aufbaus die richtige Konsequenz zieht“ (S. 93).

Der nachdrücklichen Zustimmung, die Litt im Einleitungssatz seines Briefes zu der eben skizzierten, „polaristischen“ Position Nohls aussprach und mit dem Bild des ‚gemeinsamen Marschierens‘ unterstrich, folgen nun Sätze, die einmal mehr und, im Laufe der folgenden Jahrzehnte häufig in verschiedenen Variationen wiederkehrend, die Unterschiedlichkeit der Lebenseinstellungen, der „Welt-Sicht“ beider Männer zeigt, ohne dass ihre lebenslange persönliche Beziehung daran zerbrochen wäre. In Litts Brief heißt es nach seinem Einleitungssatz: Nur zwei Fragen blieben für ihn offen: „Jene Weltanschauungen, die dem echten erzieherischen Gedanken im Grunde keine Aufnahme gewähren, sind doch da als mächtige Realitäten unseres Lebens, ja, von ihnen gehen faktisch auch solche Wirkungen aus, die wir pädagogisch bejahen können. – Und weiter: Wird nicht mit dem ‚Sich einstellen in die produktiven Entscheidungen‘ dem einzelnen Lehrer eine Sicherheit des auswählenden Urteils, ein Instinkt für das Wesentliche und Gesunde zugemutet, die in erschreckend vielen Fällen nicht vorhanden sind? An dieser Stelle muß sich doch, meine ich, eine Unsicherheit fühlbar machen [...]. Wie steht es denn mit unserer eigenen (ich meine die pädagog[ischen] Theoretiker) Sicherheit und ‚Gläubigkeit‘?“

---

15 Die Zitate aus der Erst-Publikation werden hier dem unveränderten Nachdruck in dem Sammelband Nohls „Pädagogik aus 30 Jahren“ (Frankfurt/M. 1949. S. 86–97) entnommen.

Herman Nohl konnte sich bis in seine letzten Lebensjahre hinein, trotz mancher durchlittener Enttäuschungen und Fehleinschätzungen während der nationalsozialistischen Herrschaftsperiode, seine letztlich dominierende, optimistisch-aktive Grundeinstellung lebenslang bewahren; Litt hingegen musste sich, wie er ihm nahestehenden Menschen gegenüber mehrfach bekannte, erheblich häufiger skeptischer Stimmungen und Einschätzungen hinsichtlich der Einsichts-, Urteils- und Handlungsfähigkeit der Mehrheit der Menschen und nicht zuletzt der Lehrenden immer wieder erwehren, gerade auch, wenn es um Fragen pädagogischer Bemühungen und Wirkungsmöglichkeiten ging.

Der Schlusssatz des Briefes lautet: „Also herzlichen Dank und viele Grüße Ihres aufrichtig ergebenen Th. Litt".

1932

Litt an Nohl, 30.5.1932

Auf einer Postkarte (mit der Anrede „Sehr verehrter und lieber Herr Nohl") bedankt sich Litt zunächst für verschiedene, mit einer Ausnahme nicht genauer gekennzeichnete „Göttinger Studien zur Pädagogik", die Nohl ihm zugesandt hatte; er habe sie aber noch nicht lesen können, weil ihn die Belastung durch das Rektoratsjahr daran hindere.

Litt bekundet dann „ein tiefes Verlangen nach Arbeitsruhe und Sammlung". Nohl könne er die Freude nachfühlen, „die eigene Arbeit durch den eigenen Nachwuchs fortgeführt zu sehen". Entweder waren mit dem „Nachwuchs" alle Verfasserinnen oder Verfasser der eingangs erwähnten, ihm zugesandten Dissertationen gemeint oder nur die Autorin einer dieser Studien, nämlich Nohls älteste Tochter Johanna. Sie wurde 1932 mit der Untersuchung „Erinnerung und Gedächtnis – eine historisch-systematische Studie" (Göttinger Studien zur Pädagogik. H. 21.) promoviert.[16]

16 Im Jahr 1932 erschienen in den „Göttinger Studien", über die Arbeit von Johanna Nohl hinaus, folgende Untersuchungen: Heinz Weniger: Die drei Stilcharaktere der Antike in ihrer geistesgeschichtlichen Bedeutung. (H. 19.) – Wilhelm Patzschke: Der Anfang der Bildung. Eine historisch-systematische Studie zur Theorie der Volksschule. T. I. (H. 18.) – Helene Hertz: Die Theorie des pädagogischen Bezuges. (H. 22.) – Fritz Wüllenweber: Dessau und Ifferten. Eine Strukturstudie zur Theorie der pädagogischen Internate. Langensalza 1922.

1933

Zwei Postkarten Litts und ein Brief aus dem Jahr 1933 fallen durch ihre besonders lapidare Kürze auf; vielleicht waren sie Ausdruck der verständlichen Unsicherheit Litts hinsichtlich der weiteren politischen einschließlich der universitären Entwicklungen.

In der ersten Postkarte vom 1.6.1933 bedankt Litt sich „für die freundliche Zusendung Ihrer (Nohls) neuen Sammlung"; vermutlich war die Broschüre „Landbewegung, Osthilfe und die Aufgabe der Pädagogik" (Leipzig 1933) gemeint, in der Nohl drei Aufsätze aus den Jahren 1931 und 1932 zum Titelthema und zwei weitere, eher allgemeinpädagogische Beiträgen nämlich „Die zweifache deutsche Geistigkeit und ihre pädagogische Bedeutung" und „Die volkserzieherische Arbeit innerhalb der pädagogischen Bewegung" (beide Aufsätze wurden 1932 publiziert) zusammenfasste. Auffällig ist Litts letzter Satz in der Karte. Er kann m. E. dahingehend verstanden werden, dass Litt nun – im Schulterschluss mit Gleichgesinnten – seine eigene, bislang so oft betonte Skepsis hinsichtlich der Möglichkeiten und der Bereitschaft vieler Pädagoginnen und Pädagogen überwinden und sich, mindestens durch entsprechende Veröffentlichungen, angesichts bildungspolitisch relevanter Forderungen und Ankündigungen der neuen Machthaber und NS-orientierter Autoren mit philosophischem Anspruch (wie etwa Ernst Krieck und Alfred Baeumler) kritisch zu Wort melden wollte. Jener Satz der Karte an Nohl lautet nämlich: „Ich bin der Meinung, dass *unser* Wort niemals unentbehrlicher gewesen ist als jetzt, so vermessen das angesichts des Geschehenden klingen mag."[17] Litts Brief schließt „Mit den herzlichsten Grüßen".

In Litts Karte an Nohl vom 24.7.1933 bedankte er sich für Nohls „Theorie der Bildung", zu deren Lektüre er allerdings noch nicht gekommen sei. Gemeint war das 78 Seiten umfassende Einleitungskapitel „Die Theorie der Bildung" aus dem ersten Band des von Nohl und Ludwig Pallat herausgegebenen fünfbändigen „Handbuch(s)

17 Folgende Vorträge und Aufsätze Litts können m. E. als Einlösung dieser Ankündigung verstanden werden: „Die Stellung der Geisteswissenschaften im nationalsozialistischen Staat". Leipzig 1933, 2. Aufl. 1934. Auch in: „Die Erziehung" 1934, S. 12–32. – „Philosophie und Zeitgeist". 1. und 2. Aufl. Leipzig 1935. – „Der deutsche Geist und das Christentum – Vom Wesen geschichtlicher Begegnung". Leipzig 1938. – „Die gedanklichen Grundlagen der rassentheoretischen Geschichtsauffassung". Zusammenfassung in: „Berichte über die Verhandlungen der Sächsischen Akademie der Wissenschaften zu Leipzig. Philosophisch-Historische Klasse". Leipzig 1938. S. 3–5. – „Protestantisches Geschichtsbewusstsein – Eine geschichtsphilosophische Besinnung". Leipzig 1938. – Vgl. Wolfgang Klafki: „Litts Auseinandersetzung mit dem Nationalsozialismus". In: Ders.: Die Pädagogik Theodor Litts – eine kritische Vergegenwärtigung. Königstein/Ts. 1982, dort S. 271–282.

der Pädagogik“, S. 1–78. – Nohl hat zu dem ersten Band des „Handbuchs“ noch ein zweites Kapitel unter dem Titel „Die pädagogische Bewegung in Deutschland“ beigesteuert (S. 302–374), das Litt in seiner Karte nicht erwähnt.[18]

Hinsichtlich Litts dritter kurzer Karte an Nohl vom 18.10.1933 erwähne ich an dieser Stelle nur, dass Litt sie auf Bitte von Nohl einem Gutachten[19] für die Nohl-„Schülerin“ Elisabeth Blochmann beifügte. Er schrieb: „Hoffentlich kann das [...] Zeugnis Frau Blochmann etwas nützen“. Frau Blochmann war als „Halbjüdin“ aufgrund des NS-„Gesetzes zur Wiederherstellung des Berufsbeamtentums“ vom 7.4.1933 bereits entlassen worden und bemühte sich nachdrücklich – durch Nohl und andere Pädagogen unterstützt –, aber vergeblich um irgendeine Form der Rehabilitation. Litt kennzeichnete diese Entlassung als eine weitere der vielen „Berserkertaten“ der neuen Machthaber.[20] – Die Karte schließt mit „guten Wünschen für die innere Gelassenheit, die man so schwer bewahrt“.[21]

1935

Für das Jahr 1935 liegen vier Briefe Litts an Nohl vor; ein fünfter muss verloren gegangen sein.

Brief vom 29.4.1935

Der erste dieser Briefe ist – mit zwei handschriftlichen Seiten – im Vergleich mit den meistens knapp gehaltenen Postkarten Litts – relativ lang.

---

18 Möglicherweise hatte Nohl sich Sonderdrucke des Kapitels „Die Theorie der Bildung“ anfertigen lassen und Litt ein solches Exemplar zugesandt. – Ergänzend seien noch zwei Hinweise erwähnt: Die Bände II bis IV des „Handbuchs“ waren bereits 1928 erschienen. – Nohl hat seine beiden Beiträge zum „Handbuch“ im Jahre 1935 noch einmal, mit einem „Nachwort“ versehen, im Verlag Schulte-Bulmke veröffentlicht. 1949 erschien, durch ein weiteres Nachwort (1948) ergänzt, eine 3. Auflage, es folgten dann in mehrjährigen Abständen unverändert weitere Auflagen bis zu 11. Edition 2002.

19 Das Gutachten ist, soweit ich z. Zt. sehe, nicht mehr auffindbar.

20 Frau Blochmann emigrierte Ende 1934 nach England und kehrte erst 1952 aufgrund eines Rufes auf eine Professur für Pädagogik an der Universität Marburg zurück. Vgl. Wolfgang Klafki/Helmut-Gerhard Müller: Elisabeth Blochmann (1892–1972). Marburg 1992.

21 Im zweiten Teil der Postkarte Litts teilt er Nohl mit, dass am gleichen Tag Spranger den Verleger der Zeitschrift „Die Erziehung“, Herrn Meyer, hinsichtlich der Spannungen, die infolge des politischen Umbruchs zwischen den Herausgebern und dem Verlag bestanden, „ins Gebet nehmen“ werde.

Nohl hatte Litt – wahrscheinlich kurz vor dem 29.4. – mitgeteilt, dass nun auch der mit Nohl befreundete Göttinger Philosoph Georg Misch, seit 1916 Professor für Philosophie in Göttingen, zwangsemeritiert worden sei; Misch war Jude.[22] Litt kannte und schätzte ihn, mindestens aus seinen Schriften. Litt erweiterte nun seine Empörung auf die weit überwiegende Zahl deutscher Universitätsprofessoren, zunächst angesichts seiner Erfahrungen mit der Universität Leipzig: „Vieles von der Art" des entehrenden Berufsverbots für Misch wäre seines (Litts) Erachtens nicht geschehen, wenn die „Professorenschaft von vornherein auch nur einigermaßen geschlossen gegen dies alles Front gemacht hätte". Er wirft ihr ‚würdelose Selbstpreisgabe' vor; er habe sich „innerlich ganz und gar von dieser Zunft losgesagt". In die Fakultät gehe er „so gut wie gar nicht mehr", weil „er erfahren habe, daß man, falls man in entscheidenden Dingen Widerspruch anmeldet, *nicht einen einzigen* Sekundanten findet". Dass er selbst „noch nicht um seine Entpflichtung nachgekommen sei", liege „allein an der Haltung seiner Hörer, die erheblich mehr Charakter zeigen als die Herren Kollegen".

In den Schlusspassagen bezieht Litt sich auf eine Information, die Nohl (in einem nicht mehr auffindbaren Brief) Litt mitgeteilt hatte: dass er (Nohl) sich ‚mit Erfolg in die Arbeit flüchte', ein „Heilmittel", das Litt selber, „wenn auch manchmal mit Hemmungen", anwende. – Litt erwähnte in seinem Brief auch, das Sprangers „Eindrücke und Erfahrungen [...] vollkommen die gleichen seien, die er [Litt] gemacht" habe.

Litt schließt seinen Brief mit der Bitte, Nohl möge Misch den Ausdruck seines (Litts) herzlichen Mitgefühls übermitteln und ihm sagen, er selbst werde „vielleicht schon bald sein Schicksal teilen". Er schließt mit dem Satz: „Ihnen und den Ihren alle guten Wünsche und die besten Grüße".

Etwa sechs Wochen später, am 9.6., bedankt sich Litt für die Übersendung des vor kurzem erschienenen Buches Nohls „Die ästhetische Wirklichkeit" (Frankfurt/M. 1935), die ihm (Litt) manche „genuß- und lehrreiche Stunde" bereitet habe. Diesem Dank fügt Litt eine Bemerkung hinzu, die er in einigen späteren Briefen an Nohl in zunehmend stärkerer Form erneut aussprach. Nohls Verhältnis zur Kunst sei offenbar genauso lebhaft wie in jüngeren Jahren. Er (Litt) dagegen müsse bei sich „ein Erlahmen der künstlerischen Genussfähigkeit, besonders auf musikalischem

22 Misch war bis zum Frühjahr 1935 aufgrund seiner Teilnahme am Ersten Weltkrieg und der Auszeichnung mit dem „Eisernen Kreuz" von der NS-Regierung noch im Professorenamt belassen worden, im Gegensatz zu den meisten jüdischen Universitäts- oder Hochschullehrern und -lehrerinnen wie z. B. Elisabeth Blochmann, die größtenteils unmittelbar nach Erlass des so genannten „Arierparagraphen" im Frühjahr 1935 aus dem Hochschuldienst entlassen worden waren. Misch konnte 1939 nach England emigrieren, er kehrte 1946 wieder nach Göttingen zurück.

Gebiet, mit Schmerzen feststellen". – Im Vorblick sei bereits hier angemerkt, dass Litt diesen Prozess abnehmender ästhetischer Genussfähigkeit auch anderen Menschen, die ihm nahe standen, gegenüber bedauernd offenbarte; Litt war im Kollegen- und Freundeskreis vor der NS-Zeit bekannt dafür, dass er das Klavierspiel auf überdurchschnittlichem Niveau beherrschte und bei geselligen bzw. festlichen Gelegenheiten anspruchsvolle Stücke der klassischen Klavierliteratur vortrug. Der Beeinträchtigungsprozess hielt mindestens bis zur Übersiedlung aus Leipzig nach Bonn im Herbst 1947 an.

Am Schluss des Postkartentextes teilte Litt Nohl mit, dass die ihm von Nohl angekündigte „Einleitung in die Philosophie" (1. Aufl. 1935) noch nicht in Leipzig angekommen sei; daher habe er sich noch nicht bedanken können. Diese Information zeigt einmal mehr, dass Litt Nohls Veröffentlichungen stets mit lebhaftem Interesse verfolgte. „Viele Grüße und alles Gute für Ihre Englandreise" schließen diese Postkarte ab.

Fünfeinhalb Monate später, am 26.11.1935, folgt eine weitere, nur drei Sätze enthaltende Karte Litts, auf der er sich für die Übersendung der zweiten Auflage des Nohl-Buches „Die Pädagogische Bewegung in Deutschland und ihre Theorie" bedankt und hinzugefügt, er finde es erfreulich, dass Nohl diese Auflage im Vergleich mit der Erstauflage (im „Handbuch der Pädagogik") inhaltlich unverändert gelassen habe.[23] – Unverständlich bleibt m. E. aber der Tatbestand, dass Litt das neue Vorwort jener „2. Auflage" völlig übergeht. Oder sollte er dieses Vorwort im Ganzen übersehen oder mindestens einen erschreckenden Satz darin überlesen haben? Der Satz lautet nämlich: „Wenn unser neuer Staat *mit gutem Grund sein*

23 M. E. ist es notwendig, die recht komplizierte Editionsgeschichte des Buches „Die pädagogische Bewegung in Deutschland und ihre Theorie" kurz zu erläutern: In dem von Nohl und Pallat herausgegebenen fünfbändigen „Handbuch der Pädagogik", dessen einzelne Bände in unregelmäßiger Reihenfolge im Zeitraum zwischen 1928 und 1933 (Fertigstellung 1932) erschienen, war Band V unter dem Titel „Die Theorie und die Entwicklung des Bildungswesens" der letzte fertig gestellte Band. Nohl hat darin den ersten Hauptabschnitt – „Die Theorie der Bildung" (S. 30–80) – und ein Unterkapitel des zweiten Hauptabschnitts mit dem Titel „Die pädagogische Bewegung in Deutschland" (S. 302–374) verfasst. In dem selbstständigen Buch aus dem Jahr 1935 hat Nohl seine beiden Hauptabschnitte – sprachlich an einigen Stellen verbessert, inhaltlich jedoch unverändert – nun in umgekehrter Reihenfolge angeordnet und den Titel entsprechend umformuliert: Die pädagogische Bewegung in Deutschland und ihre Theorie. Die Kennzeichnung als „2. Auflage" könnte missverstanden werden. Nohl deutete seine beiden Beiträge im V. Band des „Handbuchs für Pädagogik" unausgesprochen als 1. Auflage seines selbstständigen Werkes und stellte das „Vorwort" zur 2., durchgesehenen und mit einem Vorwort versehenen Auflage *hinter* den Haupttext (S. 228).

erstes und entscheidendes Mittel in einer diktatorischen Massenführung hat[24], die auch den Letzten noch national erweckt und bewußt macht und unserm Volk die Einheit seines Gefüges wiedergibt, wobei dann ganz neue pädagogische Aufgaben und Möglichkeiten erscheinen, so werden die wahren Einsichten der pädagogischen Bewegung in irgendeiner Gestalt doch in diese Arbeit eingehen müssen."[25]

Inhaltlich bezeichnet die erste Hälfte des Satzes einen Bestandteil einer Vorlesung Nohls aus dem Wintersemester 1933/34 unter dem Titel „Die Grundlagen der nationalen Erziehung". Litt konnte von diesem Tatbestand im Jahre 1935 noch nichts wissen, weil Nohl ihm die maschinenschriftliche Fassung des Textes weder vor noch nach dem Wintersemester 1933/34 zugesandt hatte. Vorgreifend ergänze ich: Nohl hat Litt jenes Vorlesungsmanuskript erst in den letzten Tagen des Jahres 1940 zugeschickt! Ich werde später auf jenen Vorlesungstext zurückkommen.

Dem letzten erhalten gebliebenen Brief Litts aus dem Jahr 1935, er datiert vom 21.12., muss ein weiterer vom gleichen Tage oder kurz davor vorangegangen sein; er ist aber im Litt-Nachlass nicht vorhanden. Litt bezieht sich in jenem relativ ausführlichen Brief vom 21.12.1935, den er als „Nachwort" zu einem kurz zuvor an Nohl gerichteten Schreiben bezeichnet, auf kritische Bemerkungen Nohls zu einem Vortrag, den Litt kurze Zeit vorher gehalten hatte. In diesem Vortrag, den er Nohl zugesandt haben muss, hatte Litt offensichtlich einige kritische Anmerkungen zu Aussagen Diltheys gemacht, Anmerkungen, die den Widerspruch Nohls hervorriefen.[26] Darauf ging Litt nun in seinem brieflichen „Nachwort" ein: Nohl habe „natürlich gemerkt", dass es in jenem Vortrag nicht um Dilthey, sondern um die „vulgarisierte Lebensphilosophie" ging, „der man jetzt in den Äußerungen der Maßgeblichen immer wieder begegnet". Gemeint waren zweifellos nationalsozialistische Weltanschauungs-„Philosophen" wie der NS-„Reichspressechef" Otto Dietrich.

Litt kommentierte nun seine Antwort auf Nohls Einwände, deren briefliche Fassung, wie gesagt, nicht erhalten ist, die man m. E. aber aus Litts Brief an Nohl entnehmen kann: Diltheys „lebensphilosophische" Auffassung des Verhältnisses

---

24 Die Kursivschreibung einiger Satzteile stammt von mir; W. Kl.

25 Herman Nohl: Die Pädagogische Bewegung in Deutschland und ihre Theorie. 3. Aufl. Frankfurt/M. 1949; Vorwort der 2. Auflage 1935, S. 228.

26 Vergleiche die analoge Kontroverse hinsichtlich einiger Aspekte der Lebensphilosophie Diltheys aus dem Jahr 1925 zwischen Nohl und Litt in Litts (begrenzter) Dilthey-Kritik in seiner Schrift „Die Philosophie der Gegenwart und ihr Einfluß auf das Bildungsideal" (Leipzig/Berlin 1925). Nohls Replik darauf in dessen Rezension der Schrift Litts in der Deutschen Literaturzeitung 1927, H. 29, S. 1402–1406 sowie die an Nohl orientierte Litt-Kritik in Erika Hoffmanns Dissertation „Das dialektische Denken in der Pädagogik" (1929), S. 65–71 und Litts verbesserte und erweiterte Fassungen seiner Schrift in der 2. und 3. Auflage aus den Jahren 1927 und 1930.

von „Weltanschauung“ und „Philosophie“ tendiere oft zu Formulierungen, in denen philosophisches Denken letztlich als dominant durch irrationale, unbewusste oder nur halb bewusste Sichtweisen und Motive bestimmt würde. Er, Litt, setze solche Aussagen zwar nicht mit den Auffassungen nationalsozialistischer Autoren gleich. Aber Diltheys Lebensphilosophie enthalte doch zahlreiche Aussagen, die es NS-Philosophen erlaubten, sich auf Dilthey zu berufen. Litt wies in den Anmerkungen seiner Broschüre, die er Nohl wahrscheinlich zugeschickt hatte, auf zahlreiche entsprechende Stellen in Band 8 der Gesammelten Schriften Diltheys (hrsg. von Bernhard Groethuysen. Leipzig/Berlin 1931) im Abschnitt „Die Typen der Weltanschauung und ihre Ausbildung in den metaphysischen Systemen“, S. 75–118, hin.

Wie sehr nun Litt daran gelegen war, solche Auffassungsunterschiede zwischen ihm und Nohl nicht zum Anlass werden zu lassen, die Freundschaft beider zu gefährden, zeigt der letzte Absatz des Briefes: Er, Litt, habe Nohls und dessen, was er zu sagen habe, „oft gedacht“. „Der Bund der anständigen Leute muß sich ja gerade heute seiner inneren Zusammengehörigkeit versichert halten, damit der Einzelne nicht verzweifelt“. Dann folgt eine – zumal bei Litt – überraschende Aussage: „Im Übrigen ist es mir zur Gewißheit geworden: Das ‚andere Deutschland‘ ist nicht tot, es rührt sich immer deutlicher. Natürlich ist das noch keine Wandlung; aber wenn man das weiß, ist man vor dem Gefühl bewahrt, auf völlig verlorenem Posten zu stehen.“[27] Litt schließt mit dem Appell: „Halten wir 1935 den Nacken steif und halten wir zusammen! Herzlichst Ihr Th. Litt“.

1936

Für das Jahr 1936 liegen keine postalischen Belege Litts und Nohls vor. Dass es in diesem Jahr keinen Briefwechsel zwischen beiden gegeben haben sollte, ist unwahrscheinlich. Der Verlust ist insofern bedauerlich, weil im August dieses Jahres die Olympischen Spiele in Berlin ausgetragen wurden, mit denen das NS-System internationales Ansehen gewinnen und das „neue Deutschland“ demonstrieren wollte, was ihm, von einigen rassistischen Entgleisungen abgesehen – besonders Hitlers Weigerung, dem mehrfachen, dunkelfarbigen amerikanischen Sprintstreckensieger Jesse Owens persönlich die Goldmedaille zu überreichen –, rein sportlich auch gelungen ist. Es wäre interessant zu erfahren, ob und ggf. wie Litt (und Nohl) auf diese Großveranstaltung reagiert haben.

---

27 Leider habe ich nicht ermitteln können, was Litt mit dem „anderen Deutschland“, das „sich immer deutlicher rühre“, gemeint haben kann. Entsprechende, überraschend optimistische Äußerungen habe ich in anderen postalischen Dokumenten Litts nicht gefunden.

1937

Aus dem Jahr 1937 liegen drei maschinenschriftliche Briefe Litts an Nohl vor. Den ersten dieser Briefe vom 19. April beginnt Litt mit der Bemerkung: „Ich habe unerwünscht lange nichts mehr von Ihnen gehört und möchte Sie hierdurch zu einer Äußerung anreizen". In ironischer Form fährt er fort: Das Einzige, was er wisse, sei, „daß die himmlischen Mächte Ihnen den so überaus gesinnungstüchtigen Herrn Heyse als Kollegen beschert haben." Hans Heyse, engagierter Nationalsozialist, war auf die zweite Professur für Pädagogik in Göttingen berufen worden.[28] – Über sich teilte Litt mit, dass er seine Emeritierung beantragt habe. U.a. spiele dabei auch die Verschleppung seines Antrags auf Genehmigung einer Vortragsreise nach Österreich durch das Berliner Reichsministerium für Wissenschaft, Erziehung und Volksbildung unter Bernhard Rust eine Rolle; er habe immer noch keine Antwort auf sein Gesuch.

Einmal mehr betont Litt, dass das Interesse der Studenten an seinen Vorlesungen immer noch erfreulich sei. Wenn er trotzdem die Emeritierung beantragt habe, so sei der Grund dafür, dass „der Zustand der Hochschule unbeschreiblich entwürdigend" sei. – Seiner Familie gehe es „nicht übel", „man kapselt sich ein, so gut es gehen will". Litt schließt den Brief mit der Erwartung, Nohl möge einmal von seinem Ergehen berichten. Der Schluss lautet: „Ich bin mit den herzlichsten Grüßen Ihr Th. Litt".

In einem Zusatz ergänzt Litt, gerade bringe die Post einen Brief von Leisegang[29] mit der Mitteilung über Nohls Emeritierung. Litt setzt hinzu: *„Wie sehr ich mit Ihnen fühle, brauche ich Ihnen nicht zu sagen."* Dem folgenden Brief Litts ist dann direkt zu entnehmen, dass Nohl in der Zwischenzeit Litt geantwortet hatte.

Litts zweiter, erneut relativ langer Brief vom 9.6.1937 beginnt mit der Mitteilung, er wisse bereits durch Flitner, dass die geschäftsführende Redaktion der „Erziehung" (faktisch waren das Spranger[30] und Flitner) einen zur Veröffentlichung eingereichten Vortragstext Litts zum Problem der „Verwirrung des Generationenverhältnisses in der Gegenwart"[31] abgelehnt habe. „In der Tat" sei, so gebe er (Litt) zu, der letzte

---

28 Vgl. über Prof. Dr. Hans Heyse das entsprechende Kapitel in dem Buch von Gerhard Lehmann: Die deutsche Philosophie der Gegenwart. Stuttgart 1943.(Abschnitt über Heyse, S. 539–548.) Lehmann war wie Heyse entschiedener Nationalsozialist.

29 Der Philosoph Prof. Dr. Hans Leisegang (1890–1951), der zunächst an der Universität Jena und später in Berlin lehrte, war u. a. von Dilthey beeinflusst.

30 Spranger hielt sich zu jenem Zeitpunkt für mehrere Monate zu Vorträgen und Gesprächen mit japanischen Fachkollegen in Japan auf.

31 Litt hat den Vortrag zum Generationenverhältnis, wahrscheinlich wesentlich erweitert, unter dem Titel „Das Verhältnis der Generation ehedem und heute" erst 1947 in einer kleinformatigen Broschüre im Umfang von 67 Seiten veröffentlicht.

Teil des Manuskripts „etwas gefährlich", und er finde die Ablehnung „nicht unbegreiflich". Er habe nun Flitner sofort geschrieben, dass seiner Meinung nach der Zeitpunkt gekommen sei, „mit der ‚Erziehung' Schluß zu machen". Die Zeitschrift habe sich inzwischen „zu mancher unwahrhaftigen Konzession bereit gefunden", da sei es „an der Zeit, daß wir vom Schauplatz abtreten". „In jeder Hinsicht" sei es besser, „daß das völlige Verstummen auch der loyalsten Opposition auch äußerlich ungemindert sichtbar wird." Er wolle nur noch Flitners Antwort abwarten; allerdings setzte er – m. E. inkonsequent – hinzu: falls Flitner „nicht einen annehmbaren Vorschlag mache". Bemerkenswert ist, dass Litt in seinem Brief erwähnt, er wolle, wenn Flitner einen solchen Vorschlag nicht machen könne, mit seinem Austritt Nohl „nachfolgen."

Litt bringt seine Freude darüber zum Ausdruck, dass Nohl sich, wie er von Flitner wisse, in seinem „neuen Lebensstande" wohl fühle. Er selbst warte noch vergeblich auf seine „Entlastung", gemeint war zweifellos die Entpflichtung. – Er schließt „mit herzlichen Grüßen stets Ihr Th. Litt."

Kürzer als der vorangehende Brief Litts ist seine Mitteilung an Nohl vom 20.8.1937, dass er nun zum 1.10. des Jahres emeritiert werde. Er selbst sei „für die Kehrseite der Angelegenheit" keineswegs „blind" – gemeint war sicherlich der Abschied von der akademischen Lehre –, habe aber doch „das Gefühl einer ungeheueren Erleichterung" angesichts der „Atmosphäre von Zwang, Lüge, Feigheit, Intrige" in der Universität. Er hoffe, dass Nohl „in der neuen Lage schon etwas heimisch geworden" sei. Einmal mehr fällt auf, dass Litt, bevor er seinen Brief mit den Worten „herzlichst grüßt sie Ihr Th. Litt" schließt, einen bedauernden Satz einflicht, ähnlich seiner Äußerung vom 19.4. d. J.: „Es ist so schade, daß man sich gar nicht mehr sieht."

1938

Die drei ersten, jeweils nur wenige Sätze umfassenden Karten Litts an Nohl im Jahre 1938 – vom 3.7., 22.8. und 1.9., alle mit der Anrede „Lieber Herr Nohl" – galten inhaltlich dem Dank an Nohl für seine Einladung, Litt möge ihn in Göttingen oder Lippoldsberg – gemeint war das Nohl und seinem „Schüler-" und Freundeskreis gehörende dortige Landheim – besuchen. Litt konnte den ersten von Nohl vorgeschlagenen Termin nicht wahrnehmen, beim zweiten und dritten, an denen Litt von Kassel aus eine mehrtägige Wanderung nach Lippoldsberg plante, machte schlechtes Wetter ihm einen Strich durch die Rechnung. – Schon in seiner ersten Postkarte an Nohl vom 3.7.1938 hatte er seiner Vorfreude mit dem Satz Ausdruck gegeben: „Wir haben uns ja [...] nach langer Zeit viel zu erzählen." Das Vorhaben, das Nohl und Litt bereits in vorangehenden Jahren mehrfach angesprochen hatten, kam auch in den folgenden Monaten nicht zustande. Es ist erst später, wahrscheinlich einige

Zeit vor dem Kriegsausbruch 1939, verwirklicht worden und blieb dann, vor allem für Litt, eine lebenslang in der Erinnerung haftende, schöne Erfahrung, auf die er in seiner späteren Korrespondenz mit Nohl mehrfach verwies.[32]

Litts letzter, am 25.12. maschinenschriftlich verfasster Brief des Jahres 1938 an Nohl setzt unvermittelt mit dem Satz ein: „Ich habe in den letzten Tagen Ihre ‚Menschenkunde' gründlich studiert und an der Lektüre viel Freude erlebt. Das Buch liest sich sehr angenehm und regt immer wieder zu eigenem Weiterdenken an."[33]

Das freundschaftliche Verhältnis zwischen Litt und Nohl ermutigte Litt dann, einige kritische Bemerkungen zu wissenschaftstheoretischen Aspekten des Textes zu skizzieren. Die erste Bemerkung betraf Nohls Formulierungen zum „Verhältnis des Leiblichen zum Seelischen". Zunächst stelle „Nohl die physiologischen Bedingtheiten" der menschlichen Existenz *neben* den „geistigen Einsatz". Dann aber werde dieser „geistige Einsatz" – gemeint war offensichtlich die geistige Dimension – „auf eine rein physiologische Voraussetzung" zurückgeführt oder mindestens „mit zurückgeführt". Litt schreibt dann in der für ihn in wissenschaftlichen Disputen charakteristischen Schärfe: „Hinter solchen Formulierungen steht ein Schema kausalen Denkens, das implizit den Geist und die Freiheit zerstört." Der „einzige Ausweg" aus solchem Denken sei: „man muß die physiologische Betrachtung als eine methodische Abstraktion ansehen, die die noologische" (d.h. hier: die geisteswissenschaftliche bzw. erkenntnistheoretische Betrachtungsweise; W. Kl.) „nicht *neben* sich hat, sondern durch sie recht eigentlich aufgehoben wird", (d.h. im Sinne Hegels und Litts zugleich „aufbewahrt" *und* auf höherer Reflexionsebene überwunden wird; W. Kl.). Litt fährt fort: „Es handelt sich um logisch notwendige Denkstufen, nicht um ein Nebeneinander von gleichberechtigten Begriffen."

In einem zweiten Briefabschnitt betont Litt, der dialektisch denkende Erkenntnis- bzw. Wissenschaftstheoretiker: „Von gleicher Art sind die Bedenken, die ich gegen das Bild von den ‚Schichten' habe. Gewiß ist der Gebrauch, den Sie von diesem Bild machen, frei von den Irrungen, die es bei manchen anderen mit sich führt. Aber wenn Sie z. B. auf S. 33 von den ‚Beziehungen der einzelnen Schichten zueinander' sprechen, so ist damit, wie ich meine, die substantialisierende Verständigung der ‚Schichten' weiter getrieben, als mit dem Prinzip der strukturellen Einheit vereinbar ist. Und wenn Sie sagen, daß diese Einheit erst das Resultat einer bewußten

32 Da weder das Datum des Besuchs in Lippoldsberg in späteren Jahren ab 1940 erwähnt wird, Litt diesen Besuch aber im Rückblick, vor allem in einem Brief vom 22.1.1942, geradezu nostalgisch in die Erinnerung zurückruft, liegt m. E. die Vermutung nahe, dass jener Besuch noch vor dem Kriegsausbruch, dem 1. September 1939, stattgefunden hat.

33 Gemeint war Nohls im Spätsommer 1938 erschienenes Buch „Charakter und Schicksal. Eine pädagogische Menschenkunde". Das Werk erschien 1947 in 3., vermehrter Auflage im Verlag Schulte-Bulmke, Frankfurt/M.

Selbstgestaltung ist, so würde ich erwidern, daß diese Bemühung erfolglos sein müsste, wenn die Einheit nicht schon ‚an sich' im ursprünglichen Seelenleben angelegt wäre" (gemeint war m. E.: als angelegt verstanden werden müsste; W. Kl.). Litt ergänzt diesen kondensierten wissenschaftstheoretischen Diskurs durch die folgende Bemerkung: „Hoffentlich halten Sie mich nicht für einen Beckmesser, der nur bemäkeln kann und will. Ich habe immer gefunden, daß die Diskussion der Dinge, in denen man nicht ganz zusammengeht, förderlicher ist als die Hervorhebung der vielen Gemeinsamkeiten."

Im Schlussabschnitt schreibt Litt: „Ich hoffe und wünsche, daß Sie wenigstens mit einem Teil Ihrer Kinder[34] ein friedliches Fest begehen. Mehr als [...] zeitweilige Entspannung ist uns ja nicht vergönnt. Mit herzlichen Grüßen und Wünschen stets Ihr Th. Litt."

1939

Es liegen keine postalischen Dokumente vor. Sie sind höchstwahrscheinlich verloren gegangen. Indizien der Korrespondenz des Jahres 1940 sprechen aber dafür, dass es auch 1939 postalische Kontakte zwischen Litt und Nohl gegeben hat.

1940

Aus dem Jahre 1940 liegen vier Briefe bzw. Karten Litts an Nohl vor. Einmal mehr ist es besonders bedauerlich, dass – mit einer gewichtigen Ausnahme – auch für dieses und die folgenden Jahre keine Briefe oder Karten Nohls an Litt erhalten sind.

Am 6.1.1940 sandte Litt einen zwei Seiten umfassenden Brief an Nohl. In einem kurzen Einleitungsabschnitt teilt er dort mit, dass für ihn die Festtage „diesmal in besonderer Stille" verlaufen seien, weil er seine „sehr erholungsbedürftige Frau mit beiden Söhnen in die Winterfrische geschickt" habe; er könne „nicht verhehlen, daß für ihn eine solche Zeit völlig ungestörter Besinnung manchmal sehr heilsam" sei.

Litt bedankt sich dann bei Nohl für die Zusendung seiner „Ethik" – gemeint war Nohls 1939 erschienenes Buch „Die sittlichen Grunderfahrungen. Eine Einführung in die Ethik" –, für mehrere, bei Nohl verfasste Dissertationen; besonders habe ihn die „ausgezeichnete Arbeit" von Edmunde Haccius über „Die pädagogische Bewegung in Herders Reisejournal" (Göttinger Studien zur Pädagogik. H. 32,

34 Nohl konnte während der NS-Zeit *vor* dem Kriegsausbruch noch drei England-Reisen zu seinen Töchtern, die mit jüdischen Männern verheiratet waren, unternehmen. Vgl. Blochmann: Herman Nohl. S. 178 und S. 180.

1939) „beschäftigt und interessiert".[35] Litt geht dann auf Nohls Buch ein: „Ihr Buch birgt einen erstaunlichen Reichtum an historischer und persönlicher Erfahrung. Es kommen alle Grundmotive des sittlichen Lebens zum Anklingen. Das macht die Lektüre zu einem wirklichen Genuß."

Er konfrontiert dann unvermittelt seine eigene, dominierende Denkweise mit der Nohls: Ihm, Litt, würde bei der Lektüre der Arbeiten Nohls „immer wieder klar", das „seine eigene Manier, an den Problemen herumzubosseln, eigentlich dem Leser Unerträgliches oder wenigstens schwer zu Ertragendes zumute [...]. Dabei wird die Fülle der Phänomene leicht verkürzt". Aber schließlich „sei auch in dieser Hinsicht jeder sich selbst sein Schicksal". Und dann folgt unmittelbar eine m. E. hoch bedeutsame Aussage: „Überhaupt wird es auch in der Philosophie so sein, daß die Wahrheit nur in der Kooperation der verschiedenen Denktypen ans Licht gehoben werden kann. So kann ich auch nicht von dem Versuch ablassen, hinter dem Reichtum der Richtungen des sittlichen Lebens eine einheitliche Wurzel zu suchen, die dann natürlich nicht in *einem* Begriff ausgesprochen werden kann, denen jene (m. E. sind die sittlichen Richtungen gemeint; W. Kl.) logisch zu subsumieren wären."

Litt weist hiernach auf ein neues Buchmanuskript hin, das er kurz vor dem Kriegsausbruch abgeschlossen habe und in dem er „in jener Richtung vorzudringen versucht habe", die er mit seiner Bemerkung über die gesuchte „einheitliche Wurzel" andeutet. Er setzt hinzu, dass er den zunächst erwogenen Gedanken, jenes Manuskript zum Druck zu geben, angesichts der ‚gegenwärtigen Situation' aufgegeben habe.[36]

---

35 1939 waren in der Reihe „Göttinger Studien zur Pädagogik" – über die Arbeit von Frau Haccius hinaus – folgende, bei Nohl geschriebene Dissertationen abgeschlossen und veröffentlicht worden: Anna Ritter: „Die Frage der Bewußtheit in der Erziehung des Volkes bei E. M. Arndt" (Nr. 30) und Olga von Hippel: „Die pädagogische Dorfutopie der Aufklärung" (Nr. 31), darüber hinaus die Dissertationen von Hildegard Brökelmann: „Mädchenerziehung im Sauerland" (Druckort Dortmund) und Karl Siegel „Volksgeschichtliche Studien über Herbart und die Herbartianer" (Weende/Göttingen). Die Publikation dieser Dissertationen in Nohls Göttinger Wirkungszeit seit 1921 – es waren bis 1939 53 Dissertationen, ab 1948 kamen dann weitere hinzu – zeigt, dass Nohl mit der Zwangsemeritierung nicht das Promotionsrecht entzogen worden war. Ergänzend sei erwähnt, dass weitere, von Nohl betreute Dissertationen erst ab 1948 zum Abschluss kamen.

36 M. E. muss das von Litt angesprochene Manuskript seine Abhandlung „Staatsgewalt und Sittlichkeit" (Leipzig 1947) sein. Allerdings schreibt Litt in seinem Vorwort vom Herbst dieses Jahres, er habe diese Abhandlung im Januar *1942* geschrieben: „Weshalb sie so lange im Schreibtisch verschlossen geblieben ist, bedarf keiner Begründung". – Ich

Schon anderthalb Monate nach dem langen Brief Litts an Nohl vom 6.1.1940, am 18.2. dieses Monats, bedankte Litt sich zunächst für eine familienbiografische Schrift, die Nohl kurz zuvor als Manuskript unter dem Titel „Hermann Nohl 1850 (sein Vater; W. Kl.) und die Geschichte seiner Familie. Erinnerungen für seine Enkel" drucken ließ. Litt nahm diese Darstellung zum Anlass, ohne konkrete Einzelheiten zu nennen, von Nohl geschilderte „glückliche, harmonische Lebensphasen" hervorzuheben, nannte aber auch Schicksalsschläge, die Nohl jedoch ohne Bitterkeit, ohne „Hadern mit dem Schicksal" letztlich zu verarbeiten vermocht habe. Er, Litt, müsse hingegen gestehen, dass bei ihm „Stunden tiefster Niedergeschlagenheit" und „Zweifel an dem Ertrag der eigenen Lebensarbeit nicht ausblieben". Äußerungen ähnlicher Art sind bereits mehrfach in meinem Beitrag erwähnt worden, und sie werden im Folgenden weiter zur Sprache kommen.

Wie Litt selber betont, sei der Unterschied der Lebens-Grundstimmung beider Männer in der Korrespondenz zwischen ihnen unverkennbar: Bei Nohl, der auch *in* oder *nach* schwierigen Lebenserfahrungen letztlich immer wieder obsiegende Optimismus und seine Bemühungen um aktive, vor allem pädagogische Wirklichkeitsgestaltung – bei Litt die eher skeptische Einschätzung der begrenzten praktischen Wirkungsmöglichkeiten, nicht zuletzt auch im Felde der Pädagogik. Im letzten Absatz des Briefes erwähnt Litt, dass ein geplanter Besuch Nohls bei Litt und seiner Frau nun leider nicht zustande komme, da Nohl, wie er Litt mitgeteilt habe, zu dem vorgeschlagenen Zeitpunkt bereits durch einen gebuchten Urlaub festgelegt sei.

Litts Brief vom 24.6.1940 schließt insofern an den vorangehenden vom 18.2. an, als er mit dem Dank für den zweiten Teil der Familiengeschichte beginnt, die Nohl wohl bald nach der Sendung vom 18.2. an Litt übersandt hatte. Die Verzögerung seines neuen Dankes begründet Litt damit, dass ihn „der Wirbel der Zeitereignisse [...] so mitgenommen" habe, dass ihm „briefliche Äußerungen fast unmöglich waren".

Er skizziert dann in wenigen Sätzen einige Parallelen der von Nohl dargestellten Familiengeschichte mit seinen (Litts) Erinnerungen an seine Großeltern und Eltern, an die ‚menschliche Gediegenheit' jener Generation, „ihren Wert wie ihre Grenze", aber auch an seine Jugend und seine „philologische Studienzeit". „Der Menschentypus, der jetzt im Abendland die Zügel in die Hand nimmt, hat sicherlich auch seine nunmehr bewährten Tüchtigkeiten, aber mich mit ihm zu befreunden, ist mir unmöglich". „Und die kriegerischen Ereignisse kann ich im Grunde auch nur als einen neuen Akt in der Tragödie Europas ansehen. Der Blick in die Zukunft erschreckt mich." Litt wünscht Nohl anschließend „schöne Tage

vermute, dass es sich um die genannte Schrift handelt, dass er aber den Text des Jahres 1940 noch einmal überarbeitet hat.

in Lippoldsberg"; er selbst könne sich nicht entschließen, etwas zu unternehmen, „weil die Einberufung unseres Ältesten vor der Tür" stehe.

Sofern nicht Briefe oder Karten Litts an Nohl verloren gegangen sind, hat es nach dem 24.6.1940 bis zu den Weihnachtstagen dieses Jahres keinen Briefwechsel zwischen beiden gegeben. Gründe für diesen Sachverhalt habe ich nicht ermitteln können. Umso gewichtiger ist die Korrespondenz zwischen beiden Männern aus den letzten Tagen des Jahres 1940 und der Tatbestand, dass der nächste Briefkontakt zum Thema der Vorlesung Nohls durch Litt erst gut fünf Monate später, am 5.6.1941, wieder aufgenommen wurde.[37]

Um den Zusammenhang und die inhaltlichen Akzente der im Folgenden darzustellenden Phase der Beziehung zwischen Nohl und Litt im Zeitraum zwischen den letzten Tagen des Jahres 1940 und den ersten fünf Monaten des Jahres 1941 nachvollziehbar und meine Interpretation verstehbar zu machen, werde ich die einzelnen Phasen dieses Prozesses durch Zwischenüberschriften kennzeichnen.

Nohl sendet seine Vorlesung aus dem Wintersemester 1933/34 „Die Grundlagen der nationalen Erziehung" zum Jahresende 1940 mit einem kommentierenden Begleitbrief an Litt.

In der letzten Dezemberwoche des Jahres 1940 sandte Nohl seine maschinenschriftlich fixierte Vorlesung „Die Grundlagen der nationalen Erziehung" im Umfang von 130 Seiten mit einem handschriftlichen Begleitbrief an Litt. Die ungenaue Datumsangabe dieses Briefes lautete „im Dezember 1940". Dieser Brief war zugleich als Gruß zum 60. Geburtstag Litts am 27.12.1940 gemeint:

---

37 Innerhalb der fünfmonatigen Phase zwischen Litts Bestätigung und Dank für Nohls Zusendung seines Vorlesungstextes und Litts Einlösung seiner Ankündigung vom 31.12.1940, er werde später ausführlicher auf das Manuskript Nohls über „Die Grundlagen der nationalen Erziehung" eingehen, hat es im April 1941 (17. und 22.) noch einen knappen Postkarten-Schriftwechsel zwischen den beiden Männern gegeben. Er betraf nicht Nohls Vorlesung, sondern eine sehr knappe Wiederaufnahme des alten, nun freundschaftlich fortgesetzten Diskurses über einen Aspekt der „Lebensphilosophie" Diltheys; jener Diskurs war 1927, wie an früherer Stelle berichtet wurde, durch Nohls sehr kritische Rezension der Dilthey-Passagen in Litts Broschüre über „Die Philosophie der Gegenwart und ihr Einfluß auf das Bildungsideal" aus dem Jahr 1925 (jeweils in verbesserten Auflagen 1927 und 1930) ausgefochten worden. – Der eben angesprochenen Postkarten-Korrespondenz zwischen Nohl und Litt im April 1941 muss ein Brief oder eine Karte Nohls an Litt, vielleicht auch eine Antwort Litts an Nohl kurz zuvor vorausgegangen sein; das ist indirekt dem unvermittelten Anfang der erhalten gebliebenen Postkarten vom April 1941 zu entnehmen. Dieses bzw. diese Vorläufer-Schreiben müssen jedoch verloren gegangen sein.

„Lieber Herr Litt,

ob ich Ihnen mit dieser Abschrift meiner Vorlesung im Winter 1934, unverändert wie ich sie damals hielt, wirklich eine Freude mache? Es wäre mein großer Wunsch, denn es giebt (sic!) für mich zur Zeit kein Problem, das mir wesentlicher wäre als diese Auseinandersetzung, und ich weiß keinen Kollegen im Reich der Pädagogik, mit dem ich so gern eines Sinnes wäre wie mit Ihnen. Wenn ich auch oft wider den Stachel Ihrer Kritik und Auffassung löckte, so hatte ich doch immer den ehrlichsten Respekt vor ihr, und ich sah oft die echte Gerechtigkeit ihres (sic!) Urteils und die moralische Autorität Ihrer Person, auch wo ich anders darüber denken mußte. Die Vorlesung macht den Versuch, in einem Augenblick höchster allgemeiner Spannung unsere pädagogische Haltung der großen Bewegung, die über uns hinwegstürmte, vor der Jugend meines Kollegs zur Geltung zu bringen und bei aller Anerkennung der neuen Sicht ihre Wahrheit ohne Polemik oder Apologie zu behaupten.[38] Sie werden sagen, wieweit mir das gelungen ist. Jedenfalls wollte ich an diesem Tage mit Ihren Freunden und Schülern bei Ihnen sein und feiern helfen, dankbar, daß ein Mann wie Sie in diesen schweren Jahren wie ein Leuchtturm der Wahrhaftigkeit in unserer Welt stand! Mit innigen Wünschen für Sie und Ihr Haus Ihr treu ergebener Nohl“.[39]

38 M. E. ist Nohl in diesem Satz ein sprachlicher Fehler bzw. eine syntaktisch wesentliche Auslassung und eine verkürzte, mehrdeutige Aussage unterlaufen: Ich vermute, dass der Satz sinngemäß hätte heißen müssen: „Die Vorlesung macht den Versuch, in einem Augenblick höchster Spannung unsere pädagogische Haltung *angesichts* [im Original fehlend; W. Kl.] der großen Bewegung, die über uns hinwegstürmte, vor der Jugend meines Kollegs zur Geltung zu bringen und bei aller Anerkennung der neuen Sicht [der nationalsozialistischen Bewegung; W. Kl.] ihre Wahrheit [d. h.: die Wahrheit *unserer* pädagogischen Haltung; W. Kl.] ohne Polemik und Apologie zu behaupten“.

39 Ob Nohl auch im Wintersemester 1935/36 die gleiche, von ihm im Vorlesungsverzeichnis angekündigte Vorlesung noch einmal gehalten hat, ließ sich bislang nicht feststellen. Nohl hat dieses angekündigte Wiederholungs-Kolleg in seiner noch erhaltenen Korrespondenz nie erwähnt. Auch in Elisabeth Blochmanns Nohl-Biographie kommt dieses zweite Kolleg zum gleichen Thema nirgends zur Sprache. Daher müsste eigentlich der Titel des Kapitels VII in dem von mir und Johanna-Luise Brockmann verfassten Buch „Geisteswissenschaftliche Pädagogik und Nationalsozialismus“ (erschienen Weinheim 2002) geringfügig korrigiert werden. Er müsste lauten: Nohls unveröffentlichte Vorlesung „Die Grundlagen der nationalen Erziehung“ im Wintersemester 1933/34, *erneut angekündigt* für das Wintersemester 1935/36.

Litt antwortete am letzten Tag des Jahres 1940, am 31.12., also fast unmittelbar nach dem Eintreffen der Sendung Nohls

„Lieber Herr Nohl!
Als aus der schwarzen Bundeslade[40] der von Ihnen beigesteuerte Band hervorkam, da habe ich besonders herzliche Freude empfunden. Denn mir ist in den zwanzig Jahren pädagogischen Bemühens, die hinter uns liegen, die freundschaftliche Begegnung mit Ihnen und der Gedankenaustausch mit Ihnen eine einzigartige Bereicherung gewesen. Und heute kann man doch schon deutlich sehen, daß das, was uns hier oder da trennen mochte, nur innere Differenzierung innerhalb einer einzigen Grundanschauung war. Fühle ich mich doch heute selbst den wildesten entschiedenen Schulreformen durch eine gewisse Gemeinsamkeit des Grundwollens verbunden.

Über Ihre Vorlesung, die ja in Wahrheit ein druckreifes Buch ist, werde ich Ihnen nach gründlicher Lektüre schreiben. Schon die flüchtige Durchsicht hat mir gezeigt, daß es Ihnen besser als mir gelungen ist, Ihre eigene Haltung zu wahren und dabei doch das Anerkennenswerte in dem Neuen zu würdigen und einzubauen. Bei mir ist vom ersten Tage an bis heute der Glaube an die pädagogische Echtheit der einschlägigen Manifeste und Versuche nicht stark genug gewesen, um mich zu einer positiv förderlichen Auseinandersetzung zu bringen. Nicht als ob ich bezweifelte, daß bei vielen, die sich in den Dienst der Bewegung gestellt haben, ein echter pädagogischer Idealismus lebendig ist. Wohl aber kann ich bei den Leitenden und bis heute Maßgeblichen nichts weiter finden als eine Denkart, der der einzelne Mensch nichts weiter ist als ein Objekt, das man so bearbeitet, wie man es im Interesse bestimmter zu erreichender Ziele für richtig hält. Zumal Hitlers eigene Äußerungen in „Mein Kampf" scheinen mir in dieser Hinsicht absolut beweiskräftig. Und es scheint mir, daß in dem Spiel der Kräfte dieser Machiavellismus durchaus die Führung behalten hat. Kein Wunder, da er ja in der Wahl der Mittel keine Skrupel kennt."

Inhaltlich, aber implizit sind solche Sätze Litts eine Kritik an Nohls verharmlosend-euphemistischer Auslegung und seinen Zustimmungsbekundungen in seinem Vorlesungstext. So, als wolle Litt dann die implizit angedeutete Differenz zwischen seiner und Nohls Sichtweise nun wieder abmildern, fährt er dann in seinem Brief fort: „Aber ich bin entschlossen, mich auch in dieser Hinsicht von Ihnen in die Schule nehmen zu lassen. Es

40 Die „Bundeslade" (auch „Arche des Bundes" genannt) war eine vergoldete Truhe, in der zwei „Gesetzestafeln" mit den Kerngeboten der jüdischen Religion aufbewahrt wurden. Die „Bundeslade" ist wahrscheinlich während der „Babylonischen Gefangenschaft" der Juden in Ägypten verloren gegangen.

wäre ja auch für mich selbst besser, wenn ich mehr an Bejahenswertem zu finden vermöchte."

Litt geht dann in seinem Brief unvermittelt auf eine private, persönliche Beziehungsebene über: „Nur mit Zagen schließe ich an den Ausdruck meines von Herzen kommenden Dankes die besten Wünsche für das Neue Jahr an. Ich kann mir vorstellen, wie viele Sorgen Sie um Ihre Kinder haben. Bei uns ist es in anderer Art ebenso. Der Älteste ist fertig ausgebildet (gemeint war: militärisch; W. Kl.), der Jüngste schon ausgemustert. Die Zukunft ist voll von drohenden Möglichkeiten. Und wie die Dinge auch laufen mögen: Gutes können wir uns von der Entwicklung der Dinge schwerlich versprechen. Die Welt, der wir geistig und sittlich angehören, ist in rapidem Versinken." Litt schließt: „Trotz allem: wir müssen den Nacken steif halten. In diesem Sinne viel gute Wünsche und herzliche Grüße, denen meine Frau sich anschließt. Treulich Ihr Th. Litt."

Ich werde im Folgenden einige Passagen aus der Vorlesung zitieren, um Beispiele für ihre politische und pädagogische Problematik, genauer: das erschreckend hohe Maß an Zustimmung zu nationalsozialistischen Programm-Elementen zu verdeutlichen. Eine ausführliche Gesamtdarstellung dieser Vorlesung findet man in dem von mir und Johanna-Luise Brockmann verfassten Buch: Geisteswissenschaftliche Pädagogik und Nationalsozialismus. Herman Nohl und seine ‚Göttinger Schule' 1931–1937. Eine individual- und gruppenbiografische, mentalitäts- und theoriegeschichtliche Untersuchung. Weinheim/Basel 2002, VII. Kapitel, S. 190–260.[41]

41 Angesichts des ohnehin beträchtlichen Umfangs meines Beitrags muss ich darauf verzichten, folgenden Tatbestand genauer darzustellen: Schon im August 1933 hatte Nohl Freunde und Kollegen sowie seine akademischen „Schülerinnen" und „Schüler" in das Lippoldsberger Landheim (im Dorf Lippoldsberg an der Weser, etwa 30 km westlich von Göttingen) zu einer zweitägigen Aussprache über die Situation und die Aufgaben des Nohl-Kreises nach dem politischen Umbruch eingeladen. Die dort verfochtenen, frappierenden Annäherungen Nohls, Wenigers (und einiger bereits in die NSDAP eingetretener Nohl-Schüler) an das nationalsozialistische Programm und ihre heute z. T. grotesk erscheinenden Fehleinschätzungen, aber auch der mutige Widerspruch weniger Nohl-Schülerinnen und -Schüler – Elisabeth Siegels, Erika Hoffmanns und, im Nachgang zum Lippoldsberger Treffen, Walter Dörings – sind in dem bereits genannten Buch von Klafki/Brockmann „Geisteswissenschaftliche Pädagogik und Nationalsozialismus" dargestellt worden, besonders im Kapitel IV „Das August-Treffen 1933 im Lippoldsberger Landheim", S. 118–160.

1941

Litts angekündigter Brief vom 4.6.1941 zu Nohls Vorlesung, fünf Monate nach Litts erstem Dankesgruß zum 31.12.1940, und ein weiterer Brief vom Jahresende 1941

Es hätte nahe gelegen, dass Litt nach dem ersten, wie er selbst betonte, ‚flüchtigen' Einblick in Nohls Vorlesungstext vom 31.12.1940 in der Folgezeit bei kritischer Lektüre zu einer anderen, weitgehend kritischen, vielleicht sogar erschrockenen Einschätzung der Nohl-Vorlesung gekommen wäre. Als Leser darf man gespannt sein, ob diese Möglichkeit in Litts Brief an Nohl vom 4.6.1941, also mehr als fünf Monate nach jener ersten Reaktion Litts vom Jahresende 1940, bestätigt wird. Auffällig ist der lange Zeitraum von mehr als fünf Monaten zwischen Litts erstem Einblick in den Vorlesungstext und seiner Stellungnahme von Anfang Juni 1941. Denn Litt war, wie der größte Teil seiner Korrespondenz zeigt, bekannt dafür, ihm zugesandte Schriften sehr bald nach ihrem Eintreffen zu lesen und zu kommentieren. Sollte er sich im vorliegenden Fall mit der Stellungnahme schwer getan haben? Belege dafür gibt es m. W. bisher nicht.

Nach der Anrede „Lieber Herr Nohl" heißt es: „Ich habe nun endlich die Muße gefunden, Ihre pädagogische Vorlesung von 1933/1934 in aller Gemächlichkeit auf mich wirken zu lassen. Und nach der Lektüre kann ich nur sagen: Welcher Irrsinn ist es doch gewesen, einen Mann wie Sie gehen zu lassen, der so offenkundig gewillt war, der neuen Zeit ihr Bestes abzugewinnen, und der sich mit so viel Liebe in gewisse unter ihren Grundtendenzen eingelebt hat."

Dann folgt eine lange Passage, die nicht der Form, aber dem Inhalt nach m. E. durchaus als Kritik an Nohl gelesen werden kann: „Ich schrieb Ihnen ja bereits, daß ich dessen vollkommen unfähig gewesen bin, weil ich auch da, wo ich sachlich zustimmen konnte (und das konnten wir, die wir in unserer Weise doch immer am deutschen Volk zu arbeiten bemüht gewesen waren, mit gutem Gewissen in Anspruch nehmen), an einen *durchgängig* redlichen Willen und an die dazu gehörige Fähigkeit zu glauben nicht imstande war. Also etwa was die Fürsorge für die Familie und die Frau angeht: bei allen schönen Redensarten geschah und geschieht doch unendlich Vieles, was genau in entgegengesetzter Richtung wirkt. Und ich kann nicht finden, daß alle von berufener Seite erfolgenden Proteste Wesentliches daran ändern. Es geht in grauenhafter Monotonie weiter – auch abgesehen von den Wirkungen des Krieges. Ähnlich steht es mit der Sprachpflege. Alles, was in dieser Hinsicht an Bejahenswürdigem vor sich geht, geschieht in ausgesprochener Gegenstellung gegen die offizielle Behandlung, besser Mißhandlung der Sprache. Oder die Pflege des Bäuerlichen, die vielfach einfach auf Verkitschung und falsche Sentimentalisierung hinausläuft. Den tiefsten Grund von alledem kann ich nur darin finden, daß die herrschende Strömung alles und jedes nur in der Stellung des *Mittels* sehen kann, das einem sehr eindeutigen Zweck zu dienen bestimmt ist. Der Geist der Propaganda hat sich alles unterworfen. Und darin zeigt sich wiederum dasjenige, was den innersten Kern des von mir Abgelehnten ausmacht und worüber man sich besser nicht schriftlich ausspricht. (Noch ein Beispiel: Besonders schön ist die Stelle, an der Sie von der Bedeutung des Waldes für das deutsche Gemütsleben handeln. Nun frage ich Sie: wann ist der Wald so von Jugend entleert gewesen wie in den Jahren seit 1933? Ich habe das auf allen Wanderungen immer wieder feststellen können. Der Technizismus wird mit allen Mitteln in die Jugend hineingetrieben!).

Die Frage, die wir, die ‚Träger der Bildung' bei alledem an uns zu stellen haben, ist doch wohl die, warum die Kräfte des Widerstandes gegen diese Entwicklung zu schwach gewesen sind. Und da spricht doch wohl ihr VI. Kapitel das Entscheidende in aller Klarheit aus. Ich gestehe, daß ich früher nicht gewußt habe, wie sehr es den Führern der deutschen Bildungsschicht an einer echten inneren Formung und einem sichern Willen zur Behauptung des Besten in uns gefehlt hat.

Wenn ich nun sehe, daß ein Mann wie Sie imstande gewesen ist, dem Neuen mit so viel mehr Vertrauen entgegenzutreten und ihm aus sich so viel an beseelender Kraft zu leihen, dann lege ich mir eine Frage vor, die mich schon oft beschäftigt hat: ob ich aus einer gewissen inneren Dickfälligkeit heraus mich dem Kommenden verschlossen habe und ob ein willigeres Entgegenkommen, von einer hinreichend großen Zahl geeigneter Menschen geübt, den Dingen einen anderen Lauf gegeben hätte. Ich komme dann aber immer wieder, wie ich Ihnen gestehen muß, zu einer verneinenden Antwort. Ich weiß von so vielen Fällen, in denen Menschen guten Willens es mit diesem Hinübertreten versucht haben, aber nur, um zu erkennen, daß ihr Einfluß auf die innere Gestaltung gleich Null gewesen ist. Auch sie wurden nur als Mittel verbraucht und hatten sich selbst verloren, ohne dem Ganzen damit im Geringsten zu helfen.

So kann ich schließlich nur sagen: Es wäre für uns alle ein unendliches Glück gewesen, wenn die verkündeten neuen Prinzipien in dem Sinne verstanden und betätigt worden wären, den Sie ihnen gegeben haben. Aber – ich fürchte, alles ist ferne davon geblieben. Wir können ja heute noch keine endgültige Bilanz ziehen. Alles ist noch in einer fürchterlichen Ungewißheit. Insoweit bitte ich auch meine Sätze als nur mit Vorhalt ausgesprochen anzusehen. Aber zu einer hoffnungsfrohen Gesamtauffassung mich aufzuschwingen ist mir vollkommen unmöglich. Ob dabei die nagende Sorge um unsere zwei Söhne – die beide im Osten stehen (der eine allerdings vorerst nur als Arbeitsmann) – (mitspielt; W. Kl.), vermag ich nicht zu sagen.

Ich erneuere meinen herzlichen Dank für diese schöne und dauernde Gabe und bin mit den herzlichsten Grüßen stets Ihr Th. Litt".

Folgende Feststellungen sind m. E. unverzichtbar: Dass der Brief Litts implizit an manchen Passagen des Vorlesungstextes Nohl Kritik übt, habe ich im Vorangehenden schon angesprochen. Litt blendet aber alle jene, z. T. breiten Passagen der Vorlesung aus, in denen Nohl höchst fragwürdige, ja oft erschreckende Zustimmungserklärungen zu Programm-Elementen oder bereits realisierten Maßnahmen des nationalsozialistischen Systems formuliert, oft in emphatischem Stil. Ich nenne vier Beispiele:

Trotz offener, mutiger Kritik Nohls in der Vorlesung an einigen radikalen, inhumanen Programm-Elementen des Nationalsozialismus, die 1940 – also zum Zeitpunkt der Übersendung der Vorlesung an Litt – bereits realisiert bzw. geplant waren, plädiert Nohl dafür,

- dass die Familienpolitik „statt der wahllosen Unterstützung *aller* Familien nach dem Maßstab ihrer Not die erbgesunden Familien bevorzugen" müsse (S. 19);
- er fordert „eine Rassenpolitik mit der Front gegen den Osten" (S. 19) und verficht – mit Bezugnahme auf Plato – die These, dass „der nationale Erzieher eines Volkes nicht daran denken" könne, „Individualitäten zu züchten, sondern [er müsse] die Formung der Menschen nach einem festen Typus wollen, in dessen geschlossener Gestalt sich dann erst die freie schöpferische Bewegung entfalten darf" (S. 85, S. 90, S. 91, S. 92).
- Fünf Seiten später heißt es im gleichen Zusammenhang: „in der ganzen nationalen Breite entstand der neue Typus erst in der soldatischen Zuchtform, die Hitler unserem Volke vorgeschrieben hat, indem er es in die SA-Uniform und die Uniform des Arbeitsdienstes steckte" (S. 99).
- In einem weiteren Abschnitt des gleichen Zusammenhanges bezieht sich Nohl kritisch auf Flitner, der in einem Aufsatz zur damaligen Situation in Deutschland die Auffassung vertrat: „regierbares Volk gestalten, das die Regentschaft erträgt und produktiv trägt", *das* sei unser erstes Problem, die Bildung der Regentenschicht erst das sekundäre. Nohl setzt dagegen: „Ich meine, der ganze Aufbau, wie ihn der Führer der nationalsozialistischen Bewegung geschaffen hat, widerspricht dem. Nur der Führer lebt den Typus vor. Auch hier geht die Bewegung der Typenbildung unerbittlich nur von oben nach unten, und nur wenn die Führererziehung gelingt, wird auch die Volkserziehung gelingen." – Schließlich heißt es zum Verhältnis des „Typus" zu der „freien Geistigkeit unseres Volkes", dass „der Typus mit seiner Zucht und Gebundenheit die Voraussetzung aller wahren geistigen Entwicklung sein muß. Der Schritt geht nicht vom geistigen Reichtum zum Typus, sondern immer umgekehrt" (S. 91).

Dass Litt solche Thesen Nohls, deren Erläuterung oft mehrere Schreibmaschinenseiten umfasst, übergeht, vermag ich mir nur durch das Motiv zu erklären, dass er (Litt) jene geistige Freundschaft mit Nohl, die im Jahrzehnt seit etwa 1930 schrittweise intensiver geworden und für Litt offenbar eine geistige und seelische Stütze angesichts einer immer düsterer erscheinenden Gegenwarts- und Zukunftsperspektive war, nicht gefährden wollte. – Mir sei an dieser Stelle eine persönliche Anmerkung erlaubt: Ich hätte mir gewünscht, dass Litt, wie behutsam auch immer, Nohl offen geschrieben hätte, dass er, Litt, einer Reihe von Passagen der Vorlesung keinesfalls zustimmen könne.

Hätte Nohl seine anfänglich erwogene Absicht verwirklicht, die Vorlesung als Buch zu veröffentlichen, so wäre ihm, und zwar mit guten Gründen, nach dem Ende des Krieges ein Entnazifizierungsverfahren in Niedersachsen wohl kaum erspart geblieben, und er wäre vermutlich nicht sofort in seine früheren Rechte als Universitätsprofessor wieder eingesetzt worden. Wenn es zu einem solchen Verfahren gekommen wäre, hätte es vielleicht einen ähnlichen Verlauf genommen, wie es im Falle Erich Wenigers der Fall gewesen ist: Weniger, nach seiner „Entlastung" in einem Überprüfungsverfahren im Jahre 1946, war kurz danach zum Direktor der Pädagogischen Hochschule Göttingen ernannt worden, musste sich aber – keineswegs unbegründet! – vom Juli bis zum Freispruch im Oktober 1948 noch einmal in einem Entnazifizierungsverfahren aufgrund bestimmter, „NS-systemkonformer" Aussagen in einigen seiner militärpädagogischen Schriften rechtfertigen. Sein erneuter Freispruch erfolgte letzten Endes höchstwahrscheinlich aufgrund der Tatsache, dass seine Behauptung nicht widerlegt werden konnte, ihm seien Aussagen ohne seine Zustimmung von Personen der militärischen Publikationskontrolle im Jahr 1944 in sein Manuskript hineingeschrieben worden.[42]

Auch der folgende Brief Litts an Nohl wird hier – mit einer geringfügigen Ausnahme – vollständig zitiert, weil er die zunehmende Hoffnungslosigkeit Litts einmal mehr zum Ausdruck bringt. Das ist auch ein Symptom dafür, dass Litt nicht etwa durch den zunächst – bis etwa bis zum Oktober 1941 – siegreichen Angriffskrieg

---

42 Vgl. dazu: Dietrich Hoffmann/Karl Neumann: Tradition und Transformation der Geisteswissenschaftlichen Pädagogik. Zur Re-Vision der Weniger-Gedenkschrift. Weinheim 1993. – Dies.: Bildung und Soldatentum. Die Militärpädagogik Erich Wenigers und die Tradition der Erziehung zum Kriege. Weinheim 1992. – Kurt Beutler: Geisteswissenschaftliche Pädagogik zwischen Politisierung und Militarisierung – Erich Weniger. Frankfurt/M. 1995. – Barbara Siemsen: Der andere Weniger. Eine Untersuchung zu Erich Wenigers kaum beachteten Schriften. Frankfurt/M. 1995. – Klafki/ Brockmann: Geisteswissenschaftliche Pädagogik und Nationalsozialismus, VIII. Kapitel: Erich Wenigers Entlassung aus dem Hochschuldienst und sein „Ausweg" in die Militärgeschichte, Militärtheorie und Militärpädagogik. S. 261–272.

Deutschlands gegen die Sowjetunion positiv beeindruckt war: Im Oktober 1941 standen die deutschen Truppen vor Moskau und Stalingrad. Vielmehr haben ihn solche „Siege" wahrscheinlich zu noch stärkerer Skepsis als schon zuvor hinsichtlich der gesamten Entwicklung des nationalsozialistischen Deutschlands veranlasst, und er sollte mit solcher Skepsis Recht behalten.

Die einleitenden Sätze und der Schluss dieses Briefes legen überdies die Vermutung nahe, dass es in den vorangegangenen sieben Monaten des Jahres 1941 seit dem Brief Litts an Nohl vom 4.6. d. J. keine weiteren postalischen Kontakte zwischen ihnen gegeben hat.

Leipzig, den 3.12.1941

„Lieber Herr Nohl!

Ich möchte das alte Jahr nicht zu Ende gehen lassen, ohne mich noch einmal mit Ihnen in Verbindung zu setzen. Denn persönliche Begegnungen werden ja durch die Umstände immer mehr zur Unmöglichkeit gemacht. Dabei ist das Bedürfnis, die Wucht der über uns hereinbrechenden Schicksale durch Aussprache mit den Menschen, denen wir uns verbunden wissen, ein wenig zu mildern, größer denn je. Ich möchte z. B. wissen, ob die relative Gelassenheit, mit der Sie den ‚Bergrutsch' früher ertragen haben, noch immer vorgehalten hat, möchte auch wissen, wieweit Sie die in mancher Hinsicht positive Bewertung gewisser Bestrebungen der Zeit durch den Fortgang der Geschehnisse hindurchgerettet haben. Bei mir ist die Überzeugung immer fester geworden, daß wir inmitten einer Götterdämmerung stehen, von der es mir fraglich ist, was von den uns wesentlichsten Dingen durch sie hindurchgerettet werden wird. [...] Die metaphysische Abgründigkeit des Geschehenden drängt sich mir immer mehr auf. Dabei bin ich immer wieder starr, wie viele es noch immer in unseren Kreisen gibt, die augenscheinlich von den Dimensionen dieses Geschehens noch nicht eine blasse Ahnung haben.

Mit den allgemeinen Sorgen verschlingen sich die Befürchtungen für unsere Söhne. Der Ältere steht seit Monaten an der Ostfront. Jetzt ist gerade wieder einmal eine der quälenden Pausen in der postalischen Verbindung eingetreten. Der Jüngere hat als Arbeitsmann im Osten schlimme Tage erlebt, schlimm nicht so sehr wegen der Anstrengungen wie wegen der menschlichen Minderwertigkeit der Vorgesetzten und noch mehr wegen der Gemeinheit der ‚Kameraden'. Jetzt ist er als Funker in militärischer Ausbildung und findet es dort erheblich erträglicher als beim Arbeitsdienst.

Ich selbst habe neuerdings wieder einmal eine Probe davon erhalten, was man unter Pflege der ‚Volksgemeinschaft' im Kriege versteht. Nach einem sehr erfolgreichen (ich muß das zur Beleuchtung des Falles so sagen) Vortrage in

Dresden ist mir durch die Gestapo jede Vortragstätigkeit im Lande Sachsen untersagt worden. Ich habe sofort an die Dresdener Zentrale die Frage gerichtet, was denn [im Original: „den"; W. Kl.] an meinem Vortrage dasjenige gewesen ist, was die ‚Sicherheit von Volk und Staat' bedroht habe. Ob ich je eine schriftliche oder mündliche Antwort erhalten werde? Aber alle Dinge dieser Art sind ja, verglichen mit dem, was auf dem Spiele steht, von einer tiefen Gleichgültigkeit, und das Einzige, was mich bei der Sache wurmt, ist wieder die Feigheit der Kollegenschaft. Es traf sich nämlich, daß der erste Vortrag, der unter das Verbot fiel, ein bereits angekündigter Vortrag für die öffentliche Sitzung der [Leipziger; W. Kl.] Akademie der Wissenschaften war. Natürlich hat die Akademie nicht den leisesten Versuch gemacht, etwas dagegen zu tun, daß eines ihrer Mitglieder [gemeint war Litt; W. Kl.] in einer ihrer eigenen Veranstaltungen den Mund verschlossen bekommt. Es wird, wie immer, schweigend gekuscht. Eine tief verächtliche Gesellschaft.

Bitte, lassen Sie mich einmal wissen, wie es Ihnen und Ihren Kindern geht. Ist Ihr Heim an der Weser wieder frei gegeben?[43]

Alle guten Wünsche für die kommende Zeit! Meine Frau schließt sich an. Stets Ihr Th. Litt".

1942

Aus diesem Jahr sind zwei Briefe bzw. Karten Litts an Nohl erhalten geblieben, denen, wie jenen Briefen zu entnehmen ist, jeweils Sendungen Nohls vorausgingen. Hinweise darauf, dass es in diesem Jahr mehr als die beiden postalischen Kontakte zwischen beiden Männern gegeben hat, sind nicht vorhanden.

Am 22. Januar 1942 bedankte Litt sich für einen „literarischen" Gruß Nohls. Es handelte sich um eine Würdigung des seit 1907 eng mit Nohl befreundeten Malers Erich Kuithan, der Leiter der Kunstschule der Carl-Zeiss-Stiftung in Jena war und mit dem er seither bis zu dessen frühem Tod im Jahre 1917 in Kontakt stand.[44] Zu

---

43 Gemeint waren das Lippoldsberger Landheim Nohls und der von ihm gegründete „Verein der Freunde des Göttinger pädagogischen Seminars". Ab 1940 waren dort, mit Nohls Einverständnis, jeweils für begrenzte Phasen Flüchtlingsfamilien aus dem Saarland, Mütter und Kinder aus dem Freundeskreis aus bombenbedrohten Städten, nach dem Kriegsende für einige Zeit auch Flüchtlinge aus dem Osten Deutschlands und zuletzt eine befreundete Bildhauerin (mit zwei kleinen Söhnen) einquartiert; sie wirkte zugleich als „Hausmutter" für Studentinnen und Studenten und Mitglieder des Freundeskreises bei Tagungen. Vgl. Blochmann: Herman Nohl. S. 152f.

44 Vgl. ebd., S. 64/65.

Beginn der 40er Jahre bereiteten Freunde Kuithans eine Gedächtnisausstellung der Werke des Malers vor, und Nohl veröffentlichte 1942 in der Deutschen Allgemeinen Zeitung einen Aufsatz unter dem Titel „Ein vergessener Maler – Begegnungen mit Erich Kuithan". Bei dem von Litt in seiner Karte erwähnten „literarischen Gruß" hat es sich vermutlich um das Manuskript eines Aufsatzes Nohls gehandelt. Litt schrieb, dass er sich dieses Malers genauer: der „sehr charaktervollen Graphiken" Kuithans „noch sehr gut" erinnere, da sie öfters in dem Kalender „Kunst und Leben" abgebildet worden seien. – Allerdings ergänzt Litt diese positive Einschätzung dann sogleich durch eine schon mehrfach bekundete Einschränkung: Er müsse Nohl „gestehen", dass es ihm „sehr schwer fällt", den Kontakt mit der Welt der Kunst in jeder Form aufrechtzuerhalten! Es ist, als ob gewisse innere Organe in mir abgestorben wären. Ein unseliger Zustand." Und dann folgt eine nostalgische Erinnerung: „Als ich Ihren Gruß las, stieg plötzlich vor meinem inneren Auge Ihr Heim in Lippoldsberg auf.[45] Wenn man doch noch einmal so unbeschwerten Sinns durch die Natur wandern könnte!" Litt schließt mit den Worten: „Herzlichst grüßt Sie Ihr Th. Litt".

1943

Für das Jahr 1943 liegen drei maschinenschriftliche Briefe Litts an Nohl vor, vom 5.2., dem 3.6. und dem 13.12. Sie spiegeln die weiter zunehmende Resignation Litts wider. Dem Brief vom 5.2. ist zu entnehmen, dass Nohl in einem vorangehenden Brief Kunstfragen angesprochen hatte, u. a. die Gotik betreffend. Seinem Dank an Nohl folgt dann eine Briefpassage, in der er eine von ihm mehrfach angesprochene, ihn bedrückende Selbsterfahrung erneut zur Sprache bringt:

> „Es ist wirklich so, dass ich in mir die Resonanz auf große Kunst vermissen muß […] Die Probe darauf erhalte ich immer dann, wenn ich mich dahin bringe [gemeint ist offensichtlich: dazu durchringe; W. Kl.], allein oder mit dem hervorragend Violine spielenden Kollegen Jacobi (Jurist, als Mischling pensioniert) die Tasten in Bewegung zu setzen. Dann muß ich erleben, daß Kompositionen, die mich früher hingerissen haben, mich vollkommen kalt lassen. Seit Jahren bin ich in keinem Konzert gewesen. Ich bedauere das umso mehr, als ich die Tröstung durch die Kunst wahrlich vertragen könnte und

45 Es ist die Erinnerung an Litts einzigen Besuch und eine kleine Wanderung mit Nohl, die schon einmal erwähnt wurde. Ich vermute, dass dieser Besuch im Spätsommer 1939, kurz vor dem am 1. September des Jahres von Deutschland begonnenen „Polenfeldzugs" als erster Phase des Zweiten Weltkriegs, stattgefunden hatte.

andere im Genuß dieser Tröstung sehe. Es ist eben doch zu viel, was uns zugemutet ist. Ich empfinde immer stärker das Mißverständnis zwischen der Schwere der uns auferlegten Last und der Tragfähigkeit unseres inneren Menschen". – Der Brief schließt mit den Worten: „Im Übrigen wünsche ich Ihnen von Herzen, daß Ihnen noch recht viel verbleiben möge, was Sie stark macht! Mit den herzlichsten Grüßen
Ihr Th. Litt".

Vier Monate später, am 3.6., schreibt Litt an Nohl, der ihn darüber informiert hatte, dass er – damals im 64. Lebensjahr stehend –, als einziger unter den Göttinger Professoren zur Arbeit in einer Göttinger Fabrik verpflichtet worden sei, er, Litt, halte das für „totale Sklaverei". Er fragt, ob Nohl nicht die Möglichkeit sehe, sich aufgrund eines ärztlichen Attests „frei zu machen", und er fragt, ob vielleicht „ein persönlicher Gegner" hinter dieser Verpflichtung stecke.[46]

Litt berichtet dann kurz „von schrecklichen Nachrichten über die Schicksale, die rheinische Verwandte von uns bei dem letzten Fliegerangriff auf Wuppertal erlitten haben" und fügt hinzu, dass es ihm „immer weniger möglich ist, mit dem Ganzen dieser Menschheitskrisis fertig zu werden. Es ist schwer, in diesem Zustand einer radikalen Hoffnungslosigkeit weiter zu leben – nicht nur um des zu erwartenden persönlichen Loses willen, sondern auch und erst recht im Hinblick auf das Gesamtbild, das dieses Dasein bietet". Litts Schlusssatz lautet: „Ich wünsche Ihnen von Herzen, daß Sie auf die eine oder andere Weise wieder frei werden, und grüße Sie herzlich. Ihr Th. Litt".

Der dritte Brief aus dem Jahr 1943 vom 13.12. beginnt wieder mit dem Dank für einen Brief Nohls und geht dann zur Schilderung der Katastrophe Leipzigs über. Er, Litt, habe in der Nacht der Vernichtung „auf dem Dach des Hauses gestanden, um etwaigen Funkenflug melden zu können". Ihm und seiner Frau sei es gelungen, „das Leben und auch die Wohnung zu retten". Man „harrt natürlich des nächsten Angriffs".

Litt geht dann auf ein von Nohl in dessen Brief angesprochenes Thema ein: Während Nohl die „junge Generation" wegen ihrer „Furchtlosigkeit" rühme, urteilt Litt, dass „doch bei vielen ein tüchtiges Quantum krasser Gedankenlosigkeit" beteiligt sei.

Ich übergehe weitere, durchweg resignative Bemerkungen Litts. Er beglückwünscht Nohl jedoch zur „Erlösung von der Fabrikarbeit", über die Nohl ihn offensichtlich in der Zwischenzeit informiert hatte.

---

46 Vgl. Blochmann: Herman Nohl. S. 183.

Aus den auffällig sprunghaften, weiteren Informationen und resignativen Einschätzungen Litts – vermutlich Nachwirkungen der von Litt erlebten Turbulenzen im Zusammenhang mit den Bombenangriffen britischer Flugzeuge auf Leipzig – hebe ich nur noch drei sporadisch von ihm angesprochene Aspekte hervor:

Er habe sich schon vor längerer Zeit von der früheren Beziehung zur Akademie der Wissenschaften gelöst; er wolle „mit dieser ganzen Zunft von Schlappschwänzen nichts [mehr] zu tun haben".

Erneut spricht Litt seine Konzentrationsschwierigkeiten am Schreibtisch an; „Das sei ja kein Wunder bei dem tiefen Gefühl der Zwecklosigkeit dessen, was unsereiner treibt", „haben wir doch für den Rest des Lebens" […] auf wirkliche Resonanz" ohnehin „nicht mehr zu rechnen".

Schließlich dankt Litt u. a. für die erneute Würdigung des von Nohl hochgeschätzten Malers Erich Kuithan und kontrastiert, einmal mehr, Nohls nach wie vor „ungeschwächt wirksam gebliebenes Verhältnis zur bildenden Kunst" mit dem „Absterben" der Freude an der Musik bei sich selbst; er habe seit Monaten „keine Taste berührt".

„Entschuldigen Sie", so schließt Litt, bevor er Nohl „herzlichst grüßt", sein „Geseufze": „Aber dieses Leben inmitten von Ruinen hat etwas unendlich Entmutigendes."

Der nun unvermittelt folgende Absatz in Litts Brief legt folgende Vermutung nahe: In einem vorangehenden, offenbar verloren gegangenen Briefwechsel zwischen Nohl und Litt hatte Litt mitgeteilt, dass der Brockhaus-Verlag ein kleines Heft drucken wolle, das zu Weihnachten vor allem an Frontsoldaten gesandt werden sollte. Litt war der Bitte, einen Beitrag dafür zu schreiben, nachgekommen, hatte aber wohl einen sehr skeptischen Aufsatztitel gewählt. Auf „flehentliches Bitten von Herrn Brockhaus" hin habe er, Litt, nun im Schlussabschnitt bzw. im Aufsatztitel „etwas zuversichtlichere Klänge" als in der Erstfassung angeschlagen. Der Aufsatztitel laute nun: „Vom Verhältnis der Generationen". Das kleine Heft trug den Gesamttitel „Unseren Söhnen im Felde".

1944

Der nächste Brief Litts an Nohl trägt das Datum des 5.6.1944. Sein Anfang legt den Schluss nahe, dass es im vorangegangenen halben Jahr keine Postkontakte zwischen Nohl und Litt gegeben hat.

Nach der nun schon lange üblichen Anrede „Lieber Herr Nohl" schreibt Litt:

> „Es ist recht lange her, daß wir zuletzt voneinander gehört haben. Da will ich wieder einmal meine Stimme erheben, um auch Ihnen eine Äußerung

zu entlocken. Von uns ist zu melden, daß wir zwar in Verwandt- und Bekanntschaft unendlich viel Leid miterlebt haben, selbst aber im Wesentlichen unbeschädigt geblieben sind. Die letzten Tagesangriffe auf Leipzig haben unsere Gegend, in der es keine industriellen Anlagen gibt, unberührt gelassen. Aber das Leben in dieser unbeschreiblich entstellten Stadt ist doch dauernd sehr bedrückend. Man gewöhnt sich ganz und gar nicht an den Anblick der Zerstörung. Ein Lichtblick ist, daß im Augenblick unser jüngster Sohn auf Urlaub daheim ist. Aber in wenigen Tagen muß er wieder an die finnische Front, und dann beginnt das Sorgen aufs neue. Es ist lehrreich, sich von ihm über die an der Front – wenigstens bei den jüngeren Offizieren – vorherrschende Gemütsverfassung berichten zu lassen. Man lebt ganz und gar den Aufgaben des Tages, über die großen Fragen wird nicht nur kein Wort gesprochen, man unterläßt auch nach Möglichkeit das Nachdenken darüber, vermutlich in dem dumpfen Gefühl, das es mehr als bedenklich wäre, überhaupt damit anzufangen. Unterstützt wird diese Selbstbeschwichtigung durch eine überreichliche Zufuhr an konzentriertem Alkohol. – Der ältere Sohn weilt schon seit längerer Zeit bei seinem Ersatztruppenteil in München, wird aber vermutlich in Bälde wieder herauskommen. – Wir Alten daheim schleppen uns, so gut es geht, durchs Leben weiter, mit Unterstützung einer ukrainischen Hilfe, an deren Benehmen man den Stand der Dinge an der Ostfront ablesen kann.[47] Bei mir sind die produktiven Impulse so gut wie völlig abgestorben. Der Anblick dieser entfesselten Raserei nimmt mir alle Hoffnungen, und wie kann man ohne Hoffnung irgendwas anpacken! Hoffentlich ist es bei Ihnen anders und besser." Im vorletzten Abschnitt des Briefes klingt, bei Litt eine Seltenheit, Galgenhumor an: „Von etwas Erheiterndem möchte ich Ihnen berichten, das womöglich Ihnen in gleicher Form widerfahren ist. Vorige Woche erhielt ich von dem Verlag Junker und Dünnhaupt ein in schmeichelhaftesten Tönen gehaltenes Schreiben, in dem ich aufgefordert wurde, dem Verlag eine ganz ausführliche – Autobiographie zu liefern. Da Spranger genau die gleiche Aufforderung erhalten hat, ist es mir wahrscheinlich, daß auch auf Sie dieser Strahl der Gnade gefallen ist. Wenn das nicht ein Zeichen der Zeit ist! Das wäre jetzt wirklich der rechte Augenblick, seine Lebensbeichte niederzuschreiben.

47 Wahrscheinlich spielte Litt mit diesem Satz auf Äußerungen oder Verhaltensweisen einer ukrainischen Haushaltshilfe in der Familie Litt an, die vermuten ließen, dass diese Ukrainerin Informationen über Verluste und Rückzugsbewegungen deutscher Truppen an der Ostfront erhalten hatte, Informationen, die sie auf eine Niederlage Deutschlands hoffen ließen.

Ob Sie wohl von Ihren Kindern in England hören? Wir wissen von so manchen, die in ähnlicher Weise von ihren Lieben getrennt sind. All dies Leid übersteigt Menschenmaß.
Es grüßt Sie aufs herzlichste und mit allen guten Wünschen Ihr Th. Litt".

Wenige Tage nach Litts Brief vom 5.6. muss Nohl ihm geantwortet und einen Aufsatz beigefügt haben; aus Litts bereits am 13.6. datierten Brief ist zu entnehmen, dass es sich um Nohls kleine Studie „Christian Gotthilf Salzmann zum 200. Geburtstag" (in: Hannoverscher Kurier, 1.6.1944), handelte. Litt betont: „Das hat mich deshalb besonders beeindruckt, weil ich seit geraumer Zeit an einem pädagogischen Katzenjammer kranke, der mich veranlaßt hat, mich ganz in das Gebiet der Philosophie zurückzuziehen."

Dann folgt eine für Litt typische, zugleich selbstkritische und skeptische Passage, die – einmal mehr – den Unterschied zu Nohls pädagogischer, tendenziell positiv-handlungsorientierter Grundeinstellung deutlich macht:

> „Ich habe ja, wie Sie wissen, hinsichtlich der erzieherischen Wirkungsmöglichkeiten immer sehr vorsichtig geurteilt. Aber was wir in dieser Zeit erlebt haben, das hat mir in dieser Hinsicht den Rest gegeben. Denn immer wieder muß ich mich fragen: was haben wir denn mit unseren Bemühungen, eine bestimmte geistig-sittliche Haltung zu entwickeln und zu stärken, eigentlich erreicht? Die Mächte, die den Kurs der Zeit bestimmt haben, sind völlig aus der Bahn, an die wir gedacht hatten, ausgebrochen, und die Widerstandskraft derjenigen, die ähnlich wollten wie wir, hat sich als unsagbar unerheblich erwiesen. Wir spielen mit denjenigen, die unseres Geistes sind, die Rolle von Außenseitern, von Nachzüglern einer dahingehenden Epoche. Gerade, wenn man die Hoffnungsfreudigkeit eines Salzmann ins Auge faßt, kommt einem die Hoffnungslosigkeit des eigenen Gemüts besonders drückend zum Bewußtsein. Wie gerne möchte man, ‚aus dem Schlamm der Zeit eine neue Generation auftauchen' sehen! Aber ich sehe nur den Trieb der Selbstzerstörung weiter und weiter wuchern. Von der großen Umkehr, die uns allein helfen könnte, vermag ich herzlich wenig zu bemerken. Die absolute Gedankenlosigkeit, mit der jedenfalls ein großer Teil der jungen Generation diesen Krieg durchsteht, ist nicht die Gemütsverfassung, aus der ein wirklich neues Geschlecht hervorgehen kann. Ist nicht in der Grundverfassung unserer ‚maudite race' irgend eine kardinale Verkehrtheit, die uns zur Selbstverwirklichung prädestiniert? Ich bin Ihnen, fürchte ich, schon öfters mit solchen Gedanken beschwerlich gefallen. Aber es ist nun einmal so, daß ich mit Gleichgesinnten nicht reden kann, ohne daß meine trüben Ahnungen über mich Macht gewännen."

Die Schlusspassage des Briefes lautet:

> „Von dem in Göttingen herrschenden Frieden hört man mit Neid. Bei uns ist es ja auch seit einiger Zeit unerträglich, aber in den westlichen Städten, wo unsere Verwandten sitzen, ist es ein höllisches Dasein. Herzlichst grüßt Sie Ihr Th. Litt"

Litt beginnt den letzten Brief des Jahres 1944 – vom 11.11. – an Nohl, der ihm offensichtlich kurz zuvor geschrieben hatte, mit dem Satz: „Sie haben recht: von Zeit zu Zeit muß man sich davon überzeugen, ob der andere noch existiert. Ja, bisher haben wir hier nichts weiter erlitten."

Dann berichtet er, dass die Luftangriffe der jüngsten Zeit nicht der Stadt Leipzig, sondern industriellen Zielen im Raum Leipzig, d.h. in seinem Umfeld, gegolten hätten, während die „rheinischen Verwandten ...Tag für Tag" mit Bombardierungen rechnen müssten. Allerdings hätten, so fährt Litt fort, „wir alle" offenbar

> „innerlich organische Veränderungen durchgemacht, die uns befähigen, Dingen standzuhalten, die wir früher für völlig untragbar gehalten hätten. Natürlich hat das nur die Wirkung, daß die Zerstörung noch viel ‚totaler' wird, als selbst die schlimmsten Pessimisten für möglich gehalten hätten. Aber davon schreibt man besser nicht. Es ist ja auch wirklich so, daß selbst die Gedanken, h. h. das Bemühen um ein theoretisches Begreifen, mit dem Geschehenen nicht Schritt halten.
>
> In anderer Hinsicht sind nun auch wir getroffen. Unser Jüngster, der in Finnland den Rückzug als Leutnant mitmachte, hat eine schlimme Verletzung des rechten Oberarms davongetragen. Nicht nur der Knochen, auch die Nerven sind arg beschädigt. Ob der Arm jemals wieder wird verwandt werden können, ist fraglich. Die Schmerzen haben nicht im geringsten nachgelassen. Dazu ist ein stark eiternder Abzeß aufgetreten. Der Allgemeinzustand ist sehr elend. Er liegt in Sternberg im Ostsudetenland, dicht an der Grenze des Protektorats [...] Die Reisen dorthin und von dort sind schrecklich. Man fragt sich, wie lange sie überhaupt möglich sind. – Der Älteste ist nach wie vor bei einer Wachkompanie in der Nähe von München [...] und hat es daher relativ gut."

Litt konfrontiert dann die vorher angesprochenen Sorgen in einem äußerlich friedvollen, wahrscheinlich kurzen „Herbstaufenthalt in der Lausitz", den seine Frau und er genossen hätten, kehrt im nächsten Absatz aber zu seiner offensichtlich unüberwindbar hoffnungslosen Grundstimmung zurück: „Mit der eigenen

Arbeit habe ich vollkommen aufgehört. Ich lese, lese, lese, um mich wenigstens zeitweilig abzulenken. Aber alles geschieht mit tiefster Unlust. Man müßte sich zu der Seelenverfassung durcharbeiten, in der die erste Christenheit die Leiden dieser Zeitlichkeit ertrug. Aber freilich, die hatte es leichter, weil sie jenseits dieser Leiden die seligste Hoffnung aufleuchten sah."

Im folgenden Satz springt Litt unvermittelt zu Erich Weniger mit der Frage über, ob ihm wohl „besser zumute ist?" Als er, Litt, mit Weniger zusammen vor kurzem bei Kippenberg (dem Verleger und Inhaber des Insel-Verlages; W. Kl.) war, „schien er so etwas wie eine ‚Wendung' noch für möglich zu halten. Schade, daß ich ihn nicht über gewisse personale Dinge hören kann."[48] Litt schließt den Brief mit dem Satz: „Seien Sie beide herzlichst gegrüßt von ihrem Th. Litt".

1945

Am 20.1.1945 schrieb Litt den letzten Brief an Nohl vor dem Ende des Zweiten Weltkrieges, jedenfalls den letzten erhalten gebliebenen Brief. Er bedankte sich darin bei Nohl zunächst für die Zusendung eines Nachdrucks der Schrift von Gottfried Semper[49] (1803–1879), „Über die formelle Gesetzmäßigkeit des Schmuckes und dessen Bedeutung als Kunstsymbol", einen, wie Litt betonte, ihm bis dahin unbekannten Text. Für ihn (Litt) habe es „immer etwas Tröstliches, zu sehen, wie Ihnen trotz allem der Arbeitswille nicht verloren gegangen ist".

Litt wiederholte dann die Information aus seinem letzten Brief an Nohl über die schwere Verwundung des jüngeren Sohnes mit dem Zusatz, seine Frau und er hätten es „unter unsäglichen Schwierigkeiten […] fertiggebracht", dass der Verwundete „in ein Leipziger Lazarett verlegt worden" sei. Der letzte der beiden Absätze des Briefes lautet:

> „Sonst geht es uns wie allen Menschen, die sich das Denken noch nicht abgewöhnt haben. Die Not der Zeit liegt uns unendlich schwer auf der Seele. Da wir viele Verwandte und Freunde im Rheinland haben, dringen die Unheilsnachrichten besonders dicht auf uns ein. Das klägliche Verkümmern der

48 Diesen Satz kann ich inhaltlich leider nicht entschlüsseln.

49 Gottfried Semper (1803–1879), Baumeister und Kunsttheoretiker, Professor der Architektur in Dresden, Paris (Emigration nach der 48er Revolution), London, Zürich und, als „kaiserlicher Architekt", in Wien. Er galt neben Schinkel als der bedeutendste deutsche Baumeister seiner Zeit, zunächst orientiert an der italienischen Renaissance, in Wien stärker mit barocken Stilelementen. Sein berühmtestes Werk ist die Dresdner „Semper-Oper", die mehrfach ausbrannte und restauriert wurde. Bis ins 20. Jahrhundert wirkten Sempers kunsttheoretische Schriften nach.

Universität beobachte ich von ferne, als ob es sich um ein mir ganz fremdes Geschehen handelte. Ich kann für diese Institution keine Teilnahme mehr aufbringen.

So viel ich weiß, wird neuerdings auch Göttingen von Fliegern heimgesucht. Hoffentlich sind Sie unbeschädigt geblieben. Wir haben in dieser Hinsicht nicht, oder wenigstens nur um Alarme zu klagen. Leichtsinnige Leute ziehen daraus schon sehr weitgehende Folgerungen. Wie leicht läßt sich doch das Menschenherz einlullen!
Mit herzlichen Grüßen auch von meiner Frau Ihr Th. Litt".

Handschriftlich fügt Litt dem maschinenschriftlichen Text hinzu: „Wissen Sie, daß Spranger 10 Wochen ‚gesessen' hat?"[50]

4 Kriegsende am 9.5.1945 – Neuanfang in Trümmern – vermeintlicher Abbruch der Freundschaftsbeziehung zwischen Litt und Nohl

Im Juli 1945 übernahm Litt unter den Rahmenbedingungen der „Sowjetisch besetzten Zone" das Ordinariat für Philosophie und Pädagogik an der Universität Leipzig, formell betrachtet im Sinne eines Wiedereintritts in jene Professur, die er bis zu seiner vorzeitigen, selbstbeantragten Emeritierung im Jahr 1937 innegehabt

50 Spranger, dessen z. T. ambivalente pädagogische und politische Position hier nicht genauer gekennzeichnet werden kann, war im Zusammenhang mit dem gescheiterten Attentat auf Hitler am 20. Juli 1944 im September dieses Jahres verhaftet worden, und zwar aufgrund seiner Zugehörigkeit zu einer kleinen Vereinigung, der „Berliner Mittwochsgesellschaft". Sie war 1935 als lockerer philosophisch-kulturtheoretischer Gesprächs-Kreis gegründet worden. Nach dem 20. Juli 1944 wurden vier ihrer Mitglieder – Generaloberst Ludwig Beck, Botschafter Ulrich von Hassel, Jens Jessen, Professor für Nationalökonomie, sowie der ehemalige Staatsminister und preußische Staats- und Finanzminister Johannes Popitz – zum Tode verurteilt, und die Gesellschaft wurde aufgelöst. Spranger kam nach 10-wöchiger Haft frei, wohl vorwiegend aufgrund der Intervention des japanischen Botschafters Ōshima Hiroshi: Spranger hatte 1936 als Austauschprofessor in Japan Vorlesungen und zahlreiche Vorträge gehalten und genoss hohes Ansehen. (Vgl. Sprangers Selbstdarstellung in dem Buch von Hans Walter Bähr und Hans Wenke: Eduard Spranger – Sein Werk und sein Leben. Heidelberg 1964. S. 13–21, bes. S. 18f. und das Buch Enttäuschung und Widerspruch. Die konservative Position Eduard Sprangers im Nationalsozialismus. Analysen-Texte-Dokumente. Hrsg. von Uwe Henning und Achim Leschinsky. Weinheim 1991, bes. S. 165–198.)

hatte. Trotz der schwierigen Lebensbedingungen der Nachkriegsphase gestaltete Litt seine universitären Aufgaben offensichtlich mit der gleichen Intensität wie vor der NS-Zeit; die tiefe Resignation der Kriegsjahre schien verflogen, seine Energie fast schlagartig wiedergewonnen zu sein. Über seine Pflichten an der Universität hinaus entfaltete er überdies seit 1946 erneut wissenschaftliche Vortrags- und Publikationsaktivitäten, die auf politisch-philosophisch-pädagogische Wirkung im Sinne eines geistigen Wieder- und Neuaufbaus gerichtet waren. Aber schon seit etwa der Mitte des Jahres 1946 zeichnete sich ab, dass diese, über die Universität hinausgreifenden Aktivitäten auf Kritik und Widerspruch stießen, insbesondere dann, wenn Litts Stellungnahmen schulpolitische Fragen betrafen. Dabei ist zu bedenken, dass in den ersten Jahren der Nachkriegszeit auch in der „Sowjetisch besetzten Zone" ein beträchtlicher Diskussions-Spielraum offen stand und genutzt wurde, nicht zuletzt von links-sozialdemokratisch orientierten Pädagogen wie z. B. Robert Alt oder Heinrich Deiters. Litt erweiterte zwar sein pädagogisches Interessensspektrum im Verhältnis zu seinen primär gymnasial-pädagogisch orientierten Akzentuierungen in der Weimarer Republik, z. B. durch die Forderung nach einer „Synthese zwischen Berufsbildung und Allgemeinbildung" in einem Vortrag auf einer berufspädagogischen Tagung in Halle im Jahre 1946.[51] Aber von reformpädagogisch und links-sozialdemokratisch orientierten Pädagogen und Pädagoginnen vertretenen Forderungen wie etwa nach zügigem Ausbau der vierjährigen zur achtjährigen Grundschule widersprach Litt ebenso vehement wie nach der konsequenten Trennung von Kirche und Schule, die u. a. im Mai 1947 auf einer Tagung der „Deutschen Zentralverwaltung für Volksbildung" von einem Arbeitsausschuss, dem u. a. Alt und Deiters angehörten, vorgeschlagen wurde; auch moderatere Empfehlungen, etwa das Konzept einer sechsjährigen Grundschule, wie sie auf einer Tagung in Ostberlin von dort anwesenden niedersächsischen Teilnehmern, u. a. dem niedersächsischen Kultusminister Adolf Grimme und dem Ministerialrat Rönnebeck zur Sprache gebracht wurden, stießen auf Litts Widerspruch; mindestens in schulorganisatorischer Hinsicht blieb er dezidiert konservativ.

Litt folgte daher schon im September 1947 ohne Zögern dem Ruf der Universität Bonn auf eine Professur für Philosophie und Pädagogik. In den Jahren bis zur Emeritierung 1952 und danach bis in die beginnenden 60er Jahre hinein entfaltete er dann eine ungewöhnlich breite, durch seine zahlreichen Vorträge und die – oft

51 In ausgearbeiteter Fassung wurde der Text als Broschüre unter dem Titel „Berufsbildung und Allgemeinbildung" (Wiesbaden 1947) veröffentlicht.

in mehrfachen Auflagen erscheinenden – in Buch- und Zeitschriftenpublikationen dokumentierte wissenschaftliche und öffentliche Wirksamkeit.[52]

5 Briefwechsel 1947–1956

1947

Erst vom 12. Juni 1947, also mehr als zwei Jahre nach dem Kriegsende und zweieinhalb Jahre nach dem letzten Brief Litts an Nohl vom 20. Januar 1945, liegt im Göttinger Nachlass eine Postkarte Litts aus Leipzig an Nohl vor. Der nach der Anrede „Lieber Herr Nohl" unmittelbar folgende Satz legt die Annahme nahe, dass es zuvor mindestens *einen* postalischen Kontakt zwischen beiden gegeben hat. Litt setzt nämlich sofort mit den Worten ein:

> „Der Abdruck Ihres Vortrags in der ‚Sammlung'[53] zeigt mir, daß Sie unter der selben Pein leiden, die mich manchmal zur Verzweiflung bringt. Es wird mir immer mehr zur Gewißheit: wir kämpfen einen aussichtslosen Kampf; unserem Volk ist nicht zu helfen! Jeden Tag verhärten sich die Dogmatismen mehr, wie in einander (sic!) greifende Zahnräder treiben sie sich gegenseitig vorwärts. Man redet von nationaler Einheit und tut alles, sie zu zerstören. Wer den Geist der Zonen [gemeint sind die vier Besatzungszonen der Siegermächte USA, England, Frankreich und der Sowjetunion; W. Kl.] zu vergleichen die Gelegenheit hat, der weiß Bescheid. Ich bin dies ganze Treiben unbeschreiblich leid [oder: satt; W. Kl.] und würde mich, wenn es möglich wäre, ganz und gar zurückziehen. Ich höre, daß Sie eine ausgebreitete Tätig-

52 Vgl. zu diesen knappen Hinweisen auf Litts Wirken in der kurzen, nur knapp zweieinhalb Jahre umfassenden Zeit in Leipzig nach dem Ende der nationalsozialistischen Herrschaftsperiode die etwas ausführlichere Darstellung in meinem bereits genannten Buch „Die Pädagogik Theodor Litts", S. 38–40.

53 Gemeint war die von Nohl bereits seit dem Oktober 1945 herausgegebene Monats-Zeitschrift „Die Sammlung". – Welcher der von Nohl im Jahrgang 2 (1946/47) der Zeitschrift veröffentlichten *sechs* Aufsätze gemeint war, lässt sich nicht eindeutig ermitteln. Litts Bemerkungen auf seiner Postkarte legen m. E. die Vermutung nahe, dass es sich entweder um den Beitrag „Die geistige Lage des akademischen Nachwuchses" (Die Sammlung 2 (1947) S. 1ff.) oder „Die geistige Lage im gegenwärtigen Deutschland" (ebd., S. 601ff.) oder „Die pädagogische Aufgabe der Gegenwart" (ebd., S. 694ff.) gehandelt hat.

keit ausüben, also vermutlich noch nicht alle Hoffnung aufgegeben haben. Aber die Veröffentlichung des Vortrags redet doch eine deutliche Sprache. Es grüßt Sie herzlich Th. Litt".

Vergleicht man diese Klagen Litts, drei Monate vor seiner Übersiedlung nach Bonn, mit seinem trotz aller Vorbehalte hohen Engagement nach seiner Wiedereinsetzung in das Professorenamt in Leipzig, dann wird einerseits die Unterschiedlichkeit der politischen Situation und damit der pädagogischen Handlungsmöglichkeiten Litts, andererseits aber – einmal mehr – die eher optimistisch aktivistische Einstellung Nohls im Vergleich mit der skeptizistischen Sichtweise Litts deutlich.

19.12.1948, Brief Litts an Nohl

„Lieber Herr Nohl!
Es freute mich sehr, wieder einmal von Ihnen zu hören. Lassen Sie es mich aussprechen, daß es mir eine Zeit lang nicht möglich war, die Verbindung mit Ihnen zu pflegen, weil es mich schmerzlich berührt hat, daß Sie nach dem Umschwung von 1945 mich völlig aus Ihrem Gesichtskreis verbannt zu haben schienen." Diese Einleitungssätze Litts legen m. E. den Schluss nahe, dass Nohl in einem vorangehenden, kurzen Brief oder einer Postkarte zwar zum ersten Mal nach dem Ende des Zweiten Weltkrieges ein Lebenszeichen, aber keine Erklärung für sein langes Schweigen über einen Zeitraum von drei oder dreieinhalb Jahren hinweg gegeben hatte. Litt fährt dann in seinem Brief fort: „Wenn Sie sich vorstellen, wie es uns in dem KZ der Ostzone Eingeschlossenen zu mute war, wie es speziell mir zu mute sein mußte, als ich von der Gründung Ihrer Zeitschrift [gemeint war „Die Sammlung"; W. Kl.] überhaupt nur durch buchhändlerische Mitteilungen Kunde erlangte, dann werden Sie es mir nachfühlen, daß ich mir wie einer der endgültig ‚Abgeschriebenen' vorkam und den Eindruck bekam, daß ich für Sie ein abgetaner Mann war. Nun, diese Sache ist jetzt verdaut, und ich hoffe, daß wir wieder im Zusammenhang bleiben. Es ist das umso mehr wünschenswert, als wir Pädagogen in dieser von verhärteten Gegensätzen zerklüfteten deutschen Welt zusammenhalten müssen, um nicht aus dem Konzert der deutschen Stimmen völlig auszuscheiden. Ich habe es in dem Lande Nordrhein-Westfalen noch schwerer als vermutlich Sie in Niedersachsen. Manchmal möchte ich mich aus dem Gezänk der pädagogischen Meinungen völlig zurückziehen. Man läuft ja Gefahr, zwischen allen Stühlen zu landen. Aber wenn ich dann bei den Verhandlungen zugegen bin, ist es mir doch nicht möglich, das Maul zu

halten. Auch in der Universität ruft manches meinen Widerspruch hervor, was mir mit dem Geist der Wahrhaftigkeit in Widerspruch zu stehen scheint. Wir haben in diesem Augenblick große Möglichkeiten, aber sie werden weithin nicht ausgenutzt. Mein Trost ist immer wieder die Haltung der Jugend, die bei allen Lücken der Ausbildung und bei gelegentlichen Verkehrtheiten doch im Ganzen zu großen Hoffnungen berechtigt. Wenn sie nur richtig behandelt wird [...] Ich freue mich, daß die Sache mit Weniger geklappt hat."[54]

Der Brief schließt mit einem der „alten", vertrauten Schlusssätze: „Alle guten Wünsche Ihnen und Ihren Lieben für das Fest und herzliche Grüße Ihres Th. Litt".

Nohl muss auf Litts Brief vom 19.12. umgehend geantwortet haben, denn Litt antwortete ihm noch am 24.12. mit einer Postkarte in 3 Sätzen, die wie ein Stoßseufzer der Erleichterung klingen und die Freude über die Wiederherstellung der durch die Nachkriegsereignisse unterbrochenen Freundschaftsbeziehung signalisieren: „Herzlichen Dank. Ich freue mich sehr, daß nun alles klar ist. Sie haben ganz recht: wir können in unserer Weise doch noch wirken; die Gemüter sind geöffnet."

Nohl muss in seinem Brief Litt um einen Beitrag für die „Sammlung" gebeten haben; auch das war wohl ein Signal wiedergewonnener Gemeinsamkeit. Litt musste allerdings zunächst absagen; ihm sei ein solcher Beitrag „im Augenblick unmöglich", er werde das Angebot aber „im Auge behalten".

Litt bestätigte schließlich eine Einschätzung, die Nohl offensichtlich in seinem Brief geäußert haben muss; sie betraf wohl die Beschwerlichkeiten der alltäglichen, bescheidenen Lebensnotwendigkeiten der Nachkriegszeit. Denn Litt antwortete: „Die von ihnen geschilderte Lebensform ist auch die meinige. Ich glaube, wir haben den letzten Rest ‚Bürgerlichkeit' von nun an abgetan." Litt grüßt abschließen „Mit allen guten Wünschen, denen sich meine Frau anschließt".

54 Gemeint war mit Sicherheit der Tatbestand, dass Erich Weniger, der bereits nach einem ersten „Entnazifierungsverfahren" als unbelastet eingestuft und am 1.10.1945 zum Direktor der Pädagogischen Hochschule Göttingen ernannt worden war, sich 1948 aufgrund neu aufgefundener Belastungsfaktoren aus seiner Zeit als „Wehrmachts-Führungsoffizier" einem zweiten Überprüfungsprozess stellen musste und erst danach endgültig rehabilitiert wurde – die Literaturangabe zu Weniger in der Anm. 1, S. 24/25.

1949

In einem offiziellen Schreiben des Instituts für Erziehungswissenschaft der Universität Bonn an Nohl vom 11. Februar fragte Litt, ob Nohl ihm mit Ratschlägen bei der geplanten Gründung „eines neuen Instituts" helfen könne. Dieses Institut sollte „Fortbildungskurse für Lehrer aller Schulgattungen" durchführen; zweifellos waren auch „Lehrerinnen" mitgemeint, aber charakteristischer Weise wurden sie nicht ausdrücklich genannt. Es ginge, so schreibt Litt, um Fragen wie „Auswahl, Beurlaubung, Vergütung etc." Er, Litt, wolle „Ungeschicklichkeiten und Fehler" vermeiden. Litt hatte wahrscheinlich bislang keine Erfahrungen mit Organisationsproblemen der angedeuteten Art gewonnen. Ob und wie Nohl auf Litts Bitte geantwortet hat, ist durch Quellen nicht belegt.

Das nächste postalische Dokument ist eine Postkarte Litts, in der er bei Nohl anfragt, ob er (Litt) seinen „unterbliebenen Geburtstagsbesuch" (am 7.10.1949), der offensichtlich geplant gewesen, aber nicht zustande gekommen war, nun am 27.10. nachholen könne, „falls nicht Ihr Gesundheitszustand dagegen Einspruch" erhebe. Er würde bei dieser Gelegenheit gern auch Weniger und Smend[55] sehen. – Auch dieser Besuch kam, wie eine Karte Litts vom 19.10. ausweist, wegen Terminschwierigkeiten nicht zustande. „Hoffentlich", so schrieb Litt, „klappt es ein anderes Mal". – Litt drückte am Schluss der Karte seine Freude darüber aus, dass – wie Nohl ihm zwischenzeitlich mitgeteilt haben muss – sein Aufsatz (gemeint war „Die Geschichte und das Übergeschichtliche") von der Redaktion der „Sammlung" angenommen worden sei. Litt bat, den Titel durch die Widmung „Herman Nohl zum 70. Geburtstag" zu ergänzen. Der Aufsatz erschien allerdings erst als Heft 1 im Jahrgang 1950. – Abschließend grüßte Litt mit dem Superlativ „herzlichst".

Der letzte Postkartengruß Litts an Nohl vom 5.11.1949 beginnt mit dem Dank „für die freundliche Zusendung Ihrer Aufsatzsammlung"; gemeint war Nohls großer Sammelband „Pädagogik aus dreißig Jahren".[56]

Liest man auch nur die vier letzten Aufsätze des Sammelbandes, die aus dem Jahre 1946 und 1947 stammen[57], so werden erneut die unterschiedlichen Grundstimmungen und Grundeinstellungen beider Männer, insbesondere in pädagogischer Hinsicht, deutlich: Auf Nohls Seite dessen aktivitätsorientierte und – trotz aller

55 Rudolf Smend, geb. 1882, namhafter protestantischer Professor für Staats- und Kirchenrecht, ab 1935 bis 1950 an der Universität Göttingen tätig.

56 Verlag Schulte-Bulmke. Frankfurt/M. 1949. 309 S.

57 Die Titel der Aufsätze, die in der „Sammlung" erschienen waren und die Litt wahrscheinlich alle – oder doch einige von ihnen – kannte, lauteten: „Die geistige Lage des akademischen Nachwuchses" (1946), „Die geistige Lage im gegenwärtigen Deutschland" und „Die pädagogische Aufgabe der Gegenwart" (alle drei 1947 erschienen).

Schwierigkeiten der ersten Nachkriegsphase, die er beispielsreich darstellte – die Hoffnung auf produktiven, reformorientierten Einsatz der jungen Erwachsenen und die Begründung entsprechender Vorschläge; bei Litt eine explizit skeptische, weitgehend reform-kritische Einschätzung der pädagogischen Lage, obwohl er die akademische Jugend und den Umgang mit ihr positiv charakterisierte. Gleichwohl dominiert in Litts Postkarte m. E. deutlich Resignation: Die Lektüre des Sammelbandes werde auch für ihn „die Rückschau auf gut gemeinte Bemühungen entscheidender Lebensjahre sein. Ich würde mich gern einmal mit Ihnen über den *Ertrag* dieser Kampfjahre unterhalten. Manchmal bin ich herzlich pädagogikmüde. Wenn man die alten Irrtümer und Torheiten immer wieder aufwachsen sieht – hier in Rheinland-Westfalen [im Original Rh. W.; W. Kl.] ist es wirklich so – dann fragt man sich, wozu eigentlich die ganze Arbeit gut gewesen ist." Selbst der Schlusssatz der Karte übertönt, so meine ich, die resignative Grundmelodie nicht: „nur der Umgang mit dem jungen Geschlecht gibt einem wieder Mut".

1950

Litts Postkarte an Nohl aus den ersten Januartagen des Jahres (5.1.) vermittelt dem Leser erfreulicherweise den Eindruck unbeschwerter Lockerheit: Litt dankt für freundliche Wünsche, die Nohl ihm wohl zu seinem Geburtstag übermittelt hatte. Er hofft auf ein Wiedersehen im Laufe des Jahres, erinnert – einmal mehr – an seinen Besuch in Lippoldsberg, spricht mit verstecktem Humor davon, dass es „eigentlich widernatürlich" sei, dass Nohl und er – „wir alten Knaben" – „immer noch eingespannt werden". Etwas ernster im Ton bedauert Litt, dass er – anders als Nohl, auf dessen Lehrstuhl Weniger vom 1.1.1949 an berufen worden war –, noch keinen „Thronfolger" habe, und betont, dass die Nachwuchsfrage je generell „dornig" sei.[58] – Litt gibt dann seiner Freude darüber Ausdruck, dass Nohl, der längere Zeit erkrankt war, wieder „im Vollbesitz seiner Kräfte" sei und fügt, erneut in heiterem Stil hinzu, manchmal vermute er, „daß wir Alten gerade deshalb noch arbeiten können, weil das Schicksal uns kräftig gezaust" habe und deshalb „kein Moos ansetzen konnten". – Litt schließt dann „herzlich in alter Verbundenheit".

Den nächsten Brief Litts vom 28.3. d. J. skizziere ich nur kurz. Er erhielt die durch Nohl übermittelte Anfrage eines holländischen Wissenschaftlers, Professor Dr. Romein, ob Nohl nach der Lektüre einer beigefügten Skizze für einen Vortrag zum Thema „Gedanken über den Fortschritt" bereit sein könnte, einen ausgearbeiteten Text zum Thema daraufhin zu prüfen, ob er in der „Sammlung" veröffentlicht werden könnte.

58 Auf Litts Professur wurde 1955 Josef Derbolav berufen.

Dem Anfang des nächsten Briefes von Litt an Nohl vom 18.10.1950 ist zu entnehmen, dass es einen vorangehenden Briefwechsel gegeben haben muss, in dem Nohl in einer beide betreffenden Angelegenheit mit Litt übereinstimmte. Litt gab nun seiner Freude darüber Ausdruck, „daß wir so einig sind". Litt sprach dann den plötzlichen Tod des Philosophen Nicolai Hartmann (1882–9.10.1950) an, der seit 1920 in Göttingen lehrte; Litt hatte noch kurze Zeit zuvor mit ihm gesprochen. – Ein weiteres Thema jenes Briefes betraf noch einmal den an früherer Stelle des Briefwechsels bereits genannten, vor 1945 dezidiert nationalsozialistisch orientierten Göttinger Philosophen Heyse, über den Litt einmal mehr scharf negativ urteilte; den Anlass der Empörung Litts konnte ich bisher nicht ermitteln.

Nohl hatte Litt in einem schon erwähnten, nicht erhalten gebliebenen Brief (vgl. Litts Brief vom 18.10.1950) gefragt, ob er (Litt), Philosophen nennen könne, die s. E. für die Nachfolge Hartmanns infrage kommen könnten. Litt nannte zunächst Otto Friedrich Bollnow, einen in Erlangen lehrenden Philosophen Kuhn und den namhaften Philosophiehistoriker Karl Löwith; Litt setzte hinzu: „trotz marxistischer Neigungen; persönlich kenne ich ihn nicht". – „Unter den Jüngeren" schienen Litt „recht begabt" Bruno Liebrucks und Felix Krueger, den er (Litt) „auch schätze", den er aber wegen seiner „ihm eigentümlichen Christlichkeit philosophisch nicht recht einordnen" könne.

Schon drei Tage später schrieb Litt auf Nohls Bitte hin, sich über einen Philosophen namens Becker zu äußern, der offensichtlich in den Göttinger Diskussionen über die Hartmann-Nachfolge genannt worden war, er kenne Beckers Arbeiten nicht genügend, „um ein gut fundiertes Urteil abgeben zu können". Becker beziehe sich ja „zum wesentlichen Teile auf Gebiete, in denen ich Laie bin". Und dann folgt eine aufschlussreiche Ergänzung: „Ich kann […] kein Hehl daraus machen, daß ich in der Heidegger-Hörigkeit, die mir nicht nur in ihm entgegentritt (wie kann man die mathematische ‚Existenz' auf ‚Weisen des faktischen Lebens' gründen!) eine Beeinträchtigung des eigenen philosophischen Denkens erblicke". Litt ergänzt schließlich: „Über Beckers Lehrerfolg kann ich nichts Näheres sagen. Dies [gemeint war wohl die ganze Heidegger-Passage; W. Kl.] unter uns."

Am 20.12.1950 gratuliert Nohl in einem handschriftlichen Brief Litt zu dessen 70. Geburtstag am 27.12.:

> „Lieber, verehrter Herr Litt,
> nun sind Sie auf der schnellen Fahrt durch das sonderbare Leben auch bei dem ominösen Kilometerstein angekommen! Es werden Ihnen viele in diesen Tagen sagen, mit welcher dankbaren Liebe und Verehrung sie [im Original ausgelassen; W. Kl.] an Sie denken. Sie haben ihnen [grammatisch irrig; es müsste heißen: sie; W. Kl.] den Mut der Wahrhaftigkeit gelehrt in dieser

verlogenen Welt. Nehmen Sie auch unser kleines Schärflein auf dem Altar dieser Dankbarkeit freundlich an!

Ich wünsche Ihnen einen schönen Festtag und von ganzem Herzen eine noch lange, ertragreiche Wegstrecke in Zufriedenheit und Schaffensfreude! Treulich immer Ihr Nohl".[59]

Das Datum der im Folgenden zitierten Briefkarte, auf der Litt sich bei Nohl für dessen Glückwünsche zum 70. Geburtstag bedankt, ist nicht vermerkt. Litt wird die Karte, seinen Korrespondenzgewohnheiten entsprechend, vermutlich kurz vor oder nach der Jahreswende 1950/51 an Nohl gesandt haben.

„Lieber Herr Nohl!
Sie wissen aus eigenster Erfahrung, daß der [...] gute Geburtstag neben manchem, was man nicht ganz ernst nehmen kann, doch auch genug des Herzstärkenden mit sich bringt. Es tut gut, sich der menschlichen Beziehungen zu versichern, die standgehalten haben. Mit Freuden gedenke ich der stattlichen Reihe von Begegnungen, die mich mit Ihnen zusammengeführt und mir die Gewißheit echter geistiger Gemeinschaft gegeben [hat; W. Kl.] – ganz besonders des idyllischen Beisammenseins in Lippoldsberg, an das ich immer wieder erinnert werde, wenn das berufene Gurkengemüse auf dem Tisch erscheint.[60] Wir wollen in gleicher Eintracht das Stück Lebens absolvieren, das uns noch zugemessen ist!

In herzlicher Dankbarkeit
Ihr treu ergebener Th. Litt".

59 An früherer Stelle habe ich schon einmal einen grammatischen Fehler in der wörtlichen Abschrift eines Briefs Nohls an Litt korrigiert. Nohl scheint insbesondere seine handschriftlichen Briefe oder Postkarten nach der Niederschrift öfters nicht noch einmal durchgelesen zu haben.

60 Die in Litts Briefen seit seinem einzigen Besuch im Lippoldsberger Landheim Nohls mehrfache Erwähnung des „Gurkengemüses", dessen Rezept er von jenem Besuch nach Bonn mitgenommen hatte, war offensichtlich mehr als eine humorige Floskel, vielmehr ein Erinnerungszeichen an einen beglückenden, heiteren Höhepunkt der freundschaftlichen Begegnung mit Nohl.

1951

Für dieses Jahr liegen *individuelle* Briefe Litts nicht vor. Ob sie verloren gegangen sind oder besondere Umstände die Korrespondenzlücke verursacht haben, ließ sich bisher nicht ermitteln. Jedoch gibt es aus dem Jahr zwei Druckdokumente.

„Im Januar 1951" bedankte sich Litt mit einem gedruckten Dankesbrief bei allen Personen, die ihm zu seinem 70. Geburtstag am 27.12.1950 gratuliert hatten. Mit Sicherheit darf man annehmen, dass auch Nohl die gedruckte Danksagung Litts erhalten hatte, vielleicht mit einer kurzen, handschriftlichen Ergänzung. Der Drucktext lautet:

> „In einer Zeit, die so viel menschliche Bande auflöst, ist es unendlich wohltuend, sich davon überzeugen zu dürfen, daß es eine innere Verbundenheit gibt, der keine Verwicklung des Weltlaufs etwas anhaben kann. Darum sei allen denen aufrichtig gedankt, die mir zu meinem 70. Geburtstag durch Wort und Werk diese tröstliche Gewißheit geschenkt haben. Ich habe bei der Lektüre dessen, was liebe Menschen mir an diesem Haltepunkt glaubten sagen zu sollen, so manche Stunde gemeinsam an meinem inneren Auge vorüberziehen lassen und bin dabei wieder dessen inne geworden, wie viel Beglückung und Stärkung mir in meinem Leben aus dem Zusammenstehen mit gleichgesinnten Freunden, alten wie jungen, erwachsen ist. Ihnen allen fühle ich mich in herzlichem Gedenken nahe. Gerne würde ich zu einem jeden von Ihnen ein persönliches Dankeswort gesprochen haben, wäre nicht diese Form der Erwiderung über meine Kräfte gegangen.
> Bonn, im Januar 1951 Theodor Litt".

Das zweite Dokument des Jahres 1951 ist ein von Litt und dem seit 1946 an der Universität Mainz lehrenden Philosophen Fritz Joachim von Rintelen unterschriebener Brief, in dem die beiden Unterzeichner an Hochschulen lehrende Philosophie-Professoren und Dozenten baten, einer im Oktober 1950 gegründeten „Allgemeinen Gesellschaft für Philosophie in Deutschland" beizutreten. Zeitgeschichtlich auffällig (und bedauerlich) ist, dass der Rundbrief sich nur an „Kollegen", nicht an – damals allerdings noch sehr seltene – Philosophie-Kolleginnen richtete. – Der auf den 27.4.1951 datierte Rundbrief mit dem Briefkopf „Allgemeine Gesellschaft für Philosophie in Deutschland e. V., Geschäftsführung: Worms, Spießstr. 4", unterzeichnet von J. Rintelen und Th. Litt lautete:

„Sehr geehrter Herr Kollege![61]
Am 1. Oktober 1950 wurde in Bremen die „Allgemeine Gesellschaft für Philosophie in Deutschland" gegründet. Über die Ziele geben die beiliegenden Auszüge aus der Satzung Auskunft.

Ihre Ziele zu erreichen wird der Gesellschaft nur dann möglich sein, wenn sie an der Gesamtheit der an deutschen Hochschulen die Philosophie vertretenden Dozenten ihren Kern hat. Aus diesem Grunde bitten wir Sie, der Gesellschaft beizutreten und damit zugleich Mitglied des ‚engeren Kreises' zu werden.

Es ist uns nicht fremd, welches die Bedenken sind, die manchen Kollegen abhalten könnten, dieser Aufforderung zu folgen. Man fürchtet, die Philosophie möchte zum ‚Betrieb' banalisiert werden, wenn sie Sache einer Hunderte von Mitgliedern zählenden Gesellschaft wird und den Gegenstand öffentlicher Vortragsveranstaltungen und Diskussionen bildet. Auch fragt man sich, ob nicht die Philosophie in zu viele Schulen und Richtungen zerspalten sei, als dass es zu einem ersprießlichen Zusammenarbeiten kommen könnte.

Ohne uns diesen Bedenken zu verschließen, bitten wir Sie, folgendes zu erwägen. Dass gerade im heutigen Deutschland weitere, nicht fachlich vorgebildete Kreise an den Erörterungen der Philosophie Anteil nehmen, bringt zwar mancherlei dilettantische Verirrungen und Verwirrungen mit sich, muß aber doch wohl auch als ein Positivum gebucht werden. Es ist ein Ausdruck der inneren Not, in die unser Volk durch die krisenhafte Zuspitzung der geschichtlichen Lage versetzt worden ist. Da dieses Interesse nun einmal besteht – wäre es da zu billigen, wenn die berufenen Vertreter der Philosophie sich vornehm zurückhalten und die Befriedigung der besagten Bedürfnisse den sich zahlreich anbietenden falschen Propheten überlassen wollten? Ist es nicht umgekehrt ihre Pflicht, zur Klärung der Köpfe, zur Behebung weitverbreiteter Irrtümer, zur Bekämpfung einflußreicher Irrlehren zu tun, was in ihren Kräften steht? Sicherlich ist der Erfolg dieser Bemühungen ungewiss. Aber schwerlich wäre es zu billigen, wollten wir aus diesem Grunde mit ihnen gar nicht erst den Anfang machen.

Und was die Divergenz der philosophischen Meinungen angeht – die übrigens mit dem Wesen der Philosophie unabtrennbar zusammenhängt –, so könnte in ihr doch gerade die Aufforderung gefunden werden, die Voraussetzungen zu schaffen, die eine sachliche Auseinandersetzung in den Grundproblemen ermöglichen, vielmehr begünstigen würden. Gerade dies aber ist das Ziel, das die Gesellschaft mit der Gründung des ‚engeren

61 Offensichtlich als Kollektiv-Anrede gemeint (W. Kl.).

Kreises' im Auge hat. Es ist ihre Absicht, für *sämtliche* ernst zu nehmende Richtungen der philosophischen Gedankenarbeit eine Stätte der Begegnung und Aussprache zu schaffen und so zwar nicht zur Uniformierung, wohl aber zur wechselseitigen Klärung der philosophischen Lehrmeinungen ihren Teil beizutragen.

Zugleich würde auf diese Weise die deutsche Philosophie ein Organ gewinnen, durch das sie bei der Regelung der angehenden Fragen (z. B. Gestaltung des Hochschulunterrichts, der Prüfungen in Philosophie, Vertretung in den Lehrkörpern der Hochschulen) ihr verantwortliches Wort mitsprechen könnte. Und endlich würde sie so als geschlossenes Ganzes und nicht in Gruppen zersplittert den Wiedereintritt in den philosophischen Gedankenaustausch der Welt vorzubereiten in der Lage sein.

Alle diese Ziele können aber nur dann erreicht werden, wenn der Gesellschaft nicht von den Mißtrauischen oder Übelwollenden entgegengehalten werden kann, dass sie nicht einmal die Gesamtheit der deutschen Hochschullehrer der Philosophie in sich zu vereinigen vermocht habe.

Aus diesem Grund bitten wir Sie, unserer Vereinigung nicht ferne zu bleiben.[62]

Mit kollegialem Gruß J. Rintelen Th. Litt".

1952

Am 23.1.1952 schrieb Litt an Nohl, er habe auf unerfindliche Weise auf der Reise von Leipzig nach Bonn Nohls Buch „Die ästhetische Wirklichkeit" „eingebüßt". Litt bat Nohl nun darum, beim Verlag nachzufragen, ob der ihm ein dort noch vorhandenes Exemplar überlassen könne. Dass die Chancen gering seien, wisse er. – Nohl hat Litts Bitte dann erfüllen können. Interessant ist eine ergänzende Bemerkung Nohls in einem maschinenschriftlichen Brief an den Verleger Schulte-Bulmke: „Es ist ein Jammer, daß dieses, *mein bestes Buch*, so im Buchhandel fehlt. Es sollte ein zweiter Band dazu kommen, der meine ästhetischen Aufsätze von der Weltanschauung der Malerei an bis zu Kunst und Publikum und dem Musikaufsatz, an dem ich gerade diktiere, enthielte. Es ist schwer zu ertragen, daß so eine ganze Hälfte meiner wissenschaftlichen Existenz im Dunkel bleibt."

Schon fünf Tage später, am 28.1., bedankt sich Litt zunächst aufrichtig für Nohls Vermittlung beim Verlag Schulte-Bulmke, der ihm umgehend ein neues Exemplar des Buches „Die ästhetische Wirklichkeit" zugesandt habe. – Litt bringt dann sein

62 Die Gesellschaft besteht nach wie vor.

Bedauern zum Ausdruck, dass Nohl einen „so üblen Unfall" erlitten habe und rät ihm dringend, sich zu schonen.

Auf Nohls Anfrage nach Litts Ergehen antwortet Litt, er dürfe „zufrieden sein"; gemeint war zweifellos sein gesundheitliches Befinden. Dann aber spricht Litt - innerhalb der erhalten gebliebenen Korrespondenz zum ersten Mal – das schwere Leid an, dass seine Frau „seit einigen Jahren gemütskrank" sei. Das zöge auch „die Angehörigen in starke Mitleidenschaft". Seine eigene Arbeit sei „vielfach eine Flucht vor dieser Not".

Im letzten Briefabsatz vor dem „in alter Freundschaft" formulierten, abschließenden Gruß schreibt Litt: „Im Umgang mit den Pädagogen ergeht es mir wunderlicherweise so, daß ich, der ich in den zwanziger Jahren der Bremser war, heute vielfach die Rolle des Antreibers spielen muß. Es gibt da entsetzlich viel Mattigkeit und Gleichgültigkeit." Gemeint waren wohl nicht so sehr die Studenten, sondern erhebliche Teile der Lehrer und Lehrerinnen, vielleicht auch der Hochschullehrer an Universitäten und Pädagogischen Hochschulen. Es bleibt dahingestellt, ob bzw. wieweit Litts hier wie in etlichen anderen Fällen zugespitzte Einschätzung einer genaueren Überprüfung standhalten würde.

Am 28. Juni bedankte Nohl sich für Litts „Büchlein" – gemeint war „Naturwissenschaft und Menschenbildung". Er habe es „eben mit großer Befriedigung" gelesen und müsse Litt „doch gleich abends Grüße senden". Nohl fährt fort: „Es war ja höchste Zeit, daß den Pascual Jordans[63] einmal klar entgegentreten wurde, und Sie haben das so überzeugend und klar getan, daß es wirken wird." „Ich komme gerade von einer Fröbelreise nach Hause, war in Oldenburg, Nürnberg und Stuttgart und bin nun ‚kampfmüde', aber ganz behaglich wieder an meinem Schreibtisch." Nohl schließt mit dem „herzlichen Gruß und guten Wünschen – dankbar Ihr Nohl".

In einem Brief an Nohl vom 2.7. bedankte sich Litt für den Sonderdruck Nohls aus dem Spranger gewidmeten Heft der „Sammlung" (H. 6/1953; S. 289–295; vgl. Litts Brief vom 17.3.). Bei diesem Sonderdruck Nohls muss es sich um dessen Aufsatz „Vom geistigen Wesen der Musik" gehandelt haben. Litt schrieb, dass er Nohls Aufsatz noch nicht habe lesen können. – Er ging dann auf Nohls positive Würdigung seiner Schrift über „Naturwissenschaft und Menschenbildung" ein.

---

63 Pascual Jordan (1902–1980) war namhafter Physiker, der besonders im Bereich der Quantenmechanik forschte und sie auf biophysikalische Probleme anwandte. Er war auch politisch als Abgeordneter des Bundestages aktiv. Die von Nohl in seiner Karte an Litt verwendete Pluralform „die Pascual Jordans" sollte zweifellos eine größere Zahl von Naturwissenschaftlern bezeichnen, denen Litt und, ihm folgend, Nohl methodische und interpretatorische Grenzüberschreitungen bzw. unhaltbare Verallgemeinerungen naturwissenschaftlicher Erkenntnisse auf geisteswissenschaftliche und philosophische sowie pädagogische Problemstellungen zum Vorwurf machten.

Allerdings kann man dem lapidaren Zustimmungssatz Nohls nicht entnehmen, ob er die differenzierte Argumentation Litts wissenschaftstheoretisch und bildungstheoretisch hinreichend nachvollzogen hatte.

Litt knüpfte nun an seinen Dank eine Passage über „ein Erlebnis dieser Tage an". Er habe auf einem Kongress der „Vereinigung deutscher Naturforscher und Ärzte" im September in Essen über das Thema seines Buches sprechen wollen und eine Kurzfassung des Beitrages bereits dem Vorstand zugesandt. (Der Text muss wohl bereits einem größeren Interessentenkreis bekannt geworden oder kolportiert worden sein; W. Kl.). Nun gebe es ‚einen Aufstand der Biologen', er – Litt – „hätte bei einem Kursus seines Instituts die Biologen diffamiert". Nun werde sein Vortrag abgesetzt. Litt fährt fort: „Ich brauche Ihnen nicht zu sagen, daß die ‚Diffamierung' in nichts anderem bestand als in der Abwehr des grassierenden Biologismus!" – Litt fragte nun Nohl:

> „Hätten Sie Lust, die besagte Arbeit – es sind 14 ½ Schreibmaschinenseiten – als eines ‚Vortrags, der nicht gehalten werden wird' (mit beigegebener kurzer Erklärung ohne Spitzen), in der ‚Sammlung' zu drucken? Mit scheint der ganze Vorgang so bedeutsam, daß es heilsam wäre, ihn in dieser Form zu fixieren.
>
> Sie wissen, daß ich gar nichts darin finde, wenn Sie im Hinblick auf etwaige weitere Auseinandersetzungen Nein sagen.
>
> Es ist zum Verzweifeln, daß es Naturwissenschaftler gibt, die unsereinen schon im elementaren Wortsinn nicht verstehen können – oder wollen!"

1953

Die vier Briefe an Nohl, die Litt im Jahr 1953 schrieb, fallen durch ihre Kürze etwas aus dem Rahmen des Üblichen. Die Schärfe, in der Litt seine Urteile formuliert, bleibt jedoch konstant.

Am 4.3. beginnt er nach der Anrede unvermittelt mit einer Information, dass der in Göttingen lebende Philosoph Hans Heyse, vormals überzeugter Nationalsozialist, nun „wieder Philosophie" lese. Litt fragt: „Wie hat die Fakultät es zulassen können, dass dieser Bursche wieder das Katheder betritt?" Ironisch setzt er hinzu: „Jetzt warte ich nur noch, daß Baeumler und Schmitt wieder auftreten. Es ist zum Verzweifeln!"

Seinem abschließenden Gruß fügt Litt noch die Notiz hinzu: „Ende März spreche ich vor dem Verein deutscher Ingenieure über ‚Sachbemeisterung und Selbstbestimmung'. Soll ich den Vortrag für die ‚Sammlung' niederschreiben?"

Schon am 15.3. bedankte sich Litt bei Nohl für eine „Aufklärung", die ihm Nohl kurz nach dem Empfang des Briefes vom 4.3. mitgeteilt haben muss, wahrscheinlich

Heyse betreffend. Litt schrieb daraufhin: „Der Fall würde mich nicht so erregen, wenn nicht allenthalben dieses Gelichter wieder auf die Oberfläche käme, ohne daß die Allgemeinheit sich sonderlich daran stieße. Der Übergang zum Katholizismus ist in manchen Fällen besonders beliebt.[64] Solche Burschen müßten unter der Verachtung ihrer Mitmenschen ersticken."

Litt teilt Nohl dann mit, dass er sein Angebot vom 4.3., seinen Vortrag in der „Sammlung" zu veröffentlichen, zurückziehen müsse. Der Verein deutscher Ingenieure habe bereits mit der Zeitschrift „studium generale" die Veröffentlichung des Vortrages verabredet. Im dritten Brief, vom 14.7.1953, bedankte Litt sich für mehrere, von ihm nicht genauer genannte Beiträge aus der „Sammlung"; Litt nannte diese kurzen Abhandlungen „Streifzüge im Garten der Literatur" und bekundete, dass sie ihm „einen wirklichen Genuss" bereitet hätten. Aller Wahrscheinlichkeit nach hatte Nohl alle sechs kleinen, originellen Beiträge, die er in der ersten Hälfte des Jahres 1953 in der „Sammlung" veröffentlicht hatte, Litt zugesandt oder mindestens einige davon:

- „Der Gegenpol in der deutschen Geistigkeit"
- „Per molto variar la natura e bella" (frei übersetzt: Dank ihrer Vielfalt ist die Natur schön)
- „Wozu dient all der Aufwand von Sonnen und Planeten?"
- „Wir sind aus solchem Zeug wie das zu Träumen"

Litt schreibt in seinem Dankesbrief: „Es ist ein wirklicher Genuß, Ihnen auf Ihren Streifzügen im Garten der Literatur zu folgen. Ich bin jedes Mal starr über den Umfang Ihrer Lektüre. Sie haben es offenbar besser als ich verstanden, sich rechtzeitig von allen möglichen zeitraubenden Verpflichtungen freizumachen. Aber ich habe jetzt auch damit den Anfang gemacht! Und dann fängt auch bei mir das echte otium (die Muße) an."

Im letzten Brief Litts vom 29.10. fragte er: „Sie kennen doch Professor Langeveld/Utrecht? Ich schätze ihn als einen besonders wohlunterrichteten Vertreter der pädagogischen Theorie."

Langeveld hatte Litt einen Vortrag geschickt, den der niederländische Kollege „gerne in der ‚Sammlung' abgedruckt sehen würde". Litt legte das Manuskript Langevelds seinem Brief an Nohl bei und bat ihn, nach der Lektüre Lengeveld zu benachrichtigen. Der originelle Aufsatz Langevelds erschien im ersten Heft des Jahrgangs 1954 der „Sammlung" unter dem Titel „Das Absichtliche und Unwillkürliche in der Erziehung und der Erziehungskunde" (S. 25–37).

---

64 Heyse war wohl zum Katholizismus übergetreten.

1954

Den ersten Absatz des Briefes Litts an Nohl vom 11. April 1954 vermag ich nicht zu entschlüsseln. Es geht um die Kritik einer namentlich nicht genannten Person an einem ebenfalls nicht benannten Litt-Text. Litts Brief ist nur so viel zu entnehmen, dass der Kritiker den Vorwurf gegenüber Aussagen Litts in einer seiner Schriften, in denen das Problem der Macht erörtert wird, erhebt, Litt hätte „die Macht und den Kampf ‚absolut gesetzt'". Litt schreibt daraufhin, es sei ihm unverständlich, wie jemand eine solche Behauptung aus seiner (im Brief Nohls nicht genannten) Schrift herauslesen kann. Nohls Aufforderung, auf diese Kritik zu antworten, wolle er (Litt) nicht nachkommen; eine Erwiderung seinerseits „würde sich wieder zu einem Aufsatz auswachsen und an der Sache kaum etwas ändern". Der namentlich nicht genannte Kritiker muss Pädagoge gewesen sein; Litt schließt nämlich den in Rede stehenden Briefabsatz u. a. mit der Bemerkung, es sei „bei uns besonders schwer, sich mit Pädagogen zu unterhalten".

Nohl hatte in seinem Brief vom 11.4. auch berichtet, er sei im Odenwald gewesen. Litt schreibt, er habe diese Mitteilung „mit Rührung vernommen. Denn Michelstadt i. O. (im Odenwald; W. Kl.) ist die Wiege meiner Väter. Ich habe das Gebirge oft durchwandert." Er ergänzt, dass er seine „Erholung wieder in Bad Gastein suchen werde, das mir immer sehr gut bekommt".

Litt beglückwünscht Nohl dann zu seiner „Vater- und Großvaterwürde", kontrastiert diesen Glückwunsch aber gleich darauf, nicht zum ersten Mal mit der Mitteilung: „Mir hat das Wirrsal der Zeit nur den einen bisher unverheirateten Sohn gelassen, und meine von schwerer Altersmelancholie heimgesuchte Frau habe ich gestern wieder in die Anstalt bringen müssen. Es kommt eine trübselige Lebensbilanz heraus. – Seien Sie herzlich gegrüßt von ihrem Th. Litt".

Nohl muss auf Litts Brief bald geantwortet haben. Das geht aus einer Postkarte hervor, in der Litt sich unter dem 14.4. für Nohls „freundliches Teilnehmen" bedankte. Nohl muss überdies auch einen Vorschlag zu einem Treffen beider gemacht haben, denn Litt antwortete: „Ihre Anregung will ich mir durch den Kopf gehen lassen. Vielleicht wird es etwas in Gastein."

Der nächste Brief, als Diktat einer Sekretärin gekennzeichnet, trägt das Datum des 28. Juni. Diesem Brief muss eine Antwort Nohls vorangegangen sein, in dem er noch einmal seine Anteilnahme angesichts der offensichtlich resignativen Stimmung Litts bekundete und ihm einen Aufsatz beifügte; wahrscheinlich war es die Veröffentlichung des Beitrages „Schuld und Aufgabe der Pädagogik" aus der „Sammlung" 9 (1954) S. 446ff. Litt antwortete mit Dank für die „teilnehmenden Zeilen und für die beiliegende Arbeit. Ihre Lesung wird sicherlich helfen, mein Gemüt aufzuhellen, wenn ich erst wieder mit regelrechter Arbeit den Anfang machen kann". Litt schließt „mit herzlichem Gruß".

Am 7.10. d. J. sendet Litt Nohl herzliche Glückwünsche. Er blickt dann zurück:

> „Ich gedenke mit Freuden der vielerlei Berührungen und Begegnungen, die uns die gemeinsame Bemühung um die pädagogische Provinz gebracht hat, und meine rückblickend feststellen zu können, daß wir im Entscheidenden einander immer viel näher waren, als im Kampf um Vordergründiges bemerklich war. Es hat sich doch wirklich in diesen 3 ½ Jahrzehnten so etwas wie eine gemeinsame pädagogische Grundintention in unserem Kreise herausgebildet."
>
> Litt grüßt abschließend „In alter Verbundenheit".

Aus dem letzten erhalten gebliebenen Brief Litts an Nohl vom 17.11. geht hervor, dass er sich in der Zwischenzeit seit dem 7.10. einen Armbruch zugezogen haben muss und dass Nohl darüber informiert worden war. Nach der üblichen Anrede heißt es: „Ich habe mich bei der Lektüre Ihres ‚Schiller' – gemeint war Nohls kurz zuvor erschienenes Buch „Friedrich Schiller – Eine Vorlesung" (Frankfurt/M. 1954) – als einer ihrer Hörer vor Ihnen sitzend gefühlt. So stark ist der nationalpädagogische Impetus dieser Vorlesung. Eine Wohltat angesichts der zeitüblichen Neigung, Schiller im Geist der Romantiker abzuurteilen! Mich macht der anmaßliche Unverstand gewisser zeitgenössischer Literaten manchmal ganz krank. Von mir muß ich Ihnen melden, daß ich wieder im Gipskorsett stecke, weil der gebrochene Arm noch nicht genügend gefestigt ist. Äußerst langweilig!"

Litt schließt „Mit herzlichem Dank und vielen Grüßen".

1955

Die erste von drei vorliegenden postalischen Dokumenten Litts aus diesem Jahr beginnt er unter dem Datum „21.4.55" mit seinem Dank für eine „freundliche Äußerung" Nohls. Bedauerlicherweise fehlt – einmal mehr – die vorausgegangene Post Nohls, die offensichtlich eine interessante Frage angeschnitten haben muss; Litt schrieb nämlich: „Ich würde die Sache gerne mündlich fortspinnen".

Litt informierte Nohl dann darüber, dass er „am Samstag bei Plessner anlässlich der Vorstandssitzung" der an früherer Stelle erwähnten „Allgemeinen Gesellschaft für Philosophie" sein werde und schrieb: „Hoffentlich kann ich Sie in einer Pause aufsuchen!" Litt war also in den Vorstand der Gesellschaft gewählt worden; ob Nohl ihr ebenfalls beigetreten war, habe ich nicht ermitteln können.

Dem zweiten Brief Litts an Nohl aus dem Jahr 1955, vom 31.8., ist zu entnehmen, dass Nohl in einer vorangehenden Postsendung an Litt eine Vermutung über einen nicht genannten Pädagogen geäußert hatte, die Litt nun bestätigte. Bei dieser Person muss es sich um einen Philosophen und ggf. Pädagogen gehandelt haben, der nach 1945 zunächst in der SBZ bzw. später DDR gewirkt hatte und dort in der führenden theoretischen Zeitschrift „Pädagogik“ scharfe Kritik an Litt geübt hatte, später aber in die Bundesrepublik wechselte und in die Gesellschaft für Philosophie eingetreten war. Nohl muss sich nun bei Litt unter irgendeinem Gesichtspunkt über diese Person erkundigt haben. In Litts Antwortbrief heißt es: „Ihre Vermutung trifft leider zu. Es ist wirklich dieser Gessinungslump. Ich hatte seiner Zeit schon Bedenken, das er in die Philos. Ges. [Philosophische Gesellschaft; W. Kl.] aufgenommen wurde, aber ich schwieg, weil ich in der ‚Pädagogik‘ das von ihm am meisten mißhandelte Objekt war und den Anschein vermeiden wollte, als ob ich aus persönlicher Gekränktheit protestierte. Ich finde überhaupt, daß die Gleichgültigkeit gegenüber diesem Kapitel deutscher Vergangenheit einen bedenklichen Grad erreicht hat. Der Sinn für persönliche Sauberkeit hat sehr gelitten.“

Im folgenden Briefabschnitt schaltet Litt sozusagen schnell auf Privates um: „Ich habe bis jetzt die Ferien zur Erledigung einer dringenden Arbeit verwandt, gedenke aber in der nächsten Woche zu einem Kongreß in Mailand und anschließend zur Erholung in die Schweiz zu reisen. Leider nicht im offenen Auto, um das ich Sie sehr beneide! Was Sie mir über die Quartiere schreiben, wirkt bestürzend, denn ich habe nicht ordentlich vorgesorgt. Eine Woche werde ich bei Medicus[65] unterhalb von Montana-Vermala[66] sein. Ich kann die Erfrischung vertragen.“ Nohl plante offenbar ebenfalls eine Ferienreise; Litt wünschte dazu – „herzlichst“ grüßend – gutes Gelingen.

Die letzte Korrespondenz des Jahres 1955 zwischen Nohl und Litt datiert vom 26.12. d. J. Dabei handelt es sich um einen jener wenigen Briefe Nohls an Litt, die erhalten geblieben sind, ein Dokument herzlicher Verbundenheit, einer Beziehung, die man m. E. mindestens seit den Jahren 1947/48, vielleicht schon seit den beginnenden dreißiger Jahren als *Freundschaft* bezeichnen kann, obwohl dieses Wort im Briefwechsel zwischen ihnen niemals auftaucht. Man darf diese Zurückhaltung der Brief- und Gesprächspartner wahrscheinlich als Ausdruck der Einstellung beider, Litts und Nohls, deuten, den jeweils anderen in der wechselseitigen Beziehung keinesfalls zu überfordern und diese Beziehung damit möglicherweise zu gefährden.

Nohl schreibt:

---

65 Prof. Dr. Fritz Medicus, geb. 1876 in Stadtlauringen (Bayern), nach dem Studium der Theologie, Philosophie und (begrenzter) der Pädagogik Promotion und Habilitation in Halle. Seit 1911 bis zur Emeritierung 1946 Professor an der Eidgenössischen TH Zürich. 1956 verstorben. – Forschungs- und Publikationsschwerpunkte: Fichte, Pestalozzi; staats- und sozialphilosophische Themen; Ästhetik und Ethik.

66 Kleiner Kurort in den Berner Alpen nördlich des Rhonetals.

Göttingen 26/12 55 Hoher Weg 4
„Lieber, verehrter Herr Litt,
morgen feiern Sie nun auch Ihren 75. Geburtstag, man tut es mit einem weinenden und einem lachenden Auge. Menschen mit solcher Wirkung wie Sie, der Kraft des Gedankens und des Worts und vor allem des Charakters, sollten noch sehr lange arbeiten können, um die Wahrheit in diesen armen Menschen zurechtzurücken. Ich hoffe, dass sie den Tag gesund erleben und nur Freude an ihm haben. Es war so schön und so freundlich von Ihnen, mich neulich an meinem Bett zu besuchen. Ich bin inzwischen auf, aber noch sehr wacklig und auch kopfmüde, dass es sogar zum Lesen nicht recht reichen will. Sie erschienen mir wie eine Säule, die das Gehäuse Ihres Lebens noch lange tragen wird. Möge es wahr sein und noch eine schöne Reihe von Jahren vor Ihnen liegen, in der Sie Ihr beglückendes Wesen auswirken können, zu sehr vieler Menschen Freude, nicht zuletzt Ihres treulich ergebenen Nohl".

1956

Aus dem Jahr liegen nur zwei postalische Dokumente vor: Eine Druckkarte, in der Litt sich für die zahlreichen Glückwünsche zu seinem 75. Geburtstag bedankt, und ein kurzer Brief, in dem er noch einmal ganz persönlich für Nohls Brief vom 26.12. des vergangenen Jahres Dank sagt.

Gedruckte Danksagung Litts für zahlreiche Glückwünsche zu seinem 75. Geburtstag am 27.12.1955:

„Bedrückend groß ist das Mißverständnis zwischen dem Gefühl der Dankbarkeit, welches mich im Rückblick auf meinen fünfundsiebzigsten Geburtstag erfüllt, und der Möglichkeit, ihm angemessenen Ausdruck zu geben. Alle die alten und neuen Freunde, die mir an diesem Tage ihre Verbundenheit bezeugt haben, hätten Anspruch auf ein persönliches Wort der Erwiderung, und doch muß ich sie bitten, mit der Beteuerung vorlieb zu nehmen, daß ihr vereinter Zuspruch mich in der dem Altgewordenen so tröstlichen Gewißheit bestärkt hat, noch nicht ganz aus dem Kreis der verantwortlich Tätigen ausgeschieden zu sein.
THEODOR LITT
Bonn; im Januar 1956".

Die folgende, nur zwei Sätze enthaltende Briefkarte hatte Litt wahrscheinlich der gedruckten Danksagung beigefügt:

„Lieber Herr Nohl! Bonn 15.1.56
Es lohnt sich wahrlich, 75 Jahre alt zu werden, wenn man von alten Freunden so viel Ermutigendes zu hören bekommt – sei es auch mit einigem Erröten. Ich freue mich unserer langjährigen Verbundenheit und hoffe, Sie bald wohlauf wiederzusehen.
Treulich Ihr Th. Litt".

6 Zwischenbemerkung

Für die Zeit zwischen dem 15.1.1956 – dem Zeitpunkt der kurzen Danksagung Litts für Nohls Glückwünsche zu seinem 75. Geburtstag – bis zum 16.3.1958, also für einen Zeitraum von 26 Monaten, liegen keine Brief- oder Postkartendokumente vor. Auch für diesen besonders umfangreichen Verlust der mit höchster Wahrscheinlichkeit erfolgten postalischen Kontakt-Dokumente gibt es bislang keine Erklärungen.

Briefwechsel 1958–1960

1958

Die erste erhaltene Briefkarte Litts aus dem Jahre 1958, vom 6.3., beginnt mit einem Rückbezug auf eine kritische oder ergänzende Bemerkung Nohls, in der dieser an einen Text Litts, in dem wahrscheinlich anthropologische bzw. ethische oder Beziehungsprobleme zwischen Menschen erörtert worden waren, die Berücksichtigung der „Liebe" vermisste. Litt erwidert auf diesen Einwand: „In Bezug auf die ‚Liebe' bin ich völlig Ihrer Meinung. Ich habe sie nur deshalb nicht erwähnt, weil sie im Unterschiede von der Trias mehr Sache der ‚Gnade' ist und sozusagen nicht verlangt werden kann." (Nohl muss also im Zuge seiner Kritik auf einen eigenen Beitrag zum Thema verwiesen haben, den Litt nicht erwähnt hatte.) Im nächsten Briefabsatz wünschte Litt baldige Ausheilung einer eitrigen Mandelentzündung, die Nohl sich zugezogen hatte, und er schließt mit „allen guten Wünschen … Ihres herzlich verbundenen Th. Litt".

Einen Monat später, am 3.4.1958, charakterisiert Litt, auf den ersten Blick für den Leser unvermittelt, in drei Sätzen einen *generellen* Unterschied zwischen seinen Fragestellungen und Sichtweisen hinsichtlich philosophischer und pädagogischer Probleme und, auf der anderen Seite, der Herangehensweise Nohls. Litt spricht in seinem Brief von „unseren Altersschriften". Ich meine, dass sein Vergleich für die Mehrzahl *aller* Veröffentlichungen beider Autoren, nicht nur für die „Altersschriften" gilt. Dass Litt dabei *seine* Einstellung leicht karikierend kennzeichnet, ist m. E. als rhetorische Höflichkeitsgeste zu verstehen: „Unsere Altersschriften lassen den Unterschied unserer Betrachtungsweisen lehrreich hervortreten. Sie begeben sich in die Welt der konkreten Gestalten, und ich verliere mich immer mehr in das Gewölk der Ideen. Wie gerne lasse ich mich von Ihnen auf die feste Erde zurückführen!" Litt schließt mit „herzlichem Dank und schönen Osterwünschen".

Mir liegt noch an folgender Anmerkung zu Litts Redeweise „Altersschriften". Litts Buch- und Zeitschriften-Publikationen aus seinen letzten 10 bis 15 Lebensjahren über Naturwissenschaft, Technik und Menschenbildung, politische Bildung, generelle Probleme der Demokratie-Entwicklung und zur Berufsbildung – um nur einige der Fragenkreise seines Spätwerks anzusprechen – zeigen keinerlei typische „Alterserscheinungen", mag man manche seiner Positionen auch kritisch beurteilen. Im Vergleich zu etlichen seiner Kritiker war er in beträchtlichem Maße gerade in seiner Spätzeit ein „Modernisierer".

Der folgende Brief Litts vom 15.9.1958 ist eine Antwort auf ein nicht erhalten gebliebenes Schreiben Nohls, in dem er sein Bedauern über einen schweren Unfall Litts ausgedrückt und gute Besserung gewünscht hatte. Litts Antwort informiert über das Geschehene, eine durch einen anderen Verkehrsteilnehmer verursachte gravierende Verletzung. Litt schreibt: „Es ist sehr freundlich, daß Sie meiner so teilnahmevoll gedenken. Es ist in der Tat eine recht langwierige Sache. Knochentransplantation und sehr zögernde Callusbildung. Ich bin im Hinblick auf solche Affären ein ausgemachter Pechvogel. Die Automanieren bei uns – der Unfall geschah in Bonn – sind einfach miserabel. Ich wurde auf der Mitte des Zebrastreifens überrannt [wahrscheinlich im Sinne von ‚angefahren' gemeint; W. Kl.]. In 10 Jahren wird der Fußgänger nur eine geduldete Existenz sein."

Nohl muss in seinem Brief nach Litts zwischenzeitlichen Vortragsaktivitäten gefragt haben. Litt schrieb dazu: „Zur Erklärung meiner Vortragstätigkeit! Für mich sind die Vorträge, zumal wenn eine passable Diskussion nachfolgt, eine ausgesprochene Anregung. Und dann vergessen Sie nicht: ich muß meinem häuslichen Leid von Zeit zu Zeit entrinnen. Ich würde sonst von dem Trübsinn meiner armen Frau angesteckt werden. Die Reisen reißen mich auf Zeit heraus. Offenbar wissen aber auch Sie Ihr Alter ganz erfreulich zu gestalten!" Litt grüßt abschließend „Herzlich dankend".

Der nächste Brief Litts an Nohl vom 20.9.1958 spiegelt seine gelegentliche Neigung zu Sarkasmus und Ironie wider. Er schreibt nach der Anrede: „Ich betrachte die Autositten genau wie Sie volkscharakteristisch. Bei uns klappt nur das, was kommandiert wird; wo es auf freiwillige Selbstdisziplin ankommt, versagen wir aufs schmählichste. Kein Zufall, daß nach Ausweis der Statistik die Engländer den Gegenpol bilden. Diese Dinge, auf die ich erst in der Nazi-Zeit gebührend aufmerksam geworden bin, führen mich bis zu Entfremdungsgefühlen gegenüber dem eigenen Volk. Begabt, tüchtig – aber nicht liebenswert!"

Dem nächsten Abschnitt im Brief an Nohl schicke ich eine Zwischenbemerkung voraus. Nohl hat, ganz anders als Litt, in den letzten (etwa) fünf Jahren seines Lebens zwar unermüdlich weiter publiziert: Ergänzungen zu seinen Dilthey-Studien, Einleitungen zu Text-Editionen, Lexikon- und Handbuchartikel über Pestalozzi, Dilthey, Schleiermacher, Herbart, Kerschensteiner und Bondy, Vorworte für Neuauflagen einiger seiner eigenen Bücher, eine Broschüre über „Erziehergestalten" (1958) und zwanzig kurze, prägnante Rezensionen über pädagogische und philosophisch-anthropologische Veröffentlichungen; aber er legte in den letzten Lebensjahren keine größeren, systematischen Abhandlungen und Bücher mehr vor.

Was Litt nun in seinem Brief an Nohl vom 20.9.1958 mit seiner Bemerkung genau gemeint hat, er sei Nohls „kritischen Gängen [...] gerne gefolgt", lässt sich wohl kaum ermitteln. Ein konkretes Beispiel spricht Litt jedoch an: „Auf Ihren kritischen Gängen bin ich Ihnen gerne gefolgt. Sie erwähnen einmal Gottfried Benn. Ich gestehe, daß mir dieser Poet immer wieder durch seine Schnodrigkeit auf die Nerven fällt. Gelegentlich gibt er orakelnde Aussprüche von sich, die nichts weiter sind als tiefsinnig klingender Quatsch." Litt grüßt abschließend mit dem Dank für Nohls Anteilnahme an seinem Missgeschick.

Nohl muss bald nach dem Empfang des Litt-Briefes vom 20. September mit Frau Blochmann zusammen an einen Ort am Comer See gereist sein. Möglicherweise hatten beide dort eine Grußkarte an Litt gesandt und den Wunsch zum Ausdruck gebracht, dass Litts Heilungsprozess erfolgreich vorankomme und er mindestens wieder zu Hause sei. Litt antwortete jedoch auf einer Postkarte vom 24. Oktober:

„Lieber Herr Nohl!

> Mit welchen Neidgefühlen bin ich Ihnen und Frau Blochmann [gemeint war zweifellos: in der Fantasie; W. Kl.] an den Comer See nachgereist. Denn entgegen Ihrer Anteilnahme bin ich noch immer vergipst in der Klinik festgenagelt. Weiß der Himmel, wann ich wieder ins Leben entlassen werde!
> Mit herzlichem Dank und Gruß Ihr Th. Litt".

Am 5.11. bedankt Litt sich brieflich bei Nohl, der ihm auf seine (Litts) Karte vom 27.10. geantwortet und ihm das kurz zuvor im Druck erschienene, von Nohl eingeleitete und posthum herausgegebene „System der Ethik" Diltheys zugesandt hatte.[67]

---

67 Wilhelm Dilthey: System der Ethik. Gesammelte Schriften. Bd. 10. Stuttgart 1958. 125 S.

„Lieber Herr Nohl!
Sie sind einer von den unermüdlichen Tröstern, die immer wieder durch Wort, Schrift und Druck ein freundliches Licht in die Trübe dieses langwierigen Genesungsprozesses werfen. Nun haben Sie mich durch Diltheys Ethik erfreut. Seien Sie herzlich bedankt! Ich freue mich sehr auf die Lektüre. Diltheys ungeschwächte Fortwirkung gehört doch zu den erfreulichsten Erscheinungen der gegenwärtigen Bewegung."

Litt leitet dann den abschließenden Gruß seines Dankesbriefes mit den Worten „in aufrichtiger Verbundenheit" ein.

1959

Dem ersten postalischen Dokument Litts aus dem Jahre 1959, vom 25.1., muss ein Brief oder eine Karte Nohls vorausgegangen sein. Litt bedankte sich dafür auf einer Postkarte:

„Lieber Herr Nohl!
Lassen Sie mich Ihnen sagen, wie wohl es mir tut, daß Sie sowohl an meinem geistigen Bemühen als auch an meinem leiblichen Ergehen so freundlichen Anteil nehmen. Um uns Alte herum wird es immer leerer; um so fester wollen wir zusammenhalten.

Ich bin in der Tat aus dem Panzer heraus; (gemeint war mit Sicherheit das Gipskorsett; W. Kl.) aber von der Attacke fühle ich mich doch noch etwas angegriffen. Eine Knochentransplantation ist eben ein tiefer Eingriff."[68]

Dem folgenden, dokumentierten Brief Litts an Nohl vom 3.7.1959 muss (mindestens) ein Brief Nohls oder ein Briefwechsel vorausgegangen sein; das ist eindeutig dem folgenden Brief Litts an Nohl zu entnehmen. Dieser Brief – wie auch ein weiterer vom 6.10. d. J., der noch zur Sprache kommen wird – ist insofern von besonderer Aussagekraft, als Nohl hier zum erstenmal in der mehr als drei Jahrzehnte umfassenden Korrespondenz-Beziehung die Anrede *„Lieber Freund"* verwendet.

68 Den folgenden Absatz der Karte vermag ich nicht zu entschlüsseln. Er lautet: „Daß vieles aus dem ersten Aufsatz überholt ist, war mir klar. Trotzdem glaube ich, daß wir in gewisser Hinsicht damals unter dem Druck der Not klarer sahen und richtiger fühlten. Daher der Abdruck." Um welchen Aufsatz es sich dabei gehandelt haben kann, den Nohl in einem *vor* dem 25.1.59 abgesandten Schreiben kritisiert oder als überholt eingeschätzt hatte, konnte ich bisher nicht ermitteln.

Bonn, 3.7.59
„Lieber Freund Nohl!
Der freundliche Ausdruck Ihrer Teilnahme hat mir sehr wohlgetan. Ich befinde mich in der Tat in einer Verfassung, die für solche Tröstungen sehr empfänglich macht. Plötzlich hat mich eine Thrombose befallen, die sich anfänglich so übel anließ, daß eine Amputation des Beins als möglich erwogen wurde. Durch eine sehr intensive Behandlung ist diese Gefahr gebannt. Jetzt geht der Kampf wesentlich um die Zehen. Das Allgemeinbefinden ist ziemlich kläglich.

Ja, das Vorlesung-Halten macht mir immer noch Freude. Man verliert nicht ganz den Kontakt zu dem jungen Volk.
In herzlicher Dankbarkeit grüßt Sie
Th. Litt".

Der folgende Brief vom 6.10. trägt erneut die Anrede „Lieber Freund!":

„Ich kann Ihnen nicht mit einer literarischen Festgabe nahen, denn ich bin noch immer Patient der Klinik und in meiner Fähigkeit, Gedanken zu produzieren, noch angemessen auszudrücken, entsprechend herabgesetzt. Sie werden mir aber glauben, daß ich darum Ihrer an Ihrem Ehrentage [gemeint war Nohls 80. Geburtstag am 7.10.; W. Kl.] nicht weniger herzlich gedenke. Es sind ja fast vier Jahrzehnte, daß wir, jeder in seiner Weise, die pädagogische Provinz unsicher machen (im wörtlichen Sinne). Über das Verhältnis von Bemühung und Erfolg werden Sie sicherlich zuversichtlicher denken als ich. Was mich am meisten enttäuscht, daß ist die Tatsache, daß Niveau und Tonart der Auseinandersetzungen sich so wenig gehoben haben. Aber das nimmt unserem redlichen Bestreben nichts von seiner anregenden und stimulierenden Bedeutung. Weniger hat jüngst mit Recht auf die Variationen des pädagogischen Themas hingewiesen[69], die sich bei uns drei pädagogischen Urgreisen begegnen.[70] Wir sind aneinander und miteinander zu den Standbildern geworden, zu denen die Wolken des Weihrauchs emporsteigen. Sie werden ihn morgen in dichten Schwaden einzuatmen haben. Seien Sie gewiß, daß in der Schar der Ihnen Huldigenden im Geiste zugegen sein wird auch der Ihnen herzlich zugetane Th. Litt"

69 Auch diese Bemerkung Wenigers konnte ich bislang nicht entschlüsseln.
70 Gemeint waren Nohl, Litt und Spranger.

Am 23.12.59 schrieb Litt an Nohl:

> „Sie haben mit Ihrem freundlichen Brief und der Beilage[71] ein Jahrzehnt heraufbeschworen, an das ich besonders oft und gerne zurückdenke. Damals war bei uns noch wirklich allerhand los, und in unseren Debatten ging es noch um Wesentliches. Und wie viel Hoffnungen lebten noch in uns! (Heute ist man doch ziemlich müde, und das Thema Schulreform steht mir bis zum Halse). Von Pallats Enthusiasmus hatten alle etwas in uns. Mein Sohn, der im Düsseldorfer Kultusministerium arbeitet, erzählte mir auch von dem, was hinter den Kulissen vor sich geht, und das wirkt auch stark desillusionierend. Oder spricht aus mir nur der senex morosus [der mürrische Geist; W. Kl.]? Der außerdem mit seiner baufälligen Leiblichkeit seine Not hat!
>
> Nun, wie dem auch sei: suchen wir aus den Weihnachtstagen das Beste herauszuholen! Meine beste Erquickung ist der Anblick der Treue, mit der mein Sohn meiner armen Frau das Leben ein wenig zu erhellen sich bemüht. In alter Freundschaft grüßt Sie Ihr Th. Litt!“

Im letzten erhalten gebliebenen Dokument des Briefwechsel-Torsos der Litt-Nohl-Korrespondenz spricht Litt unter dem Datum des 23.1.1960 auf einer Postkarte noch einmal jenes Thema an, das im Briefwechsel zwischen ihm und Nohl seit 1925 immer wieder auftauchte, Diltheys Philosophie. Er, Litt, wolle sich, sobald es ihm angesichts abgelaufener Postschulden möglich sei, wieder einmal in Dilthey „vertiefen“. Ob es darüber zwischen den beiden Philosophen und Pädagogen noch einmal brieflichen Gedankenaustausch gegeben hat, muss offen bleiben.

Elisabeth Blochmann schreibt in ihrer Nohl-Biografie: „Erspart blieb ihm eine lange, zerstörende Krankheit. Bis zuletzt war er geistig wach und bewegt und den Menschen liebevoll zugewandt. Er starb nach kurzer Krankheit am 27. September 1960 in seinem Haus am Hohen Weg“ (Blochmann: Herman Nohl. S. 211). Dieser Aussage entsprechend ist wohl die Vermutung berechtigt, dass es zwischen Litt und Nohl auch in der Zeitspanne bis in den Frühherbst 1960 hinein noch postalische Kontakte gegeben hat. Belegbar ist diese Vermutung jedoch nicht.

---

71 Um welche „Beilage“ – gemeint war sicherlich ein Text – es sich handelte, habe ich nicht ermitteln können.

7 Abschluss

Die hier vorgelegte Untersuchung hat, so hoffe ich, Folgendes zeigen können: In einem dreieinhalb Jahrzehnte langen Prozess zwischen 1925 und 1960 haben Theodor Litt und Herman Nohl, von ersten Begegnungen als Mitbegründer und Mitherausgeber der Zeitschrift „Die Erziehung" ausgehend und fast gleichzeitig als Kontrahenten hinsichtlich der Deutung der „Lebensphilosophie" Diltheys, einen Prozess zunehmend intensiveren wechselseitigen Interesses und Verstehens sowie gegenseitiger Anerkennung und Wertschätzung vollzogen. Dieser Prozess führte spätestens nach 1933 – trotz mancher Irritationen sowie scheinbarer Entfremdung in den ersten Nachkriegsjahren – seit 1948 endgültig zu einem intensiven Freundschaftsverhältnis, das fast ausschließlich in der Form der Korrespondenz und der Übersendung ihrer Publikationen verwirklicht wurde. Dieses blieb bis zum Tode Nohls 1960 stabil, trotz der Unterschiedlichkeiten ihrer Lebenseinstellungen: Bei Nohl seine letztlich – gerade auch in pädagogischer Hinsicht – positive und handlungsorientierte Sichtweise, bei Litt eine wohl unüberwindliche Tendenz zu skeptischer Einschätzung der pädagogischen Möglichkeiten, obwohl er in seinem letzten Lebensjahrzehnt hinsichtlich der Fragen demokratischer Politik und politischer Bildung sowie einer generellen, kritischen Neubestimmung der Bedeutung naturwissenschaftlicher und technischer Bildung der im Vergleich mit Nohl „modernere" philosophische und pädagogische Denker und Anreger wurde. Litt starb am 16. Juli 1962.

3 Theodor Litt (1880–1962)

W. Klafki, *Pädagogisch-politische Porträts*, Neuere Geschichte der Pädagogik, https://doi.org/10.1007/978-3-658-26751-3_4

Theodor Litt hat, vor allem zusammen mit Eduard Spranger und Herman Nohl sowie den etwas jüngeren Erziehungswissenschaftlern Wilhelm Flitner und Erich Weniger (1894–1961), seit dem Ausgang des Ersten Weltkrieges – in systematischer Fortbildung von Denkansätzen Wilhelm Diltheys und im Rückgriff auf die klassische deutsche philosophische Pädagogik von Pestalozzi über Herder und Humboldt, Herbart und Schleiermacher bis zu Hegel – die „Geisteswissenschaftliche Pädagogik“ mitbegründet und ist bis 1933 und dann noch einmal nach 1945 für mehr als anderthalb Jahrzehnte einer der führenden Vertreter dieser pädagogischen Richtung gewesen; sie war in den genannten Zeiträumen die einflußreichste Teilströmung der theoretischen Pädagogik in Deutschland bzw. in der Bundesrepublik.

Denkmotive, Problemstellungen und Verfahrensweisen der Geisteswissenschaftlichen Pädagogik – und zwar gerade im Bereich der von Litt in besonderem Maße geprägten Dimensionen, nämlich der wissenschaftstheoretischen Ortsbestimmung der Erziehungswissenschaft und der Bildungstheorie – bestimmen, in weiterentwickelter oder modifizierter Form oder als Angriffspunkte der Kritik, bis heute in erheblichem Umfang die pädagogische Diskussion.

I Biographie

Litt wuchs als Sohn eines in Düsseldorf tätigen Gymnasialprofessors in der familiären und schulischen Atmosphäre des gebildeten Bürgertums der letzten beiden Jahrzehnte des 19. Jahrhunderts auf. Dieses Bildungsbürgertum war in seinen Wert- und Kulturvorstellungen, seinem Lebensstil und seinem moralischen Bewußtsein entscheidend durch die Rezeption von Motiven des deutschen Idealismus geprägt. Die Ausbildung der eigenen Person durch Aneignung des kulturellen Erbes und in Kommunikation mit gleichgesinnten Menschen galt nicht nur als Chance und Privileg, sondern zugleich immer als eine moralische Aufgabe. Auch in der Berufsauffassung wird der moralische Kern dieser Lebenseinstellung deutlich; wohl jeder, der Theodor Litt als akademischem Lehrer begegnet ist, hat in seinem Arbeitsstil und seinen Anforderungen die Strenge dieses „geistigen Preußentums“ erfahren. Die entscheidenden Vermittlungsinstanzen seines solchen Kultur- und Persönlichkeitsbewußtseins waren zunächst das Elternhaus, in dem nicht nur Litts sprachlich-literarische, sondern auch seine musikalischen Interessen geweckt und unterstützt wurden, und das humanistische Gymnasium, das er von 1890 bis1899 in seiner Heimatstadt besuchte.

Die wirtschaftliche Situation des Elternhauses scheint durch bescheidenen Wohlstand gekennzeichnet gewesen zu sein. Einen reizvollen Kontrast zum Großstadtalltag bildeten die Ferienauftenhalte im Hause des Großvaters, der Lehrer in Michelstadt im Odenwald war; noch als Student hat Litt diese städtisch-kleinbürgerliche Welt gern aufgesucht.

Auch für Litt gilt nach seinem Selbstzeugnis, was Spranger im Rückblick für die Mehrzahl seiner bürgerlichen Generationsgenossen festgestellt hat, daß nämlich die soziale und politische Welt ihnen bis zum Ersten Weltkrieg im wesentlichen „in Ordnung" zu sein schien (Eduard Spranger: Pädagogische Perspektiven. Heidelberg 1955. S. 27). Das bedeutet zugleich, daß zwei gesellschaftlich-politische Zusammenhänge, die den Sozialisationstraum dieser „letzten (bürgerlichen) Vorkriegsgeneration" (Lichtenstein 1964) nachhaltig bestimmten, ihren Angehörigen lange Zeit kaum, mindestens nicht in ihrer Problematik bewußt geworden sind: zum einen die eigentümlich „abgehobene" soziale Stellung, die das gebildete Bürgertum innerhalb der anderen sozialen Gruppen einnahm – abgehoben sowohl von den zwei bis vier Prozent der sozialen Oberschicht (Großgrundbesitz, Offizierskorps, Großindustrie, -handel und -banken) als auch von den etwa vierzig Prozent der mittel- und kleinbürgerlichen und entsprechender bäuerlicher Schichten und den gut fünfzig Prozent der Land- und Industriearbeiter; zum anderen jenes ausgeprägte Nationalbewußtsein – im Sinne der Betonung nationaler Eigenart und der Zugehörigkeit zu einer großen, politisch geeinten und kulturell angesehenen Nation –, das zwar keineswegs pauschal als „nationalistisch" oder „imperialistisch" gekennzeichnet werden kann, das aber für die meisten Gruppen des Bürgertums längst jenen liberalen und republikanischen Impetus verloren hatte, der dem nationalen Gedanken im Vormärz, in der bürgerlichen Revolution von 1848 und weitgehend noch bis zur preußisch bestimmten Reichsgründung von 1871 zu eigen gewesen war.

Die erste dieser beiden in Wahrheit höchst problematischen „Selbstverständlichkeiten", die hierarchische Sozialstruktur, ist Litt nie in ihrer ganzen Fragwürdigkeit zum Thema geworden, die zweite – das „nationale Prinzip" – wurde Litt erst seit der Mitte der zwanziger Jahre zunehmend stärker, vor allem aber seit der Zeit des Nationalsozialismus zum Problem.

Nach der Schulzeit begann Litt 1899 das Studium der alten Sprachen, der Geschichte und der Philosophie in Bonn. Ob er in seinem Berliner Studiensemester vom Winter 1900/1901 Wilhelm Diltheys große Vorlesung „Allgemeine Geschichte der Philosophie in ihrem Zusammenhang mit der Kultur" gehört hat, ist nicht belegt. Litt schloß sein Studium 1904 in Bonn mit einer altphilologischen, lateinisch geschriebenen Dissertation ab. Von 1904 bis 1918 war er Oberlehrer am Altsprachlichen Gymnasium in Bonn und am Friedrich-Wilhelm-Gymnasium in Köln. Erst 1916 veröffentlichte er einen Aufsatz mit pädagogischer Thematik: *Geschichtsunterricht und Sprachunterricht*. Aber erst die Jahre 1917 und 1918 brachten für den damals bereits 37jährigen den Durchbruch zur Philosophie und zur Pädagogik als den künftigen Schwerpunkten seiner Tätigkeit als Forscher und akademischer Lehrer und damit zu einem ungewöhnlich wirkungsvollen Lebenswerk.

Litt hat später mehrfach betont, daß die Erschütterungen des Ersten Weltkrieges, die von ihm als Ausdruck einer moralischen, kulturellen und außen- wie innenpolitischen Krise vor allem der europäischen Völker verstanden wurde, das Schlüsselmotiv seiner engagierten Hinwendung zur Philosophie und zur wissenschaftlichen Pädagogik gewesen seien. Für seinen Eintritt in die akademische Berufslaufbahn als Philosoph und wissenschaftlicher Pädagoge gewann seine Teilnahme an einer Konferenz, die das preußische Ministerium der geistlichen und Unterrichtsangelegenheiten im Mai 1917 in Berlin veranstaltete, entscheidende Bedeutung. Beherrschende Figur und Hauptreferent dieser Tagung, an der u.a. auch Eduard Spranger, damals Professor für Pädagogik und Philosophie in Leipzig, teilnahm, war der seit 1914 in Berlin lehrende Religions- und Kulturphilosoph Ernst Troeltsch (1865- 1923); auf die Aufforderung des Ministers hin brachte er die Stellung der philosophischen Fakultäten zur Entwicklung pädagogischer Lehrstühle zur Geltung. So wie Troeltsch Philosophie im Kern als Geschichts- und Kulturphilosophie in letztlich normativ-praktischer Absicht verstand, so forderte er die Entwicklung einer mit einer solchen Philosophie in engstem Kontakt stehenden Pädagogik, die „sowohl historisch-empirisch die tatsächlichen Institutionen des Schulwesens in Entstehung und Sinn erläutert" – und zwar in ihren Verflechtungen mit allen Kulturbereichen und deren geschichtlichem Wandel – als auch „spekulativ-normativ das Bildungsziel und die in den Schulen hineinzuwirkende geistige Kultureinheit zu formulieren, zu verarbeiten und zu begründen hat" (Troeltsch in: Schwenk 1977/78. S. 140). Litt bestätigte in einem Diskussionsbeitrag Troeltschs Programm dieser neu zu begründenden „Kulturpädagogik" nachdrücklich, und schon 1918 legte er unter ausdrücklicher Bezugnahme auf jene Berliner Konferenz unter dem Titel *Eine Neugestaltung der Pädagogik* ein dicht formuliertes, perspektivenreiches Programm einer solchen Disziplin vor. Nachdem Litt 1918 ein knappes halbes Jahr als Referent im preußischen Kultusministerium vor allem am Entwurf neuer Lehrpläne für Gymnasien gearbeitet hatte, erhielt er 1919 eine außerordentliche Professur für Pädagogik an der Universität Bonn und wurde 1920 Nachfolger des an die Universität Berlin wechselnden Eduard Spranger auf dem Lehrstuhl für Philosophie und Pädagogik in Leipzig.

Litt entfaltete in den letzten 13 Jahren bis 1933 eine intensive akademische Lehr- und Forschungstätigkeit als Pädagoge und Philosoph. Ungewöhnlich groß ist schon damals die Zahl der Buch- und Aufsatzpublikationen. 1925 gründete er zusammen mit Nohl, Spranger, Aloys Fischer und Wilhelm Flitner die Zeitschrift „Die Erziehung", die bis 1933 das führende Organ der neuen Geisteswisenschaftlichen Pädagogik und ihrer Diskussion mit den pädagogischen Zeitströmungen, nicht zuletzt mit der Reformpädagogik in ihren verschiedenen Teilzweigen, darstellte. Außer durch seine Veröffentlichungen erlangte Litts Philosophie und Pädagogik auch durch seine zahlreichen Vorträge einen hohen Grad an Bekanntheit. Einen der Höhepunkte solcher direkten Wirkung stellt Litts Hauptvortrag über „Die gegenwärtige Lage der Pädagogik und ihre Forderungen" auf einem der größten pädagogischen Kongresse der zwanziger Jahre dar, dem von etwa 700 Teilnehmern besuchten „Weimarer Kongreß" im Oktober 1926. Dieser Beitrag, der vor allem die reformpädagogischen Strömungen zu selbstkritischer Besinnung aufforderte, löste lebhafte und direkte und bald danach auch literarische Kontroversen aus.

1931/32 übernahm Litt das Rektorat der Leipziger Universität. Er hatte seit Beginn seiner akademischen Lehrtätigkeit nicht zum Gros jener deutschen Professoren gehört, denen die politische Dialektik ihres vermeintlich unpolitischen Universitäts-, Wissenschafts- und Berufsverständnisses verborgen blieb, insofern sie die politisch-gesellschaftlichen Voraussetzungen ihrer Berufstätigkeit, ihrer Wissenschaften und der Institution Universität ignorierten oder leugneten und damit denjenigen freie Hand ließen, die die politische Relevanz auch in der Wissenschaft und der Universität durchschauten und ihre Indienstnahme durch einen totalitären Staat vorbereiteten. Litt wird man bis 1933 mit Einschränkungen zu den sogenannten „Vernunftrepublikanern" rechnen dürfen, die zwar nicht aktiv und engagiert für die Weimarer Republik eintraten, sie aber loyal respektierten. Der Formalismus seiner damaligen Staatsauffassung versperrte ihm zu jener Zeit noch den Schritt zum entscheidenden Engagement für demokratische Prinzipien; er vollzog ihn erst nach 1945. Gleichwohl hinderte jener Mangel seiner Theorie ihn nicht, in seiner Rektoratsrede „Hochschule und Politik" 1931 und in Aufsätzen der beiden folgenden Jahre für eine politische Mitverantwortung der Hochschule im Sinne der Erhaltung der Freiheit wissenschaftlicher Forschung und Lehre einzutreten, wenn auch nur in der Form eines theoretischen Postulats.

Trotz solcher fragwürdiger Selbstbeschränkungen konnte kein Zweifel sein, daß Litt entschiedener Gegner *jedes* Totalitarismus, also auch des Nationalsozialismus war. Wie andere Professoren, die sich vor 1933 nicht als Exponenten demokratischer politischer Parteien hervorgetan hatten, so beließen die nationalsozialistischen Kulturpolitiker nach der Machtergreifung auch Litt zunächst im Amt. Die politische Polemik gegen ihn setzte aber sofort ein, es erfolgte ein weitgehendes faktisches (wenn auch nicht formelles) Vortragsverbot, und die Zusammenstöße mit Parteiorganisationen innerhalb und außerhalb der Universität steigerten sich derart, daß Litt auf eigenen Wunsch 1937 vorzeitig emeritiert wurde.

Litt hat nach 1933 keineswegs den Weg in die „innere Emigration" angetreten. Er übte in fünf Aufsätzen und Abhandlungen offene Kritik: *Die Stellung der Geisteswissenschaften im nationalsozialistischen Staat* (1933, 2. Aufl. 1934), *Philosophie und*

Zeitgeist (1935), *Der deutsche Geist und das Christentum* (1938), *Die gedanklichen Grundlagen der rassentheoretischen Geschichtsauffassung* (1938) und *Protestantisches Geschichtsbewußtsein* (1939). Litt konzentrierte sich in den genannten Arbeiten vor allem auf den Aufweis der wissenschaftlichen Unhaltbarkeit und der inneren Widersprüchlichkeit der propagierten Indienstnahme der Wissenschaft für die Scheinrechtfertigung nationalsozialistischer Weltanschauung und der biologischen Geschichtsinterpretation des Nationalsozialismus. Die genannten Arbeiten gehören zu den überzeugenden Dokumenten mutiger wissenschaftlicher Opposition gegen den Nationalsozialismus nach 1933 *innerhalb* seines Herrschaftsbereiches. Im Zweiten Weltkrieg trat Litt in Kontakt zum sich allmählich formierenden konservativen Widerstandskreis um den ehemaligen Leipziger Oberbürgermeister Karl Goerdeler, und er gehörte der ebenfalls oppositionellen Leipziger „Mittwochsgesellschaft" an, wenn er auch nicht den Schritt zum aktiven politischen Widerstand tat.

Nach dem Zweiten Weltkrieg übernahm Litt 1945 erneut ein Ordinariat für Philosophie und Pädagogik in Leipzig. Als sich jedoch der Übergang der Kulturpolitik der damaligen „sowjetisch besetzten Zone" von der relativ pluralistischen „antifaschistisch-demokratischen" Periode zur „sozialistischen" Formierung im Sinne der SED abzeichnete, wurde die Unvereinbarkeit dieser Intention mit Litts wissenschaftlichen Überzeugungen deutlich. Besonders prägnant zeigt sich dieser Tatbestand in der Polemik, die Litts Thesen über *Die Bedeutung der pädagogischen Theorie für die Ausbildung des Lehrers* (1946) auslösten. 1947 nahm Litt einen Ruf an das Ordinariat für Philosophie und Pädagogik an der Universität Bonn an. Seine Vorlesungs- und Vortrags- und nicht zuletzt seine Publikationstätigkeit setzte er auch im Jahrzehnt nach seiner Emeritierung (1952) fort – mit einer Intensität, die sich bis kurz vor seinem Tode am 16. Juli 1962 kaum verminderte.

II Das Werk

Bei der Darstellung des Litt'schen Werkes ist es zweckmäßig, eine Unterscheidung zwischen *solchen* Theorie-Elementen und Argumentationszusammenhängen vorzunehmen, an denen Litt durch die beiden Hauptphasen seines wissenschaftlichen Wirkens – die Perioden zwischen 1917/18 und 1933 und zwischen 1945 und 1962 – hindurch im wesentlichen festgehalten hat, und jenen Problemstellungen und Problemlösungsversuchen, die in der Denkentwicklung Litts wesentliche Wandlungen aufweisen oder die überhaupt nur in einer der beiden Schaffensperioden sein Denken wesentlich bestimmten; seine frühen Bemühungen um ein System der Kulturpädagogik und seine zahlreichen Beiträge zur Gymnasialpädagogik der zwanziger Jahre können hier aus Raumgründen nicht behandelt werden.

Angesichts der engen Verflechtung von Philosophie und Pädagogik in Litts Gesamtwerk stellt sich für eine primär erziehungswissenschaftlich akzentuierte Darstellung die Frage, wieweit ein ausdrücklicher Rückgang auf die philosophischen Schriften im engeren Sinne des Wortes notwendig ist. Die Entscheidung wird hier durch folgenden Umstand erleichtert: Litt bestimmt die Beziehung zwischen Philosophie und Pädagogik nicht als ein Verhältnis der „Ableitung“ oder der „Anwendung“. Vielmehr stellen sich philosophische Grundprobleme – entsprechend der Dialektik von „Allgemeinem“ und „Besonderem“ – in den einzelnen Dimensionen der geistig-geschichtlichen Wirklichkeit zwar jeweils in problemspezifischer Konkretisierung, gleichwohl aber in ihrer unverkürzten Substanz dar. Insofern kommt die philosophische Dimension pädagogischer Problemstellungen in deren Erörterung durch Litt selbst hinreichend zur Geltung, und es kann daher im vorliegenden Zusammenhang genügen, auf rein philosophische Arbeiten Litts, in denen bestimmte Problemstellungen in ihrer generellen, über den pädagogischen Zusammenhang hinausweisenden Bedeutung erörtert worden sind, zu verweisen, ohne sie ausführlicher zu referieren.

1. Zur wissenschaftstheoretischen Bestimmung pädagogischen Denkens

Schon in den ersten Jahren seiner Wirksamkeit als theoretischer Pädagoge entwickelte Litt einen wissenschaftstheoretischen Argumentationszusammenhang über die Eigenart pädagogischen Denkens – von ihren unmittelbar in die Erziehungspraxis verwobenen Elementarformen bis zur Stufe wissenschaftlich reflektierter Pädagogik –, der für die Geisteswisenschaftliche Pädagogik grundlegende Bedeutung gewinnen sollte. Gemeint ist die 1921 in den Kant-Studien publizierte Abhandlung *Die Methode pädagogischen Denkens*, die seit 1931 unter dem geänderten Titel *Das Wesen des pädagogischen Denkens* im Anhang des bis 1967 mehrfach wieder aufgelegten Buches *Führen oder Wachsenlassen* erschien. Zugleich repräsentiert dieser Text eine Dimension jener spezifischen Form dialektischen Denkens, die Litts philosophisches und pädagogisches Gesamtwerk charakterisiert: Die eigenen, systematischen Aussagen zum Thema werden nicht direkt entwickelt, sondern so, daß der Autor schrittweise vorliegende, einander widersprechende Lösungsversuche des betreffenden Problems – hier: die Bestimmung der Eigenart pädagogischen Denkens – prüft, ihre jeweiligen Grenzen und ihre Wahrheitsmomente herausarbeitet und so schrittweise die eigene Argumentation aufbaut, deren systematischer Gehalt nur angemessen erfaßt werden kann, wenn man ihn als die „Aufhebung“ des ganzen Gedankenganges begreift: Außer-Kraft-Setzen einseitiger Positionen und *zugleich* Aufbewahrung ihrer Wahrheitsmomente in einem übergreifenden Gesamtzusammenhang.

Die Abhandlung *Das Wesen des pädagogischen Denkens* durchläuft im wesentlichen vier Argumentationsschritte: Zunächst wird die These erörtert, erzieherisches Denken und Handeln seien im Kern irrationale, aus der Intuition entspringende Akte, sie ließen sich durch Wissenschaft nicht beeinflussen oder gar normieren. Erziehung sei eine „Kunst", Erziehungswissenschaft, wenn überhaupt, so nur nach Analogie von verstehend-beschreibenden Kunstwissenschaften möglich. Litt zeigt, daß der Erzieher in seinem Verhältnis zum Zu-Erziehenden ungleich weniger Gestaltungsfreiheit besitzt als der Künstler seinem „Material" gegenüber und gerade deshalb weitaus mehr und in anderer Weise einer Theorie bedarf.

In diametralem Gegensatz zur Kunstanalogie steht der Versuch, das Verhältnis von Theorie und Praxis in der Erziehung nach Art von Technologien im Hinblick auf den Bereich der anorganischen Wirklichkeit zu deuten. Aber auch dieser Versuch scheitert oder zeitigt, wo er faktisch akzeptiert wird, höchst problematische Folgen. Jeder Technik im strengen Sinne des Wortes liegt folgender Strukturzusammenhang zugrunde: Technik stützt sich als ausführende Tätigkeit auf eine theoretische Technologie (z. B. die Technologie des Maschinenbaus), die ihrerseits Erkenntnisse bestimmter naturwissenschaftlicher Grundlagendisziplinen (z. B. physikalische Gesetzmäßigkeiten) im Hinblick auf vorgegebene Zielsetzungen (z. B. Produktionssteigerung) in Zweck-Mittel-Relationen übersetzt und entsprechende Konstruktionen entwickelt, die dann als „Technik" realisiert werden. Das Handeln des Erziehers aber kann nicht bzw. darf nach Litt nicht als technisches Umgehen mit einem beliebig zerlegbaren und einsetzbaren „Material" interpretiert werden, das sich selbst keine eigenen „Zwecke" (Ziele) zu setzen vermag und bloßes Mittel zu fremdgesetzten Zwecken ist, und dementsprechend kann wissenschaftliche Pädagogik nicht als „Technologie" im oben skizzierten Sinne interpretiert werden.

Ein dritter Versuch, die Struktur erzieherischen Handelns und einer darauf bezogenen pädagogischen Theorie zu bestimmen, bedient sich explizit oder implizit gewisser Analogien aus dem Bereich der organischen Welt und auf sie bezogener menschlicher Tätigkeiten: Die menschliche Entwicklung erscheint demgemäß als Entfaltung innerer Anlagen und die Tätigkeit des Erziehers als „Wachstumspflege", Angebot „geistiger Nahrung", Bereitstellung einer wachstumsfördernden Umwelt u. ä. Litt weist nach, daß mit solchen Interpretationen der Prozeß der menschlichen Bildung, der ein Vorgang der Aneignung und der Auseinandersetzung des Aufwachsenden mit der historisch-kulturellen Welt unter Vermittlung und in der Begegnung mit reiferen Menschen ist, verzeichnet wird und daß dem höchst plastischen Potential menschlicher „Anlagen" eine viel zu große Vorherbestimmtheit zugesprochen sowie die Bedeutung des Einflusses der historisch-gesellschaftlich-kulturellen Wirklichkeit und der Einwirkung der Erziehenden verkannt wird.

Die in der zweiten und dritten Position bereits angesprochene Grundfrage, ob Erziehungswissenschaft in irgendeinem Sinne als angewandte (besser: anwendende) Wissenschaft und Erziehungspraxis als Anwendungstätigkeit verstanden werden kann, ist Gegenstand des systematisch abschließenden letzten Argumentationsschrittes: Das Verhältnis „angewandter Wissenschaften" zu den jeweiligen „reinen Grundwissenschaften" ist zentral dadurch gekennzeichnet, daß der Forschungsgegenstand der Grundwissenschaft *nicht* eine menschliche Praxis (etwa die des Brückenbauers oder des Arztes u. ä.) ist, sondern ein Komplex von Sachzusammenhängen und Gesetzmäßigkeiten, die als (jedem praktischem Eingriff gegenüber) *vorgegeben* und verstanden werden: z. B. die Gesetzmäßigkeiten der Statik, der physischen bzw. psychophysischen Prozesse des menschlichen Körpers usw. Wenn aber der Grundsachverhalt, den wissenschaftliche Pädagogik zu erforschen hat, jener Aneignungs-, Auseinandersetzungs-, Begegnungs- und Interaktionsprozeß zwischen aufwachsenden Menschen und einer bestimmten historischen Gesellschaft und Kultur ist, der nicht ohne die Vermittlung durch die jeweilige Erwachsenengeneration zustande kommt, dann steckt in diesem Grundsachverhalt eben schon jene Praxis darinnen, die durch eine „Grundwissenschaft" eigentlich erst fundiert werden sollte. Zugleich erweist sich durch diesen kritischen Gedankengang, daß auch „Seinsfeststellung" und „Sollensbestimmung" in der Pädagogik nicht schematisch getrennt, sondern in ihrem dialektischen Bedingungsverhältnis zur Geltung gebracht werden müssen: Seinsaussagen im pädagogischen Zusammenhang, z. B. Aussagen über die Bildbarkeit eines jungen Menschen, können gar nicht unabhängig von historischen „Sollensvorstellungen" – z. B. bestimmten Zielsetzungen politischer Bildung in einer bestimmten geschichtlichen Situation – getroffen werden, aber ebensowenig sind pädagogische Zielsetzungen begründbar unabhängig von bisher gewonnenem Wissen über pädagogische „Tatsachen", die freilich nie als absolute Fakten mißverstanden werden dürfen.

Erziehungswissenschaftliches Denken erweist sich für Litt also als eine Reflexion im Zusammenhang mit der pädagogischen Praxis und für sie, als ein Denken, daß diesen jeweils geschichtlichen Zusammenhang und damit zugleich die Wechselbeziehung zwischen pädagogischen Zielsetzungen und pädagogischen Tatbestands-Feststellungen immer neu aufzuklären hat, um ein um seine Voraussetzungen wissendes, reflektiert-verantwortliches pädagogisches Handeln zu ermöglichen. Dieser komplexe Zusammenhang und die Orientierung an der Aufgabe, den Aufwachsenden – jeweils historisch spezifisch – Mündigkeit zu ermöglichen, erfordert eine relative Autonomie der Pädagogik als Praxis und als Theorie, insofern dieser Problemkreis von keiner anderen Wissenschaft im gleichen

Sinne thematisiert wird, freilich eben *relative* oder besser: relationale Autonomie, weil das historische Kulturphänomen Erziehung in den Gesamtzusammenhang der Vorgänge der geistig-geschichtlichen Wirklichkeit verflochten und seine wissenschaftliche Aufklärung daher immer auf die anderen Wissenschaften, die sich dieser Wirklichkeit zuwenden, bezogen bleiben muß.

Litt hat diese wissenschaftstheoretische Position und zugleich die Forderung nach „relativer Autonomie der Erziehung" 1946 in dem Berliner Vortrag *Die Bedeutung der pädagogischen Theorie für die Ausbildung des Lehrers* noch einmal bestätigt, jetzt bezogen auf die Aufgabe, daß Praktiker und Theoretiker der Erziehung nach der Erfahrung des Nationalsozialismus selbstkritisch ein „historisches Standortbewußtsein" erarbeiten müßten, und ergänzt um eine stärkere Betonung der Ich-Du-Relation zwischen den Erziehenden und den jungen Menschen, die jedoch nach wie vor nicht formal gefaßt, sondern jeweils als durch die geschichtliche Lage und das Beziehungsgeflecht der „überpersönlichen Mächte" – Wirtschaft, Sozialstruktur, Kultur, politisches System – vermittelt verstanden wird.

2. „Führen oder Wachsenlassen?"

Neben der Abhandlung über *Das Wesen des pädagogischen Denkens* hat eine weitere Schrift Litts aus den zwanziger Jahren bald nach ihrem Erscheinen und noch einmal nach 1945 den Rang eines klassischen Textes gewonnen: *Führen oder Wachsenlassen* (zuerst 1927). Litt führt darin Überlegungen fort, die er 1925 in der Thesenreihe *Das Recht und die Grenzen der Schule* zuerst exponiert und dann in dem schon erwähnten Weimarer Vortrag und seiner erweiterten Druckfassung (1926) differenzierter entwickelt hatte (jetzt in: Litt 1965, S. 58–98). Der Untertitel des Buches – „eine Erörterung des pädagogischen Grundproblems" – bringt einen prinzipiellen Anspruch unmißverständlich zum Ausdruck. Thema des Buches ist die Frage nach dem Auftrag und den Grenzen der Erziehung und zugleich nach der Struktur jenes Prozesses, der durch Erziehung angeregt, unterstützt und beeinflußt wird oder werden soll. Die Argumentation zeigt wiederum die für Litt charakteristische dialektische Form: „Führen" und „Wachsenlassen" werden idealtypisch als in Sprachbildern formulierte, einander widersprechende Antworten auf jene pädagogischen Grundfragen vorgeführt und dann auf das in ihnen Gemeinte und auf ihre Voraussetzungen hin analysiert. Das Überraschende der Litt'schen Problemstellung, die sich in den Diskussionen des Weimarer Kongresses herauskristallisiert hatte, ist ein eigentümlicher dialektischer Umschlag, der sich in der Argumentation der Vertreter der beiden konträren Programmformeln ergab: Die Forderung, Erziehung müsse primär Bedingungen für das freie „Wachsen" der jungen Generation aus ihren eigenen Kräften und Strebungen heraus schaffen, werde gegen diejenigen ins Feld geführt, die Erziehung vor allem als Hin-Führung und Ein-Führung in Traditionen oder in die gegenwärtige Kultur und Gesellschaft interpretieren, jedoch im Namen einer in Wahrheit durch die pädagogischen Vertreter des „Wachstums-Konzepts" vorweggenommenen *Zukunft*. Indem sie die Jugend vermeintlich frei aus sich selbst heraus wachsen lassen wollen, führen sie zu dem, was sie als Ziel eines Wachstumsvorgangs voraussetzen.

Litts Kritik kulminiert in der These, daß jede fixierende Vorwegnahme der Zukunft – geschehe sie nun unter dem Motto des „Wachsenlassens" in die Zukunft hinein oder in der Überzeugung von der Notwendigkeit der historischen Entwicklung auf einen inhaltlich bestimmten Endzustand hin oder in explizierter Orientierung an einem als verbindlich gesetzten Bildungsideal – eine Beschränkung der eigenen zukünftigen Entscheidungsmöglichkeiten der jungen Generation bedeute und damit dem Sinne einer Erziehung zu Freiheit und Mündigkeit widerspreche. Diese Kritik trifft nun aber im Prinzip auch auf jede Erziehungsauffassung zu, die sich bewußt zu erzieherischer „Führung" bekennt, jedoch ihren Führungsanspruch dadurch meint rechtfertigen zu können, daß sie nicht eine Zukunft utopisch vorwegnimmt, sondern die Jugend „nur" zu den großen Gehalten der Tradition – etwa im Sinne der klassischen deutschen Humanitätsidee oder auch zu einem „deutschen Humanismus" im Sinne der „Deutschkundebewegung" der zwanziger Jahre, verstanden als Ausdruck „deutschen Wesens" – leitet. „Führen" schlägt hier um in die distanzlose Anerkennung der erzieherischen Wirkung des historisch Gewachsenen, dem der junge Mensch als Glied eines geschichtlichen Kulturzusammenhanges oder einer (in Wahrheit hypothetischen) Volkswesenheit angehöre. Auch hier gerät die zukünftige Entscheidungsfreiheit der Zu-Erziehenden in Gefahr.

Den „guten Sinn des ‚Wachsenlassens'" findet Litt im weiteren Argumentationsgang zum einen in der Anerkennung der Bedeutung nicht-insitutionalisierter und nicht-methodisierter Bildungsvorgänge, wie sie etwa im kindlichen Sprachlernprofil exemplarisch zum Ausdruck kommen: Im Grunde spricht Litt hier jenes Insgesamt von Einwirkungs- und Aneignungsprozessen an, die heute mit dem Begriff „Sozialisation" bezeichnet zu werden pflegen. Allerdings übergeht Litt völlig die Problematik gruppenspezifisch ungleicher Sozialisationsvorgänge und die etwaige politische, ethische und kulturelle Fragwürdigkeit dessen, was in solchen Prozessen an Prägungen vermittelt wird. Zum anderen weist die Formel des „Wachsenlassens" nach Litts Interpretation auch auf die pädagogische Bedeutung einer nicht durch Bildungsideale gelenkten, sondern „offenen" Begegnung und Auseinandersetzung des jungen Menschen mit den historisch vorliegenden Objektivationen des menschlichen Geistes in Wissenschaft, Kunst, Religion und Sittlichkeit hin, dergestalt, daß das „Ergebnis" solcher Aneignung vom Erzieher nicht durch inhaltlich festgelegte Zielsetzungen vorausbestimmt wird. „Der gute Sinn des ‚Führens'" aber ergibt sich daraus, daß eine hochkomplexe, spannungsreiche, historisch vielschichtige gesellschaftlich-politisch-kulturelle Wirklichkeit, in die junge Menschen des 20. Jahrhunderts hineingestellt sind, deren selbständige Erkenntnis-, Urteils- und Handlungsfähigkeit weithin nicht im bloßen „Hineinwachsen" und „selbstverständlichen Mitleben" freisetzt. Dazu bedarf es vielmehr in wachsendem Maße der helfenden Aktivität des Erziehers, der bewußten, pädagogisch reflektierten und methodisch organisierten Vermittlung zwischen der objektiven geschichtlichen Wirklichkeit in ihrer spannungsreichen Vielfalt („objektiver Geist") und dem aufwachsenden Subjekt mit seinen je individuellen Möglichkeiten. Wenn Litt die objektive Seite dieser Beziehung dann letztlich doch dahingehend bestimmt, daß Erziehung „im Element der Tradition" atme, so schlägt hier ein konservatives Moment durch, während die Möglichkeit der aktiven, kritischen Auseinandersetzung von jungen Menschen und Erziehern mit gegenwärtiger und tradierter Realität, das Selber-Gestalten und Umgestalten und die „Vorwegnahme" möglicher Zukunft (Nohl, Weniger) kaum zur Geltung kommen. Es handelt sich um eine Akzentsetzung Litts, die in der von ihm ausgewiesenen Vermittlungsstruktur als solcher keineswegs mit Notwendigkeit angelegt ist.

3. Geschichtliche Bildung als Vermittlung eines gegenwartsbezogenen historischen Standortbewußtseins

Ein Zentralthema im gesamten philosophischen und pädagogischen Werk Litts ist das Problem der Geschichtlichkeit als eine Grundbestimmung der dialektischen Beziehung zwischen individueller und gesellschaftlich-kultureller Existenz des Menschen. Entsprechenden Problemstellungen Diltheys und der an ihn anschließenden Geschichtsphilosophie bei Simmel, Troeltsch, Spranger u. a. folgend, ging Litt in diesem Zusammenhang der entscheidenden Bedeutung Herders für den Durchbruch des geschichtlichen Bewußtseins nach (Litt 1948a, 1956) und arbeitete Hegels Geschichtsverständnis (Litt 1953) kritisch auf, immer unter Bezugnahme auf die aktuellen politisch-kulturellen Situationen nach dem Ersten und dem Zweiten Weltkrieg und im Dienste der auf Aufhellung der Gegenwart und Zukunft bezogenen Verantwortung (Litt 1948a). Wenn nämlich in allem politisch-kulturellen Handeln des Menschen Geschichte immer schon als Voraussetzung enthalten und Geschichts*vorstellungen* mindestens implizit wirksam sind, dann kann solches Handeln begründet und verantwortungsvoll nur auf der Basis eines über diese seine Voraussetzungen aufgeklärten Geschichts*bewußtseins* vollzogen werden. Litt gewann diese Erkenntnis offenbar unter dem Eindruck der Erschütterungen des Ersten Weltkrieges. Pädagogisch gewendet stellt sich ihm die Aufgabe geschichtlicher Bildung seither als *Erziehung zum historisch begründeten Verständnis der Gegenwart* (1917) und zu verantwortlicher Handlungsfähigkeit dar. Diese Problemstellung durchzieht das pädagogische Gesamtwerk bis zur Spätschrift *Freiheit und Lebensordnung* (1962).

Geschichtlichkeit bedeutet bei Litt, daß (1.) die jeweilige Gegenwart durch den Zusammenhang vorangehender Entscheidungen und Wirkungen geprägt ist, daß sich (2.) jener Zusammenhang im historischen Bewußtsein der Menschen immer nur in perspektivischer Sinninterpretation („Verstehen") darstellen kann, daß (3.) die so gewordene und gedeutete Vergangenheit den Handlungsspielraum der jeweiligen Gegenwart zwar eingrenzt, aber nie total determiniert und daß (4.) historisch verantwortliches Handeln zwar immer im Vorgriff auf eine Zukunft erfolgt, die jedoch – als gewollte oder vermutete – ihrerseits von der Gegenwart aus nicht völlig determiniert werden kann, würde andernfalls doch der Freiheitsraum der zukünftig lebenden und handelnden Generation zerstört werden. In diesem Sinne muß geschichtliche Bildung in jeder historischen Situation neu den Heranwachsenden ein konkretes geschichtliches Standortbewußtsein vermitteln.

In die Geschichtsdidaktik hat Litt von dieser Grundposition aus zwei originelle, in den zwanziger Jahren erstaunlich wenig beachtete Vorschläge eingebracht; sie stellen eine bereichsspezifische Konkretisierung seines Verständnisses von wissenschaftlich vermittelter Bildung überhaupt dar (vgl. *Wissenschaft, Bildung, Weltanschauung*, 1928). Geschichtliche Bildung soll dem Schüler zum einen – zusammen mit der Vermittlung der Erkenntnis gegenwartsbezogener, konkreter historischer Zusammenhänge – vor allem die *Methode* bewußt machen, durch die geschichtliche Deutungen („historische Bildgestaltung") zustande kommen. Da jenes Verfahren, durch das die Geschichtswissenschaft aus der Vielzahl von Quellen jeweils historische Erkenntnis erarbeitet, jedoch in der Schule nicht adäquat nachvollzogen werden könne, solle die methodische Reflexion am Beispiel des nach Litt analogen Verfahrens der Interpretation von sprachlichen Texten, besonders im fremdsprachlichen Unterricht durchgeführt werden. Der zweite didaktische Kerngedanke besteht in dem Hinweis, daß historische Interpretation immer mit soziologischen Kategorien arbeitet, wobei Litt in den zwanziger Jahren formalsoziologische Grundbegriffe wie „Gruppe", „Gemeingeist" (als Sprache, Brauchtum, Sitte, gesellschaftliche Normen), „Satzung", „Wahl", „soziale Vermittlung", „Staat") u. a. meint. Einige dieser Kategorien könnten im Ansatz in der Reflexion auf elementare Sozial- und Institutionserfahrungen der Schüler in der Klasse und in der Schule einsichtig gemacht und von da aus schrittweise bis zum Verständnis historisch-gesellschaftlicher Makrostrukturen aufgebaut werden (*Geschichte und Leben*, 1918, 3. Aufl. 1930). Erst in der Diskussion um exemplarisches Lehren und Lernen und in der Theorie der kategorialen Bildung nach 1945 und – auf dem Stand jüngerer gesellschafts- und geschichtstheoretischer Einsicht – in der Didaktik des Geschichts- und Politikunterrichts im letzten Jahrzehnt sind solche Ansätze der

Sache nach, wenn auch meistens ohne Bezug auf Litt, wieder aufgegriffen und fortgeführt worden.

4. Von der „staatsbürgerlichen Erziehung" der Weimarer Zeit zur „demokratisch-politischen Erziehung" nach 1945

In engem Zusammenhang mit dem Problemkreis der geschichtlichen Bildung steht in Litts Denken jener Fragenkreis, den er bis 1933 unter dem Titel der „staatsbürgerlichen" und nach 1945 der „politischen Erziehung" (synonym: Bildung) behandelte. *Die philosophischen Grundlagen der staatsbürgerlichen Erziehung* (1924) liegen für Litt zunächst in der Antwort auf die Frage beschlossen, in welchem Verhältnis die drei Momente „Staat und Politik", „geschichtliche Kulturmächte" (Wissenschaft, Kunst, Wirtschaft, Weltanschauung, Religionen) und „das Individuum in seiner sittlichen Verantwortung" zueinander stehen. Litt bestimmt diese dreipolige Relation dahingehend, daß alle Momente wechselseitig aufeinander bezogen sind, ohne daß die zwischen ihnen bestehende, jeweils neu zu bewältigende Spannung jemals in einer harmonischen Synthese aufgelöst werden könnte. Die historisch unverlierbare Leistung der Schaffung des Staats ist es, daß die potentielle Ausübung von physischer Gewalt zur Sicherung innen- und außenpolitischer Rechts- und Friedensordnungen ausschließlich bei dieser Institution monopolisiert worden ist. Damit entlastet der Staat alle anderen gesellschaftlich-kulturellen „Mächte" und die Individuen davon, ihre Existenz selbst durch potentielle oder aktuelle Gewaltausübung sichern zu müssen, und gibt ihnen die Möglichkeit zur Auseinandersetzung und Entwicklung innerhalb bestimmter Regelungen. Gleichzeitig setzt der Staat damit die Entwicklung von kulturellen Ansprüchen und individueller ethischer Reflexion frei, die nun auf den Staat zurückgewendet werden, z. B. als Forderung nach prinzipieller Ausschaltung des Krieges, nach Abrüstung, nach Humanisierung des Strafvollzugs usw. Der Staat zieht sich gleichsam seine eigenen Kritiker heran, ohne doch, wenn er seine Funktion erfüllen soll, je ganz auf die Ausübung, mindestens aber den potentiellen Einsatz bei ihm monopolisierter Gewaltmittel verzichten zu können. Die Unausweichlichkeit der angedeuteten Spannungen und die Notwendigkeit jeweils neuer Entscheidungen in Anerkennung der ausgewiesenen Grundbeziehungen einsichtig zu machen und zur Entwicklung entsprechender Haltungen und Tugenden junger Menschen beizutragen, ist nach dieser Theorie die zentrale Aufgabe staatsbürgerlicher Erziehung.

Der Mangel dieses Konzepts liegt zweifellos in ihrem abstrakten Formalismus. Sie übergeht die Ebene einer konkreten historisch-politischen Analyse der Interessen, der Macht- und Einflußfaktoren, der Prozesse und Einrichtungen, die das Beziehungsfeld zwischen Staat, Gesellschaft und Individuen bestimmen. „Der Staat" bzw. die „Staatsidee" bleiben daher in dieser Theorie den gesellschaftlich-kulturellen Gruppen letztlich doch abstrakt übergeordnete Instanzen. Der Staat wird nicht als das jeweils politisch kodifizierte Resultat gesellschaftlicher Macht- und Interessenkonstellationen begriffen. Daraus folgt dann Litts Forderung, den Staat in der staatsbürgerlichen Erziehung auf einer Betrachtungsebene „oberhalb" konkreter politischer Auseinandersetzungen zu erörtern und auch die gegebene republikanische Verfassung („Weimar") nur als *eine* unter mehreren denkbaren Verwirklichungsformen staatlicher Ordnung zu betrachten.

Die Erfahrungen des Nationalsozialismus lösten hier eine entscheidende Positionsänderung aus: Die seit 1949/50 erscheinenden Beiträge Litts zur politischen Erziehung in der Hochschule sowie innerhalb und außerhalb des Schulwesens gehen durchweg von der Kernthese aus, daß eine humane Rechts- und Friedensforschung unter den Bedingungen der modernen Welt nur durch ein demokratisches politisches System entwickelt und gesichert werden kann. Das Prinzip demokratischer Systeme aber ist die Garantie freier Auseinandersetzung zwischen *verschiedenen* politischen Ordnungsvorstellungen, die Absage an die Kanonisierung einer einzigen politischen Konzeption, die Ermöglichung ständiger politischer Konflikte ohne physische Gewaltanwendung. Mit der Forderung, das Zentrum der *politische Selbsterziehung des deutschen Volkes* (1954), bei der die erwachsene Generation in Deutschland im Prinzip in der gleichen Lage wie die Nachwachsenden sei, müsse die Absage an alle politischen Einheitsprogramme, der Verzicht auf harmonistische Leitvorstellungen (z. B. auch auf die Partnerschaftstheorie Oetingers/Wilhelms), die Anerkennung des Konflikts – als Grundbedingung eines demokratischen Systems und zugleich als des positiven Ausdrucks menschlicher Entscheidungsfreiheit und Kreativität – sein, ist Litt der Vorläufer des späteren Konfliktansatzes in der Theorie der politischen Bildung geworden.

Die Grenze seines Ansatzes liegt auch hier darin, daß er die Auseinandersetzungen im politischen Bereich immer nur als Konflikte zwischen politischen Ordnungs*vorstellungen* begreift, diese aber nicht auf ihre Grundlagen in realen gesellschaftlichen Interessen befragt und daher die jeweils überholbaren Konfliktlösungen und „Kompromisse" nicht auf ihren Zusammenhang mit gesellschaftlichen, nicht zuletzt ökonomisch bedingten Herrschaftsverhältnissen und Einflußmöglichkeiten zurückverfolgt. Dies dürfte auch der Hauptgrund dafür sein, daß in Litts letzten politisch-pädagogischen Schriften zwar die undemokratisch-diktatorischen Tendenzen der sogenannten sozialistischen Staaten Osteuropas und ihrer Erziehungssysteme mit Recht scharfer Kritik unterzogen werden, daß aber eine differenzierte Auseinandersetzung mit sozialistischen Staats- und Erziehungstheorien durch die Gegenüberstellung „freier" und „unfreier" Staaten ersetzt wird und eine kritische Analyse der realen ökonomisch-gesellschaftlich-politischen Verhältnisse in sozialistischen und nicht-sozialistischen Systemen fehlt.

5. Die Bildungsaufgabe angesichts der modernen, naturwissenschaftlich-technischen bestimmten Arbeitswelt

Neben der Frage der politischen Bildung hat vor allem ein zweiter Problemkreis Litts pädagogisches Denken nach dem Zweiten Weltkrieg maßgeblich bestimmt: die Frage nach den Aufgaben, die sich der Erziehung angesichts der zentralen Bedeutung der exakten Naturwissenschaften, der auf ihnen basierenden modernen Technik und der durch sie bestimmten industriellen Arbeitswelt stellen. Mit dieser Fragestellung wird – in Korrektur der Realitätsferne seiner einstigen „Kulturpädagogik" – die Bildungsproblematik konsequent auf die Alltagsrealität des individuellen und gesellschaftlichen Lebens in der modernen Welt bezogen, und sie zwingt zu einer tiefgreifenden Revision des überkommenen, in der Zeit der deutschen Klassik (von Herder bis Hegel) geprägten Bildungsbegriffs. Philosophisch war diese Wende in Litts Bildungstheorie durch seine philosophische Anthropologie (*Mensch und Welt*, 1948, 2. Aufl. 1961) und die Neufassung der Wissenschaftstheorie (*Denken und Sein*, 1948) vorbereitet worden.

Nach Litts Interpretation ist das Bildungs- bzw. das Humanitätsideal der deutschen Klassik im Gegenzug gegen die seit Ende des 18. Jahrhunderts sich abzeichnende Entwicklung der Industrialisierung und eines zunehmend arbeitsteiligen Gesellschaftssystems entworfen worden. Indem „Bildung" und „Humanität" dadurch ermöglicht werden sollten, daß die natürliche und historische Welt als „Material" der harmonischen Selbstformung des Menschen interpretiert (Humboldt) oder die Vermittlung von Subjekt und Welt in vorindustriellen Tätigkeiten (Goethe) gesucht wurde, blieben entscheidende Grundlagen der Entwicklung des 19. und 20. Jahrhunderts letztlich unbegriffen und folglich außerhalb dieser Bildungsauffassung: zum einen die Struktur der modernen exakten Naturwissenschaften, die auf der radikalen Subjekt-Objekt-Scheidung beruht – Ergebnis eines menschlichen Selbstdisziplinierungsaktes, der einerseits exakte, mathematisch formulierbare Erkenntnis von Relationen der natürlichen Welt überhaupt erst ermöglicht, andererseits die Mehrdimensionalität menschlicher Möglichkeiten auf eine einzige reduziert; zum zweiten das auf der Übersetzung naturwissenschaftlich ermittelter Wenn-Dann-Beziehungen in Zweck-Mittel-Relationen beruhende technische Denken und die in ihm wirksame exakt-konstruktive Phantasie, zum dritten der gesamte, den Menschen unseres Zeitalters zutiefst prägende Funktionszusammenhang einer hochgradig arbeitsteiligen, industrialisierten Arbeitswelt und eines ihr entsprechenden rationalisierten Verwaltungssystems.

Das Bildungsdenken der deutschen Klassik, innerhalb dessen Pestalozzi eine letztlich nicht entscheidend wirksam gewordene Ausnahmegestalt blieb (Litt 1952), mindestens aber die Form, in der es in der Folgezeit rezipiert wurde, klammerte die gekennzeichneten Zusammenhänge zufolge der Scheidung der menschlichen

Existenz in eine Dimension des „Inneren", dessen Gestaltung als eigentliche Aufgabe der Bildung erschien, und ein „Äußeres", das der Zweiteilung der bloßen Lebenserhaltung diene, aus. Es beschwor damit eine verhängnisvolle Zweiteilung der menschlichen Existenz und eine Trennung zwischen verschiedenen sozialen Gruppen herauf, da es sich nicht die Aufgabe stellte, allen jungen Menschen durch Bildung zur Erkenntnis und zur Bewältigung jener Grundlagen und Wirkungen ihrer tagtäglichen Lebensbedingungen zu verhelfen.

Demgegenüber stellt sich für Litt die moderne Bildungsfrage und die entsprechende Aufgabe einer neuen Bildungstheorie so dar: Eines der zentralen Ziele humaner Bildung muß es sein, jungen Menschen stufenweise Einblick in den Strukturzusammenhang zwischen neuzeitlichen Naturwissenschaften und ihrer methodischen Struktur, technischem Denken und industrialisierter Arbeitswelt zu geben, und zwar so, daß dieser Zusammenhang als eine vom Menschen im historischen Prozeß selbst hervorgebrachte Leistung verstanden und in ihren Rückwirkungen auf jeden in diesen Prozeß und seine Resultate Eintretenden durchschaut wird. Ein solcher Erkenntnis- und Reflexionsgang müßte nicht nur für die sachliche Meisterung der damit umrissenen Aufgaben vorbereiten, sondern zugleich die Voraussetzungen und Grenzen deutlich machen: Naturwissenschaft, Technik und Arbeitsorganisation beantworten nämlich die Zielfragen des individuellen und des gesellschaftlich-politischen Lebens *nicht*, sondern setzen Reflexion und Entscheidung darüber voraus. Damit wird die Ergänzungsbedürftigkeit dessen, was Bildung *innerhalb* naturwissenschaftlich-technischer Problemstellungen und *innerhalb* der Zusammenhänge der Arbeitswelt zu leisten vermag, bezeichnet.

Die Disziplinierung durch naturwissenschaftliches und technisches Denken und durch die sachliche Erfüllung der Notwendigkeiten industrialisierter Arbeit zwingen den Menschen zwar zur zeitweiligen Ausschaltung unmittelbarer, spontaner Formen des erlebenden und tätigen Umgangs mit der Wirklichkeit, ohne daß damit jedoch das Bedürfnis nach diesen „ganzheitlichen" Formen der Beziehung des Menschen zur Welt in Spiel, Kunst, sprachlicher Kommunikation, zwischenmenschlicher Begegnung ausgetilgt wäre. „Umgang" als die der Subjekt-Objekt-Trennung vorausliegende Form der Beziehung des Menschen zur natürlichen und zur menschlichen Wirklichkeit bedarf – als produktiver Gegenpol der „Versachlichung" der Welt – innerhalb einer umfassenden Bildungskonzeption der pädagogischen Förderung und Pflege, weil er angesichts der Expansion des objektivierenden, naturwissenschaftlich-technischen Denkens verdrängt und in seiner unverzichtbaren Bedeutung für eine humane Existenz verkannt zu werden droht. Daß eine solche komplexe Bildungsauffassung nicht mehr am Kriterium der Harmonie, sondern an dem der ständig neuen Bewältigung der Spannung unterschiedlicher Denk-, Wertungs- und Handlungsanforderungen orientiert sein muß, liegt auf der Hand.

„Als ‚gebildet' darf danach nur gelten, wer diese Spannung sieht, anerkennt und als unaufhebbares Grundmotiv in seinen Lebensplan einbaut" (*Das Bildungsideal der deutschen Klassik und die moderne Arbeitswelt.* 6. Aufl. 1959. S. 121).

Litt hat mit seinen vielbeachteten Publikationen zu diesem Problemkreis seit Beginn der sechziger Jahre eine Wende in der bildungstheoretischen Diskussion herbeigeführt; konservative Pädagogen, insbesondere die Verfechter des altsprachlichen Gymnasiums bzw. der Wiederbelebung eines am neuhumanistischen Bildungsideals orientierten höheren Schulwesens und einer analogen Konzeption universitärer Bildung, haben diese Position als Bruch mit der Tradition, der Litt sich noch in den zwanziger Jahren im wesentlichen selbst zuordnete, angegriffen.

Die Grenze des Litt'schen Ansatzes, der nun auch zur Bemühung um die Überwindung der Trennung von „Berufsbildung", und „Allgemeinbildung" führen mußte (*Berufsbildung, Fachbildung, Menschenbildung.* 2. Aufl. 1960) liegt auch hier in Problemreduktion, die derjenigen seiner Theorie der demokratisch-politischen Bildung analog ist: Litt hat die Entwicklung von exakter Naturwissenschaft, Technik und industrieller Arbeitswelt zwar nicht als „Schicksal", sondern als historische Hervorbringung des Menschen gedeutet, aber er hat nirgends die gesellschaftlichen Motive, Interessen, Zusammenhänge analysiert, die die treibenden Kräfte dieser Entwicklung waren oder sind. Daher erscheint jene moderne Entwicklung bei Litt als ein primär aus der Logik der naturwissenschaftlichen Forschung und der durch sie eröffneten technischen Anwendungsmöglichkeiten hervorgehender Prozeß, seine ökonomisch-gesellschaftlich-politischen Voraussetzungen und Folgen werden fast ganz ausgeblendet. Bildungstheorie und Didaktik mußten bzw. müssen hier über Litt hinausgehen; innerhalb des damit angedeuteten Rahmens erhalten seine Argumentationen erst ihren angemessenen Stellenwert.

III Die Bedeutung der Pädagogik Litts in ihrer Zeit und für die heutige Erziehungswissenschaft

Über einzelne Hinweise auf die Wirkung der Pädagogik Litts im vorangehenden Abschnitt hinaus sei eine knappe, zusammenfassende Einschätzung versucht: Litt hat innerhalb der Begründung der Geisteswissenschaftlichen Pädagogik in den zwanziger Jahren und ihrer Entwicklung zur einflußreichsten Teilströmung der deutschen Erziehungswissenschaft bis 1933 und in den ersten zehn bis fünfzehn Jahren nach 1945 entscheidend ihr wissenschaftstheoretisches Selbstverständnis als praxisbezogene Theorie beeinflußt und zugleich ihren Zusammenhang mit der Philosophie bewahrt und neugestaltet; er hat hinsichtlich der begrifflichen Strenge und des Reflexionsniveaus wissenschaftlicher Pädagogik Maßstäbe gesetzt und Ansätze einer Theorie dialektisch-pädagogischer Grundstrukturen und entsprechender dialektischer Denkformen entwickelt. Der praktisch-reformpädagogischen Bewegung des ersten Jahrhundertdrittels gegenüber bewahrte er – anders als die Göttinger Richtung der Geisteswissenschaftlichen Pädagogik (Nohl, Weniger) – stets kritische Distanz. Galt Litt einem Teil seiner Zeitgenossen bis 1933 als das „kritische Gewissen" der Pädagogik gegenüber manchen Reformillusionen, so haben andererseits engagierte Reformer viele seiner pädagogischen Stellungnahmen nicht zu Unrecht als tendenziell konservativ kritisiert, so etwa Paul Oestreich. Mochten nämlich Litts pädagogische Theoreme auf der Ebene genereller Strukturaussagen zutreffend sein, im konkreten historischen Kontext sind sie – auch über seine explizit traditionalistischen gymnasialpädagogischen Beiträge hinaus – nicht selten als Unterstützung der seit der Mitte der zwanziger Jahre zunehmend reformfeindlicher werdenden Tendenzen gedeutet worden, ohne daß Litt solchen Auslegungen deutlich entgegengetreten wäre.

Nach dem Ende der nationalsozialistischen Diktatur, innerhalb derer Litt als Opponent seine wissenschaftliche und politische Integrität voll bewahrt und bewährt hatte, hat Litt entscheidend zur Weiterentwicklung der Geisteswissenschaftlichen Pädagogik und zur Revision ihrer Bildungstheorie beigetragen. Sein Konzept demokratisch-politischer Bildung und seine Beiträge zur theoretischen Klärung der Bildungsaufgaben angesichts der Bedeutung von Naturwissenschaft, Technik und industrieller Arbeitswelt sind zugleich Marksteine und Wendepunkte der pädagogischen Denkentwicklung in der Bundesrepublik geworden. Als „klassisch" kann man geistige Leistungen bezeichnen, die in bestimmten Epochen einen Bereich der geschichtlichen Wirklichkeit oder das darauf bezogene Problembewußtsein maßgeblich beeinflußt haben und die auch über ihre Entstehungszeit hinaus fruchtbar bleiben. Litts wissenschaftliches Werk wirkt in der gegenwärtigen Richtung der „kritischen Erziehungswissenschaft", die den geisteswissenschaftlichen Ansatz in veränderte Form integriert, zumindest indirekt nach, aber auch als substanzieller Anstoß des Widerspruchs sowohl aus positivistischer als auch marxistischer Sicht. Insofern darf Litt ohne Zweifel als ein Klassiker der Pädagogik unseres Jahrhunderts gelten.

Literatur

1. Werke Theodor Litts

a) Zur Pädagogik

Geschichte und Leben. Leipzig/Berlin 1918. 3. Aufl. 1930.
Pädagogik. In: Die Kultur der Gegenwart. Hrsg. von Paul Hinneberg. T. 1,6: Systematische Philosophie. 3. Aufl. Leipzig/Berlin 1921. S. 276–310.
Die Methodik des pädagogischen Denkens. 1921. Ab 1931 unter dem Titel „Das Wesen des pädagogischen Denkens" im Anhang von „Führen oder Wachsenlassen". S. 83–109.
Wissenschaft, Bildung, Weltanschauung. Leipzig 1928.
Die Philosophie der Gegenwart und ihr Einfluß auf das Bildungsideal. 1926. Erweitert in: Möglichkeiten und Grenzen der Pädagogik. Abhandlungen zur gegenwärtigen Lage von Erziehung und Erziehungstheorie. 2. Aufl. Leipzig 1931.
Führen oder Wachsenlassen. Eine Erörterung des pädagogischen Grundproblems. Leipzig 1927. 13. Aufl. Stuttgart 1967.
Idee und Wirklichkeit des Staates in der staatsbürgerlichen Erziehung. Leipzig 1931.
Die Bedeutung der pädagogischen Theorie für die Ausbildung des Lehrers. 1947. Jetzt im Anhang von „Führen oder Wachsenlassen". S. 110–126.
Der lebendige Pestalozzi. Drei sozialpädagogische Bestimmungen. Heidelberg 1952.
Naturwissenschaft und Menschenbildung. Heidelberg 1952. 3. Aufl. 1959.
Die politische Selbsterziehung des deutschen Volkes. 1954. Zusammen mit weiteren Aufsätzen zum Thema. 7. Aufl. Bonn 1963.
Das Bildungsideal der deutschen Klassik und die moderne Arbeitswelt. 1955. 6. Aufl. Bochum 1959.
Technisches Denken und menschliche Bildung. Heidelberg 1957. 2. Aufl. 1960.
Berufsbildung, Fachbildung, Menschenbildung. Bonn 1958. 2. Aufl.1960.
Wissenschaft und Menschenbildung im Lichte des West-Ost-Gegensatzes. Heidelberg 1958. 2. Aufl. 1959.
Freiheit und Lebensordnung. Zur Philosophie und Pädagogik der Demokratie. Heidelberg 1962.
Pädagogik und Kultur. Kleine pädagogische Schriften 1918–1926. Hrsg. von Friedhelm Nicolin. Bad Heilbrunn 1965.

b) Zum philosophischen Hintergrund

Individuum und Gemeinschaft. Leipzig/Berlin 1919. 3. Aufl. 1926.
Erkenntnis und Leben. Leipzig/Berlin 1923.
Die philosophischen Grundlagen der staatsbürgerlichen Erziehung. In: Staatsbürgerliche Erziehung. Hrsg. von F. Lampe und G.H. Francke. 2. Aufl. Breslau 1924. S. 19–38.
Kant und Herder als Deuter der geistigen Welt. Leipzig 1930. 2. Aufl. Heidelberg 1949 (a).
Einleitung in die Philosophie. Leipzig 1933. 2. Aufl. Stuttgart 1949 (b).
Das Allgemeine im Aufbau der geisteswissenschaftlichen Erkenntnis. Leipzig 1941. 2. Aufl. Groningen 1959.
Wege und Irrwege geschichtlichen Denkens. München 1948 (a).
Denken und Sein. Stuttgart 1948 (b).
Die Wiedererweckung des geschichtlichen Bewußtseins. Heidelberg 1956.

Mensch und Welt – Grundlinien einer Philosophie des Geistes. München 1948. 2. Aufl. Heidelberg 1961 (a).
Hegel. Versuch einer kritischen Erneuerung. Heidelberg 1953. 2. Aufl. 1961 (b).

2. Sekundärliteratur

Bracht, Barbara: Geschichtliches Verstehen und geschichtliche Bildung. Ratingen 1968.
In memoriam Theodor Litt. Reden von Hans Welzel, Arno Esch, Ernst Schütte, Josef Derbolav. Bonn 1963.
Klafki, Wolfgang: Dialektisches Denken in der Pädagogik. 1955. Jetzt in: Denkformen und Forschungsmethoden der Erziehungswissenschaft. Bd. 1. Hrsg. von Siegfried Oppolzer, München 1966. S. 159–182.
Lassahn, Rudolf: Das Selbstverständnis der Pädagogik Theodor Litts. Ratingen 1968.
– Theodor Litt. Das Bildungsideal der deutschen Klassik und die moderne Arbeitswelt. München 1970.
Lichtenstein, Ernst: Die letzte Vorkriegsgeneration in Deutschland und die hermeneutisch-pragmatische Pädagogik. In: Zeitschrift für Pädagogik. Beih. 5. Weinheim 1964. S. 5–33.
Lochner, Rudolf: Deutsche Erziehungswissenschaft. Meisenheim 1963. S. 169–191.
Nicolin, Friedhelm: Theodor Litt. In: Geschichte der Pädagogik des 20. Jahrhunderts. Hrsg. von Josef Speck. Bd. 2. Stuttgart 1977. S. 79–92.
– Auswahlbiographie bis 1960. In: Erkenntnis und Verantwortung. Festschrift für Theodor Litt. Hrsg. von Josef Derbolav und Friedhelm Nicolin. Düsseldorf 1960. S. 473–483.
Reble, Albert: Theodor Litt. Stuttgart 1950.
Schlemper, Hans-Otto: Reflexion und Gestaltungswille. Bildungstheorie, Bildungskritik und Bildungspolitik im Werke Theodor Litts. Ratingen 1968.
Schwenk, Bernhard: Pädagogische Konferenz im Ministerium für geistliche und Unterrichtsangelegenheiten am 24. und 25. Mai 1917. In: Jahrbuch für Erziehungswissenschaft 2 (1977/78) S. 133–157.

Elisabeth Blochmann

4

Bemerkungen zu ihrer Biographie und ihrem pädagogischen Werk*

* Vortrag bei der Eröffnung der Ausstellung des Fachbereichs Erziehungswissenschaften der Philipps-Universität Marburg in Zusammenarbeit mit der Universitätsbibliothek „Elisabeth Blochmann (1892–1972). Die erste Professorin für Pädagogik an der Philipps-Universität" am 1. Juni 1992.

W. Klafki, *Pädagogisch-politische Porträts*, Neuere Geschichte der Pädagogik, https://doi.org/10.1007/978-3-658-26751-3_5

Verehrte Gäste, liebe Kolleginnen und Kollegen, Studentinnen und Studenten, meine Damen und Herren!

Als Elisabeth Blochmann zum Sommersemester 1952 die neueingerichtete, selbständige Professur für Pädagogik an unserer Universität übernahm – zunächst mit der kommissarischen Wahrnehmung beauftragt, dann als Extraodinaria, schließlich noch im gleichen Jahre zur Ordinaria ernannt –, hatte sie bereits ihr 60. Lebensjahr vollendet. Wir wollen mit der heute zu eröffnenden Ausstellung zugleich an ihren 100. Geburtstag, das 40jährige Jubiläum ihrer Berufung und an ihren 20. Todestag erinnern, vor allem aber Anregungen dazu geben, sich erneut mit ihren Schriften, insbesondere ihrem erziehungswissenschaftlichen Werk zu beschäftigen, ja es vielleicht in mancher Hinsicht in seiner Bedeutsamkeit erst wiederzuentdecken.

Daß wir das nicht nur durch eine kleine akademische Festveranstaltung versuchen, sondern vor allem durch eine Ausstellung und einen ergänzenden Katalog[1], der zwar noch keine wissenschaftlich zulängliche Darstellung des Lebens und der wissenschaftlichen Leistungen Elisabeth Blochmanns enthält, aber doch die bisher ausführlichste, auch auf neue Quellen gestützte Würdigung der ersten Frau, die nach dem Zweiten Weltkrieg in der Bundesrepublik auf eine Universitätsprofessur für Pädagogik berufen wurde, verdanken wir Herrn Diplom-Pädagogen Hartmut-Gerhard Müller, der als Doktorand und zeitweiliger Lehrbeauftragter an unserem Fachbereich arbeitet. Er hat die Anregung zu dieser Ausstellung gegeben und ihr Konzept entworfen, den größten Teil der umfangreichen organisatorischen und weitgehend auch der technischen Vorarbeiten geleistet, hat eine Anzahl neuer Quellen aufgespürt und Zeitzeugen interviewt, deren einige hier anwesend sind und denen wir aufrichtig für ihre Gesprächsbereitschaft und manches wichtige Dokument danken; er hat auch den ersten Vorentwurf für den Katalog erarbeitet. Ich möchte ihm hier ausdrücklich noch einmal Dank und Anerkennung dafür aussprechen.

Im folgenden werde ich einige Hauptstationen des Lebensweges Elisabeth Blochmanns in Erinnerung rufen und in diese Lebensskizze knappe Bemerkungen zu einigen ihrer erziehungswissenschaftlichen Leistungen einfügen. Die meisten Aspekte dieses Vortrags werden in unserem Katalog ausführlicher kommentiert, als dies hier möglich ist.

---

1 Wolfgang Klafki/Helmut-Gerhard Müller: Elisabeth Blochmann (1892–1972). Erweiterter Katalog zur Ausstellung: Elisabeth Blochmann (1892–1972). Die erste Professorin für Pädagogik an der Philipps-Universität, veranstaltet vom Fachbereich Erziehungswissenschaften in Zusammenarbeit mit der Universitätsbibliothek Marburg vom 1.-28. Juni 1992. Bei Verweisen auf diese Publikation wird im folgenden die Abkürzung „Katalog" verwendet.

Hinsichtlich der biographischen Darstellung habe ich mir unter anderem den schönen Beitrag zunutze gemacht, den Herr Froese, der Nachfolger Elisabeth Blochmanns, seiner Vorgängerin in dem 1977 erschienenen Sammelband über Marburger Gelehrte des 20. Jahrhunderts gewidmet hat[2], außerdem Gedenkreden Karl Ernst Nipkows[3] und Peter Martin Roeders[4] auf ihre akademische Lehrerin.

Elisabeth Blochmann wurde am 14. April 1892 im thüringischen Apolda als erste von drei Töchtern des Staatsanwalts und späteren Geheimen Rats Dr. Heinrich Blochmann und seiner Frau Anna geboren. Die Familie zog einige Jahre später nach Weimar, und die geistige Welt des gehobenen Bürgertums der Goethestadt ist ihr seither zum Sozialisations- und Bildungsraum geworden. In ihr Werk sind Impulse der literarischen, philosophischen und pädagogischen Klassik, ihrer Vorläuferphasen und der ihr folgenden geistesgeschichtlichen Perioden, das Erbe also der letzten Jahrzehnte des 18. und der ersten des 19. Jahrhunderts vielfältig eingegangen, und sie hat, aus einem imponierenden Fundus an Detailkenntnis heraus, zur wissenschaftlichen Erschließung dieses Denkraums wesentliche Beiträge geleistet. In biographischer Perspektive heißt es in einem von Leonhard Froese zitierten Lebenslauf Frau Blochmanns:

> „Weimar stand noch bis zum Ersten Weltkrieg unter der Nachwirkung der klassischen Zeit. Man kannte den Schillerenkel, die Herderenkelin, die Namen der Hofgesellschaft waren z. T. noch die gleichen. Dem Leiter des Goethehauses war man befreundet. Das Theater pflegte die klassische Tradition. Die Schule, das Sophienstift, war eine großherzogliche Stiftung. Man erlebte in und an ihr als Schülerin und dann als junge Lehrerin den Übergang aus einem noch ständisch gebundenen in ein demokratisches Zeitalter."[5]

Elisabeth Blochmann besuchte seit 1899 das eben bereits erwähnte Großherzogliche Sophienstift, dann das Lyzeum und bis 1911 das Oberlyzeum in Weimar. Mit dem Abschlußzeugnis war die Berechtigung zum Besuch von Seminaren für angehende Lehrerinnen an Höheren Töchterschulen verbunden.

Sie hatte zunächst den Wunsch, Medizin zu studieren. Diese Absicht gab sie, wahrscheinlich aus gesundheitlichen Gründen, dann aber auf. In den Jahren

2 Leonhard Froese: Elisabeth Blochmann (1892 -1972). Professorin für Pädagogik. In: Marburger Gelehrte in der ersten Hälfte des 20. Jahrhunderts. Hrsg. von Ingeborg Schnack. Marburg 1977. S. 42- 47.

3 Karl Ernst Nipkow: Gedenkrede für Elisabeth Blochmann. In: Trauerfeier für Elisabeth Blochmann am 2. Februar 1972 in Marburg. Hrsg. von Luise Berthold. Marburg 1972. S. 11f. (Privatdruck der Herausgeberin)

4 Peter Martin Roeder: Elisabeth Blochmann: In: Neue Sammlung 12 (1972) S. 84–89.

5 Vgl. Anm. 2, S. 42f.

1912/13 absolvierte sie eine Ausbildung zur Hilfsschwester beim Deutschen Roten Kreuz. Danach besuchte sie die einjährige Ausbildung am Lehrerinnenseminar in Wiesbaden und betreute anschließend im ersten Weltkriegsjahr Verwundete im Chirurgischen Lazarett in Weimar. Vom Jahre 1915 ab unterrichtete sie als Lehrerin am Sophienstift, also an jener Schule, in die sie selbst gut anderthalb Jahrzehnte zuvor eingetreten war. In dieser Zeit reifte offenbar ihr Entschluß, ein Universitätsstudium aufzunehmen.

Ab 1917 studierte sie an den Universitäten Jena und Straßburg Geschichte, Germanistik, Soziologie, Philosophie (und später auch Französisch) bei namhaften Wissenschaftlern wie Martin Spahn, Karl Stählin, Franz Schultz und Georg Simmel, durch den sie vermutlich zum erstenmal mit Gedanken der Lebensphilosophie und der Theorie der Geisteswissenschaften Wilhelm Diltheys bekannt wurde. In dieser Zeit lernte sie auch Martin Heidegger kennen, der damals an der Universität Freiburg als junger Privatdozent Philosophie lehrte; davon wird an späterer Stelle noch zu sprechen sein. – 1918 wechselte sie nach Marburg, konzentrierte sich hier besonders auf das Studium der mittelalterlichen Geschichte bei Karl Wenck und besuchte philosophische und pädagogische Vorlesungen und Seminare bei Paul Natorp, dem Mitbegründer des Marburger Neukantianismus. Sie hat damals auch an Gesprächen teilnehmen können, zu denen Natorp eine Anzahl seiner Studentinnen und Studenten in seine Wohnung einlud.

Vom Wintersemester 1918/19 ab setzte sie ihr Studium in Göttingen fort, schob aber noch ein kurzes „Kriegsnotsemester" in Jena ein. An der Göttinger Universität hörte sie bei dem bekannten Historiker Karl Brandi, bei dem Philosophen Georg Misch, einem der bedeutendsten philosophischen Dilthey-Schüler, bei dem Germanisten Edward Schröder und dem Mitbegründer der Deutschen Vierteljahrsschrift für Literaturwissenschaft und Geistesgeschichte, dem Literaturhistoriker Paul Kluckhohn, nicht zuletzt aber bei Herman Nohl, der 1920 auf ein Ordinariat für Pädagogik mit gleichzeitiger Lehrerlaubnis für Philosophie nach Göttingen berufen worden war.

Nohl regte sie zu ihrer germanistischen Staatsexamensarbeit über die „Volksdichtungsbewegung in Sturm und Drang und Romantik" an, die dann von Kluckhohn betreut und 1923 in der Vierteljahresschrift publiziert wurde.[6] Das Thema hat sie nie aus ihrem Blickfeld verloren. So veröffentlichte sie ein gutes Vierteljahrhundert später, 1950, eine zweiteilige Abhandlung über „Das volkstümliche Singen im 18.

6 Elisabeth Blochmann: Die Deutsche Volksdichtungsbewegung in Sturm und Drang und Romantik. In: Deutsche Vierteljahrsschrift für Literaturwissenschaft und Geistesgeschichte 1 (1923) S. 419–452.

Jahrhundert"[7], eine Darstellung der wechselseitigen Beziehungen zwischen der Entwicklung des Volksliedes, des Kunstliedes und der Gattung „Lied" im Rahmen der Dichtung der Spätaufklärung, der deutschen Klassik und Romantik sowie des Biedermeier. Die Arbeit beeindruckt nach wie vor durch ihre immense Quellenkenntnis. Sie ist m. E. ein Beispiel für eine auch pädagogisch aufschlußreiche, sozialhistorisch akzentuierte Forschungsarbeit zur Mentalitätsgeschichte des späten 18. und des frühen 19. Jahrhunderts, wissenschaftlich im Beziehungsfeld zwischen Volkskunde, Literatur- und Musikwissenschaft, Geistes- und Erziehungsgeschichte angesiedelt.

Ich kehre zur biographischen Chronologie zurück. Schon ein Jahr nach dem Staatsexamen, das sie 1922 in den Fächern Deutsch, Geschichte und Französisch ablegte, promovierte sie in Geschichte mit einer Untersuchung über eine im 17. Jahrhundert anonym veröffentlichte Flugschrift mit dem Titel „Gedencke daß du ein Teutscher bist", eine ungemein gründliche quellenkritische Studie zur Geschichte des Nationalbewußtseins in Deutschland, durch die sie zwei bis dahin offene, kontrovers diskutierte Fragen klären konnte: das Entstehungsjahr (1653) und den Autor (Daniel Weimann).[8] Die Beherrschung der Methoden historischer Forschung, die sie sich hier angeeignet hat, kennzeichnet später auch ihre erziehungsgeschichtlichen Untersuchungen.

So intensiv Elisabeth Blochmann nun auch ihre germanistischen und historischen Studien betrieben hat – die germanistische Qualifikation war später wohl die wichtigste Voraussetzung dafür, daß sie im Exil die Chance einer akademischen Berufstätigkeit erhielt –, die entscheidende wissenschaftliche und menschliche Erfahrung des Göttinger Studiums war die Begegnung mit Herman Nohl. Diese Begegnung mit dem – so darf man in einem erweiterten Wortsinne sagen – „jugendbewegten" und der pädagogischen Reformbewegung der Zeit verbundenen Göttinger Pädagogen und Philosophen hat ihren weiteren Berufsweg bis 1933 und dann wieder seit 1952 bestimmt. Nohl war in jenen frühen 20er Jahren auf dem Wege, in eigenständiger Fortbildung von Anregungen seines philosophischen Lehrers Wilhelm Dilthey eine spezifische Variante Geisteswissenschaftlicher Pädagogik und in ihren Rahmen ein neues theoretisches und praktisches Konzept der Sozialpädagogik zu entwickeln.

---

7 Elisabeth Blochmann: Das volkstümliche Singen im 18. Jahrhundert. In: Die Sammlung 5 (1950) S. 331–344, 417- 430.

8 Elisabeth Blochmann: Die Flugschrift: „Gedencke daß du ein Teutscher bist". Ein Beitrag zur Kritik der Publizistik und der diplomatischen Aktenstücke. In: Archiv für Urkundenforschung. Hrsg. von Karl Brandi und Harry Breslau. Bd. 8. Berlin/Leipzig 1923. S. 328–366.

Elisabeth Blochmann war, als (wie sie sich selbst einmal bezeichnet hat) „älteste akademische Schülerin Nohls“[9] wohl so etwas wie die Prima inter pares im Kreise der schnell wachsenden Zahl der Doktoranden Nohls, unter denen überdurchschnittlich viele Frauen waren; mehr als ein Drittel aller bei Nohl geschriebenen Dissertationen ist von Frauen verfaßt worden. Auf der Seite der männlichen Nohl-Schüler kam Erich Weniger, damals ebenfalls bereits promovierter Historiker, wohl eine ähnliche Ausnahmestellung im Nohl-Kreise zu.

Elisabeth Blochmanns Verhältnis zu Nohl entwickelte sich in der Folgezeit zu einer ungewöhnlich intensiven, lebenslangen geistigen Freundschaft. Ihre letzte Buchpublikation, von der später noch zu sprechen sein wird, legt davon beredtes Zeugnis ab.

1923 erhielt sie eine Dozentenstelle an der Sozialen Frauenschule in Thale im Harz. Frauen- bzw. Wohlfahrtsschulen waren seit dem ausgehenden 19. Jahrhundert aus den Bestrebungen der bürgerlichen Frauenbewegung heraus entstanden, die soziale, politische, wirtschaftliche und kulturelle Situation der Frauen zu verbessern. In mühsam erkämpften, kleinen Schritten und angesichts der sich verändernden wirtschaftlichen und gesellschaftlichen Verhältnisse gelang es, Frauen den Zugang zu anspruchsvollen, u. a. auch zu akademischen Bildungsgängen und Berufsfeldern zu öffnen, die bis dahin allein Männern vorbehalten waren. Die Frauenbewegung setzte also die offizielle Anerkennung frauenspezifischer Berufe und entsprechender Ausbildungseinrichtungen durch. Als Frauen*bildungs*bewegung wollte sie aber – über die berufliche Qualifizierung hinaus – zur kulturellen, rechtlichen und politischen Gleichstellung der Frauen beitragen.

1926 wechselte Frau Blochmann als Studienleiterin an das Pestalozzi-Fröbel-Haus in Berlin über, das man als „Mutterhaus“ der Ausbildungsstätten für weibliche Sozialberufe, nicht zuletzt für Kindergärtnerinnen, Hortnerinnen und Jugendleiterinnen bezeichnen kann. Diese Einrichtung war seit dem Jahre 1873 schrittweise durch Henriette Schrader-Breymann (1827–1899), der Nichte Fröbels und führende Frau der Fröbel- und Kindergarten-Bewegung, aufgebaut worden und hatte sich seither zu einer vielgliedrigen Institution nicht nur für sozialpädagogische Ausbildungswege, sondern auch für die Weiterentwicklung sozialpädagogischer Konzeptionen entfaltet. Das Veranstaltungsangebot umfaßte bereits in den 20er Jahren Fortbildungskurse für Sozialbeamtinnen, Jugendleiterinnen, Volksschul-, Berufsschul- und Fachschullehrerinnen sowie landwirtschaftliche Lehrerinnen, Jahreskurse für Akademikerinnen, die einen sozialen Beruf ergreifen wollten, Nachmittags- und Abendkurse und wissenschaftliche Kurse für Mütter. Der

9 Elisabeth Blochmann: Herman Nohl in der pädagogischen Bewegung seiner Zeit. 1879–1960. Göttingen 1969. S. 11.

Einrichtung waren auch Forschungsabteilungen eingegliedert, so die „Abteilung für sozialwissenschaftliche Forschung“ und die „Abteilung zur Erforschung der wissenschaftlichen Grundlagen der Hauswirtschaft“.[10]

Elisabeth Blochmann hat in den vier Jahren ihrer dortigen Tätigkeit über die Unterrichtsverpflichtungen hinaus insbesondere an der konzeptionellen Entwicklung des allgemein-pädagogischen und des sozialpädagogischen Kernfaches der Kindergärtnerinnenausbildung, der „Erziehungslehre“ in ihren Verflechtungen mit anderen Unterrichtsfächern und Bereichen – der Natur- und Kulturkunde, der Werk-, Zeichen- und Musikpädagogik, der Gesundheitspflege und Gymnastik sowie der Betreuung der Praktika –, mitgewirkt, darüber in Aufsätzen berichtet[11] und einen zweijährigen Versuchslehrgang mitentwickelt und durchgeführt. Blitzlichtartig sollen zwei kurze Zitate generelle Zielsetzungen dieser Arbeit beleuchten:

Man habe die Hoffnung, daß „durch das ganze sozialpädagogische Leben unseres Hauses und durch die geistige Auseinandersetzung mit den Ideen und dem Wirken alter und neuer Pädagogen, die die Geschichte der Pädagogik ermöglicht, sich im Lauf der Ausbildungszeit eine gemeinsame geistige Haltung herausbildet, aus der heraus nun die pädagogischen Einzelfragen durchdacht werden können.“[12] „Auch die Lebenskreise, in denen das Kind steht, das Elternhaus mit all seinen unendlichen Beziehungen und in seiner sozialen Bedingtheit, die Schule, die Straße müssen für die Schülerinnen als Erziehungsfaktoren lebendig werden.“[13]

Die Basis der ausbildungsdidaktischen Bemühungen war eine Theorie des Kindergartens. Frau Blochmann hat sich diese Theorie in der für die Geisteswissenschaftliche Pädagogik typischen Weise des historisch-systematischen Verfahrens erarbeitet. Von den Kernideen Fröbels ausgehend, aber ohne Fröbel-Orthodoxie[14], trat sie in eine offene, produktive Auseinandersetzung mit neuen historisch-gesellschaftlichen und pädagogischen Entwicklungen ein, auch mit der Montessori-Pädagogik. Sie zielte auf eine allen Kindern zugängliche Bildungskonzeption für die

10 Vgl. Elke Kupschinsky: Aus der Geschichte des Pestalozzi-Fröbel-Hauses. Berlin 1988. S. 10. (vervielf. Typoskript)

11 Vgl. vor allem Elisabeth Blochmann: Erziehungslehre. In: Vereins-Zeitung des Pestalozzi-Fröbel-Hauses I. 39 (1927) Nr. 161, S. 78f.

12 Ebd., S. 78f.

13 Ebd., S. 79.

14 Wie souverän Elisabeth Blochmann die Wertung der pädagogischen Genialität Fröbels mit dem Hinweis auf Grenzen seines Bildes vom Kinde und auch seiner Theorie des Spiels zu verbinden wußte, zeigen besonders prägnant auch ihre „Betrachtungen zum Fröbeljahr 1952“ in dem Aufsatz „Fröbel in der Gegenwart – ein Problem“. In: Die Sammlung 8 (1953) S. 266–272.

Stufe der 3- bis 6Jährigen und, bei Entwicklungsretardierungen, in der Form des Schulkindergartens auch für 7- oder 8jährige, aber noch nicht schulreife Kinder.

Ich bedauere, daß die begrenzte Zeit es nicht zulässt, hier Elisabeth Blochmanns wichtigen Artikel „Der Kindergarten“ etwas ausführlicher zu kommentieren, der 1930 in dem von Herman Nohl und Ludwig Pallat herausgegebenen, fünfbändigen „Handbuch der Pädagogik“ erschien, einem Werk, das bekanntlich den Versuch machte, den theoretisch geklärten Ertrag der pädagogischen Bewegung des ersten Drittels unseres Jahrhunderts festzuhalten und Perspektiven für die Weiterentwicklung zu umreißen.[15] Ich muß hier auf die etwas ausführlichere Darstellung in unserem Katalog verweisen. M. E. ist Frau Blochmann in diesem Artikel eine Begründung und ein Grundriß der Prinzipien öffentlicher Kleinkindererziehung im Bildungsraum des Kindergartens gelungen, der nicht nur eine wichtige historische Station darstellt, sondern dem in mehrfacher Hinsicht immer noch aktuell-systematische Bedeutung zugemessen ist. Erika Hoffmann, eine weitere namhafte Nohl-Schülerin, Freundin und Weggefährtin Elisabeth Blochmanns, – ihre Anwesenheit bei dieser Ausstellungseröffnung ist mir wie die einer „Dritten im Bunde“, Elisabeth Siegels, eine besondere Freude – hat sich etwa zur gleichen Zeit und in ähnlichem Sinne für die Pädagogik des Kindergartens und die Fröbelforschung als Zentralthema ihrer theoretischen und praktisch-pädagogischen Arbeit entschieden. Ein Ausdruck der damals beginnenden Kooperation ist die Herausgabe der kommentierten Spielgaben Fröbels, die Elisabeth Blochmann, Erika Hoffmann und Helene Klostermann in drei Heften der von Nohl, Weniger, Frau Blochmann und später Georg Geißler herausgegebenen Reihe „Kleine Pädagogische Texte“ besorgten. Frau Blochmann schrieb die Einleitung zum ersten Heft, Frau Hoffmann das Nachwort zum zweiten und die Vorbemerkungen zum dritten Heft.[16]

Im Jahre 1930 erhielt Elisabeth Blochmann die Berufung zur Professorin an die neu gegründete Pädagogische Akademie in Halle. Sie vertrat dort die Allgemeine

---

15 Elisabeth Blochmann: Der Kindergarten. In: Handbuch der Pädagogik. Hrsg. von Herman Nohl und Ludwig Pallat. Bd. IV. Langensalza 1928. S. 75–90. Leicht veränderter Nachdruck unter dem Titel „Pädagogik des Kindergartens“. In: Beiträge zur Sozialpädagogik – Wege zu modernen Formen. Hrsg. von Luise Besser u. a. Heidelberg 1961. S. 63–82.

16 Fröbels Theorie des Spiels I. Der Ball als erstes Spielzeug des Kindes. Eingel. von Elisabeth Blochmann (S. 3–14). Langensalza o. J. (1931), 2. Aufl. 1947. (Kleine Pädagogische Texte. H. 4.) – Fröbels Theorie des Spiels II. Die Kugel und der Würfel als zweites Spielzeug des Kindes. Eingel. von Helene Klostermann und mit einem Nachw. von Erika Hoffmann (S. 7–8). Langensalza o. J. (1931), 2. Aufl. 1947 (Kleine Pädagogische Texte. H. 16.) – Fröbels Theorie des Spiels III. Aufsätze zur dritten Gabe, dem einmal in jeder Hauptrichtung geteilten Würfel. Eingel. von Erika Hoffmann (S. 5–16). Langensalza o. J. (1936), 2. Aufl. 1947 (Kleine Pädagogische Texte. H. 21.)

und Historische Pädagogik und den Studienschwerpunkt „Sozialpädagogik" in der Ausbildung von Volksschullehrerinnen und Volksschullehrern. – Die Hochschule in Halle gehörte zur dritten Welle der Gründung pädagogischer Akademien, für die sich Preußen 1926 als eigenständige „Bildner-Hochschulen" der Ausbildung von Volksschullehrerinnen und Volksschullehrern in der Amtszeit des Kultusministers Prof. Dr. Carl Heinrich Becker entschieden hatte, alternativ zu der u. a. vom Deutschen Lehrerverein befürworteten und in einigen anderen Ländern der Weimarer Republik verwirklichten Lösung der mehr oder minder konsequenten Integration der Volksschullehrerbildung in bestehende Universitäten oder Technische Hochschulen. – An der Eröffnungsfeier der Hallenser Akademie am 10. Mai 1930 nahm übrigens auch Herman Nohl teil.

Am neuen Wirkungsort arbeitete Frau Blochmann innerhalb eines insgesamt kooperationswilligen und kooperationsfähigen Kollegiums besonders eng mit dem Direktor, Dr. Julius Frankenberger, dem ersten Doktoranden Nohls in seiner Wirkungszeit in Jena, mit einem weiteren Nohl-Schüler, dem Schulpädagogen Georg Geißler, und mit Adolf Reichwein zusammen, der dort die Fächer Geschichte und Staatsbürgerkunde vertrat. Sie wirkte von Anfang an besonders intensiv an der Entwicklung einer Studienkonzeption und des Studienangebotes mit und stellte in einem großen Zeitungsartikel die Konzeption der Akademie – die „Ausbildung zum pädagogischen Beruf" – einem öffentlichen Publikum dar[17]; unser Katalog macht diesen Artikel zum erstenmal wieder zugänglich. – Wenn die Zahl der Veröffentlichungen aus den knapp drei Jahren der Tätigkeit in Halle vergleichsweise gering ist, so hängt das höchstwahrscheinlich damit zusammen, daß sie voll durch die kooperativ-konzeptionelle Arbeit und durch den Aufbau ihres Lehrangebots ausgelastet war. Die Vorlesungsverzeichnisse jener Jahre weisen bereits ein recht breites Themenspektrum aus. Interessant ist auch, daß Frau Blochmann einen erheblichen Teil ihrer Veranstaltungen mit anderen Kollegen zusammen durchführte.

Es dürfte eine reizvolle Aufgabe künftiger Forschung sein, die kurze Geschichte der Hallenser Akademie und in ihrem Rahmen das Wirken Frau Blochmanns detaillierter zu untersuchen. Aus der Sicht unserer Universität, einem Ort der Reichwein-Forschung und der Stätte des Reichwein-Archivs, sollte dabei den Kontakten Frau Blochmanns zu Adolf Reichwein besondere Aufmerksamkeit gewidmet werden.[18]

---

17 Elisabeth Blochmann: Ausbildung zum pädagogischen Beruf. In: Hallische Nachrichten, 13. Jg., 9.5.1930, Nr. 108, S. 13. – Vgl. „Katalog", S. 46ff.

18 Vgl. dazu die knappen Hinweise bei Ullrich Amlung: Adolf Reichwein 1898–1944. Ein Lebensbild des politischen Pädagogen, Volkskundlers und Widerstandskämpfers. Bd. 1, 2. Frankfurt a. M. 1991. (Bd. 1, S. 95, 280f., 298f., 302a; Bd. 2, S. 340.)

Blickt man vom Ende des Jahres 1932 auf die Zeit ihrer Tätigkeit in Thale, Berlin und Halle zurück, so ist festzustellen, daß sie ihre Freundschaft zu Nohl und ihre persönlichen und sachlichen Kontakte zu Kommilitoninnen und Kommilitonen ihrer Göttinger Studienjahre sowie zu nachwachsenden Pädagoginnen und Pädagogen der „Göttinger Schule der Geisteswissenschaftlichen Pädagogik" aufrechterhalten hat. Seit 1929 gab es – über die üblichen Wege hinaus, solche Kontakte zu pflegen – dafür noch eine besondere Möglichkeit: Nohl kaufte in diesem Jahr in dem kleinen Dorf Lippoldsberg an der Oberweser, gut 30 km westlich von Göttingen gelegen, das ziemlich verfallene einstige Verwalterhaus des Benediktinerinnen-Klosters Lippoldsberg. An dem Umbau zu einem Landheim des Pädagogischen Seminars der Universität Göttingen beteiligten sich in der letzten Arbeitsphase auch Studentinnen und Studenten Nohls. Er gründete den „Verein der Freunde des Göttinger Pädagogischen Seminars". – Das Haus ist schon in der Zeit des Ausbaus und dann besonders seit seiner Einweihung im Juni 1930 zu einem Zentrum des Zusammenlebens Nohls mit seinen akademischen Schülerinnen und Schülern, der Begegnung zwischen den „Schülergenerationen" und mit Freunden Nohls, Ort von Wochenendtreffen, Ferienseminaren und Festen, Stätte des Gesprächs, des Singens und weiterer ästhetischer Aktivitäten sowie Ausgangspunkt für Wanderungen geworden. Briefe und Berichte aus dem Nohl-Kreis zeigen, daß das Lippoldsberger Heim sich zum Sammelpunkt einer prägnanten Variante akademischer Jugendbewegung entwickelte. Nohl hat es überdies öfters als Feriendomizil und Refugium für konzentrierte wissenschaftliche Arbeit genutzt. Auch Elisabeth Blochmann schätzte das kleine Haus neben der alten Klosterkirche[19], seine reizvolle Umgebung und die Dörfler, zu denen der Nohl-Kreis ein gutes Verhältnis entwickelte, und sie hat es auch nach dem Zweiten Weltkrieg, vor allem nach der endgültigen Rückkehr aus dem Exil, immer wieder aufgesucht. – Erich Weniger und seine Schülerinnen und Schüler haben die Landheim-Tradition seit den fünfziger Jahren fortgesetzt, und der „Verein der Freunde des Pädagogischen Seminars" trägt das Haus, wenn auch unter zunehmenden Schwierigkeiten, bis heute.

Die Machtübernahme durch die Nationalsozialisten in den ersten Monaten des Jahres 1933 bedeutete für Elisabeth Blochmann einen tiefen biographischen Bruch. Sie verlor ihre Professur. Unter Berufung auf das am 7. April 1933 erlassene „Gesetz zur Wiederherstellung des Berufsbeamtentums" und dessen Bestimmung: „Beamte, die nicht arischer Abstammung sind, sind in den Ruhestand … zu versetzen", wurde sie unter dem Datum des 14.9.1933 fristlos und ohne Pensionsansprüche aus dem Staatsdienst entlassen. In einem Lebenslauf schrieb Frau Blochmann später: „Da

19 Vgl. u. a. den Brief an Martin Heidegger vom 24.8.1933 (vgl. Anm. 21), S. 68f.

meine geliebte Mutter ‚nichtarischer Herkunft' war, war die Entlassung aus dem Staatsdienst in meinem Fall endgültig ..."[20]

Wir wissen bisher noch nicht eindeutig, ob oder wieweit Elisabeth Blochmann vor 1933 die Gefahr einer nationalsozialistischen Machtübernahme und das militant rassistische, vor allem antisemitische Programm der NSDAP in vollem Umfang durchschaut hat. Zwar darf man mit größter Wahrscheinlichkeit annehmen – auch aufgrund von Hinweisen aus ihrer Korrespondenz mit Herman Nohl und Martin Heidegger –, daß sie zu keiner Zeit mit rechts-nationalistischen politischen Tendenzen sympathisiert, sondern sie explizit, wenn auch nicht in öffentlichen Stellungnahmen, kritisiert hat. Aber solche Kritik bedeutete – wie wir aus vergleichbaren Äußerungen anderer Zeitgenossen wissen – nicht ohne weiteres, daß das Ausmaß der Bedrohung, die die nationalsozialistische Bewegung und ihr Programm der sogenannten „nationalen Revolution" für eine rechtsstaatliche Republik bedeutete, anerkannt worden wäre. Mir scheint, jedenfalls nach meinem derzeitigen Erkenntnisstand, daß mehr für folgende Deutung spricht: Der politische Umbruch und die unmittelbar danach einsetzenden rassenpolitischen Maßnahmen trafen sie letztlich doch unvorbereitet.

So heißt es in einem Brief vom 18.4.1933: „Ich habe sehr schwere Tage hinter mit, hatte mir doch nicht vorstellen können, daß ein solches Ausgestoßenwerden möglich sei. Ich habe vielleicht zu naiv in der Sicherheit einer tiefen Zugehörigkeit des Geistes und des Gefühls" – gemeint ist vermutlich: der Zugehörigkeit zur deutschen Kultur – „gelebt – so war ich zuerst ganz wehrlos und sehr verzweifelt. Denn die Härte dieses Gesetzes ist ja so groß, daß es einen faktisch nicht nur von der augenblicklichen Arbeit ausschließt, sondern auf absehbare Zeit" (gemeint war wohl in Wahrheit: unabsehbare Zeit) „doch von jeder Mitarbeit an der deutschen Erziehung."[21]

Nun ist zunächst bemerkenswert, daß die unwiderrufliche Entlassung erst ein halbes Jahr nach Inkrafttreten des „Gesetzes zur Wiederherstellung des Berufsbeamtentums" erfolgte. Elisabeth Blochmann gehörte nicht zu dem Personenkreis, der aus rassischen Gründen oder wegen politischer „Unzuverlässigkeit" oder offener Opposition von den neuen Machthabern sofort nach Erlaß des Gesetzes endgültig von der Hochschule verwiesen wurde; zunächst handelte es sich um eine vorläufige Suspendierung vom Dienst. In den Monaten April bis Oktober 1933 hat sie noch Hoffnungen gehegt, die ihr drohende Gefahr könne abgewendet werden. Tatsächlich hat es ja in der Anfangszeit der Naziherrschaft Ausnahmefälle gegeben, bei denen es

20 Zit. bei Froese (vgl. Anm. 2), S. 44.

21 Martin Heidegger – Elisabeth Blochmann. Briefwechsel 1918–1969. Hrsg. von Joachim W. Storck. Marbach am Neckar 1989. S. 64.

einflußreichen Fürsprechern, die den Nationalsozialisten als hinreichend zuverlässige Gewährsleute oder als ihre Parteigänger galten, gelang, Betroffene – jedenfalls für eine gewisse Zeit – vor der strikten Anwendung des Gesetzes zu bewahren. Wenn Elisabeth Blochmann für sich selbst eine Zeitlang begrenzte Möglichkeiten sah, der Entlassung zu entgehen, so knüpfte sie diese Hoffnung an ihre Bekanntschaft mit Martin Heidegger. An dieser Stelle ist es notwendig, in der Darstellung kurz zeitlich zurückzublenden.

Durch den von Joachim W. Storck 1989 herausgegebenen Briefwechsel zwischen Martin Heidegger und Elisabeth Blochmann[22] wissen wir, daß Frau Blochmann Heidegger mindestens seit 1918 persönlich gekannt und mit ihm über vier Jahrzehnte korrespondierte. Eine nicht bestimmbare Zahl von Briefen scheint vernichtet worden zu sein oder ist verlorengegangen; es gibt daher Lücken, die manchmal mehrere Jahre ausmachen und nicht nur die Zeit der Emigration Frau Blochmanns betreffen. Darüber hinaus zeigt auch die erhaltene Korrespondenz Phasen einer dichten Brieffolge und Perioden mit langen Pausen. Insgesamt sind weitaus mehr Briefe Heideggers erhalten geblieben oder mindestens bisher zugänglich geworden als Briefe von Frau Blochmann.

Wie ist es zur Begegnung zwischen Heidegger und ihr gekommen?

Elisabeth Blochmann hatte im Sommersemester 1916 und im Wintersemester 1917/18 an der Universität Straßburg studiert und von dort aus ihre in Freiburg lebende Jugendfreundin Elfride Petri besucht. 1917 heirateten Heidegger und Elfride Petri. Elisabeth Blochmann besuchte in der Folgezeit öfters das junge Ehepaar. Der Brief Heideggers vom 15. Juni 1918, mit dem die Briefedition beginnt[23], läßt vermuten, daß die erste Begegnung zwischen ihm und der Freundin seiner Frau im Frühjahr oder Frühsommer 1918 erfolgt ist.

Es kann an dieser Stelle nicht darum gehen, den bis 1969 dokumentierten Briefwechsel durchgängig zu kommentieren. Es sei nur erwähnt, daß die beiden Briefpartner, die – direkt oder indirekt – Heideggers Frau immer in ihren Informations- und Gedankenaustausch einschließen, sich mit den Vornamen anreden – Heidegger benutzt lange Zeit auch den Kosenamen „Lisi" –, im übrigen aber beim „Sie" bleiben. Dem entsprechen auch die Widmungen, mit denen Heidegger Elisabeth Blochmann etliche seiner Bücher zusandte. Sie sind in unserer Ausstellung dokumentiert.[24]

Im vorliegenden Zusammenhang interessiert vor allem die Korrespondenz der Monate April bis Oktober des Jahres 1933. Sie ist von seiten Elisabeth Blochmanns von

22 Vgl. Anm. 20.

23 Martin Heidegger – Elisabeth Blochmann. Briefwechsel 1918–1969. S. 7f.

24 Vgl. die Wiedergabe im „Katalog", S. 68–71.

der immer wieder vorgetragenen Bitte an Heidegger bestimmt, er möge versuchen, seinen Einfluß geltend zu machen, um die ihr drohende Entlassung abzuwenden. Sie bringt dabei auch mögliche Stützargumente zur Sprache, etwa den Hinweis, daß sie schon 1912 einen freiwilligen Pflegerinnenkurs des Roten Kreuzes für den Kriegsfall mitgemacht habe[25] – wohl als Beleg für ihre national-loyale Einstellung gemeint – ferner die Tatsache, daß die Leistung ihrer früheren Arbeitsstätten, der Sozialen Frauenschule in Thale und besonders des Pestalozzi-Fröbel-Hauses, selbst von den jetzt zuständigen NS-Stellen anerkannt werde[26], oder die Frage, ob nicht im Falle der Entlassung der Zeitpunkt ihrer Verbeamtung vordatiert werden könnte, da sie bereits 1914 die vollgültige Lehrerinnenqualifikation erworben hätte.[27] Ihre Bitten werden in jenen Monaten immer dringender, ihre Unruhe und Sorge wächst spürbar. So heißt es in einem Brief vom 7. September 1933: „Sie wissen, wie mir ums Herz ist und daß meine letzte und einzige Hoffnung noch immer Ihre Hilfe ist."[28]

Inwiefern konnte sie hoffen, daß Heideggers Einfluß vielleicht noch die für sie ungünstigste Entscheidung der Kultusbehörde abwenden könnte?

Heidegger hatte schon in der Endphase der Weimarer Republik seine Ablehnung des demokratischen Systems deutlich zum Ausdruck gebracht – auch im Briefwechsel und in Gesprächen mit Elisabeth Blochmann[29], die seine Auffassungen nicht teilte.[30] Diese Ablehnung stand in seiner Sicht im Zusammenhang mit seiner Aversion gegenüber dem „Liberalismus", dem „Marxismus" bzw. Kommunismus und dem durch die Zentrumspartei repräsentierten Klerikalismus und „Jesuitismus", der ihm als eines der deutlichsten Symptome für den „absterbenden Geist des Christentums" erschien.[31] – Wenn Heidegger sich nun nach der Machtergreifung der Nationalsozialisten auch keineswegs mit allen Erscheinungsformen des neuen Herrschaftssystems einverstanden erklärte, so bekundete er doch nachdrücklich, „das gegenwärtige Geschehen" habe für ihn „– gerade, weil vieles noch dunkel und unbewältigt bleibt – eine ungewöhnlich sammelnde Kraft. Es steigert den Willen und die Sicherheit, im Dienste eines großen Auftrags zu wirken und am Bau einer volklich gegründeten Welt mitzuhelfen."[32] Es dürfte diese Grundeinstellung gewesen sein, aus der heraus er sich im April 1933 durch die neuen Machthaber zum

---

25 Martin Heidegger – Elisabeth Blochmann. Briefwechsel 1918–1969. S. 65.

26 Ebd., S. 72.

27 Ebd., S. 64, S. 67.

28 Ebd., S. 67.

29 Ebd., S. 71.

30 Ebd., S. 51, S. 60.

31 Briefe vom 22.6.1932 und vom 30.3.1933. Ebd., S. 52 bzw. S. 60.

32 Ebd., S. 60.

Rektor der Universität Freiburg ernennen ließ und seine berühmt-berüchtigte Antrittsrede hielt.[33] – In den folgenden Monaten verhandelte er u. a. in Berlin mit maßgeblichen Repräsentanten der nationalsozialistischen Wissenschafts-, Hochschul- und Erziehungspolitik, so mit Alfred Baeumler, und er verfolgte zielstrebig die Propagierung seines eigenen Konzepts: einer – in Heideggers Sichtweise dem Nationalsozialismus entsprechenden – „Dozentenhochschule“[34] als elitär-nationaler Bildungsstätte für den Hochschullehrernachwuchs. Einen Ruf an die Universität Berlin, der „‚mit einem politischen Auftrag‘“, der Leitung der Dozentenschaft in Preußen, verbunden werden sollte, lehnte er allerdings ab, weil die politische Beanspruchung eindeutig gegenüber der universitären Lehr- und Forschungstätigkeit dominieren sollte und ihm die erstrebte starke Stellung in der Universität nicht gewährleistet schien.[35]

Heidegger hat die Hilferufe Elisabeth Blochmanns nicht ignoriert, sondern ihr verbal immer wieder seine Unterstützung zugesagt. Indessen: Die Art, in der er meistens auf jene Bitten einging, läßt nirgends erkennen, daß er ihren existentiellen Ernst voll wahrnahm. In seinen Antwortbriefen überwiegt eindeutig die Darstellung seiner bisweilen hektisch anmutenden neuen Aktivitäten. Mehrere von Frau Blochmann erbetene oder von Heidegger in Aussicht genommene Termine zu direkten Gesprächen ließen sich nicht realisieren. Am aufschlußreichsten erscheint folgende Passage in einem Brief vom 19.9.1933: Heidegger bringt zunächst sein Bedauern zum Ausdruck, daß er „nicht mehr“ – gemeint ist offenbar: als er es wünschte – helfen könne. Als Beleg dafür aber skizziert er folgenden Vorgang: Er habe in Berlin mit dem preußischen Kultusminister über das an ihn herangetragene Angebot, „die preußische Dozentenschaft“ zu „‚führen‘“[36], und über den damit verbundenen Ruf an die Universität verhandeln wollen. In diesem Gespräch, so darf man den Briefkontext wohl deuten, wollte er auch die Situation von Elisabeth Blochmann anzusprechen versuchen. Sein Gesprächspartner sei aber nicht der Minister, sondern ein Ministerialrat gewesen. Heidegger empfand das offensichtlich als eine Brüskierung. Aufschlußreich ist nun folgender Satz: „Ich brachte es nicht fertig um ‚Audienzen‘ zu bitten, da man ja von mir etwas will.“ Die Möglichkeit, vielleicht im Fall einer solchen ‚Audienz‘ etwas für die von einem Berufsverbot

33 Martin Heidegger: Die Selbstbehauptung der deutschen Universität. Durchges. Neuaufl. der Veröffentlichung Breslau 1933. Hrsg. von Hermann Heidegger. Erg. durch eine Niederschrift M. Heideggers „Das Rektorat 1933/34 – Tatsachen und Gedanken“ aus dem Jahr 1945. Frankfurt a. M. 1983.

34 Martin Heidegger – Elisabeth Blochmann. Briefwechsel 1918–1969. S. 73.

35 Ebd., S. 73f.

36 Vgl. Anm. 34.

bedrohte Freundin erreichen zu können, war für Heidegger offenbar kein Motiv, sein Verletztsein hintanzustellen.

Insgesamt gewinnt man den Eindruck, daß Heidegger seine in jener Phase vielleicht vorhandenen Möglichkeiten, auf die Entscheidungs- und Auslegungsinstanzen des sogenannten „Wiederherstellungsgesetzes" im konkreten Falle von Frau Blochmann einzuwirken, nicht konsequent genutzt hat. Es ist nur scheinbar paradox, daß man im Rückblick kommentieren muß: glücklicherweise.

Wie Elisabeth Blochmann in dieser Frage bei sich selbst über Heideggers Verhalten geurteilt haben mag, muß offen bleiben. Bisweilen klingt in ihren Briefen – selten, meistens vorsichtig angedeutet, aber doch unverkennbar – persönliche Enttäuschung an. So heißt es etwa in einem Brief vom 24.8.1933: „Nun müssen Sie mir schon einen Brief schreiben. Ich habe sehr auf ihn gewartet in den Tagen nach Elfrides, in dem sie mir schrieb, daß Sie ja gerade in Berlin waren. Und ich konnte so schwer begreifen … daß Sie mir nicht ein Wort schreiben mochten nach Ihrem Gespräch mit B(aeumler)."[37]

Im Oktober 1933 steht für sie fest, daß sie emigrieren muß. Nur in dieser Hinsicht richtet sie an Heidegger noch einmal eine Bitte um Hilfe: Sie bittet ihn um ein Gutachten, das sie ihren Briefen an im Ausland gerichtete Stellen zur Beratung und Arbeitsvermittlung für deutsche Emigranten oder die Emigration planende Personen beifügen wolle. Heidegger erfüllt diese Bitte. Einige Wochen später emigriert sie über Holland nach England. In einem der ersten Briefe aus Oxford vom 26. Februar 1934 an Heidegger und seine Frau heißt es: „Dass Sie mir seit Herbst garnicht einmal schreiben, lieber Martin! Über Weimar hätte mich jeder Brief erreicht … Und ich hätte mich so gefreut." Sie schließt mit den Worten: „Vergeßt mich nicht und bleibt mir gut. Eure Lisi."[38]

Die Zeit des Exils von 1933 bis 1945 ist für Elisabeth Blochmann glücklicherweise keine Phase permanenter innerer Spannungen und langwieriger Suche nach einer befriedigenden beruflichen Tätigkeit gewesen, wie es uns aus den Biografien etlicher anderer deutscher Emigranten bekannt ist. Wie bedrückend und verletzend Elisabeth Blochmann den Einschnitt in ihrem Lebens- und Berufsweg, den die Machtübernahme durch die Nationalsozialisten für sie bedeutete, zunächst auch empfunden hat – die erzwungene Trennung von ihren Freunden, den Abbruch ihrer Lehr- und Forschungstätigkeit und das Verlassen jenes Sprach- und Kulturraums, in dem sie geistig so tief verwurzelt war, in den ersten Monaten in England auch eine Verleumdung als „verblendete Nazi" in einem Aufsatz eines bekannten

37 Ebd., S. 68f.

38 Ebd., S. 80.

Londoner Professors[39]: einige relativ günstige äußere Umstände, wohl auch Zufälle, vor allem aber – so glaube ich die wenigen biografischen Informationen deuten zu dürfen – ihre Bereitschaft, die neue Situation innerlich anzunehmen, sich auf sie einzustellen, sie als Aufgabe und Chance zu begreifen, haben die fast 19 Jahre ihres Lebens in England zu einer Zeit intensiver akademisch-pädagogischer Aktivität, neuer menschlicher Beziehungen und des sensiblen Eindringens in englische Kultur und englische Lebensformen werden lassen. Das kommt nicht zuletzt darin zum Ausdruck, daß sie nach dem Zusammenbruch des Nazi-Regimes noch 7 Jahre an ihrem Wirkungsort, der Universität Oxford, tätig blieb und daß sie 1947 die englische Staatsbürgerschaft erwarb.

Vor der Abreise aus Deutschland über die Niederlande nach Oxford, die wohl im November oder Dezember 1933 erfolgt ist, hatte Frau Blochmann in Deutschland zwar einige Informationen über Möglichkeiten für emigrierende Wissenschaftlerinnen einholen können, in England vielleicht Lebens- und Arbeitsmöglichkeiten zu finden, und sie hatte Kontakte zu englischen Bekannten und Freunden aufgenommen. Jedoch war, als sie nach Oxford kam, noch ganz offen, ob solche Möglichkeiten sich tatsächlich würden realisieren lassen. Bald nach ihrer Ankunft lernte sie dann eine Engländerin, Miss Deneke, kennen, die an der Universität Oxford als akademische Tutorin für Deutsch und als Fellow lehrte. Miss Deneke vermittelte Frau Blochmann zunächst die Möglichkeit, als Repetitorin für Deutsch am Lady Margaret Hall-College der Universität zu arbeiten und im College zu wohnen. Nach kurzer Zeit wurde Frau Blochmann für die Jahre 1934 bis 1938 Lektorin für deutsche Sprache und Literatur, daran anschließend Fellow, also Dozentin, und Tutorin.

An der Universität Oxford studierten zu jener Zeit unter den insgesamt rd. 6.000 Studenten etwa 1.000 Studentinnen an 4 Frauen-Colleges, deren eines Lady Margaret Hall-College war. In Oxford hatten bereits seit 1878 Frauen die Möglichkeit zu studieren, also etwa ein Vierteljahrhundert früher, als es in Deutschland möglich war.

Die Aufgabe einer akademischen Tutorin in Verbindung mit der Dozententätigkeit bedeutete im Sinne der Tradition der alten englischen Universitäten, daß die Betreuerin in eine enge Lehr- und Beratungsbeziehung zu einer kleinen Zahl von Studentinnen trat, also eine Art Mentorentätigkeit in einem Studium wahrnahm, das zu erheblichen Teilen in Form von schriftlichen Arbeiten und als eine Art akademischen Privatunterrichts ablief.

Es wird eine Aufgabe künftiger biographischer Forschung sein, der Frage nachzugehen, ob sich die Schwerpunkte der Lehr- und Forschungstätigkeit Frau Blochmanns im Bereich der deutschen Literaturwissenschaft, ihre praktisch-

39 Ebd., S. 81.

pädagogische Tätigkeit als akademische Tutorin, deren Zentrum offenbar intensive menschliche Beziehungen zu den ihr anvertrauten Studentinnen gewesen sind, ihre nun sozusagen nebenamtlich betriebene weitere Beschäftigung mit pädagogischen Fragen, insbesondere mit englischem Erziehungsdenken und dem englischen Erziehungswesen in Geschichte und Gegenwart, aber auch ihre sonstigen Aktivitäten, nicht zuletzt die neuen menschlichen Begegnungen und Beziehungen plastischer rekonstruieren lassen, als es bislang möglich gewesen ist. Die bisher zugänglichen Quellen für ein solches Vorhaben sind, wenn ich recht sehe, leider recht spärlich. Man ist einstweilen weitgehend auf indirekte Rückschlüsse angewiesen, Rückschlüsse vor allem aus Aufsätzen, die Elisabeth Blochmann in den ersten Jahren nach dem Ende des Zweiten Weltkrieges veröffentlicht hat.

Bevor ich diesem Gesichtspunkt noch etwas ausführlicher nachgehe, füge ich hier einen knappen Hinweis ein:

In den letzten Jahren des Zweiten Weltkrieges nahm Elisabeth Blochmann Verbindung zu jener Gruppierung englischer und deutscher, im englischen Exil lebender Professoren, Lehrerinnen und Lehrer, Erzieherinnen und Erzieher auf, die sich nach verschiedenen Anläufen seit 1939 im Jahre 1943 unter der Bezeichnung „German Educational Reconstruction" konstituierte, um Pläne für den Neuaufbau des Erziehungswesens in Deutschland nach dem erhofften Ende des Naziregimes zu entwickeln.[40] Der Soziologe und Sozialphilosoph Karl Mannheim, der Erwachsenenpädagoge Fritz Borinski, der emigrierte Nohl-Schüler Curt Bondy, Nelson-Schülerinnen und -Schüler, vor allem Minna Specht, der bildungspolitisch engagierte Sozialdemokrat Willi Eichler und der Sokratiker Gustav Heckmann, um nur einige zu nennen, gehörten dieser Gruppe an. Ob Elisabeth Blochmann formelles Mitglied der Gruppe war, ist nicht bekannt. Sie hat aber schon in der Zeit zwischen 1943 und dem März 1945 zu den Referentinnen und Referenten auf Tagungen des Reconstruction-Committees gehört und dann, im August 1945, im Rahmen der sogenannten „Sommerschule" der Gruppe in Birmingham, ein weiteres Mal über „Ausbildungsprobleme von Lehrern und Sozialarbeitern" gesprochen.[41]

Die weiterführende Bedeutung der Exilzeit für die Entwicklung ihres pädagogischen Denkens spiegelt sich deutlich in ihren Veröffentlichungen der ersten Jahre nach dem Zusammenbruch des Dritten Reiches, in jener Phase, in der sie weiterhin als Dozentin und Tutorin in Oxford wirkte, nun aber, korrespondierend und in längeren Aufenthalten in Deutschland, die alten beruflichen und außerberuflichen

40 Vgl. Günter Pakschies: Umerziehung in der Britischen Zone 1945 – 1949. Weinheim/Basel 1979. Kap. 3, S. 80–130.

41 Ebd., S. 108–111.

Verbindungen zu deutschen Kolleginnen und Kollegen, Freunden und Bekannten uneingeschränkt wieder aufnehmen konnte.

Herman Nohl regte sie damals an, in einer Reihe von Aufsätzen in der von ihm begründeten, zusammen mit Otto-Friedrich Bollnow, Wilhelm Flitner und Erich Weniger herausgegebenen Zeitschrift „Die Sammlung" über Entwicklungen im englischen Erziehungswesen zu berichten und aus ihrer Sicht zu Problemen der Erziehung in Deutschland in der Nachkriegsphase Stellung zu nehmen. Sie hat diesen Anstoß in ganz eigenständiger Weise aufgegriffen und zwischen 1946 und 1951 in neun Beiträgen entfaltet.[42]

Ihre Aufsätze sind Ausdruck eines ebenso sensiblen wie intensiven Erfahrungs-, Studien- und Reflexionsprozesses, den sie in den zwölf Jahren ihres Exils vollzogen hatte. Sie warb, wenngleich mit der ihr eigenen Behutsamkeit, nicht nur für die Begegnung und wechselseitige Anerkennung zweier unterschiedlicher, historisch fundierter, kulturell-gesellschaftlicher Lebensformen und Praxisstile, sondern, an die deutsche Seite gerichtet, für eine selbstkritische Reflexion der deutschen Pädagogik und eine Öffnung für Wandlungen und Weiterentwicklungen durch das Verstehen von Sichtweisen und praktizierten Traditionen der schulischen und außerschulischen Erziehung in England. Ich muß mich auf zwei Beispiele beschränken.

Zum einen betont Elisabeth Blochmann die Bedeutung, die der Einbettung pädagogischer Intentionen und pädagogischer Methoden in übergreifende, gesamtgesellschaftlich anerkannte und praktizierte Lebensformen und Stile des Umgangs der Menschen miteinander und in diesem Rahmen des Umgangs von Erwachsenen mit Kindern und Jugendlichen zukommt. Der vorwaltende englische Erziehungsstil sei – jedenfalls nach ihren Beobachtungen und bis zum damaligen Zeitpunkt – im Vergleich zu den dominierenden Erziehungsvorstellungen und -praktiken in Deutschland durch ein deutlich höheres Maß an Geduld und Gelassenheit, durch mehr Vertrauen in die absichtslos wirkende erzieherische Kraft geselligen geistigen Umgangs zwischen den Generationen „und durch soziales Lernen in der Sport- und Spielpraxis der Jugend" gekennzeichnet.[43]

In den Rahmen solcher Überlegungen gehören nun auch zwei Aufsätze, die dem Problem des pädagogischen Takts im Umgang von Erwachsenen mit Kindern

---

42 Das englische Erziehungsideal. In: Die Sammlung 1 (1946) S. 519- 522. – Die pädagogische Reform in England. In: Ebd., S. 600- 605. – Der Inhalt der Erziehung in der Grammar-School. In: Ebd., 2 (1947) S. 111ff. – Akademische Tradition in England. In: Ebd., S. 478–485. – Die englische Lebensform. In: Ebd., 4 (1947) S. 454–460. – Das Kind in der englischen Welt. In: Ebd., 5 (1950) S. 88–92. – Die Engländerin heute und gestern. In: Ebd., S. 194- 202. – Vgl. Anm. 44.

43 Vgl. u. a. Das Kind in der englischen Welt, weiterhin Anm. 44.

bzw. Jugendlichen gewidmet sind.[44] Ich zähle sie nach wie vor zu den wichtigsten Beiträgen der Fachliteratur zu diesem Fragenkreis. Die Autorin nimmt hier eine Kategorie auf, die bekanntlich Johann Friedrich Herbart in seiner ersten Göttinger Pädagogik-Vorlesung als Privatdozent der Philosophie an der Universität Göttingen im Jahre 1803 entwickelt hatte. Als pädagogischen Takt bezeichnete Herbart das Verbindungsglied zwischen pädagogischer Theorie und pädagogischer Praxis. Das Verhältnis von Theorie und Praxis sah er nicht als Ableitungs- oder direktes Anwendungsverhältnis an, weil die konkreten Situationen, in denen der Erziehende entscheiden und handeln muß, nicht als bloße „Fälle" allgemeiner theoretischer Regeln interpretiert werden können. Die pädagogische Theorie könne und solle Prinzipien entwickeln und den angehenden Erziehern dadurch zur Entwicklung pädagogischer Einstellungen verhelfen. Im Lichte solcher Prinzipien aber müsse der Erzieher in der Praxis pädagogische Situationen immer wieder neu beurteilen und Entscheidungen treffen, die als je besondere in der Theorie nicht vorweg bestimmt werden können. Zwischen die Theorie und das praktische pädagogische Handeln müsse folglich durch Theorie geleitete, aber durch sie nicht determinierte „schnelle Beurteilung und Entscheidung" treten, eine nur in der Praxis erlernbare Fähigkeit. Eben sie bezeichnet Herbart mit dem Begriff des „pädagogischen Takts".

Elisabeth Blochmann hat diesen Begriff nun zum einen theoriegeschichtlich in umfassendere „wissenschaftliche, religiös-sittliche und gesellschaftliche" Zusammenhänge eingeordnet.[45] Zum anderen aber hat sie die polare Struktur des Begriffs und des mit ihm gemeinten Phänomens deutlich herausgearbeitet, d.h. die immer wieder neu zu leistende Balance zwischen der pädagogischen Zuwendung zum jungen Menschen einerseits und der Zurückhaltung des Erziehenden gegenüber dem Educanden, in Anerkennung seiner eigenen Entscheidungsfähigkeit. Und sie entwickelte diese Auslegung anhand der in England weit mehr als in Deutschland ausgeprägten Tradition zwischenmenschlichen geselligen Verhaltens als eines bestimmten historisch sozialen Habitus und präzisierte den Begriff des pädagogischen Takts durch neue Bestimmungen, vor allem durch die den Takt charakterisierende „Aufmerksamkeit"[46] hinsichtlich der Situation, der Bedürfnisse, Wünsche, Schwierigkeiten des jugendlichen Kommunikationspartners.

Das zweite Beispiel, das ich nenne, ist Frau Blochmanns in der Form wie stets moderate, in der Sache aber unmißverständliche Kritik an der einseitigen Vorrangstellung, die in Deutschland sowohl im allgemeinen Bewußtsein wie in der

---

44 Der pädagogische Takt. In: Die Sammlung 5 (1950) S. 712–720. – Die Sitte und der pädagogische Takt. In: Ebd., 6 (1951) S. 589 -593.

45 Der pädagogische Takt. S. 716.

46 Ebd., S. 720.

professionellen pädagogischen Theorie und in der pädagogischen Praxis der Familie als Erziehungsinstanz gegenüber anderen Institutionen und pädagogisch relevanten Erfahrungsfeldern eingeräumt werde. In England fülle die Schule „einen viel größeren Teil des Lebens der Kinder aus", nicht nur bei denen, die in den Internaten erzogen werden, und zwar nicht allein als Ort des Unterrichts, sondern durch das „reichere Schulleben". Dadurch verändert sich, so heißt es in dem Aufsatz „Das Kind in der englischen Welt", „die Rolle der Familie, das Kind erlebt und teilt mehr mit seinen Altersgenossen in der Schule als mit Eltern und Geschwistern, und so gut auch im allgemeinen das Verhältnis von Eltern und Kindern in England sein mag, so sind doch die Glieder der Familie schon dadurch allein weniger fest aneinander gebunden als in Deutschland. Die Kinder werden früher selbständig. Ihr Gefühl wird weniger stark angesprochen, mehr geschont, und vielleicht dadurch auch weniger stark entwickelt."[47] Hier klingt eine Kritik der Überschätzung des pädagogischen Wertes der herkömmlichen, insbesondere der bürgerlichen Familienerziehung in Deutschland an, die auch im Rahmen der Theorie der weiblichen Bildung bei Elisabeth Blochmann eine wichtige Rolle spielt.

Was bewog Frau Blochmann 1952 – also als 60jährige Frau – dem Ruf an die Universität Marburg zu folgen? Man muß sich vor Augen halten: Gut 18 Jahre des Lebens und Arbeitens in England, dessen Kultur sie sich verbunden wußte, lagen hinter ihr. Sie war sich bewußt, daß es nach so langer Zeit der Abwesenheit wohl nicht immer leicht sein würde, sich auf ein geistiges Umfeld einzustellen, in dem es allenfalls in kleinen Gruppen und bei einzelnen Personen, nicht aber als gesamtgesellschaftliches Thema das Bemühen um die selbstkritische Aufarbeitung der jüngsten, der nationalsozialistischen Vergangenheit gab. Überdies war sie im Nachkriegsdeutschland zum einen die erste Frau, die auf eine pädagogische Universitätsprofessur berufen wurde, zum anderen handelte es sich in Marburg um die erste selbständige Professur für Pädagogik, ein Fach, das bis dahin an unserer Universität nur in Verbindung mit Philosophie oder Psychologie oder durch Lehrbeauftragte von pädagogischen Praktikern vertreten worden war. – Schließlich mußte ihr klar sein, daß auch diese Universität eine dominant männlich geprägte Einrichtung, um nicht zu sagen: eine patriarchalisch geprägte Universität war.

In einem Lebenslauf hat sie eine prägnante, leider allzu knappe Antwort auf die vorher gestellte Frage gegeben. Dort heißt es: „Zu meinem positiven Entschluß trug bei, daß es verlockend war, noch einmal eine große Aufgabe in Angriff nehmen zu dürfen, die allerdings fachlich und menschlich-politisch schwierige Umstellungen erforderte."[48]

---

47 Vgl. Anm. 43, S. 89.

48 Zit. bei Froese (vgl. Anm. 2), S. 45.

Sie hat sich diesen Aufgaben dann in den acht Jahren ihrer vollamtlichen Tätigkeit bis zur Emeritierung im Jahre 1960 mit größtem Ernst und voller Konzentration gewidmet: Es galt zunächst, als Direktorin ein Pädagogisches Seminar und eine Seminarbibliothek aufzubauen, Aufgaben, bei denen ihr zunächst Wolfgang Scheibe und dann Carl-Ludwig Furck, beides ehemalige Nohl-Schüler, später Karl Christoph Lingelbach, Peter Martin Roeder und Dieter Senling und – last not least – als langjährige Sekretärin Frau Else Brock zur Seite standen.

Die akademische Lehre hat sie in vorbildlicher Intensität betrieben. Das zeigt sich u. a. an der Breite des Angebots an Vorlesungen, Seminaren und Übungen im Bereich der Allgemeinen Pädagogik und der Geschichte der Pädagogik: Comenius und Rousseau, Herbart und Pestalozzi, Schleiermacher, Fröbel und Dilthey, die Reformpädagogik, zeitgenössische Pädagogen wie Flitner und Nohl fanden Berücksichtigung; in Vorlesungen stellte sie umfassende Epochen der pädagogischen Theorie- und der Schulgeschichte, etwa das 17. und 18. oder das 19. und 20. Jahrhundert dar; weitere Veranstaltungen galten systematischen Fragen, etwa der Bildungstheorie, dem Problem der Autorität, der Strafe, der moralischen Erziehung, der pädagogischen Methode, der pädagogischen Theorie des Spiels, der Bedeutung der Soziologie für die Pädagogik. Themen der Auslandspädagogik und der Vergleichenden Erziehungswissenschaft fanden Berücksichtigung, so die Geschichte des englischen Erziehungswesens oder Probleme der Sowjetpädagogik, nicht zuletzt aber, mehrfach vertreten, das Problem der weiblichen Bildung in historischer und systematischer Betrachtung, überdies Fragen der Sozialpädagogik. Soweit zu den Themen. Darüber hinaus wissen wir aus Berichten ehemaliger Seminarteilnehmer, daß Frau Blochmann ihre Vorlesungen und Seminare einerseits überaus intensiv vorbereitete, andererseits aber hohe Anforderungen an die Studierenden stellte, mit der wohl unvermeidbaren Folge, daß manche Studentinnen und Studenten den erforderlichen Arbeitsaufwand nicht leisten konnten oder wollten und „aus dem Felde gingen". Gleichzeitig hat sie sich aber in zahlreichen Fällen in ungewöhnlichem Maße für ihre Studentinnen und Studenten eingesetzt, bisweilen auch in der Form offener Kritik an Verhaltensweisen einiger ihrer männlichen Kollegen.

Das eben schon genannte Stichwort „Sozialpädagogik" bedarf noch der Erläuterung. Elisabeth Blochmann gründete 1959 zusammen mit dem Professor für Kinder- und Jugendpsychiatrie, Dr. Herrmann Stutte, einen interdisziplinären „Sozialpädagogischen Arbeitskreis", dem bald auch der Honorarprofessor der Rechtswissenschaft Dr. Kurt Lücken als dritter Leiter beitrat. Es handelte sich damals wohl um eine an deutschen Universitäten einmalige, mindestens seltene Einrichtung.

Der Arbeitskreis setzte sich drei Hauptziele: Er sollte Wissenschaftlern verschiedener Fächer, die an sozialpädagogischen Problemen interessiert waren, ein Forum der Aussprache bieten, das Gespräch mit Praktikern aus sozialpädagogischen

Arbeitsfeldern ermöglichen und ein kontinuierliches sozialpädagogisches Lehrangebot für Studentinnen und Studenten sicherstellen. Diese Seminare wurden sowohl im Rahmen des Studium generale für Hörer aller Fakultäten als such in den Vorlesungsverzeichnissen der beteiligten Fächer als reguläre, wöchentlich oder 14-täglich stattfindende Lehrveranstaltungen aufgeführt. Außer den Initiatoren beteiligten sich in einzelnen Semestern oder Veranstaltungen weitere Hochschullehrerinnen und Hochschullehrer als Referenten oder Diskutanten. Die Vorlesungsverzeichnisse und weitere Dokumente nennen für die Jahre 1959 bis 1971, also weit über die Emeritierung Elisabeth Blochmanns hinaus, fast dreißig damals in Marburg lehrende Wissenschaftlerinnen und Wissenschaftler unterschiedlichster Disziplinen. Die Veranstaltungsthemen umfassen ein breites Spektrum damals und zum Teil noch heute akuter Brennpunkte der sozialpädagogischen Theorie und Praxis: von der Erziehungsbeistandschaft bis zum Jugendstrafvollzug, von der Frage nach der Situation des Kindes in der modernen Gesellschaft über die spezifische Problematik des unehelichen Kindes bis zur Kindesmißhandlung und zur Situation behinderter Kinder; es erstreckt sich von der sozialpädagogischen Bedeutung der Massenmedien bis zur generellen sozialpädagogischen Aufgabenteilung im Hinblick auf die Adoleszenz und zur Frühehe, von Fragen der Vorschulerziehung bis zur Jugendhilfe.

Elisabeth Blochmann hat schließlich in den acht Jahren ihrer vollamtlichen Marburger Tätigkeit eine kleine, aber besonders qualifizierte Gruppe von Doktoranden betreut, darunter allerdings nur eine Frau. Sie ermöglichte ihnen die Publikation ihrer Dissertationen in der Schriftenreihe „Marburger Pädagogische Studien". Von der allzufrüh verstorbenen Anneliese Buß abgesehen, sind alle ihre akademischen Schüler einige Jahre nach ihrer Promotion auf Lehrstühle an Universitäten bzw. auf eine Professur am Max-Planck-Institut für Bildungsforschung berufen und als namhafte Fachvertreter bekannt geworden: Peter Martin Roeder, Karl Ernst Nipkow, Karl Sauer, Hans-Arno Horn und Dieter Sengling.

Ich darf diesem Aufriß noch einen Hinweis anfügen: An früherer Stelle meines Vortrages habe ich angemerkt, daß es für Frau Blochmann vor allem in der Anfangszeit ihres Wirkens in Marburg nicht leicht war, sich als Wissenschaftlerin in einer akademischen Männerwelt zu behaupten. Es ist ihr jedoch nach einigen Jahren gelungen, sich Anerkennung und Achtung zu verschaffen. In diesem Zusammenhang ist auch die sich schrittweise entwickelnde Freundschaft und, wenn ich so sagen darf, die innteruniversitär-frauenbewegte Gefährtenschaft zwischen ihr und der zweiten Professorin der damaligen Philosophischen Fakultät, der Germanistin Prof. Dr. phil. Dr. theol. h. c. und Dr. jur. h. c. Luise Berthold wenigstens ganz kurz zu erwähnen. In unserem Katalog haben wir es und nicht nehmen lassen, Frau

Bertholds – wie stets – originelle Geburtstagsrede zum 70. Geburtstag der Freundin wiederzugeben und zwei Anekdoten über dieses kleine Frauenbündnis mitzuteilen.

Frau Blochmanns Emeritierung im März 1960 bedeutete nicht das Ende ihrer Forschungs- und Lehrtätigkeit. Bis zur Berufung ihres Nachfolgers Leonhard Froese übernahm sie die Vertretung ihres eigenen Lehrstuhls, und als nach dem unerwarteten Tode Erich Wenigers seine Göttinger Professur zunächst vakant blieb, erklärte sie sich bereit, vom Wintersemester 1961/62 ab, nun in ihrem 69. Lebensjahr stehend, für nicht weniger als anderthalb Jahre die Vertretung zu übernehmen.

Wissenschaftlich gesehen ist ihr 8. Lebensjahrzehnt – trotz abnehmender Kräfte und zeitweiliger schwerer Erkrankungen – gleichsam eine Erntezeit geworden: Es ist ihr gelungen, in dieser Phase ihre beiden Hauptwerke zu schreiben, auf jahrelangen Vorbereitungen aufbauend. Hier müßte nun eigentlich ein neuer Vortrag beginnen. Ich muß es bei äußerst gerafften Bemerkungen belassen.

Zunächst: Das Problem der weiblichen Bildung, als Mädchen- und Frauenbildung verstanden, war, wie bereits mehrfach betont worden ist, seit den ausgehenden 20er Jahren eines der zentralen Themen ihrer Forschungs- und Lehrtätigkeit gewesen. Frau Blochmann ist die wichtigste Repräsentantin historischer Forschung und der Bemühung um systematische Theoriebildung zur Frage der weiblichen Bildung aus dem Umkreis der Geisteswissenschaftlichen Pädagogik geworden, und sie hat deren frühe Ansätze in produktiver Weise fortgebildet.

Ihr Buch „Das Frauenzimmer und die Gelehrsamkeit – Eine Studie über die Anfänge des Mädchenschulwesens in Deutschland“, das 1966 erschien[49], stellt eine wissenschaftliche Leistung dar, die bis heute nicht überholt ist. Ich darf hier auch auf das ähnlich lautende Urteil zweier Expertinnen aus dem Kreis der feministischen historischen Frauenforschung, Juliane Jacobi-Dittrichs und Helga Kelles verweisen.[50]

Im ersten Teil des Buches zeichnet die Verfasserin, kritisch interpretierend, einen sich über etwa 50 Jahr erstreckenden Denk- und Diskussionsprozeß nach, der im deutschsprachigen Raum um 1770 einsetzte, ausgelöst durch das Kapitel über die Erziehung der Sophie in Rousseaus „Emile“. „Erst im 18. Jahrhundert ... ist die Frage Mädchenbildung in Deutschland zu einem Problem geworden, das weite Kreise nicht nur beschäftigt, sondern erregt hat.“[51]

---

49 Elisabeth Blochmann: Das „Frauenzimmer“ und die „Gelehrsamkeit“. Eine Studie über die Anfänge des Mädchenschulwesens in Deutschland. Heidelberg 1966.

50 Juliane Jacobi-Dittrich, Helga Kelle: „Erziehung jenseits patriarchaler Leitbilder?“ Probleme einer feministischen Erziehungswissenschaft. In: Feministische Studien 1 (1988) S. 70–87, insbes. S. 74f.

51 Vgl. Anm. 49, S. 13.

Der zweite Teil des Buches ergänzt den ideengeschichtlich akzentuierten ersten Teil in entscheidender Weise, indem hier eine realgeschichtliche, genauer: eine institutionen- und sozialgeschichtliche Perspektive verfolgt wird.

Die Verfasserin hat in aufwendiger Forschungsarbeit Originalquellen und Berichte über bis dahin weitgehend unbekannte Mädchenschulgründungen des ausgehenden 18. und des beginnenden 19. Jahrhunderts aufgespürt und diese Schulen, ihre Gründer oder Gründerinnen, den jeweiligen lokalgeschichtlichen Kontext, die soziale Herkunft der Schülerinnen, die Lehrkräfte, die Lehrpläne und die gesamte pädagogische Gestaltung dieser Schulen – oft handelte es sich um Internate – anschaulich dargestellt und sie miteinander verglichen.

Beide Teile verbindet die übergreifende Leitfrage nach dem Beitrag der unterschiedlichen Theorieansätze und Praxiskonzepte zur Entwicklung der Idee des „Menschenrechts auf Bildung“ auch für Mädchen und Frauen und zu seiner Verwirklichung. So beurteilt Elisabeth Blochmann etwa die 1806 von Betty Gleim in Bremen gegründete Mädchenschule „der gründlichen und allseitigen“, „auf die Humanität“ gerichteten Bildung als das „am meisten in die Zukunft weisende“ Modell.[52]

Damit ist nun auch schon der Kerngedanke der historisch-systematisch begründeten Position zur weiblichen Bildung benannt, die Elisabeth Blochmann in einer Reihe von Aufsätzen zu aktuellen Problemen der Mädchen- und Frauenbildung vor allem seit der Mitte der 50er Jahre ansatzweise entwickelt hat, jeweils in behutsamen, differenzierenden Argumentationssträngen, nicht kämpferisch-programmatisch formulierend[53]; und eben deshalb ist diese Position, die z.B. auch über die Auffassungen Nohls deutlich hinausweist, bis heute in ihrer Bedeutung weitgehend verkannt worden; Würdigungen wie die durch Juliane Jacobi-Dittrich und Helga Kelle sind hier Ausnahmen.

Wenn ich mich nun noch mit einigen Bemerkungen auf ihr zweites Hauptwerk, ihre biographische Darstellung „Herman Nohl in der Pädagogischen Bewegung seiner Zeit. 1879- 1960“ beziehe[54], so schließt sich damit das curriculum operis der Erziehungswissenschaftlerin Elisabeth Blochmann.

---

52 Ebd., S. 112; vgl. S. 111 und S. 76.

53 Vgl. außer den beiden Aufsätzen aus den zwanziger Jahren „Die Frauenoberschule“ (in: Die Erziehung 3 (1928) S. 513–523) und „Die Krisis der Frauenbildung“ (in: Ebd., 8 (1933) S. 429–433) vor allem: „Zur Frage der Mädchenbildung heute“ (in: Die Sammlung 11 (1956) S. 401ff.). „Stellt die veränderte Situation der Frau in der Gesellschaft der Mädchenbildung neue Aufgaben?“ (in: Mädchenbildung und Frauenschaffen 7 (1957) S. 470–472) und „Die weibliche Bildung“ (in: Die Pädagogik im XX. Jahrhundert. Hrsg. von W. Scheibe. Stuttgart 1960. S. 122–130.).

54 Herman Nohl in der Pädagogischen Bewegung seiner Zeit. 1879–1960.

An früherer Stelle dieses Vortrages war schon betont worden: Die Begegnung mit Herman Nohl in der Zeit des Göttinger Studiums ist (wissenschaftlich und persönlich gesehen) für Elisabeth Blochmann die wohl am stärksten prägende Erfahrung ihres Lebens gewesen. Aus dem Verhältnis des akademischen Lehrers zu seiner ‚ältesten Göttinger Studentin' erwuchs eine ‚die Jahrzehnte überdauernde herzliche Freundschaft', und das 1969 erschienene Nohl-Buch, dessen Abschluß, wie ich aus ihren eigenen Äußerungen weiß, sie zeitweilig ihren nachlassenden Kräften abringen mußte, ist ein eindrucksvolles Dokument dieser Freundschaft.

Die Göttinger Variante Geisteswissenschaftlicher Pädagogik, wie sie durch Nohl begründet wurde, ließ durchaus spezifische Akzentsetzungen, Modifikationen und Weiterentwicklungen zu, und Elisabeth Blochmann hat in ihrem pädagogischen Wirken und Werk eigene Akzente gesetzt. Sie werden nicht nur in den über Nohls Anregungen hinausgehenden emanzipatorischen Intentionen ihrer Bemühungen um Mädchen- und Frauenbildung deutlich, sondern – besonders nach ihrem langen Exil in England – auch in der stärkeren Berücksichtigung sozialwissenschaftlicher Gesichtspunkte bei der Aufklärung pädagogischer Probleme und der Bestimmung pädagogischer Aufgaben.

Nohl hatte, wie Frau Blochmann anhand unveröffentlichter Fragmente, Notizen und Briefe in ihrem Buche nachweist, in der Zeit seiner Zwangsemeritierung während der nationalsozialistischen Herrschaftsperiode und dann noch einmal in den fünfziger Jahren die Absicht, eine umfassende Autobiographie zu schreiben. Er hat dieses Vorhaben nicht verwirklichen können. – Frau Blochmann knüpft nun mit ihrer Nohl-Biographie an jenes nicht verwirklichte Projekt an. Jedoch beansprucht sie nicht, den Anspruch einer „im strengen Sinne wissenschaftlichen Biographie" erfüllt zu haben.[55] „Wenn ich mich", so sagt sie im Vorwort des Buches, „nach langem Zögern zu dem Versuch entschlossen habe, den Werdegang Herman Nohls und sein Wirken in seiner Zeit im Umriß zu schildern, so war meine Zielsetzung, meinen Möglichkeiten entsprechend, sehr viel bescheidener. Es ging mir darum, das Bild des im Reichtum seiner Natur ungewöhnlichen Menschen und des großen Lehrers Herman Nohl festzuhalten, der weit über seinen Schülerkreis hinaus zu wirken vermochte, und die Erinnerungen, die unter uns noch lebendig sind, so gut es ging, aus dem zugänglichen Material zu ergänzen, damit vor allem seine pädagogische Theorie in ihrem Werden und in ihrem unmittelbaren Lebensbezug zu ihrer Zeit auch in der veränderten Welt noch verstanden wird und den ihr historisch zukommenden Platz nicht verliert." „Ich konnte nur erzählen, was ich weiß und was ich in Erfahrung habe bringen können."[56]

55 Ebd., S. 10.

56 Ebd., S. 11.

Diese überaus bescheidene Selbsteinschätzung entsprach gewiß der Überzeugung der Autorin. Und doch dürfte sie damit den wissenschaftlichen Gehalt der Darstellung allzu gering taxiert haben. Nicht nur, daß sie eine Fülle bislang unbekannten Materials aus dem Nachlaß Nohls ausgewertet, in erheblichem Umfang durch ausführliches Zitieren vorgestellt und somit Zugänge zu diesen Quellen geöffnet hat. Strukturiert man die Aufgaben biographischer und werkgeschichtlicher Forschung im Sinne sich konzentrisch erweiternder Kreise – von der Deutung persönlicher Lebenserfahrungen, Begegnungen, Entscheidungen für den Entwicklungsprozeß und das Werk der zu untersuchenden Person bis hin zu ihrer Einordnung in umfassende realgeschichtliche und ideengeschichtliche Zusammenhänge –, so hat Frau Blochmann den gleichsam inneren Kreis, die Lebens- und Werkgeschichte des Göttinger Pädagogen in einem Ausmaß erschlossen, das in zukünftiger biographischer Nohl-Forschung wohl nur begrenzt wird überboten werden können. Darüber hinaus aber hat sie an etlichen Stellen durch ihre Hinweise auf die Entwicklung von Perspektiven und Fragestellungen der wissenschaftlichen Arbeit Nohls und seines praktisch-reformpädagogischen Wirkens bereits Ansatzstellen gekennzeichnet, von denen aus weitreichende geistesgeschichtliche, gesellschaftliche und pädagogische Zusammenhänge erschlossen werden können, in die sein Werk verflochten war.

Zukünftige Forschung über Nohl und seine Pädagogik wird allerdings nachdrücklicher auch nach den Grenzen seines Werkes fragen müssen. Das gilt nicht zuletzt hinsichtlich seiner implizit und explizit politischen Dimension. Diese Pädagogik war zwar von Anfang an durch freiheitlich-humane Grundintentionen bestimmt, jedoch – jedenfalls bis 1933 – ohne eine unzweideutige, dezidiert politisch-demokratische Erziehungskonzeption einzuschließen. Und so gewiß Nohl, wie nicht zuletzt Elisabeth Blochmann gezeigt hat, mindestens seit 1934 ein Gegner des herrschenden Regimes war und aus diesem Grund 1937 zwangsemeritiert wurde, so unbestreitbar dürfte sein, daß er bis in die Anfangszeit der Naziherrschaft hinein den wahren Charakter des Nationalsozialismus verkannt und gemeint hat, es gäbe Möglichkeiten der Vereinbarkeit seiner Pädagogik mit einigen Elementen dessen, was die Nationalsozialisten als „Neue Erziehung" propagierten. Es wird untersucht werden müssen, inwiefern dieser Optimismus, den Nohl selbst bald als Illusion erkennen mußte, auch in Grenzen und Schwächen seiner pädagogischen Theorie begründet war. Fragen dieser Art zu stellen bedeutet nicht, aus der Position der Nachfahren unhistorisch-moralistisch abzuurteilen, sondern heißt, aus der Geschichte lernen zu wollen.

Ich komme zum Abschluß:

Elisabeth Blochmann starb am 27. Januar 1972 in Marburg.

Mit unserer Ausstellung und dem kommentierenden Katalog hoffen wir, im Jahre ihres 100. Geburtstages die Erinnerung an sie lebendig erhalten und Anregungen zu erneutem Studium ihres Werkes geben zu können. – Ich weiß für meine Bemerkungen keinen geeigneteren Ausklang als jene Charakteristik, die Karl Ernst Nipkow in einer Gedenkrede aus der Sicht ihrer akademischen Schüler gegeben hat. Sie bringt zum Ausdruck, was auch ich in den Begegnungen mit ihr erfahren habe – ich verdanke ihr Rat und Hilfe, offene Gespräche und wissenschaftliche Impulse, und meine Frau und ich erinnern uns lebhaft ihrer warmherzigen Anteilnahme an der Entwicklung unserer Familie. Karl Ernst Nipkow schließt jene Rede aus dem Jahre 1972 mit den Worten:

> „In Elisabeth Blochmann war für uns immer zugleich dreierlei gegenwärtig: ein Stück deutsches Schicksal – 18 Jahre erzwungener Englandaufenthalt –, ein Stück akademisches Schicksal – Neuaufbau im Alter von 60 Jahren, – und das Schicksal der mutigen, selbständigen und gütigen Frau.“[57]

57 Vgl. Anm. 3, S. 12.

5 Adolf Reichwein: Bildung und Politik

W. Klafki, *Pädagogisch-politische Porträts*, Neuere Geschichte der Pädagogik, https://doi.org/10.1007/978-3-658-26751-3_6

I Einleitung

Das *Verhältnis von Bildung und Politik* ist eines der zentralen Probleme, wenn nicht sogar *das* Kernproblem, das Adolf Reichweins Leben, sein praktisches und theoretisches Werk seit den letzten Jahren des Ersten Weltkrieges *durchgehend* bestimmte.[1] Ich versuche im folgenden, dieses Beziehungsproblem, das Reichwein als eine der Schicksalsfragen der Pädagogik und der Politik in der neuzeitlichen Welt erkannte, seine Sichtweise und seine konzeptionellen Vorschläge und praktischen Versuche an Beispielen ins Blickfeld zu rücken und zum Nachdenken über die Frage anzuregen, ob und inwiefern uns die Auseinandersetzung mit Reichweins Ansätzen, jene Beziehung in *seiner* Zeit gedanklich aufzuschlüsseln, konzeptionelle Antworten zu entwickeln und Möglichkeiten praktischer Bildungsarbeit zu erproben, bei der Inangriffnahme *unserer* Bildungsprobleme heute und im Blick

1 Die Beziehung von politischem und pädagogischem Denken und Handeln bei Adolf Reichwein kommt in fast allen Beiträgen über sein Leben und sein Lebenswerk mehr oder minder direkt zur Sprache. Indessen: Als *generelles* Problem, als ausdrückliche Frage nach der sei es expliziten, sei es impliziten Struktur der Beziehung von Politik und Pädagogik bzw. Pädagogik und Politik in Reichweins theoretischem und praktischem Wirken ist es bisher, soweit ich sehe, nur selten zum Leitthema von Analysen gemacht worden. Unter den Ausnahmen hebe ich vor allem die folgenden Beiträge hervor: Roland Reichwein: Zur Aktualität Adolf Reichweins. In: Schafft eine lebendige Schule - Adolf Reichwein 1898–1944. Hrsg. von der Max-Traeger-Stiftung Frankfurt. Heidelberg 1985, S. 87–98. – Klaus Fricke: Die Pädagogik Adolf Reichweins. Ihre systematische Grundlegung und praktische Verwirklichung als Sozialerziehung. Bern/Frankfurt a. M. 1974, bes. Kapitel 3.3 (Adolf Reichweins Vorstellungen von einer „neuen" Gesellschaft, S. 72–144), Kapitel 4.5 (Zusammenfassung: Die Reichweinsche Sozialerziehung in den verschiedenen Arbeitsfeldern, S. 284–339) und Kapitel 5.4 (Kritische Schlußbetrachtungen, S. 334–348). Die Einordnung der politischen Bildung bei Reichwein unter den Begriff „Sozialerziehung", die Fricke vornimmt, halte ich jedoch für sachlich unzutreffend. – Ullrich Amlungs zweibändige Untersuchung „Adolf Reichwein 1898–1944 – Ein Lebensbild des politischen Pädagogen, Volkskundlers und Widerstandskämpfers" (Frankfurt a. M. 1991; als einbändige Ausgabe 2., überarb. u. akt. Aufl. 1999, nach der im folgenden zitiert wird) ist zwar primär keine systematische, sondern eine biographisch-werkgeschichtliche Darstellung; sie ist aber heute auch für jede *systematische* Analyse von Grundproblemen des Reichwein'schen Werkes und dementsprechend auch für meinen Beitrag ein unentbehrlicher Basistext.
Mit besonderem Nachdruck weise ich schließlich auf eine Abhandlung des allzu früh verstorbenen Wilfried Huber hin, in der er den „bildungspolitischen Aspekt" im Leben und Werk Adolf Reichweins und die nach 1933 damit verknüpfte indirekte und direkte Widerstandstätigkeit differenziert herausgearbeitet hat: Wilfried Huber: Museumspädagogik und Widerstand 1939–1944. Zum bildungspolitischen Aspekt im Leben Adolf Reichweins. In: Adolf Reichwein 1898–1944. Erinnerungen, Forschungen, Impulse. Hrsg. von Wilfried Huber und Albert Krebs. Paderborn 1981. S. 303–378.

auf die nächste Zukunft hilfreich sein können. Dabei kann uns jedoch nicht die Erwartung leiten, bei Reichwein direkt übernehmbare Problemlösungen zu finden. Das widerspräche einem Grundprinzip seines Denkens: seiner Einsicht in die *Geschichtlichkeit* menschlichen Denkens und Handelns. Das bedeutet: Jede Generation muß den geschichtlich überlieferten Bestand an Erkenntnissen, Theorien, Einrichtungen und Praktiken in einem bestimmten Problemfeld, hier also: hinsichtlich des Verhältnisses von Bildung und Politik, konstruktiv mit der Analyse der jeweils gegenwärtigen Bedingungen, Möglichkeiten und Aufgaben vermitteln und für die praktische Arbeit an jenen Aufgaben *neue, zeitgemäße* und *zukunftsweisende* Lösungsvorschläge entwerfen und erproben. Nur eine solche *konstruktive* Vermittlung zwischen Geschichte, Gegenwart und Zukunft könnte davor bewahren, hinter einen bereits gewonnenen Stand des Problembewußtseins zurückzufallen.

In diesem Beitrag werde ich allerdings nicht ausführlicher auf die Frage eingehen können, ob sich in unserer Gegenwart – auf der Ebene der Bildungspolitik, in bestimmten Positionen der erziehungswissenschaftlichen Theorieentwicklung und innerhalb der pädagogischen Praxis – an etlichen Stellen nicht eine bereits von Reichwein erkannte Gefahr abzeichnet: die Verdrängung der Erkenntnis von der Wechselbeziehung zwischen Bildung bzw. Pädagogik und Politik, eine vermeintliche „Entpolitisierung" der Bildungsarbeit und der Pädagogik bzw. Erziehungswissenschaft. Solche vermeintliche „Entpolitisierung" ist oder wäre in Wahrheit hochpolitisch!

II Reichweins Bildungsverständnis

Wenn ich im folgenden einige zentrale Merkmale des Bildungsverständnisses bei Reichwein nenne, so muß ich vorweg betonen, daß es sich dabei nicht um eine direkte Wiedergabe und Zusammenstellung von Aussagen handelt, die sich *so* oder *so ähnlich* formuliert in seinen Texten fänden. Reichwein hat nirgends eine zusammenhängende, in irgendeinem Grade systematische Darstellung seines Bildungsbegriffs veröffentlicht oder in ungedruckten Texten hinterlassen. Er gebrauchte von ihm benutzte Begriffe fast immer ohne terminologische Erläuterungen, direkt bezogen auf bestimmte, konkrete Aufgabenfelder, in denen er tätig war.[2] Man muß

2 Das gilt auch für die Begriffe „Bildung" und „Erziehung". Ihr Sinn muß folglich aus dem jeweiligen Textzusammenhang erschlossen werden. – Bisweilen stößt man bei Reichwein auf Aussagen, in denen „Bildung" und „Erziehung" *sinngleich* verwendet werden, und zwar so, daß beide Worte sowohl *Zielsetzungen* pädagogischer Bemühungen als auch

also als Interpret die generelle Bedeutung von Begriffen, die er verwendete, auf der Grundlage von Textvergleichen zu *rekonstruieren* versuchen, deutend erst herausarbeiten. Das gilt auch für die folgenden Bemerkungen.

„Bildung" bezeichnet bei Reichwein die erworbene und immer wieder neu zu erwerbende bzw. weiterzuentwickelnde Fähigkeit, das eigene Leben – wie schon die Meißnerformel der deutschen Jugendbewegung aus dem Jahr 1913 es ausdrückte – „in eigener Verantwortung" zu führen, *eigene* Entscheidungen treffen zu können, aber auch, sie vor den Mitmenschen zu verantworten. Zugleich meinte Bildung in Reichweins Verständnis aber Bereitschaft und Fähigkeit, *soziale* Verantwortung bzw. Mitverantwortung zu übernehmen, zum einen im näheren sozialen Umfeld, also im Bereich der direkten zwischenmenschlichen Beziehungen, dann aber in schrittweiser Erweiterung des eigenen Erfahrungs- und Bewußtseinshorizontes, Mitverantworlichkeit auch für die Geschicke des eigenen Volkes bzw. der Gesellschaft, der nationalen Kultur, des Staates, schließlich aber auch für die nationenübergreifenden Beziehungen bis hin zu einem globalen Mitverantwortungsbewußtsein, so z. B. für die weltweite Respektierung von allgemeinen Menschenrechten. All das setzt langwierige *Erfahrungs- und Lernprozesse* im weitesten Sinne des Wortes voraus, Erfahrungs- und Lernprozesse, die letztlich immer von den Individuen selbst, *selbsttätig* vollzogen werden müssen, die aber zunächst vielfach in hohem Maße der pädagogischen Anregung und Hilfe bedürfen: in der Form von Impulsen, der Bereitstellung von Erfahrungs- und Lernmöglichkeiten, der Anleitung, Unterstützung, Beratung, des Appells, auch durch die systematische Lehre, deren Notwendigkeit Reichwein immer wieder betonte, und durch Bestätigung, Beurteilung und verständnisvolle Kritik.

So verstandene Bildung bezieht sich im Sinne Reichweins auf das Wechselspiel von sich erweiterndem *Weltverständnis* auf der einen und individuellem *Selbstverständnis* auf der anderen Seite. Weltverständnis und Selbstverständnis können und sollen sich gleichsam wechselseitig befruchten.

Bildungs- bzw. Erziehungs*prozesse* meinen können. In anderen Fällen hingegen legen Reichweins Aussagen die Auslegung nahe, daß „Bildung" vorwiegend auf den *Vollzug* und das (je vorläufige) „Ergebnis" auf der Seite des Sich-Bildenden jungen oder erwachsenen Menschen zielt, „Erziehung" jedoch auf die anregenden, helfenden, unterstützenden *Aktivitäten pädagogisch handelnder Personen.*
Ob dem Tatbestand, daß Reichwein im „Schaffenden Schulvolk" fast ausschließlich den Begriff „Erziehung" verwendet, auf den Begriff „Bildung" aber nahezu gänzlich verzichtet, *systematische* Bedeutung zukommt, ist für mich bislang eine offene Frage. Jedenfalls sehe ich keinen Grund zu der Annahme, er habe sich damit *inhaltlich* von Auffassungen distanzieren wollen, die er vor 1933 immer wieder *auch* und oft *vorrangig* unter Verwendung des Bildungsbegriffs entwickelte.

Schließlich nenne ich, ohne Anspruch auf Vollständigkeit, noch ein weiteres Kennzeichen des Reichwein'schen Bildungsverständnisses: Die Wirklichkeit, in die – als *geschichtlich bedingte*, aber im Prinzip immer auch *veränderbare* Realität – junge Menschen eingeführt werden sollen und auf die hin, zunächst mit pädagogischer Hilfe und dann zunehmend selbständiger, junge *und* erwachsene Menschen sich bilden sollen, um sie in irgendeinem Grade verstehen, nutzen, mitgestalten, mitverantworten und nicht zuletzt auch in den Freiräumen, die sie bietet und die erweiterbar sind, freudvoll genießen zu können, diese Wirklichkeit verstand Reichwein als *mehrdimensional*. Dementsprechend deutete er Bildung als einen mehrdimensionalen Vorgang und Bildungsarbeit als einen mehrdimensionalen pädagogischen Auftrag: Bildung sollte *alle* Grunddimensionen der Beziehung des Menschen zur Wirklichkeit – auf der jeweils historisch erreichten Entwicklungsstufe – umfassen: die Dimensionen des Erkennens, des zweckorientierten Produzierens und Gestaltens (gärtnerisch, agrarisch, handwerklich, technisch), des sozialen und des politischen Wirklichkeitsverstehens und Handelns, der ästhetischen Wahrnehmung und des ästhetischen Gestaltens im musikalischen, bildnerischen, tänzerischen, sprachlich-dichterischen Bereich und in der schauenden Naturbetrachtung, des lustvollen *und* verantwortlichen Umgangs mit dem eigenen Leib und dem Leib des jeweils anderen, schließlich und nicht zuletzt die Dimension der individuell und gemeinschaftlich zu vollziehenden Besinnung auf ethische und religiöse Sinnorientierungen des menschlichen Lebens und der Bemühung darum, das als richtig, als verbindlichen Anspruch Erkannte in der eigenen Lebenspraxis zu verwirklichen.

Reichwein hat es mehrfach angedeutet, daß er sich mit seinem Bildungsverständnis, wie ich es in einigen Grundzügen – rekonstruierend – zu kennzeichnen versuche, an eine große bildungstheoretische Tradition anschloß: an jenen philosophischen und pädagogischen Denkzusammenhang, der in den letzten Jahrzehnten des 18. Jahrhunderts und im ersten Drittel des 19. Jahrhunderts im deutschen Sprachraum, aber von Anfang an mit einem weltweiten Horizont in verschiedenen Varianten entwickelt worden ist: von Kant, Herder und Pestalozzi über Goethe und Schiller, Humboldt und Schleiermacher bis zu Hegel und zum jungen Marx. Ausdrücklich verwies er in diesem Zusammenhang mehrfach, allerdings nur in kurzen Hinweisen oder Zitaten, auf Goethe, seinen Lieblingsschriftsteller, auf Pestalozzi und Humboldt. Daß er selbst vor allem mit seiner Betonung der *politischen* Dimension des Bildungsauftrags entschieden über jene Denker hinausging, war ihm gewiß ebenso bewußt wie der Tatbestand, daß jene Tradition spätestens seit dem zweiten Drittel des 19. Jahrhunderts abriß, nein: verdrängt wurde durch eine Verfallsgeschichte, in deren Verlauf der Begriff der Bildung bzw. der Allgemeinbildung seine Mehrdimensionalität und auch seine gesellschaftskritischen Momente verlor und „Bildung“ in diesem reduzierten Sinne zum elitären Standesmerkmal des konservativen, sogenannten Bildungsbürgertums degenerierte.

Bildung bzw. Bildungsarbeit und Politik stehen nach Reichweins Auffassung *nicht* in einem hierarchischen Verhältnis, nicht in einem Verhältnis der Über- oder Unterordnung zueinander. Das bedeutet: Aus politischen Überzeugungen, Prämissen, Verhältnissen, Prozessen können nicht direkt, deduktiv konkrete Folgerungen für Bildungspraxis oder Bildungstheorie abgeleitet werden, etwa für die Gestaltung eines Schulsystems oder der Erwachsenenpädagogik, für das Verhältnis von Erziehenden zu jungen Menschen oder von Dozenten der Erwachsenenbildung zu Kursteilnehmern, nicht für die Auswahl von Bildungsinhalten oder für Methoden des Bildungsprozesses usf. Pädagogische Theorie und pädagogische Praxis haben im Zuge der politisch-gesellschaftlich-kulturellen Differenzierungsprozesse seit Beginn der Neuzeit – ähnlich wie z.B. das Rechtswesen, die Wissenschaften, die Künste, die Technik, die Wirtschaft – eine *relative Eigenständigkeit* entwickelt, *auch* im Verhältnis zur Politik. Es handelt sich um eine *relative*, d.h. eine *in der Beziehung* auf andere Kulturbereiche wie auf die Politik im geschichtlichen Prozeß immer wieder neu wahrzunehmende Eigenständigkeit[3], angemessener wäre es daher, von ‚*relationaler Eigenständigkeit*‘ zu sprechen[4], einer Eigenständigkeit in Wechselbeziehungen zu anderen kulturell-gesellschaftlich-politischen Entscheidungs-, Handlungs-, Institutionsfeldern (Staat, Wirtschaft, Sozialsystem, Kultur im engeren Sinne des Wortes, Religion). Dementsprechend *können* und *müssen* pädagogische Entscheidungen, Handlungen, Institutionen jeweils *auch* auf explizite oder implizite politische Voraussetzungen, politische Konsequenzen, gewollte oder ungewollte Folgewirkungen hin befragt, untersucht und durchdacht werden.

---

3 Reichwein stimmte in *dieser* Hinsicht (wie in manchen weiteren Grundelementen seiner Pädagogik) weitgehend mit der Geisteswissenschaftlichen Pädagogik seiner Zeit überein, wie sie von Nohl, Flitner, Weniger, Spranger und Litt vertreten wurde.

4 Leider hat sich dieser Vorschlag Leonhard Froeses, eines Nohl-Schülers, in der Erziehungswissenschaft nicht durchgesetzt. Vgl. Leonhard Froese: Die bleibende Bedeutung des pädagogischen Autonomieprinzips. In: Bildung und Erziehung 1952, S. 561–567.

III Bildung und Politik bei Adolf Reichwein – Hauptphasen der Entwicklung eines politisch engagierten Pädagogen

Im Hauptteil dieses Beitrages werde ich die wichtigsten Stationen jenes Entwicklungsweges, auf dem Reichwein zum politisch engagierten Pädagogen wurde, zu kennzeichnen versuchen: den Weg eines Pädagogen und politisch handelnden Menschen, der darum wußte, daß der Aufbau und die permanente Weiterentwicklung einer Demokratie zur politischen Lebensform freier, gleichberechtigter Bürger anspruchsvolle, mehrdimensionale und im Prinzip unabschließbare, lebenslange Bildung für *alle* Kinder, *alle* Jugendlichen und *alle* bildungswilligen Erwachsenen erfordert und sie ermöglichen und fördern muß. Demokratische Politik und Bildung bzw. Bildungsarbeit bedingen sich nach seinem Verständnis wechselseitig.

Ich werde im folgenden sechs Hauptphasen der Entwicklung seines politischen und pädagogischen Bewußtseins und seines pädagogischen und politischen Handelns skizzieren.

1. Die Verarbeitung der Fronterfahrung im Ersten Weltkrieg als Durchbruch zu politischer Bewußtseinsbildung

Wenn ich recht sehe, kommen alle Autorinnen und Autoren, die sich zur Biographie Reichweins geäußert haben, bis hin zu Ullrich Amlungs Standardwerk aus dem Jahre 1991, das jetzt in einer 2., überarbeiteten und aktualisierten Auflage vorliegt[5], zu folgendem Ergebnis: Die entscheidenden Impulse, die dazu führten, daß in Reichweins Entwicklung die *politische* Problematik zu einer zentralen Komponente seines Denkens und Handelns wurde und es bis zu seinem gewaltsamen Tode, seiner Hinrichtung im nationalsozialistischen Terrorsystem, blieb, waren seine erschütternden Erfahrungen als Soldat des Ersten Weltkrieges, die im Dezember 1917 in seiner schweren Verwundung durch Granatsplitter in der Lunge und einer ernsthaften Verletzung seines rechten Unterarms gipfelten.

Der 18jährige Kriegsfreiwillige hatte noch während seiner militärischen Ausbildungszeit (seit dem November 1916) – ähnlich wie viele seiner Mit-Rekruten – den Kriegsdienst als patriotische Pflicht in einem vermeintlichen Verteidigungskrieg betrachtet und den Einsatz an der Westfront als persönliche Bewährungsprobe und ernstes Abenteuer geradezu herbeigesehnt.[6] Aber schon wenige Wochen nach

5 Amlung (wie Anm. 1), S. 78ff.

6 Vgl. Adolf Reichwein – Ein Lebensbild aus Briefen und Dokumenten. Hrsg. und komm. von Ursula Schulz. Bd. 1, 2. München 1974. – Im folgenden zitiert unter „Schulz 1" bzw. „Schulz 2" mit Seitenzahl. Hier: Schulz 1, S. 20f. (Brief vom 25.4.1917).

dem Beginn dieser Ernsterfahrung im nördlichen Frankreich seit dem August 1917 zeichnet sich in seinen Feldpostbriefen an die Familie und einige Bekannte ein schneller Bewußtseinswandel ab[7]: Reichwein erkennt nun die Brutalität und Anonymität der Materialschlachten, die Sinnlosigkeit der hohen Verluste aller Kriegsgegner, die Symptome moralischer Verrohung bei vielen Soldaten, die Verlogenheit der Verteidigungsbehauptungen und den Irrwitz expansionistischer Kriegsziele, wie sie vor allem vom „Alldeutschen Verband" verfochten wurden. Nur ein schneller Friedensschluß könne dem allseitigen Zerstörungsprozeß ein Ende bereiten. Reichwein war auf dem Wege zum entschiedenen Pazifisten.

Mit der Verarbeitung dieser Kriegserfahrung beginnt für ihn ein hochintensiver Prozeß der Entwicklung seines politischen Bewußtseins, und im Zusammenhang damit traf er bereits in jener Zeit seine Entscheidung, später, nach dem erhofften Kriegsende und einem universitären Studium, beruflich in irgendeinem Bereich der Volksbildungsarbeit tätig zu werden.[8]

Hier ist eine längere Zwischenbemerkung am Platze. Sie gilt folgender Frage: Sind Anfänge, mindestens Vorstufen politischen Bewußtseins nicht doch schon früher anzusetzen, nämlich in Reichweins Kindheit und seiner frühen Jugendphase, und zwar unter direkter oder indirekter Einwirkung seines Vaters, Karl Gottfried Reichweins, der bereits in der Vorkriegszeit eindeutig mit der SPD sympathisierte und neben seiner Lehrertätigkeit ab 1904 in der Volksbildungs- und Kulturarbeit der Gemeinde Rosbach sehr aktiv mitwirkte? Ich muß die Frage offen lassen. Autobiographische Aussagen Adolf Reichweins oder andere Quellen existieren meines Wissens zu dieser frühen Phase nicht. Der Vater ist wohl erst später, seit den beginnenden 20er Jahren, zum Gesprächspartner Adolf Reichweins über politische Fragen, und zwar in zunehmendem Maße, geworden. Darüber geben einige lange Briefe Reichweins an ihn bzw. an die Familie Auskunft.[9] Sie betreffen insbesondere das Verhältnis Adolf Reichweins zur damaligen Sozialdemokratischen Partei Deutschlands, in die Karl Reichwein inzwischen eingetreten war. Adolf Reichwein stand dieser Partei seit den frühen 20er Jahren in mehreren zentralen Punkten ihres Programms nahe, er ist ihr aber erst 1930 beigetreten; davon wird an späterer Stelle noch zu sprechen sein.

Die analoge Frage nach möglichen Vorstufen politischer Bewußtseinsbildung ist auch im Hinblick auf Reichweins engagierte Mitwirkung im Wandervogel zu

---

7 U.a. Schulz 1 (wie Anm. 6), S. 28, S. 30f., S. 33f.

8 Vgl. Reichweins „Bemerkungen zu einer Selbstdarstellung" (1933) in: Schulz 1 (wie Anm. 6), S. 255. – Vgl. Anm. 29.

9 Schulz 1 (wie Anm. 6), S. 40ff. (28.4.1922), S. 44ff. (15.9.1922), S. 52ff. (7.7.1923), S. 54ff. (30.8.1923), S. 61f. (27.5.1924), S. 72f. (30.8.1925).

stellen. Wir wissen aus seinen autobiographischen Äußerungen und zahlreichen Bekundungen seiner Freunde von der lebenslang prägenden Bedeutung, die die Wandervogelerfahrung für den jungen Reichwein im Vorpubertäts- und Pubertätsalter gehabt hat, von der psychisch stabilisierenden Wirkung, die während der Rekrutenausbildung und des Fronteinsatzes erneute Begegnungen mit einstigen Wandervogelfreunden und neue Freundschaften mit „Jugendbewegten" zeitigten, einem Erfahrungszusammenhang, der in der kurzen, aber ungewöhnlich intensiven Marburger Studienzeit durch Reichweins intensive Mitwirkung in der „Akademischen Vereinigung Marburg" vertieft und erweitert wurde und aus dem neue, zum Teil lebenslange Freundschaften erwuchsen. Reichwein hat oft darauf hingewiesen, daß diese Erfahrungen seine Lebensauffassung und seinen Lebensstil maßgeblich beeinflußt haben, und sie sind in seine pädagogischen Ideen, seine Umgangsweise mit jungen und erwachsenen Menschen, seine ungemein einfallsreiche und wirkungsvolle Praxis in der Erwachsenen- und Arbeiterbildung, in der Lehrerbildung und in sein Schulmodell in Tiefensee prägend eingegangen. Indessen: Will man den Begriff „Politik" nicht uferlos ausweiten, so wird man jene Impulse, die Reichwein der Jugendbewegung bis weit in das Jahr 1917 hinein verdankte, wohl kaum als konstitutive Momente *politischer* Bewußtseinsbildung bezeichnen können.

2. Reichweins Studienzeit 1918 bis 1921

Zum Sommersemester 1918 begann Reichwein – zunächst von einem Frankfurter Militärlazarett aus – sein Studium an der Universität Frankfurt. Schon zu dieser Zeit verstand er sich als parteilich ungebundener demokratischer Sozialist. – Nach vier regulären und zwei verkürzten Frühjahrs-Zwischensemestern für Kriegsteilnehmer wechselte er im Mai 1920 an die Universität Marburg.

Ob und *inwiefern* das Frankfurter Studium der Geschichte, der Nationalökonomie und der Philosophie, das Reichwein durch den Besuch kunsthistorischer, germanistischer und soziologischer Vorlesungen ergänzte, ob also diese Universitätsstudien ihm *direkt* neue Impulse für die Entwicklung seines politischen und pädagogischen Bewußtseins vermittelt haben, läßt sich meines Erachtens im Detail bisher kaum beantworten. Von Ausnahmen abgesehen, verstanden sich die deutschen Universitäten als unpolitische Institutionen, und das Analoge gilt für die überwiegende Zahl ihrer Professoren, sofern sie der Weimarer Republik nicht sogar offen ablehnend gegenüberstanden. Anregungen zu politischer Bewußtseinsbildung, zumal aus entschieden republikanisch-verfassungstreuer Einstellung heraus, waren also im allgemeinen von den Universitätswissenschaften und ihren Vertretern nicht zu erwarten, und das gilt wohl auch für den größten Teil der Studienangebote, die Reichwein in Frankfurt und Marburg wahrnahm, sieht man von den Veranstaltungen des Arbeitsrechtlers Hugo Sinzheimer und des Soziologen Franz Oppenheimer ab.[10] So waren es wohl eher außeruniversitäre Anregungen und Eigeninitiativen Reichweins, durch die er sein politisches Bewußtsein weiterentwickelte und die ihm konkrete Einblicke in die Wirklichkeit des politischen Tagesgeschehens und in die Arbeitswelt eröffneten: So las er regelmäßig die liberale „Frankfurter Zeitung" und die sozialdemokratische „Volksstimme", arbeitete als Werkstudent in den Semesterferien im Ober-Rosbacher Bergwerk, nahm an einem dreiwöchigen Kursus der Volkshochschule Darmstadt teil, in dem ein Universitätsprofessor unter anderem über die „Kulturbedeutung des Sozialismus" Vorlesungen hielt, und versuchte, Frankfurter Kommilitonen und verschiedene Wandervogelgruppen der Stadt politisch zu aktivieren.

Auch die Lehrangebote der Marburger Philipps-Universität haben ihm insgesamt wohl keine stärkeren Anregungen zur Weiterentwicklung und Differenzierung seiner politischen Position gegeben, als es in Frankfurt der Fall gewesen war. Aber Marburg brachte ihm eine neue Erfahrung, die – wenngleich z. T. auf indirekte Weise – auch in politischer Hinsicht für ihn wichtig werden sollte. Es war seine engagierte Mitwirkung in der *Akademischen Vereinigung Marburg*, der er sofort nach seiner Übersiedlung nach Marburg beitrat.[11] Die Mitglieder dieser studentischen Vereinigung, großenteils *Alt-Wandervögel*, distanzierten sich klar von den traditionellen schlagenden und nicht-schlagenden Studentenverbindungen. Die Vereinigung hatte sich jedoch, bei aller Weltoffenheit und Liberalität, bereits in ihrer Gründungssatzung aus dem Jahre 1912 grundsätzlich auf *politische Neutralität* festgelegt, eine Entscheidung, die Reichwein bedauerte und offen kritisierte. Die Vereinigung verstand sich als eine *Selbsterziehungsgemeinschaft*, in der der geistige Austausch gepflegt wurde: Es gab Referate und Diskussionen über interdisziplinär interessierende Themen der Wissenschaftsentwicklung, man erörterte lebensnahe moralphilosophische Fragen, pflegte eine musisch betonte Geselligkeit, musizierte gemeinsam und machte Wanderungen. Es sind – vor allem wohl auf Reichweins Initiativen hin – auch aktuelle und prinzipielle politische Themen erörtert worden. Überdies band das Prinzip politischer Neutralität nur die Vereinigung als Institution, nicht aber die einzelnen Mitglieder. Reichwein plädierte mehrfach dafür, auch jenen Grundsatzbeschluß zu ändern. Mindestens sollte die Akademische Vereinigung sich angesichts der zunehmenden politischen Krisen öffentlich, geschlossen und eindeutig zur Weimarer Republik bekennen, ja sogar die Parteinahme für einen „demokratischen Sozialismus und dessen pädagogische Vorbereitung und Durch-

10 Vgl. Amlung (wie Anm. 1), S. 105f.

11 Vgl. ebd., S. 126ff.

setzung" bekunden.[12] Als ganze folgte ihm die Vereinigung nicht. – Solche Auffassungsunterschiede hinderten übrigens nicht daran, daß sich in der Akademischen Vereinigung lebenslang wirksame Freundschaften entwickelten, so etwa zwischen Reichwein und Hans Bohnenkamp, Wolfgang Schuchardt und weiteren „AV-lern".

Reichwein schloß sein Studium schon im Mai 1921 in Marburg mit der Abgabe seiner kultur- und besonders kunsthistorisch akzentuierten Dissertation über „China und Europa im 18. Jahrhundert" und den mündlichen Doktor-Prüfungen ab. Die endgültige Verleihung des Doktortitels folgte allerdings erst im Frühjahr 1923, nachdem er seine Dissertation in einer Disputation vor der Philosophischen Fakultät verteidigt hatte. Zu jener Zeit war er bereits seit fast anderthalb Jahren beruflich in der Erwachsenenbildung tätig.

Kurz nach dem Abschluß des Marburger Studiums gelang es Reichwein, acht Mitglieder der Akademischen Vereinigung dafür zu gewinnen, im Herbst 1921 zusammen mit elf jungen Industriearbeitern aus verschiedenen deutschen Städten, darunter Kommunisten, USPD- und SPD-Mitgliedern, aber auch parteilosen jungen Arbeitern in *Bodenrod* im Taunus an einer von ihm geleiteten, vierwöchigen Lebens- und Arbeitsgemeinschaft teilzunehmen. In einem Bericht über diese „Arbeitsgemeinschaft im Taunus" kennzeichnet Reichwein den umfassenderen Aufgabenzusammenhang, in den er das Vorhaben einordnete, als „Gestaltung des Proletariats". „Wie das Proletariat Gestalt wird, daran wird sich das Schicksal unseres Volkes – und damit Europas – entscheiden".[13]

Diese *Lebens- und Arbeitsgemeinschaft*, die Reichwein als Vorwegnahme einer neuen Gesellschaftsgestaltung in einem kleinen Modell verstand, umfaßte mehrere Elemente:

- Alle Kursteilnehmer beteiligten sich an alltäglichen hauswirtschaftlichen Aufgaben.
- Im Zentrum stand die intensive geistige Arbeit an politischen, gesellschaftlichen und wirtschaftskundlichen Problemen der Zeit und ihren historischen Hintergründen. In solche Themen führte zunächst Reichwein durch Vorträge ein, nach etwa zwei Wochen übernahmen zunehmend häufiger Jungarbeiter

12 Hans Bohnenkamp: Die Akademische Vereinigung Marburg 1919–1933. Kurzchronik. In: Dokumentation der Jugendbewegung 1920–1933. Hrsg. von Werner Kindt. – Die bündische Zeit. Düsseldorf/Köln 1974. S. 1348.

13 Adolf Reichwein: Arbeitsgemeinschaft im Taunus (1921). – Nachdruck in: Adolf Reichwein: Ausgewählte pädagogische Schriften. Bes. von Herbert E. Ruppert und Horst E. Wittig. Paderborn 1978. S. 5–8. Im folgenden weise ich auf Reichweintexte, die in dieser Ausgabe nachgedruckt worden sind, unter dem Sigel „Ruppert/Wittig" mit Seitenangabe hin.

diese Aufgabe. Es folgte die Verarbeitung der Informationen in Kleingruppen- und Plenumsgesprächen.
- Ein weiteres Element waren eher besinnliche Reflexionen über Fragen des persönlichen Lebens der Teilnehmer. Außerdem gab es gesellige Aktivitäten, Wanderungen, gemeinsames Musizieren und ähnliches. Schließlich dienten Freizeiten der Wahrnehmung individueller Interessen.

Alle Teilnehmer und Reichwein selbst beurteilten das Bodenroder Projekt sehr positiv. Die meisten der zentralen Gestaltungselemente dieses Versuchs kehren dann später in Reichweins Bildungsarbeit in verschiedenen Versionen wieder, im Bereich der Erwachsenen- und Arbeiterbildung, in der Lehrerbildung und in der Tiefenseer Schularbeit.

3. Erwachsenenbildung/Arbeiterbildung: Dezember 1921 bis März 1929

Im Dezember 1921 übernahm Reichwein die Geschäftsführung des „*Ausschusses der deutschen Volksbildungsvereinigungen*“ in Berlin. Nach der Auflösung dieses Ausschusses im Frühjahr 1923 folgte eine halbjährige Tätigkeit als Abteilungsleiter im deutsch-amerikanischen Kinderhilfswerk, und ab Oktober 1923 wurde Reichwein im Alter von 25 Jahren Geschäftsführer der „*Volkshochschule Thüringen*“. Das war der in Jena angesiedelte Dachverband aller Volkshochschulen im damaligen Thüringen, der zu jener Zeit von einer mehrheitlich sozialdemokratischen Regierung geleitet wurde. Thüringen gehörte damals im Bereich des Volkshochschulwesens wie auch in der Schulpolitik zu den progressiven Ländern des Deutschen Reiches.

Obwohl Reichweins Funktionen als Geschäftsführer primär organisatorischer und konzeptioneller Art waren, schaltete er sich doch auch sehr aktiv in die konkrete Volkshochschularbeit ein und leitete in jedem Semester mehrere Kurse; im Wintersemester 1924 waren es nicht weniger als wöchentlich vier Arbeitsgemeinschaften, drei davon mit wirtschaftspolitischen Schwerpunkten. Überdies entfaltete er, weit über Thüringen hinaus, vielfältige jugend- und kulturpolitische Aktivitäten und veröffentlichte entsprechende Ansätze in verschiedenen Zeitschriften. Er hielt Vorträge und nahm an Diskussionen und Arbeitsgemeinschaften teil, ständig bestrebt, durch Vermittlung gründlichen politisch-gesellschaftlich-wirtschaftlichen Wissens und dessen Verarbeitung in erörternden Gesprächen in Form von Kleingruppenarbeit und Plenumsdiskussionen, aber auch durch eigenes Beispiel und Appell politische Bildung zu fördern. Es ging ihm vor allem darum, zur Überwindung der Klüfte, der wechselseitigen Ressentiments, des Nichtverstehens, der Interessensgegensätze zwischen Angehörigen der bürgerlichen Schichten und der Arbeiterschaft beizutragen. Insbesondere wollte er junge Menschen dazu anregen, sich an gemeinsamen Projekten zu beteiligen, die an der inneren sozialen Durchgestaltung der jungen

Republik, der Entwicklung einer republikanischen, im weitesten Sinne dieses Wortes *politischen Kultur* orientiert sein sollten, am Prinzip der *Gerechtigkeit* und der immer wieder neu zu gestaltenden, situationsgemäßen *Verbindung von individueller Freiheit, mitmenschlicher Verbundenheit* und *Verantwortlichkeit für das soziale, kulturelle und politische Ganze*, für die „Nation", wie Reichwein und viele seiner Zeitgenossen damals noch unbefangen formulieren konnten. Er verwendet diesen Begriff ohne irgendwelche nationalistischen Anklänge. Im Gegenteil: Er wandte sich scharf gegen jede Form von offenem oder verstecktem Nationalismus und Revanchismus und betonte demgegenüber die Notwendigkeit *internationaler Verständigung und Kooperation.*

Reichweins Eintreten für die Entwicklung einer weltweiten Friedensordnung und für interkulturellen Austausch war übrigens nicht nur ethisch und religiös sowie friedenspolitisch begründet, sondern auch in einer historisch-politisch-ökonomischen Erkenntnis, die dem vorwaltenden Bewußtseinsstand der meisten seiner Zeitgenossen, in Deutschland wie in vielen anderen Ländern der Welt, weit voraus war. Reichweins wirtschaftsgeographische und wirtschaftspolitische Studien, die er auch während der erwachsenenpädagogischen Berufsarbeit fortsetzte, hatten ihn bereits seit den frühen 20er Jahren zu einer Einsicht geführt, die erst in unserer Zeit unter der Bezeichnung „Globalisierung", also der zunehmenden weltweiten Verflechtung der Wirtschaft, der Märkte, der Kapitalströme, zum Allgemeingut zu werden beginnt. – Schon 1924 hatte Reichwein ein kleines Buch zum Thema „Die Rohstoffe der Erde im Bereich der Wirtschaft" veröffentlicht[14]; es handelt sich dabei wohl um die Druckfassung von Referatsreihen und Arbeitspapieren aus entsprechenden Semesterkursen Reichweins im Bereich der Erwachsenenbildung in Jena und bei mehrwöchigen Seminarkursen an anderen Orten. – Als Reichwein sich dann von Ende Juli 1926 bis Juni 1927, also für fast ein Jahr, beurlauben ließ und eine große, in mehrfacher Hinsicht abenteuerliche Weltreise antrat, die ihn durch die USA einschließlich Alaska und durch Mexiko, nach Japan, China und auf die Philippinen führte, schlug sich die Verarbeitung der während der Reise gesammelten wirtschafts- und bevölkerungsstatistischen Daten und wirtschaftspolitischen Informationen, die er nach der Reise in weltweitem Maßstab ergänzte, in einem großen Werk nieder, das 1927 unter dem Titel „Die Rohstoffwirtschaft der Erde" erschien.[15] Dieser meines Erachtens noch heute staunenswerte, faktenreiche Überblick, der alle Erdteile einbezieht, fand in der Fachpresse ein überwiegend

14 Adolf Reichwein: Die Rohstoffe der Erde im Bereich der Wirtschaft. Weimar 1924. 2. Aufl. Jena 1924.

15 Adolf Reichwein: Die Rohstoffwirtschaft der Erde. Jena 1928.

positives Echo. Reichweins international-friedenspolitische Intention war darin unverkennbar.

Mit den letzten Hinweisen habe ich chronologisch vorgegriffen; im folgenden kehre ich noch einmal in die Mitte der zwanziger Jahre zurück.

Den *inhaltlichen* Aufgaben der Konzeptbildung und der eigenen, unmittelbaren Bildungspraxis mit Kursteilnehmern der *Erwachsenenbildung*, innerhalb ihrer in besonderem Maße der *Arbeiterbildung* und hier, noch einmal spezifisch akzentuiert, der *Jugendarbeiterbildung*, konnte Reichwein sich noch stärker als in der Zeit seiner Geschäftsführungstätigkeit auf Landesebene widmen, nachdem er vom Oktober 1925 ab die Leitung der städtischen Volkshochschule Jena übernommen hatte, als Nachfolger des aus der Geisteswissenschaftlichen Pädagogik in der von Herman Nohl vertretenen Variante stammenden Wilhelm Flitner. Reichwein setzte mit der ihm eigenen Energie *neue* Akzente im Sinne seiner Vorstellungen von einer demokratisch-politisch akzentuierten Erwachsenen- bzw. Arbeiterbildung. Er entwickelte auf programmatischer Ebene sowie auf der Ebene konkreter Praxis als Kursleiter und als Initiator neuer Modellprojekte seine Reformvorstellungen von einer zeitgemäßen und zukunftsorientierten Erwachsenenbildung weiter, so vor allem durch die Gründung eines *Jugendarbeiter-Wohnheims* am Beutenberg in Jena als Ort der Weiterbildung junger Berufstätiger neben ihrer beruflichen Arbeit und zugleich als Stätte eines weitgehend selbstverwalteten Gemeinschaftslebens im Heim. Parallel dazu setzte er seine bisherigen Kontakte mit anderen Gruppen, Personen, Institutionen des deutschen Volkshochschulwesens fort und erweiterte sie um neue Kooperationen, was hier nicht eingehender dargestellt werden kann.[16] Hier konzentriere ich mich auf zwei Beispiele. An ihnen können grundlegende Elemente von Reichweins Vorstellungen über *politisch engagierte Bildungsarbeit im Bereich der Erwachsenen- und Arbeiterbildung* verdeutlicht werden, darüber hinaus aber weitere Aspekte seiner *generellen* Auffassung vom Verhältnis zwischen Bildung und Politik.

Das *erste* Beispiel betrifft einen Vorschlag, den Reichwein zuerst 1924 in einem Aufsatz unter dem Titel „Die Gilde. Ein Weg zur Einheit von Bildung und Arbeit" darstellte.[17] Er hat auf dieses Konzept auch in späteren Veröffentlichungen mehrfach verwiesen oder indirekt darauf Bezug genommen, bis hin zu dem Bericht „Schaffendes Schulvolk" (1937) über seine Arbeit als Lehrer einer einklassigen Landschule

---

16 Vgl. Amlung (wie Anm. 1), S. 169ff.

17 Wiederabdruck in Ruppert/Wittig (wie Anm. 13), S. 9–15. (Erstmals veröffentlicht in: Blätter der Volkshochschule Thüringen 6. Jg. Nr. 2, Mai 1924. Nachdruck in: Blätter der Volkshochschule Thüringen 1919–1933. Hrsg. u. eingel. von Martha Friedenthal-Haase und Elisabeth Meilhammer. Bd. 1, 2. Hildesheim 1999. S. 579–581.)

in Tiefensee bei Berlin; eine ausführlichere Entfaltung des Gilde-Gedankens hat er aber nicht vorgelegt. Reichwein nennt in jenem programmatischen Aufsatz des Jahres 1924 zwei Kernelemente.

Zunächst: Den Gilde-Vorschlag versteht er als ein wirtschafts- und gesellschaftspolitisch und zugleich pädagogisch relevantes *Organisationsprinzip* – Reichwein sagt: ein „Ordnungsprinzip" – der ökonomisch notwendigen gesellschaftlichen Arbeit in einem demokratischen bzw. sich demokratisierenden politischen System, präziser formuliert: in einem System, das sich in seiner Verfassung auf die Verwirklichung demokratischer Prinzipien verpflichtet hat; so jedenfalls verstand Reichwein offensichtlich die Verfassung der Weimarer Republik. Seine übergreifende Zielvorstellung, für die er im politischen Felde kämpferisch, aber gewaltfrei eintrat und von deren humanen und sozialen Qualitäten wie von ihrer politischen Effektivität er mit seinen Weggenossen wachsende Menschengruppen vor allem durch konkrete pädagogisch-politische Arbeit und gelingende Beispiele hoffte überzeugen zu können, war eine freiheitlich-sozialistische Gesellschaft, im vorliegenden Fall: eine Gesellschaft, die sich an den Prinzipien gleicher Teilhabechancen ihrer Mitglieder und der Anerkennung der Verantwortlichkeit aller – jeweils im Maße ihrer pädagogisch zu fördernden individuellen Möglichkeiten – orientiert. Eine solche Gesellschaft war nach seiner Auffassung nicht durch gewaltförmigen, revolutionären Umsturz, sondern nur durch politische Überzeugungsarbeit und den Gewinn eindeutiger politischer Mehrheiten erreichbar.

„Gilden" sind im Sinne Reichweins eine Organisationsform der auf wirtschaftliche Zwecke – zur Gewährleistung der ‚einfachen menschlichen Existenz' – gerichteten Arbeit, die auf „gegenseitiger Hilfe" – wir würden das Gemeinte wohl treffender als „Kooperation" bezeichnen – beruht. Ein „wesentliches Element" des Gildengedankens sei es, „daß Unternehmer- und Arbeitnehmerfunktionen als scharf getrennte Bereiche grundsätzlich beseitigt und wieder vereinigt werden in der höheren Einheit gemeinsamer, gleicher Verantwortung am Betrieb". „Die Gilde eines modernen Betriebes, die Ingenieure, Konstrukteure, Betriebs- und Handelsdirektoren, Werkmeister und ‚Arbeiter' umfassen soll", ist „eine Genossenschaft zur gemeinsamen Förderung des gemeinsamen Betriebes". Eine im Sinne dieser „Gildenidee" gestaltete Organisation betrieblicher Arbeit, die über die bis zu jenem Zeitpunkt erreichten überbetrieblichen Mitbestimmungsmöglichkeiten gewerkschaftlicher Organisationen weit hinausgehen sollte und eine qualitativ neue Stufe der damaligen (und der heutigen!) Formen der innerbetrieblichen Mitbestimmung bedeutet hätte, würde – so Reichwein – bedeuten, daß sich die im Arbeitsprozeß kooperierenden Menschen zugleich zu „Bildungsgemeinschaften" entwickeln, weil die erforderliche Zusammenarbeit eine Steigerung der Fähigkeiten, des Selbstbewußtseins, der wechselseitigen Anerkennung aller zusammenwirkenden Personen einerseits eine Voraussetzung des Konzepts, andererseits eine ständige Folge einer solchen Produktionsform sein müßte.

Reichwein nennt nun noch ein „zweites Element der Gildenidee". „Die Gilde", so heißt es in einem Aufsatz, „ist nicht nur die Gemeinschaft der Arbeit, sondern auch ... die Gemeinschaft des Genusses, vom täglichen Verzehr des Lebensunterhalts bis zum gemeinsamen Fest als der Krönung gemeinsamen geistigen Lebens". Sie solle „sowohl die geistigen wie die leiblichen Bedürfnisse" der Gildenmitglieder befriedigen. – Die Bemerkungen zu diesem zweiten „Element" des Gilden-Vorschlages sind in jenem Text aus dem Jahre 1924 so knapp gehalten und von Reichwein auch in späteren Veröffentlichungen, soweit ich sehe, nicht ergänzt oder differenziert worden, daß eine Einschätzung sehr erschwert wird. Haben ihm „Gilden" als Lebensgemeinschaften im Sinne von Produktions- und Wohnkommunen, also „Werksiedlungen" oder ähnlichen Einrichtungen vorgeschwebt, wie sie vor und nach dem Ersten Weltkrieg in Deutschland und in anderen Ländern der Welt in Einzelfällen verwirklicht wurden, allerdings meistens nach kurzer Zeit gescheitert sind? Reichwein weist jedenfalls in seinem Aufsatz auf solche Vorläufer und Parallelen der Gildenidee hin. Wie aber könnte man sich die Verwirklichung seines Konzepts in großem Maßstabe vorstellen? Die Möglichkeit nämlich, Reichwein so zu deuten, daß er seinen Vorschlag nur auf Klein- oder Mittelbetriebe bezogen hätte, scheidet aus, da er ausdrücklich betontet: „Die moderne Gilde muß in der Unternehmensform des Großbetriebes auferstehen". – Oder verband Reichwein mit dem zweiten Element seiner „Gildenidee", der Ergänzung einer kooperativen Produktionsorganisation durch Elemente einer Lebens- und Bildungsgemeinschaft, begrenztere Ansprüche, etwa Angebote beruflicher und außerberuflicher Weiterbildungsmöglichkeiten durch Arbeitsgemeinschaften außerhalb der Arbeitszeit, Gesprächs- und Beratungsmöglichkeiten z. B. auch für Ehepartner der weiblichen und männlichen Betriebsangehörigen, Kinderbetreuungsangebote, kulturelle Veranstaltungen, relativ regelmäßige Betriebsfeste und ähnliches? Solche und vergleichbare Fragen läßt jener Beitrag unbeantwortet.

Das Entsprechende gilt hinsichtlich der Frage nach makroökonomischen Bedingungen für die Verwirklichung der Gildenidee, mit einer Ausnahme: Reichwein spricht die Möglichkeit an, daß auch im Sinne der Gildenidee organisierte Betriebe zueinander in Konkurrenz treten könnten, wenn z. B. Gilden, die sich ökonomisch besonders günstig entwickeln, versuchen würden, „andere Gilden aus dem Markt zu drücken". In solchen Fällen müßte der Staat „als Vertreter der Verbraucherinteressen" eingreifen.

Das *zweite* Beispiel betrifft die Frage, welche Bedeutung Reichwein der von Karl Marx vertretenen materialistischen Ökonomie, die eine Theorie der historischen Entwicklung der Gesellschaftsstrukturen im Zuge der technisch-industriellen Prozesse der Neuzeit einschließt, *zum einen* für eine Erwachsenenbildungskonzeption unter den Bedingungen der Weimarer Republik, *darüber hinaus* aber für die prinzipielle Frage nach dem *Verhältnis von Bildung und Politik* zusprach.

Reichwein hat betont, daß er sich mit Marx' Schriften intensiv beschäftigt habe. Allerdings ist, wenn ich recht sehe, auch der bisherigen biographischen Reichwein-Forschung nicht zu entnehmen, wann diese Beschäftigung begonnen hat, *welche* Marx-Texte Reichwein studiert hat und ob es mehrere Phasen seiner Auseinandersetzung mit Marx von unterschiedlicher Intensität gegeben hat. Reichweins ausführlichste, wenngleich – einmal mehr – sehr kondensierte Stellungnahme zu Marx stammt aus dem Jahre 1932. Es handelt sich um die Druckfassung eines Referats und die Zusammenfassung von fünf Diskussionsbeiträgen Reichweins auf einer Tagung von Erwachsenenbildnern im Jahre 1932, Texten, die unter dem Titel *„Mit oder gegen Marx zur Deutschen Nation?"* in einer Tagungsbroschüre abgedruckt worden sind.[18] Wenn ich diese Texte hier, im Rahmen des Abschnitts über Reichweins Jenaer Arbeitsphase, zur Sprache bringe, so begründe ich das damit, daß ich keinen Anlaß habe zu zweifeln, daß er jene 1932 formulierte Stellungnahme zu Marx sinngemäß auch schon Jahre zuvor hätte abgeben können. Ich fasse die für unseren Zusammenhang wesentlichen Aussagen Reichweins in vier Punkten zusammen.

Erstens: Reichwein vertrat die Auffassung, daß die von Marx entwickelte ökonomisch-politische Gesellschaftsanalyse, vor allem ihr Aufweis des Grundwiderspruchs zwischen den Interessen der Besitzer von Produktionsmitteln und den Interessen der Arbeiterklasse mit deren Binnendifferenzierungen, auch für die Analyse der gesellschaftlichen Situation der 20er und der beginnenden 30er Jahre in Deutschland wie in anderen Industriestaaten der westlichen Welt im wesentlichen angemessen sei. Er hielt aber Weiterentwicklungen und Differenzierungen des Marx'schen Konzepts für notwendig, so vor allem die stärkere Berücksichtigung der sozialen Mittelschichten, deren quantitatives Anwachsen und deren zunehmende ökonomische und politische Bedeutung seit den letzten Jahrzehnten des 19. und vor allem seit den ersten Jahrzehnten des 20. Jahrhunderts Marx nicht vorausgesehen hatte. – Im Sinne dieser seiner Einschätzung hat Reichwein der Kennzeichnung als *„ökonomischer Sozialist"*, die ihm von einigen seiner Kritiker zugeschrieben wurde, durchaus zugestimmt.

Zweitens: Hingegen hat Reichwein einem weiteren Element der Marx'schen Gesellschaftstheorie nachdrücklich widersprochen: der Auffassung nämlich, Kultur, die Dimension des Geistigen – wie Reichwein sagt: der „Ideen", d. h. der Kunst, der nicht ökonomisch bestimmten Kulturtätigkeiten der Menschen, der Wissenschaft,

18 Nachdruck in Ruppert/Wittig (wie Anm. 13), S. 86–93.

der Philosophie, auch der Religion – sei – wie auch immer vermittelt – letztlich bloße Widerspiegelung der jeweiligen gesellschaftlichen Verhältnisse. Reichwein betonte demgegenüber seine Überzeugung, daß der Dimension der „Ideenwelt" ein Eigenwert zukomme und daß dem Menschen die Möglichkeit einer von ökonomisch-gesellschaftlichen Bedingungen relativ unabhängigen, kulturschaffenden Produktivität zuerkannt werden müsse. Ob Reichwein mit seinem Widerspruch Marx voll gerecht geworden ist, mag hier dahingestellt bleiben. Selbst wenn das nicht der Fall sein sollte, ist kaum zu leugnen, daß Marx die ihm von Reichwein zugeschriebene Auffassung an etlichen Stellen seiner Schriften durch plakative Aussagen provoziert und auch in dieser Hinsicht zu vulgärmarxistischen Vereinfachungen seiner Theorie, auch über seine Lebenszeit hinaus, reichlich Anlaß gegeben hat.

Drittens: Ich beginne hier mit einer Frage: Warum legte Reichwein seinem vorher gekennzeichneten Einwand gegen eines der Marx'schen Theorie-Elemente offensichtlich so große Bedeutung bei? Sein Marx-Ansatz gibt die Antwort: weil Reichwein der Überzeugung war, daß zwischen „Ideen" und ökonomisch bedingten gesellschaftlichen „Interessen" und Verhältnissen kein hierarchisches, kein Ableitungsverhältnis, sondern eine wechselseitige Beziehung besteht oder mindestens möglich ist! Daher würden „Interessen" als Motivationsquelle für gesellschaftlich-politisches Handeln einzelner oder gesellschaftlicher Gruppen nicht ausschließlich und zwangsläufig aus „ökonomisch bedingten kollektiven Massenbewegungen" heraus gebildet, sondern sie könnten mindestens wesentlich mitbestimmt werden durch eine relativ eigenständige „Ideenbildung".[19] Damit aber, so ist meines Erachtens Reichwein zu interpretieren, sah er die Möglichkeit gegeben, unter anderem im Rahmen der Erwachsenenbildung, auch der Arbeiterbildung, durch *pädagogisches* Handeln, durch *Bewußtseinsbildung*, auf dem Weg über verstehende, selbsttätige, wenngleich pädagogisch angeleitete Aneignung von Erkenntnissen, durch Gruppengespräche, modellartige Sozialerfahrungen z. B. in Arbeitsgemeinschaften oder Volkshochschulkursen Anregung und Hilfe zum Entwurf von Handlungskonzepten zu bieten, also auf *pädagogischen* Wegen die Entwicklung von politischen bzw. politisch relevanten Leitideen, Vorentwürfen, Zukunftsvorstellungen zu ermöglichen und dazu anzuregen.

Schließlich viertens: Denkt man Reichweins Überlegungen in jenem Beitrag zur Bedeutung der Marx'schen Theorie für eine politisch engagierte Pädagogik bzw. eine humane, demokratische Bildungskonzeption auf seinen Spuren weiter, so ergibt sich meines Erachtens in bezug auf das Thema dieses Beitrages – das Verhältnis von Bildung bzw. Bildungstheorie und Politik – folgende Konsequenz: Einerseits ist *Bildung ohne das Moment politischer Bildung ein Torso,* und Bildungstheorie

19 Ebd., S. 92.

ohne Reflexion über die politische Dimension unzulänglich. Andererseits gilt auch: *Politische Ziele und Maßnahmen müssen auch aus pädagogischer Perspektive vertretbar, legitimierbar sein,* aus der Perspektive der pädagogischen Verantwortung dafür, daß junge Menschen und Erwachsene Anregung, Anleitung und Hilfe zur Entwicklung *eigener* Erkenntnisfähigkeit, *eigener* Urteilsfähigkeit, *eigener* Handlungsfähigkeit in Anerkennung des gleichen Rechtes aller Mitmenschen und zur *Mitverantwortlichkeit* für die Gestaltung wirtschaftlicher, gesellschaftlicher, kultureller und politischer Verhältnisse, die eben dieses ermöglichen, erhalten. Kurzum: *Politik und Bildung bedingen sich wechselseitig!*

IV Referententätigkeit im preußischen Kultusministerium: April 1929 bis März 1930

Im März 1929 erhielt Reichwein das Angebot, als Wissenschaftlicher Mitarbeiter in das preußische Ministerium für Wissenschaft, Kunst und Volksbildung, gewöhnlich abkürzend Kultusministerium genannt, zu wechseln. Schon im April wurde er zum Leiter der Pressestelle und persönlichen Referenten des Kultusministers Carl Heinrich Becker ernannt, eines der profiliertesten Kulturpolitiker der Weimarer Republik. Er war überzeugter Republikaner, der wohl der Deutschen Demokratischen Partei nahestand, ohne Parteimitglied zu sein. Reichwein hatte er bereits in den frühen 20er Jahren kennengelernt.

Ullrich Amlung berichtet, daß Becker Reichwein durch ein äußerst positives Gutachten unterstützte, als dieser während seiner Tätigkeit als Leiter der Jenaer Volkshochschule im Frühjahr 1926 den Antrag auf eine längerfristige Beurlaubung und die Gewährung eines Forschungsstipendiums für jene fast einjährige Studienreise nach Amerika und Ostasien stellte, die ich bereits erwähnte; dieses Reisevorhaben stand höchstwahrscheinlich auch im Zusammenhang mit der persönlichen Krise, die bei Reichwein der tragische Unfalltod seines Kindes und das Zerbrechen seiner ersten Ehe ausgelöst hatten.[20]

In der neuen Funktion hat Reichwein mit Sicherheit intensiven Einblick in die Details kulturspezifischer Arbeit und damit in Grund- und Alltagsprobleme der Wahrnehmung politischer Verantwortung gewonnen, nicht zuletzt für die Entwicklung des Bildungswesens in einer Zeit wachsender Krisen der Weimarer Republik, insbesondere unter den zunehmenden Sparzwängen der Brüning'schen Notverordnungen und wechselnder Koalitionsregierungen. Reichwein hat unter

20 Vgl. Amlung (wie Anm. 1), S. 184, S. 197.

anderem an der Planung für die letzte Welle der Gründung Pädagogischer Akademien mitgewirkt, jener Form akademischer Ausbildung von Volksschullehrerinnen und -lehrern in eigenständigen Hochschulen, zu der Preußen sich nach langen Auseinandersetzungen in der Mitte der 20er Jahre entschlossen hatte und deren Entwicklung es seit 1926 zügig vorantrieb.

Genaueres wissen wir jedoch über Reichweins Arbeit im Ministerium einstweilen nicht. Daß seine Grundauffassung über das Verhältnis von Politik und Pädagogik durch seine Erfahrungen im neuen Arbeitsfeld sich nicht geändert hatte, kann man einer Passage einer Würdigung Beckers entnehmen, die Reichwein 1931 in einem Zeitschriftenaufsatz veröffentlichte.[21] Der Hintergrund dieser Hommage an Becker ist folgender: Nach der preußischen Landtagswahl 1930, in der die SPD stärkste Landtagsfraktion geworden war, forderte sie den Posten des Kultusministers für eines ihrer Mitglieder, den christlichen Sozialisten Adolf Grimme, obwohl die Koalitionsregierung, wenn auch in neuen quantitativen Proportionen, im wesentlichen erhalten blieb und Becker als linksliberal eingestellter Politiker ihr keineswegs fernstand. Becker trat zurück, und Reichwein reichte fast gleichzeitig sein Rückzugsgesuch ein, wohl aus Loyalität, und zwar trotz seiner positionellen Nähe zur SPD, in die er im Oktober des gleichen Jahres unter dem Eindruck verschärfter ökonomischer und politischer Krisen eintrat.

Die angekündigte Stelle aus Reichweins Gedenkaufsatz für Becker lautet: „Er hält uns Jungen, für die Pädagogik zugleich auch immer Politik ist, beständig wie einen Spiegel seine Erkenntnis vor Augen, daß alle Neuordnungen der gesellschaftlichen Kräfte, überhaupt die Gestalt der neuen politischen Welt, wie wir sie wollen, sich vor dem unbestechlichen Geist, der im Grunde maßvoll die Waage hält zwischen dem zerstörerischen Radikalismus der frei schwebenden Intelligenz und der Leben drosselnden Gewalt formstarrer Tradition, immer wieder zu verantworten und zu bewähren hat. Die junge politische Generation Europas, soweit es ihr auf den Menschen als Bedingung und Sinn alles politischen Gestaltens ankommt, weiß, daß sie jene Siegelbewahrer braucht, zu denen man gehen kann, um bei ihnen diese Prüfung zu vollziehen, der sich alle Politik immer wieder zu unterwerfen hat."[22]

21 Nachdruck in Ruppert/Wittig (wie Anm. 13), S. 75–79.

22 Ebd., S. 76f.

V Professur an der Pädagogischen Hochschule Halle: April 1930 bis August 1933

Unmittelbar nach dem Ausscheiden aus dem preußischen Kultusministerium erhielt Reichwein vom Nachfolger Beckers, Adolf Grimme, die Ernennung zum Professor für Geschichte und Staatsbürgerkunde an der Pädagogischen Akademie Halle. Sie gehörte zu den im vorigen Abschnitt bereits erwähnten Einrichtungen, die als letzte Welle des preußischen Programms zur Akademisierung der Volksschullehrerbildung zum Sommersemester 1930 ihren Lehrbetrieb aufnahmen, in einer Phase wachsender finanzieller Engpässe, zunehmender sozialer Spannungen und politischer Polarisierungen.[23]

Gleichwohl nahm das Kollegium in Halle den inneren Aufbau der neuen Akademie unter ihrem Direktor, Julius Frankenberger, mit großem Elan in Angriff. Die recht weitmaschigen Rahmenordnungen des Ministeriums hinsichtlich der Studieninhalte, der Leistungsnachweise, des Prüfungswesens, der Organisation des Studienbetriebes boten erhebliche Spielräume, um der Akademie in Halle ein eigenes Profil zu geben. Mindestens im ersten Akademiejahr hat es offenbar einen vergleichsweise hohen Grad an Kooperation des Kollegiums gegeben, unter anderem in Form *gemeinsamer Veranstaltungen*, und Reichwein war auch in dieser Hinsicht ein besonders einfallsreicher, konsequenter und einsatzfreudiger Hochschullehrer. Er entwickelte ein Konzept für eine zweisemestrige Vorlesung unter dem Titel *„Soziologische Gegenwartskunde"*, die außer der Einführung in politische und soziologische Grundbegriffe und Gegenwartsprobleme auch wirtschaftskundliche Elemente einbezog. Reichwein schloß dabei höchstwahrscheinlich eng an seine Volkshochschul- und Arbeiterbildungskurse der 20er Jahre an. Leider sind bisher weder ausführlichere schriftliche Konzeptpapiere oder Vorlesungstexte noch Vorlesungsnachschriften gefunden worden.[24]

Ein zweites Studienelement war ein *„gegenwartskundliches Kolloquium"*, an dem sich bis zu neun Hochschullehrerinnen und -lehrer beteiligten. Ergänzend

---

23 Vgl. Amlung (wie Anm. 1), S. 230ff.

24 Außer auf das entsprechende Unterkapitel über Reichweins Tätigkeit an der Pädagogischen Akademie Halle bei Amlung (wie Anm. 1, S. 240–275) ist hier auf die durch reiches Quellenmaterial gestützte Untersuchung von Wolfgang Werth zu verweisen: Die Vermittlung von Theorie und Praxis an den Preußischen Pädagogischen Akademien 1926–1933. Frankfurt a. M. 1985. Zentrum dieses Buches ist die Darstellung der Hallenser Akademie. Reichweins dortiges Wirken wird vor allem in folgenden Abschnitten gewürdigt: S. 96ff., S. 110ff., S. 113ff., S. 117ff., S. 123, S. 127ff., S. 134ff., S. 138, S. 139ff. Der umfangreiche Quellenanhang umfaßt u. a. die Wiedergabe alter Vorlesungsverzeichnisse der Akademie (S. 246–276).

führte Reichwein 14tägliche *Exkursionen in landwirtschaftliche* und vor allem *industrielle Betriebe* durch. – Warum die beiden Studienelemente „Gegenwartskundliche Vorlesung" und „Kolloquia" vom zweiten Akademiejahr ab nicht mehr in den Vorlesungsverzeichnissen genannt werden, ist bislang eine unbeantwortete Frage geblieben.

Ein drittes Element, das vermutlich ebenfalls vor allem auf Reichweins Initiative zurückging, war folgendes: Die verbindlichen *Landschulpraktika* der Studierenden im dritten Studiensemester wurden in folgender Form durchgeführt: Die Studentinnen und Studenten des dritten Semesters wurden für zwei bis drei Wochen in größeren Gruppen an möglichst zentral gelegenen Orten innerhalb ländlicher Schulbereiche in Zeltlagern, die jeweils mit einer kleinen „Lagerbibliothek" ausgestattet wurden, zusammengefaßt. Sie suchten von dort aus, zu Fuß oder mit dem Fahrrad, ihre Praktikumsschulen auf. Mindestens ein Teil der betreuenden Dozenten, darunter Reichwein, lebte in diesen Wochen mit im Lager. Nachmittags fanden unter anderem Auswertungsgespräche und Vorbereitungen auf den jeweils nächsten Tag, sportliche, musische und gesellige Veranstaltungen statt.

An der Pädagogischen Akademie Halle wurden die Studentinnen und Studenten in damals wohl überdurchschnittlichem Maße an der *Selbstverwaltung der Hochschule* beteiligt, und es gab ein besonders aspektreiches *„Akademieleben"*, an dem Reichwein sich intensiv beteiligte.

Schließlich ist noch folgender Sachverhalt hervorzuheben: Die allgemein-politischen Krisenerscheinungen der beginnenden 30er Jahre wie vor allem die wachsende Arbeitslosigkeit und das Erstarken nationalistischer, antirepublikanischer politischer Strömungen und Parteien wurden auch in der Studentenschaft wirksam. Selbst in der von konservativer Seite nicht selten als „rot" bezeichneten Akademie wuchs die Zahl nationalistischer bzw. nationalsozialistisch orientierter oder bereits organisierter Studenten. Reichwein hat sich, wie einstige Studierende und mehrere Hochschullehrer der Akademie berichten, immer wieder an politischen Diskussionen mit studentischen Gruppen beteiligt, offen und stets gesprächsbereit, zugleich aber klar Position beziehend, um Überzeugungsarbeit bemüht und argumentativ für die Weimarer Republik trotz aller ihrer Schwächen werbend.

Nach der nationalsozialistischen Machtübernahme im Januar 1933 war Halle unter den sofort geschlossenen Pädagogischen Akademien diejenige mit dem höchsten Anteil an Hochschullehrern, die endgültig oder bis zu einer weiteren Klärung entlassen wurden, darunter neben Reichwein und Frankenberger auch, aus rassischen Gründen, die Nohl-Schülerin Elisabeth Blochmann, die über Reichweins Wirken in der Akademie, offensichtlich auch im Hinblick auf politische Bildung, folgendermaßen geurteilt hat: „Keiner von uns anderen hat einen so starken und einen so guten Einfluß auf die Studenten der Pädagogischen Akademie Halle gehabt. Ich glaube, darüber bestand im Kollegium kein Zweifel.“[25]

VI Reichwein in der NS-Zeit – offene Fragen

Ich wende mich der letzten Lebens- und Wirkungsphase Reichweins zu, seiner pädagogischen Arbeit unter dem NS-Regime und seiner Mitarbeit im Widerstand. Hier kann auf Fragen der konkreten pädagogischen Arbeit Reichweins in Tiefensee bis 1939 und danach im Rahmen seiner Tätigkeiten am Deutschen Volkskundemuseum in Berlin im Bereich der Museums- und Medienpädagogik nicht im einzelnen eingegangen werden. Ich möchte in diesem Abschnitt nur wenige Fragen aufwerfen, die meines Wissens bisher in der Reichwein-Forschung noch nicht gründlich genug untersucht worden sind.

Zunächst rufe ich stichwortartig die wichtigsten Fakten der Anfangsphase in Erinnerung:

- Reichwein wird mit Wirkung vom 24. April 1933 aufgrund des kurz zuvor erlassenen NS-„Gesetzes zur Wiederherstellung des deutschen Berufsbeamtentums“ bis zur endgültigen Entscheidung – wegen Zweifeln an seiner politischen Zuverlässigkeit – beurlaubt, unter Beibehaltung seiner bisherigen Dienstbezüge und des Professorentitels.
- Reichwein entschließt sich nach reiflicher Überlegung, die Übernahme einer ihm von der türkischen Regierung angebotenen Professur mit wirtschaftswissenschaftlichem Schwerpunkt dankend abzulehnen und in Deutschland zu bleiben; ob es sich dabei allerdings um ein verläßliches Angebot gehandelt hat, konnte bisher infolge der unvollständigen Quellen nicht eindeutig geklärt werden.[26]
- Im Juni 1933 richtet er an das preußische NS-Kultusministerium ein Gesuch auf Wiedereinstellung als Beamter mit der Bitte, ihm eine Volksschullehrerstelle zuzuweisen. Diesem Gesuch gibt das Ministerium im August statt. Ende September wird ihm die Stelle als Lehrer an der einklassigen Schule im Dorf Tiefensee, nordöstlich von Berlin, zugewiesen.

---

25 Vgl. Wolfgang Klafki/Helmut-Gerhard Müller: Elisabeth Blochmann (1892–1972). Marburg 1992 und Wolfgang Klafki: Elisabeth Blochmann als Reformpädagogin in Halle. In: Die Reform des Bildungswesens im Ost-West-Dialog. Hrsg. von Hermann Röhrs und Andreas Pehnke. Frankfurt a.M. 1994. S. 133–153, bes. S. 143–145.

26 Vgl. Schulz 2 (wie Anm. 6), S. 84f.

Im folgenden formuliere ich *drei* Hauptfragen, schlüssele sie zum Teil durch Differenzierungsfragen weiter auf und skizziere hypothetische Erwägungen zu ihrer Beantwortung.

Zur ersten Hauptfrage:
Wie kann man Reichweins Entscheidung dafür, das Angebot einer Professur in der Türkei auszuschlagen, in Deutschland zu bleiben, um Rücknahme der vorläufigen Entlassung aus dem Beamtenverhältnis nachzusuchen und sich um eine Volksschullehrerstelle zu bewerben – wie wir wissen: mit Erfolg –, deuten? Dazu stelle ich einige Erwägungen an.

Ist es denkbar, daß er die Hoffnung gehegt hat, die Nationalsozialisten würden sich nicht lange an der Macht halten können? Oder sollte er zu jenem Zeitpunkt die Gefährlichkeit des Systems, die Rigorosität der schrittweisen Durchsetzung seiner autoritären Formierungsabsichten, seine imperialistischen Tendenzen, seinen Rassismus unterschätzt haben? Das ist, berücksichtigt man diesbezügliche Äußerungen vor 1933, meines Erachtens unwahrscheinlich.

Auch die Vermutung, daß er von Beginn der nationalsozialistischen Machtergreifung an entschlossen gewesen sein könnte, *subversiv* im Sinne *aktiven Widerstandes* zu wirken und die Volksschullehrerstelle sowie die praktische Arbeit in Tiefensee nur als Mittel zum Zweck zu benutzen, halte ich für ausgeschlossen; sie ist bisher auch von niemandem vertreten worden. Ein solches Kalkül wäre mit seiner Auffassung von der pädagogischen Verantwortung des Erziehers gegenüber den ihm anvertrauten Kindern, Jugendlichen, Erwachsenen sowie mit seiner Auffassung vom nicht-hierarchischen Verhältnis zwischen Pädagogik und Politik unvereinbar gewesen. Überdies wäre die hohe Intensität seiner alltäglichen Arbeit mit den Kindern in Tiefensee, seine enorme didaktische Kreativität und die Intensität seiner Arbeit an pädagogischen Veröffentlichungen, vor allem seinem Buch „Schaffendes Schulvolk" (1937) und der daran anschließenden Schrift über „Film in der Landschule" (1938), dann nicht erklärbar.

Reichwein hat offensichtlich seine pädagogische Arbeit innerhalb des NS-Systems unter den damit gegebenen Rahmenbedingungen für sinnvoll und vertretbar gehalten, obwohl er das System ablehnte. Wie aber könnte seine Begründung für diese Entscheidung gelautet haben, hätte er sie irgendwo zu Papier gebracht oder wäre er der Hinrichtung entgangen? Am ehesten leuchtet mir folgende Annahme ein: Reichwein muß die Nischen innerhalb des Systems, die relativen Freiräume für eine nicht-nazistische, nach außen kaschierbare Erziehungs- bzw. Bildungsarbeit als hinreichend eingeschätzt haben, um mit gutem Gewissen seine Arbeit in Tiefensee zu tun. Wieweit sie implizit sogar subversiv, systemkritisch sein konnte und wieweit eine solche Intention bei den Kindern und Jugendlichen wirksam, von ihnen vielleicht erahnt oder sogar ansatzweise durchschaut und möglicherweise bejaht oder auch verneint worden ist, ist zweifellos eine schwer beantwortbare Frage. Karl-Christoph Lingelbach ist ihr in einem Aufsatz am Beispiel des Geschichtsbandes, das Reichwein in Tiefensee in einem Langzeitprojekt mit den Kindern entwickelte, nachgegangen.[27]

Zur zweiten Hauptfrage:
Daß dem Antrag Reichweins auf Wiedereinsetzung als Beamter und seinem Gesuch um Einweisung in eine Volksschullehrerstelle stattgegeben wurde, ist nur erklärbar, wenn man folgende Sachverhalte in Rechnung stellt: Die nationalsozialistische Machtübernahme führte auch im Bereich der preußischen Schulverwaltung – wie in anderen Bereichen der staatlichen Administration – keineswegs dazu, daß alle bisherigen Funktionsinhaber, soweit sie nicht bereits der NSDAP angehörten oder sich schon vor dem Systemwechsel oder unmittelbar danach ausdrücklich als Befürworter des „nationalen Umbruchs" bekannten, durch nationalsozialistisch orientiertes Personal ersetzt wurden oder sich entsprechenden Gesinnungsprüfungen hätten unterziehen müssen; das wäre gar nicht durchführbar gewesen oder hätte vermutlich chaotische Folgen gehabt. Gleichwohl darf nicht aus dem Blick geraten, daß etwa 22 % der bisherigen Schulräte und etwa 3000 Lehrerinnen und Lehrer in Preußen nach der „Machtübernahme" als politisch untragbar oder unzuverlässig entlassen worden sind, mit entsprechend negativen Folgen für den Schulbereich.[28]

Es darf als wahrscheinlich angenommen werden, daß der in der Schulverwaltung verbleibende Teil derer, die nicht schon vor 1933 Mitglieder der NSDAP waren oder sich sofort nach dem Systemwechsel – überzeugt oder opportunistisch – zum Nationalsozialismus offen bekannten, ein breites Spektrum von Haltungen repräsentierten: von ‚preußischer', vermeintlich ‚unpolitischer', prinzipiell staatstreuer Beamtengesinnung über verschiedene Varianten funktionaler Anpassung an die neuen Verhältnisse bei eher pessimistischer oder optimistischer Einschätzung der weiteren Entwicklung bzw. der Bestandschancen des NS-Systems und unterschiedlichen Mischungen von Zustimmung und unausgesprochener Kritik bis hin zu innerer Distanzierung bei äußerer ‚Loyalität': „um Schlimmeres zu verhüten" und/oder in

27 Vgl. Karl-Christoph Lingelbach: Das laufende Band der Geschichte. Zum verborgenen Lehrplan in Adolf Reichweins Schulmodell Tiefensee. In: Jahrbuch für Pädagogik 1997. Frankfurt a.M. 1997. S. 219–230. Ders.: Adolf Reichweins politische Auffassungen und das Schulmodell Tiefensee. In: Politische Reformpädagogik. Hrsg. von Tobias Rülcker und Jürgen Oelkers. Bern, Frankfurt a.M. 1998. S. 541–562.

28 Vgl. Amlung (wie Anm. 1), S. 307.

Erwartung einer baldigen Änderung der politischen Lage. – Im Hinblick auf Adolf Reichweins Antrag ist bekannt, daß vor allem der Ministerialrat im preußischen Kultusministerium Kurt Zierold eine wesentliche Rolle bei der Wiedereinstellung Reichweins gespielt hat. Zierold war seit 1929 durch die gemeinsame Tätigkeit im preußischen Kultusministerium unter C. H. Becker mit Reichwein gut bekannt. Die Vorbereitung einer Stellungnahme des neu eingesetzten Abteilungsleiters, Prof. Dr. Ernst Bargheer, der schon vor 1933 der NSDAP angehört hatte, zum Antrag Reichweins als Entscheidungshilfe für den Kultusminister Bernhard Rust fiel in den Aufgabenbereich Zierolds. Er gab Reichwein in einem persönlichen Brief den ebenso mutigen wie taktisch klugen Rat, seinen Antrag durch eine Darstellung seines Lebenslaufs zu ergänzen. Nach eigenem Zeugnis Zierolds in seinen unveröffentlichten „Erinnerungen an Adolf Reichwein“ hieß es in diesem Brief unter anderem: „Geben Sie mir schriftlich einen Abriß Ihres Lebens. In ihm muß jedes Wort wahr sein, und er muß doch mit den Augen eines Nazis lesbar sein. Keine Taktik, keine Rechtfertigung, ein Spiegel Ihrer selbst, und doch darf das Schriftstück eines psychologischen Seitenblicks nicht entbehren.“[29]

Nach Kenntnisnahme des Lebenslaufes Reichweins und der im Wortlaut nicht enthaltenen, aber zweifellos positiven Stellungnahme Zierolds lud Bargheer[30] Reichwein zu einem Gespräch ein, in dem ihn der Antragsteller offensichtlich als Person stark beeindruckte. Daraufhin empfahl er Rust die Wiedereinstellung als Beamter in der Funktion eines Volksschullehrers unter Beibehaltung seiner bisherigen Bezüge als Professor und des Professorentitels. Vermutlich stammt von Bargheer oder auch bereits von Zierold der Ratschlag, Reichwein zunächst „auf Probe“ einzustellen,

29 Vgl. die Vorbemerkung Roland Reichweins zur Wiedergabe dieses Lebenslaufes in Schulz 1 (wie Anm. 6), S. 251 und den Abdruck des auf den 10. Juni 1933 datierten Lebenslaufes unter dem von Reichwein gewählten Titel „Bemerkungen zu einer Selbstdarstellung“. Ebd., S. 253–262.

30 Der zu jenem Zeitpunkt 41jährige Bargheer war zunächst Volksschullehrer gewesen und hatte neben der Berufstätigkeit Volkskunde, Germanistik und Geschichte studiert. 1927 war er mit einer volkskundlichen Arbeit an der Universität Hamburg promoviert worden. Schon vor 1933 war er begeisterter Nationalsozialist. 1932 wurde er Professor für Geschichte und Staatsbürgerkunde an der Pädagogischen Akademie Dortmund, 1933 Abteilungsleiter für den Volksschulbereich im Preußischen Kultusministerium unter Bernhard Rust. – Ob Bargheer Reichwein schon vor dem erwähnten Gespräch persönlich – ggf. als Fachkollegen in der Lehrerbildung der Preußischen Pädagogischen Akademien – kennengelernt hatte, ist nicht bekannt. – Amlung teilt ohne genauere Angaben mit, daß Bargheer seine Tätigkeit im Ministerium bereits 1936 „resigniert“ aufgegeben und sich „auf einen unbedeutenden Posten in der Universitätsbibliothek in Halle“ zurückgezogen habe (Amlung, wie Anm. 1, S. 291f.).

da er keine formelle Volksschulehrerausbildung mit entsprechenden Examina absolviert hatte. Rust teilte Reichwein am 13.8.1933 seine Wiedereinstellung mit.

Angesichts der hier noch einmal skizzierten Vorgeschichte seiner Tätigkeit als Volksschullehrer in Tiefensee drängt sich meines Erachtens eine Frage bzw. eine Vermutung auf. Wir wissen nicht, ob politisch relevante Schriften Reichweins, zumal solche aus den letzten Jahren der Weimarer Republik, einem oder mehreren der mit seinem Wiedereinstellungsgesuch befaßten Personen bekannt gewesen sind bzw. ob solche Texte sogar im Zuge der Bearbeitung seines Antrages zur Sprache gebracht wurden. Ich halte das für unwahrscheinlich und kann mir kaum vorstellen, daß – vielleicht mit Ausnahme Zierolds – einer der Funktionsträger im neuen System es gewagt hätte bzw. hätte wagen können, in Kenntnis der so eindeutig links-sozialdemokratischen bzw. „sozialistischen", anti-nationalsozialistischen Veröffentlichungen des Antragstellers seine Wiedereinstellung als Beamter zu empfehlen bzw. zu verfügen. Meine Vermutung läßt sich überdies durch den Hinweis auf die Tatsache stützen, daß Reichweins pädagogisch und politisch relevante Schriften vor 1933, auch in der Zeit seiner Tätigkeit an der Pädagogischen Akademie Halle seit 1930, fast ausschließlich den Bereich der Erwachsenenbildung bzw. der Arbeiterbildung betrafen und meistens in Zeitschriften mit einem vermutlich begrenzten Leserkreis erschienen waren, kaum aber Leser mit vorwiegendem Interesse an Schulpädagogik und Lehrerbildung erreicht haben dürften.

Zur dritten Hauptfrage:
Lag Reichweins 1939 getroffener Entscheidung, die ihm angebotene Stelle als Leiter der Abteilung „Schule und Museum" am Staatlichen Museum für Deutsche Volkskunde in Berlin anzunehmen, die – meines Erachtens zutreffende – Einschätzung zugrunde, daß jene vorher erwähnten, begrenzten Spielräume nicht zuletzt im Schulbereich zunehmend enger würden, in denen eine von nazistischen Zielsetzungen relativ freie, andeutungsweise vielleicht sogar kritische, nach außen hin aber als systemkonform kaschierbare Arbeit noch möglich war? War also das ausschlaggebende Motiv für jenen Wechsel nach Berlin die Annahme, daß die Arbeit im Volkskundemuseum für die nationalsozialistische Bildungsverwaltung weniger kontrollierbar war als die Arbeit als Lehrer? Oder gibt es Hinweise darauf, daß Reichwein schon im Frühjahr 1939 entschlossen war, im aktiven Widerstand gegen das Regime tätig zu werden, und daß er die hohe Beweglichkeit, die dieses Amt ermöglichte, bereits damals als Chance erkannte, sie außer zur Erfüllung seiner Dienstpflichten als Museumspädagoge auch zur Kontaktnahme mit Widerständlern nutzen zu können? Später hat er diese Möglichkeit ja intensiv wahrgenommen.

Ich wende mich der vierten Hauptfrage zu:
Daß Reichweins Bericht über seine Arbeit in Tiefensee, das Buch *„Schaffendes Schulvolk"*, in der NS-Zeit erscheinen konnte, ja daß das Buch wie die in ihm dargestellte Praxis auch von überzeugten nationalsozialistischen Schulpädagogen und Beamten der Kultusverwaltung als beispielhaft, als Modell für die Gestaltung einklassiger oder wenig gegliederter Landschulen, als Reformkonzept und – modifiziert – sogar für voll gegliederte Land- und Stadtschulen empfohlen worden ist, wird bisweilen damit erklärt, daß Reichwein dieses Buch weitgehend in der Sprache des Dritten Reiches geschrieben habe. Ich meine, daß hier differenziertere Interpretationen notwendig sind.

Meines Erachtens sind die oben erwähnten, überraschenden Tatbestände in hohem Maße erklärbar, wenn man berücksichtigt, daß eine ganze Reihe von Begriffen, die Reichwein im *„Schaffenden Schulvolk"* und danach auch in dem Buch *„Film in der Landschule"* verwendet hat, schon zum Vokabular seiner *vor* 1933 geschriebenen Texte wie auch seiner Vorträge gehörten. Sie waren im Sprachgebrauch weiter Kreise in der Zeit der Weimarer Republik durchaus gängig[31]: Volk, Volkstum, Volkstümlichkeit, volkstümliche Bildung; Nation und national; Deutschtum; Heimatgebundenheit, Bodenständigkeit, Bindung an die Scholle; Grenzlandarbeit; Gemeinschaft und Volksgemeinschaft, Rasse, Geopolitik usw. usf. Solche Worte waren *vieldeutig*, sie tauchten bei Sozialisten, selbst bei Kommunisten, bei Liberalen, Konservativen und Nationalisten auf. Im Nationalsozialismus bzw. im Dritten Reich erhielten sie dann eine *bestimmte*, gleichsam *offizielle* Bedeutung im Sinne des Systems. – Es ist also zum einen unzutreffend, denen die sie *vor* 1933 benutzten, *ohne weiteres* bewußte oder unreflektierte Sympathien, Affinitäten oder offene Zustimmung zum Nationalsozialismus zu unterstellen. Ebenso unzutreffend ist es meines Erachtens, die Verwendung solcher Begriffe in der Zeit *nach* 1933 bei denjenigen, von denen man heute weiß, daß sie Systemgegner waren, als scheinbare Anpassung an vermeintlich genuin *nazistisches* Vokabular *zum Zweck der Tarnung* gedeutet werden müssen. Ich betone erneut: Jene vorher aufgeführten Begriffe und etliche weitere waren *vor* der NS-Zeit ein vieldeutiges Vokabular; in der Rückschau auf das Wirken aller Antifaschisten im Dritten Reich muß man paradoxerweise sagen: *glücklicherweise* waren sie vieldeutig. Denn diese Vieldeutigkeit

---

31 Vgl. dazu die richtungsweisende Abhandlung Wilfried Huberts, die unter dem Titel „Die Perversion reformpädagogischer Begriffe im Nationalsozialismus – unter Berücksichtigung der Sprache von Adolf Reichwein" (in einer nach seinem Tode von Christian Salzmann bearbeiteten Fassung) in dem Tagungsband veröffentlicht wurde: Die Sprache der Reformpädagogik als Problem ihrer Reaktualisierung. Dargestellt am Beispiel von Peter Petersen und Adolf Reichwein. Hrsg. von Christian Salzmann. Heinsberg 1987. S. 285–354.

ermöglichte es den Systemkritikern und Systemgegnern, so z. B. auch Reichwein im „Schaffenden Schulvolk“, dieses Vokabular zu verwenden, ohne die *eigene* Deutung offenzulegen, während diejenigen, die nun die Macht hatten, diesen Redeweisen irrtümlicherweise eine Konformität mit ihrem eigenen, nationalsozialistischen Sprachverständnis unterstellen konnten.

Es liegt auf der Hand, daß aus der komplizierten Problemlage, die ich eben zu kennzeichnen versuchte, für nach dem Zweiten Weltkrieg geborene Pädagoginnen und Pädagogen, insbesondere aber für die heutige Generation von Studierenden, die pädagogische Berufe, z. B. den Lehrerberuf anstreben, große Schwierigkeiten entstehen, Schriften Reichweins zu lesen und angemessen zu interpretieren.

VII Schluß

Alle Autoren, die sich in irgendeinem Maße um das Verstehen Reichweins, um die Wieder-Vergegenwärtigung seines praktischen und theoretischen bzw. programmatischen Lebenswerkes bemühen, bringen in verschiedenen Varianten die Auffassung zum Ausdruck, daß er nicht nur eine prägnante Gestalt der deutschen Geschichte in den 25 Jahren seit dem Ende des Ersten Weltkrieges und nicht zuletzt als Kämpfer innerhalb der leider so kleinen Zahl von Gruppen des entschiedenen Widerstandes gegen das inhumane Herrschaftssystem des Nationalsozialismus gewesen ist, sondern daß sein Werk uns auch heute noch Wesentliches zu sagen hat, wenn wir es, auf die Bedingungen unserer Zeit bezogen, kritisch, d. h. auf bleibende Grundfragen und Grundeinsichten gesellschafts- und kulturtheoretischer, politischer und pädagogischer Art, aber auch auf seine historisch bedingten Grenzen hin befragen. Zu den bleibenden Errungenschaften seines Lebenswerkes gehört nicht zuletzt seine Einsicht in die wechselseitige Bedingtheit, mit anderen Worten: *die dialektische Beziehung von Politik und Bildung.*

Reformpädagogik aus dem Geist der Jugendbewegung

6

Karl Seidelmann (1899–1979)

W. Klafki, *Pädagogisch-politische Porträts*, Neuere Geschichte der Pädagogik, https://doi.org/10.1007/978-3-658-26751-3_7

Am 30. März 1979 starb in Marburg Professor Karl Seidelmann – einer der letzten aus der Generation der Reformpädagogen der Weimarer Zeit, zugleich einer der Repräsentanten jener Gruppe von Praktikern und Theoretikern der Erziehung, die ihre prägenden Grunderfahrungen der deutschen Jugendbewegung verdankten und die deren Entwicklung seit dem Ende des Ersten Weltkrieges wesentlich mitbestimmten. Es dürfte nicht viele Menschen geben, bei denen die berufliche und die öffentliche Wirksamkeit bis in die letzten Lebenstage hinein so eng mit den Wegen und Wandlungen der Jugendbewegung verbunden blieb, wie dies bei Karl Seidelmann der Fall gewesen ist.

Am 9. Juli 1899 in Augsburg geboren, besuchte Karl Seidelmann nach der Grundschulzeit jenes Augsburger Gymnasium, dem auch der wenig ältere Bertold Brecht angehörte. 1912 schloß er sich dem Mittelschülerzug des Bayerischen Wehrkraftvereins an. Nach der Heimkehr aus dem Krieg trat er 1919 in das Lehrerseminar in Altdorf in Bayern ein. Noch während der zweijährigen Seminarzeit wurde Seidelmann Mitglied und bald Gruppenführer der Pfadfinder. 1920 schloß er sich dem ein Jahr zuvor gegründeten „Bund Deutscher Neupfadfinder" an. Diese Gruppierung wurde 1926 Mitträger des Zusammenschlusses etlicher Bünde der Jugendbewegung, vor allem von Wandervogel- und Pfadfindergruppen, zum „Bund der Wandervögel und Pfadfinder", der 1927 erweitert wurde und dann den Namen „Deutsche Freischar" trug.

Zu jener Zeit galt Karl Seidelmann bereits über lokale Grenzen hinaus als einer der aktiven und wirkungsvollen Mitgestalter der Jugendbewegung. 1922 bis 1928 war er Schriftleiter der Zeitschrift „Die Spur", dort und in anderen Publikationsorganen trat er als Autor von Aufsätzen zum Selbstverständnis der Jugendbewegung hervor. In der Deutschen Freischar wurde er Gaukanzler von Bayern und Mitglied des Bundeskapitels, 1930 wählte man ihn zum Gauführer von Mitteldeutschland. Er leitete mehrere große Lager und Auslandsfahrten, auf denen es auch zu Begegnungen mit englischen Scouts kam. Der Nationalsozialismus setzte solchen Aktivitäten im Juli 1933 mit der Auflösung der Deutschen Freischar ein jähes Ende.

Seidelmanns Berufsweg hatte nach der Seminarausbildung in Altdorf mit einer vierjährigen Tätigkeit als Volksschullehrer begonnen. 1924 nahm er dann ein zweites Studium mit den Fächern Deutsch, Geschichte, Geographie und Pädagogik an der Universität München auf; er schloß es 1927 mit dem Staatsexamen ab und absolvierte bald danach die Assessorenprüfung.

Es entsprach ganz den Zielen des jungen Lehrers, daß er nun eine pädagogische Wirkungsstätte suchte, die über die öffentliche Halbtagsschule hinausreichte. So wurde er 1928 Mitbegründer und später Leiter eines Landerziehungsheimes in Münder am Deister, bis die Nationalsozialisten dieses Heim 1933 auflösten. Nach kürzerer Verhaftung mußte Seidelmann auf eine zweijährige Verlagslektorentätigkeit ausweichen. Wahrscheinlich war es nicht zuletzt die Fürsprache einstiger Mitstreiter aus der Jugendbewegung, die es ermöglichte, daß er 1935 Dozent an der Hochschule für Lehrerbildung in Frankfurt/Oder und 1940, zwei Jahre nach seiner Heirat, Professor an der Lehrerhochschule in Koblenz wurde. Von 1941 bis zu seiner Einberufung zum Militär 1944 als Marinelehrer, der eine neue Verhaftung vorausging, leitete er eine Lehrerbildungsanstalt in Vallendar beziehungsweise in Geilenkirchen

Nach der Rückkehr aus der Kriegsgefangenschaft gehörte Karl Seidelmann 1946 zu den Mitbegründern der Heimvolkshochschule Hustedt bei Celle, war Leiter von Jugendleiterschulen in Bayern und Baden-Württemberg und unterrichtete in Landerziehungsheimen, bevor er 1955 als Oberstudiendirektor an das Gymnasium nach Frankenberg berufen wurde und im Jahr darauf die Leitung des Studienseminars Marburg übernahm. 1961 wurde er aus dieser Tätigkeit heraus zum Leiter des Hessischen Lehrerfortbildungswerkes in der Reinhardswaldschule bei Kassel ernannt; diese Aufgabe nahm er bis zu seiner Pensionierung 1964 wahr.

Er hat dann noch mehrere Jahre lang den Vorsitz eines Wissenschaftlichen Prüfungsamtes an der Universität Frankfurt/Main innegehabt, daneben aber bis beinahe zuletzt seine Lehrfunktion an der Universität Marburg wahrgenommen: schon seit 1957 war er dort Lehrbeauftragter für Praktische Pädagogik, seit 1971 Honorarprofessor im Fachbereich Erziehungswissenschaften. Zusammen mit den Erziehungswissenschaftlern Elisabeth Blochmann und Gerd Iben, dem Kinder- und Jugendpsychiater Hermann Stutte und dem Jugendrechtler Kurt Lücken wirkte er bis in die beginnenden siebziger Jahre hinein im „Sozialpädagogischen Arbeitskreis“ mit, der fast in jedem Semester eine Lehrveranstaltung in Form eines Kolloquiums anbot, das Hochschullehrer, Studenten und praktizierende Sozialpädagogen zur Erörterung praxisrelevanter Kernprobleme sozialpädagogischer Arbeit zusammenführte. – Der Fachbereich Erziehungswissenschaften wollte Karl Seidelmann zu seinem 80. Geburtstag am 9. Juli 1979 die Ehrendoktorwürde der Universität Marburg verleihen; sein Tod ist dieser Würdigung zuvorgekommen.

In vielen Gesprächen hat Karl Seidelmann glaubhaft und verbindlich verdeutlich, was sein aspektreicher Lebens- und Berufsweg bezeugt: Die maßgeblichen Motive seiner Entscheidung für den Lehrerberuf und für seine späteren Tätigkeiten in der Lehrerbildung, in der pädagogischen Publizistik, der Bildungspolitik und als Hochschullehrer stammten, wie für viele Menschen seiner Generation, aus den Erfahrungen und Impulsen, die ihm die Jugendbewegung vermittelt hatte. Das gilt nicht nur für die Zeit bis 1933, es tritt vielmehr ebenso deutlich darin zutage, daß er nach 1945 sofort wieder die Beziehungen zu den neu begründeten Pfadfinder- und weiteren Jugendgruppen aufnahm und zeitlebens aufrechterhielt. Er war als Initiator, Referent und Gesprächspartner an vielen Tagungen alter und neuer Bünde beteiligt, trat als Autor von Diskussionspapieren und Beiträgen in Zeitschriften und Büchern, als Herausgeber von Textbänden, als aktives Mitglied des Freideutschen Konvents, der Vereinigung Jugendburg Ludwigstein und als Förderer des Archivs der deutschen Jugendbewegung, das nun seinen schriftlichen Nachlaß betreut, hervor.

Diese über seine Berufspflichten hinausgehenden Tätigkeiten, die in unmittelbarem Zusammenhang mit den Fortbildungen und Wandlungen der Jugendbewegung standen, waren in der Schaffensperiode nach 1945 mit weiteren Aktivitäten verschränkt. Zum einen ist hier Karl Seidelmanns politisches Engagement in der Sozialdemokratischen Partei Deutschlands zu nennen. Seit 1956 war er überdies entscheidend an den pädagogischen, insbesondere auch den bildungspolitischen Bestrebungen der „Freideutschen Kreise" beteiligt, die Lehrer, Hochschulpädagogen, Eltern und weitere pädagogisch interessierte Personen aus der einstigen Jugendbewegung, aber auch neu hinzukommende jüngere Menschen vereinigten. Zusammen mit Fritz Uplegger (Kassel) gab er von 1956 bis 1967 insgesamt 37 Hefte der „Pädagogischen Rundbriefe aus den freideutschen Kreisen" heraus, in denen aktuelle Erziehungsfragen und bildungspolitische Probleme im Sinne eines besonderen, demokratischen Bildungsreformkurses erörtert wurden; diese Informationen und Anregungen erreichten mindestens 450 bis 500 ständige Interessenten. Die Konzentrationspunkte der direkten Aussprache waren die Bildungskonferenzen der Freideutschen Kreise, die Seidelmann maßgeblich bestimmte.

1960 wurde auf einer solchen Konferenz zum Beispiel der „Rahmenplan" des Deutschen Ausschusses für das Erziehungs- und Bildungswesen behandelt, auf späteren Zusammenkünften unter anderem die Problemkreise „Bildung und Ausbildung" sowie „Schule und Berufsentscheidung". Programmatisch schreibt Karl Seidelmann im letzten Rundbrief im Januar 1967: „Ich meine, daß die Zeit der radikalen pädagogischen Reflexion noch keineswegs abgelaufen ist und daß es unerläßlich ist, sich hierbei auf die so fruchtbaren Gehalte und Anstöße der ‚Reformpädagogik' und der Jugendbewegung zurückzubesinnen. Dem muß sich stellen, wer nicht einfach vordergründigen Trends der Gegenwart verfallen will, sondern gerade in dieser unserer Zeit stehen und bestehen will."

Die generelle Zielrichtung seiner Bemühungen blieb die gleiche, aber der Wirkungskreis erweiterte sich, als Seidelmann zusammen mit dem damaligen Vorsitzenden des Deutschen Ausschusses, dem Ulmer Oberbürgermeister Theodor Pfizer, Vertretern des Deutschen Städtetages wie Rüdiger R. Beer und Dieter Sauberzweig und Pädagogen wie Hans Heckel und Hartmut von Hentig ab 1965 die Einrichtung der etwa halbjährlich stattfindenden „Bildungspolitischen Gespräche" anregte und sie seither als öffentliches Forum der Diskussion dringender Bildungsreformfragen – zum Beispiel der Saarbrücker Oberstufenreform – wesentlich mitbestimmte. – Sein Einsatz reichte auch über den Rahmen der Bundesrepublik hinaus. Vor allem hat er sich über mehrere Jahre hinweg um deutsch-französische Jugend- und Lehrerbegegnungen verdient gemacht, eine Leistung, für die er 1963 von der Französischen Staatsregierung durch die Verleihung des Ordens Palmes Académiques geehrt wurde. Die Bundesregierung würdigte Seidelmanns vielfältige pädagogische und bildungspolitische Aktivitäten und Verdienste 1969 durch die Verleihung des Bundesverdienstkreuzes 1. Klasse.

Es ist ein Beleg für seine erstaunliche Energie, daß er bei so viel praktischen Initiativen Zeit und Kraft zu einer stattlichen Zahl von erziehungswissenschaftlichen Buch- und Zeitschriftenpublikationen fand – allein nach 1945 sind es mehr als ein halbes Hundert. In den Themenkreisen dieser Veröffentlichungen spiegeln sich noch einmal Konzentrationsfelder seines pädagogischen Interesses, das um Fragen demokratischer Schulreform und Bildungspolitik, um die Lehrer-Schüler-Beziehung und darüber hinaus generell um das Verhältnis von Erziehern und jungen Menschen, um Aufgaben und Möglichkeiten der musischen und ästhetischen Erziehung einschließlich des Laienspiels, um Konstanten und historische Wandlungen des neuzeitlichen Phänomens „Jugend" und ihrer Selbstdeutung kreiste. Selbstverständlich bezog er in diese Auseinandersetzungen immer auch die Erfahrung mit den eigenen fünf Kindern ein.

Vor allem aber faszinierten ihn bis in seine letzten Lebenstage die Aufgabe der realgeschichtlichen Erforschung der deutschen Jugendbewegung und die immer erneute Reflexion über ihre historische und ihre fortwirkend-aktuelle Bedeutung. In seinen Veröffentlichungen tritt uns die bürgerliche Jugendbewegung in Deutschland vom Ende des vorigen Jahrhunderts bis 1933 in ihren zahlreichen Gruppierungen und Teilströmungen und deren jeweiliger Entwicklung oder auch Stagnation als ein überaus vielschichtiges historisches Phänomen entgegen. In ihr finden sich, in oft schwer entwirrbaren Kombinationen, unterschiedliche und zum Teil widersprüchliche Momente der politischen, der Sozial- und der Geistesgeschichte des ersten Jahrhundertdrittels in eigentümlichen Brechungen durch die Interpretation junger Menschen wieder: national-liberale Motive und Impulse der Völkerverständigung, aber auch nationalistische und rassistische Tendenzen; kritische Erkenntnis überholter Konventionen und Ideologien eines nur scheinbar unpolitischen Besitz- und Bildungsbürgertums, aber auch fragwürdige Irrationalismen; elitäre, aber auch republikanische, sozialreformerische und freiheitlich-sozialistische Motive, wie sie etwa Adolf Reichwein verkörperte.

Im Hinblick auf die Fortbildungen der „alten" Jugendbewegung und die neuen Ansätze nach 1945 war Seidelmann überzeugt davon, daß sie nur zukunftsträchtig würden, wenn sie sich – gerade im Festhalten an der Grundforderung nach einem relativen Freiraum für die Entwicklung jugendgemäßer Interessen und Lebensformen – als vorantreibende Momente einer demokratischen, politisch-gesellschaftlich-pädagogischen Gesamtentwicklung verstünden. Indem er seine Erfahrungen in der Jugendbewegung selbstkritisch in die Reflexion einbezog, ging es ihm in seinen Untersuchungen letztlich immer darum, das, was an der Jugendbewegung als humaner und sozialer Impuls der kritischen Prüfung standhält und in die Zukunft hinein fortentwickelt werden kann, von ihren Fragwürdigkeiten und Irrungen zu unterscheiden.

Als eine ihrer unverlierbaren Errungenschaften galt ihm die Entdeckung von Bund und Gruppe als jugendlichen Lebensformen, als Medien sozialer Erfahrung und wechselseitiger „Selbsterziehung". Diesem Thema war ein Buch mit dem Titel „Bund und Gruppe als Lebensformen deutscher Jugend" gewidmet, das 1955 im Viking Verlag München zuerst erschien. Die veränderte und auf zwei Bände erweiterte Fassung kam 1970/71 unter dem Titel „Gruppe – soziale Grundform der Jugend" im Schroedel Verlag Hannover heraus. Hier machte Seidelmann unter anderem den Zusammenhang des Gruppenprinzips der Jugendbewegung mit jüngeren Ansätzen der Gruppenpädagogik deutlich.

Unter den Beiträgen und Dokumentationen zur Geschichte und zu den Nachwirkungen der Jugendbewegung ragt vor allem sein letztes Werk heraus: „Die Pfadfinder in der deutschen Jugendgeschichte". Dessen erster Band erschien 1977 im Schroedel Verlag; die Auslieferung des zweiten Bandes, der kommentierte Dokumente enthalten wird, hat der Autor nicht mehr erleben können.

„Jugendbewegt" – diese Kennzeichnung hätte Karl Seidelmann wohl auch für seine letzte Reise akzeptiert. Noch am 19./20. März 1979 nahm er, seit längerem schon erkrankt, an einem kleinen Symposion in Inzmühlen in der Lüneburger Heide teil. Es ging dabei um die Vorstellung einer Materialsammlung zur Jugendbewegung, die am Institut für Empirische Soziologie der Universität Saarbrücken in jahrelanger Arbeit zusammengetragen worden ist und zu deren Auswertung die Autoren einige Interpretationsthesen vorgelegt hatten. Seidelmann bereitete seine Diskussionsbeiträge durch eine schriftliche Stellungnahme vor. Seine engagierte Teilnahme an jener Zusammenkunft mag seine Kräfte überfordert haben, ohne daß er sich dessen bewußt war. Er starb nach einem Schwächeanfall wenige Tage nach seiner Heimkehr.

Wer Karl Seidelmann persönlich freundschaftlich verbunden sein konnte, wird nicht nur den theoretisch und praktisch engagierten Pädagogen in lebendiger Erinnerung behalten, sondern auch den kunstverständigen, literaturkundigen und vor allem musikalisch hochgebildeten Menschen, nicht zuletzt auch den humorvollen Freund der Geselligkeit und des zwischen spielerischer Leichtigkeit und besinnlicher, ernster Reflexion sich hin und her bewegenden Gesprächs.

Erziehungswissenschaft und politisches Engagement aus liberal-demokratischem Geist

7

Ein Versuch, Leonhard Froeses wissenschaftliches Werk und seine bildungs- und allgemeinpädagogischen Aktivitäten zu würdigen

W. Klafki, *Pädagogisch-politische Porträts*, Neuere Geschichte der Pädagogik, https://doi.org/10.1007/978-3-658-26751-3_8

1 Einleitende Bemerkungen

Im folgenden versuche ich, das wissenschaftliche Werk von Prof. Dr. Leonhard Froese, der 1961 – als Nachfolger von Elisabeth Blochmann, der ersten Inhaberin eines selbständigen Lehrstuhls für Pädagogik in Marburg und zugleich der ersten Ordinaria für Pädagogik in der damaligen Bundesrepublik[1] – an die Philipps-Universität Marburg berufen wurde, zu würdigen. In begrenzterem Maße beziehe ich auch wissenschaftsorganisatorische, politikberatende und politische Aktivitäten mit ein. Selbst hinsichtlich der erziehungswissenschaftlichen Arbeiten können hier nicht alle seine Publikationen zur Sprache kommen; es handelt sich um fast 200 Veröffentlichungen.

Die wichtigsten Stationen seines Bildungs- und Berufsweges bis zur Marburger Wirkungszeit können hier nur stichwortartig genannt werden: Der Kindheit und Jugend in einer der ukrainischen Siedlergemeinschaften im Dnjepr-Gebiet mit vorwiegend deutschstämmiger Bevölkerung in der ehemaligen Sowjetunion und der Übersiedlung nach Deutschland folgten nach dem Abitur der Militärdienst und der Kriegseinsatz mit schwerer Verwundung sowie ein erstes Studiensemester in Breslau. Nach dem Zusammenbruch des Nationalsozialismus absolvierte Froese seit 1946 ein breit angelegtes Studium – Rechtswissenschaft, Theologie, Philosophie, Pädagogik – in Göttingen und zwischenzeitlich in Basel und Amsterdam. Sehr bald rückte die Erziehungswissenschaft ins Zentrum. Herman Nohl, einer der maßgeblichen Repräsentanten der einflußreichsten Richtung der deutschen wissenschaftlichen Pädagogik vor 1933 und in den ersten eineinhalb Jahrzehnten nach 1945, der „Geisteswissenschaftlichen Pädagogik", wurde sein entscheidender akademischer Lehrer; bei ihm wurde er 1949 promoviert. Es folgten Tätigkeiten als Assistent und Dozent an der Universität Hamburg, dann – nach der Habilitation während einer Gastdozentur 1956/57 an der Freien Universität Berlin – als Privatdozent und, ab 1959, als außerordentlicher Professor an der Universität Münster, bevor er 1961 der Berufung nach Marburg folgte. 1965 erhielt Froese einen Ruf an die Universität München, entschied sich aber nach gründlichen Überlegungen dafür, in Marburg zu bleiben.

Das Werk Froeses läßt sich in sechs thematische Hauptgruppen gliedern:

- Vergleichende Erziehungswissenschaft und Bildungsforschung,

1 Vgl. L. Froese: Elisabeth Blochmann (1892–1972). Professorin für Pädagogik. In: Marburger Gelehrte in der ersten Hälfte des 20. Jahrhunderts. Hrsg. von I. Schnack. Marburg 1977. S. 42–47; W. Klafki/H.-G. Müller: Elisabeth Blochmann (1892–1972). Marburg 1992. (Schriften der Universitätsbibliothek Marburg. Nr. 62.)

- Allgemeine Erziehungswissenschaft, insbesondere Bildungstheorie, Schultheorie, Pädagogische Anthropologie und Pädagogische Ethik im Hinblick auf „Rechte des Kindes"
- Geschichte der Pädagogik, insbesondere Pestalozzi-Forschung, sowie Bildungspolitik- und Schulrechtsgeschichte
- Systematische und programmatische Beiträge zur Bildungspolitik und Bildungspolitikberatung
- Hochschulfragen und Hochschulreform
- Beiträge zu aktuellen politischen Problemen und praktisch-politisches Engagement.

Dabei ist die Unterscheidung dieser Schwerpunkte weder als zeitliche Abfolge gemeint – Froese hat meistens in mehreren der genannten Gebiete parallel gearbeitet – noch im Sinne strikter Abgrenzungen; vielmehr ist es für seine Bemühungen kennzeichnend, daß er häufig Beziehungen zwischen den einzelnen Problemfeldern herausarbeitet.

2 Vergleichende Erziehungswissenschaft und Bildungsforschung

Leonhard Froese war einer der Mitbegründer der Vergleichenden Erziehungswissenschaft und der Vergleichenden Bildungsforschung in der Bundesrepublik, und er zählt bis heute zu ihren namhaften Repräsentanten. Dabei zeichnet sich im Zeitraum zwischen 1949, als er mit einer Untersuchung über das pädagogische Kultursystem der mennonitischen Siedlungsgruppe in Rußland – jener deutschen Volksgruppe, der er selbst entstammte – bei Herman Nohl in Göttingen promoviert wurde[2], und den 80er Jahren in seiner Forschungsarbeit eine schrittweise Erweiterung der Arbeitsfelder und im Zusammenhang damit die Weiterentwicklung und Intensivierung der methodologischen Reflexion über die Komparatistik ab, und zwar auch über unsere Disziplin hinausgreifend.

Unter inhaltlichem Gesichtspunkt sind zunächst Froeses Forschungen zur Theoriegeschichte der russischen und sowjetrussischen Pädagogik, insbesondere zur Pädagogik Makarenkos, hervorzuheben. Nach einer Reihe von Einzelstudien

2 Das pädagogische Kultursystem der mennonitischen Siedlungsgruppe in Rußland. Phil. Diss. Göttingen 1949.

über die Pädagogik Tolstojs[3], die russische pädagogische Bewegung im 19. Jahrhundert[4] und über Makarenko[5] legte Froese mit seiner Habilitationsschrift im Jahre 1956 die erste deutschsprachige Darstellung „Ideengeschichtlicher Triebkräfte der russischen und sowjetischen Pädagogik“ vor. In der stark erweiterten zweiten Auflage vom Jahre 1963 stellt dieses Buch bis heute ein Standardwerk der Forschung zum Thema dar.[6] Die eine der beiden großen Linien der Pädagogik im neuzeitlichen Rußland, die liberal-reformerische, die bis zu ihren Ursprüngen im 17. und 18. Jahrhundert zurückverfolgt wird, gipfelt in der „freiheitlich-individualen“ Pädagogik Leo Tolstojs, die andere, revolutionär-sozialistische, die mit den Dekabristen des frühen 19. Jahrhunderts einsetzt und in der sowjetischen Revolution von 1918 zum entscheidenden Durchbruch gelangt, findet ihren prägnantesten Ausdruck in Makarenkos Kollektiverziehung, die freilich erst *nach* der Phase der frühsowjetischen Reformpädagogik, wie sie insbesondere durch die Positionen Krupskajas und Lunatscharskis repräsentiert wurde, um die Mitte der 30er Jahre parteioffizielle Anerkennung als modellartige Verwirklichung sowjetischer Erziehungsvorstellungen erlangte.

Dieses Buch, zumal die Teile über die sowjetische Schulprogrammatik und Schulpolitik seit 1917 und über die Pädagogik Makarenkos, gab zum einen für die weitere Forschung in der Bundesrepublik über sowjetische Pädagogik entscheidende Anstöße; zum anderen stellten die Resultate für den Autor selbst eine neue Plattform dar, von der er fortführende Untersuchungen über verschiedene Aspekte der Pädagogik Makarenkos und über die Entwicklung des Bildungswesens (einschließlich der Hochschulen) der Sowjetunion in Angriff nehmen konnte. Diese

3 Artikel „Leo Nikolajewitsch Tolstoj“. In: Lexikon für Pädagogik. Bd. 4. Freiburg 1955. Sp. 623–624; Die Bedeutung der Kindheitserlebnisse für das pädagogische Werk L. N. Tolstojs. In: Bildung und Erziehung 7 (1954) S. 513–522; Die Lebens- und Bildungslehre L. N. Tolstojs. In: Vierteljahresschrift für wissenschaftliche Pädagogik 31 (1955) S. 258–270; Leo Tolstojs Tagesheimschule „zu Jasnaja Poljana“. In: Die Sammlung 11 (1956) S. 441–448.

4 Der Begriff der allgemeinen Bildung zu Beginn der russischen pädagogischen Bewegung. In: Die Sammlung 9 (1954) S. 460–468; Entwicklungstendenzen der (sowjetischen) Pädagogik. In: Osteuropa 6 (1956) S. 202–204; Die geistesgeschichtlichen Voraussetzungen der Sowjetpädagogik. In: Europa-Archiv 11 (1956) S. 8825–8832.

5 Artikel „Anton Semjonowitsch Makarenko“. In: Lexikon für Pädagogik. Bd. 3. Freiburg 1954. Sp. 413–414; Die sowjetische Pädagogik A. S. Makarenkos. In: Vierteljahresschrift für wissenschaftliche Pädagogik 30 (1954) S. 257–275; Das pädagogisch-literarische Werk A. S. Makarenkos. In: Internationale Zeitschrift für Erziehungswissenschaft 2 (1956) S. 113–117.

6 Ideengeschichtliche Triebkräfte der russischen und sowjetischen Pädagogik. Heidelberg 1956; 2., stark erw. Aufl. 1963.

Forschungen fanden ihren Niederschlag in einer bis in die Gegenwart reichenden Folge von Vorträgen, Aufsätzen, Buchbeiträgen und selbständigen Schriften, die hier nicht im einzelnen charakterisiert werden können. Ich hebe die kritischen Forschungsberichte bzw. Sammelrezensionen „Neue Westdeutsche Literatur zur Sowjetpädagogik" aus dem Jahre 1966[7] und „40 Jahre Makarenko in Deutschland, 1927–1967"[8] hervor, außerdem den Aufsatz „A. S. Makarenko und N. K. Krupskaja im Konzeptionspluralismus der frühsowjetischen Reformpädagogik" (1972)[9], den Beitrag über Makarenko in dem von Hans Scheuerl herausgegebenen Band „Klassiker der Pädagogik"[10], die angrenzende Skizze über „Makarenko und Gorki" aus dem Jahre 1982[11], in der – in der Form „von Anmerkungen zu einem komplexen Thema" – eine Reihe von unerforschten, z. T. potentiell brisanten Fragen zum Verhältnis Makarenkos zu Gorki exponiert werden, jenem Schriftsteller, der wohl den größten Einfluß auf Makarenkos pädagogisches und schriftstellerisches Werk ausgeübt hat. Darüber hinaus weise ich auf Froeses moderat formulierte Kritik an der sachlich unhaltbaren, politisch-abgrenzungstechnisch motivierten Polemik einiger Autoren aus der Sowjetunion und der DDR aus den 70er und der ersten Hälfte der 80er Jahre gegenüber der Marburger Makarenkoforschung (1986)[12], den einleitenden Beitrag über den „historischen Makarenko" in dem von Götz Hillig

7 Neue Westdeutsche Literatur zur Sowjetpädagogik. Kritische Auswahl und Analyse. In: Zeitschrift für Pädagogik 12 (1966) S. 277–301.

8 40 Jahre Makarenko in Deutschland 1927–1967. In: Pädagogik und Schule und Ost und West 15 (1967) S. 377–385.

9 A. S. Makarenko und N. K. Krupskaja im Konzeptionspluralismus der frühsowjetischen Reformpädagogik. In: A. S. Makarenko und die sowjetische Pädagogik seiner Zeit. Referate des internationalen Symposions in Falkenstein/Ts. Marburg 1971. S. 225–235. (Beiträge zur sozialistischen Pädagogik. Bd. 10.)

10 Artikel „Anton Makarenko (1888–1939)". In: Klassiker der Pädagogik. Hrsg. von H. Scheuerl. Bd. 2. München 1979. S. 196–211; 2. Aufl. 1991.

11 Makarenko und Gor'kij. Vorläufige Anmerkungen zu einem komplexen Thema. In: Vergleichende Bildungsforschung: DDR, Osteuropa und interkulturelle Perspektiven. Festschrift für Oskar Anweiler zum 60. Geburtstag. Hrsg. von B. Dilger u. a. Berlin 1986. S. 302–307.

12 Makarenko zwischen Ost und West. Kritische Bemerkungen zu Repliken unserer Kritiker. In: Makarenko-Diskussionen international. Hrsg. von G. Hillig/S. Weitz. München 1986 S. 5–13. (Marburger Beiträge zur Vergleichenden Erziehungswissenschaft und Bildungsforschung. Bd. 21.)

herausgegebenen Sammelband „Hundert Jahre Anton Makarenko" (1988)[13] und die Abhandlung „Zum Problem der Internationalität A. S. Makarenkos" (1992)[14] hin.

In einer weiteren Veröffentlichung hatte Froese schon 1962 seine Perspektiven über das erziehungswissenschaftliche Problemfeld i. e. S. hinaus erweitert, nämlich von in der Schrift „Der Mensch in der neueren russischen Literatur".[15]

Froeses Arbeiten zur russischen und sowjetischen Pädagogik, auf die ich die bisherige Darstellung konzentriert habe, stehen seit der Mitte der 60 er Jahre im umfassenderen Zusammenhang der durch ihn initiierten Entwicklung der Vergleichenden Erziehungswissenschaft in Marburg. Ein Markstein in diesem Prozeß ist die von ihm 1966 begründete Forschungsstelle für Vergleichende Erziehungswissenschaft. Diese von ihm bis zum Juli 1992 geleitete Einrichtung ist seither in der Fachwelt, und zwar auch in internationaler Perspektive, als einer der Konzentrationspunkte Vergleichender Erziehungswissenschaft in Deutschland anerkannt.

Hinsichtlich der Makarenko-Forschung kommt entscheidende Bedeutung dem 1968 innerhalb der Forschungsstelle eingerichteten Makarenko-Referat zu, das sich – als einzige Institution ihrer Art außerhalb der ehemaligen Sowjetunion – in den nunmehr fast 27 Jahren seines Bestehens vor allem durch die ungewöhnlich produktive Forschungsarbeit der beiden Mitarbeiter und jüngeren Kollegen Froeses, Dr. Götz Hillig und Dr. Siegfried Weitz, in Deutschland und in internationalem Maßstab hohe Anerkennung erworben hat. Hillig und Weitz haben, von Leonhard Froese unterstützt, mit ungewöhnlichem Spürsinn die Erforschung von Leben und Werk Makarenkos entscheidend vorangebracht und ihre Ergebnisse in einer großen Zahl von Publikationen dargelegt[16], frei von etlichen politisch oktroyierten oder selbstverschuldeten Blickverengungen der Makarenko-Forschung in der Sowjetunion und den anderen Staaten des früheren Ostblocks einschließlich der DDR. Die Forschungsstelle war dabei seit den 60er Jahren um offene Begegnungen und den Gedankenaustausch nicht nur mit westeuropäischen, sondern vor allem mit sowjetischen und osteuropäischen Makarenko-Forschern bemüht. Diese Aktivitäten kamen, über zahlreiche Einzelkontakte und die häufigen Forschungsaufent-

---

13 Zum Geleit: Der historische Makarenko. In: Hundert Jahre Anton Makarenko. Neue Studien zur Biographie. Hrsg. von G. Hillig. Bremen 1988. S. 9–14.

14 Zum Problem der Internationalität A. S. Makarenkos. In: Makarenko in Ost und West I. Hrsg. von S. C. Weitz/A. A. Frolov. Marburg 1992. S. 7–30. [Deutsche Ausgabe]

15 Der Mensch in der neueren russischen Literatur. Ratingen 1962.

16 Vgl. für die Zeit bis 1986 die entsprechenden Teile der in Anm. 28 genannten Gesamtbibliographie der Forschungsstelle für Vergleichende Erziehungswissenschaft, darüber hinaus für den Zeitraum bis Anfang 1993 die vollständige Bibliographie des Makarenko-Referats in der Broschüre „25 Jahre Makarenko-Referat 1968–1993", redigiert von G. Hillig und I. Wiehl. Marburg 1993. S. 57–106. [220 Titel]

halte insbesondere Götz Hilligs in der früheren Sowjetunion hinaus, nicht zuletzt in sechs Symposien (1966, 1971, 1976, 1982, 1986 und 1989) zum Ausdruck, die die Forschungsstelle durchführte und für die sie in zunehmendem Maße Makarenko-Experten aus westlichen und aus sozialistischen Ländern als Referenten gewinnen konnte.[17]

Die Entwicklung dieses Referates wie der Forschungsstelle im ganzen ist ein prägnantes Beispiel für die Art der Förderung, die Leonhard Froese Nachwuchskräften zuteil werden ließ: Eine Reihe von jungen Kollegen, die ihren wissenschaftlichen Weg unter seiner Anleitung und Betreuung – oft zunächst als seine Doktoranden – begonnen hatten, konnten sich in der ebenso anregenden wie liberalen, die Eigenaktivität der Mitarbeiter freisetzenden und herausfordernden Atmosphäre der Forschungsstelle bis heute zu hochqualifizierten Spezialisten für bestimmte Gebiete der Vergleichenden Erziehungswissenschaft entwickeln. Im Hinblick auf das Makarenko-Referat schlägt sich die Fruchtbarkeit dieses Leitungsstiles nicht zuletzt darin nieder, daß Froese und seine Mitarbeiter Götz Hillig und Siegfried Weitz sowie Irene Wiehl nach langjährigen, von der Deutschen Forschungsgemeinschaft geförderten Vorarbeiten und neben den bereits erwähnten zahlreichen Publikationen zur Makarenko-Forschung seit 1976 eine zunächst auf 20, inzwischen auf etwa 25 Bände berechnete, auf genauesten Quellenstudien basierende zweisprachige Ausgabe der Werke und Briefe des sowjetischen Pädagogen herausgaben. Diese Edition, von der bisher acht Bände erschienen sind und deren deutscher Text als neue Übersetzung aus dem Russischen bzw. Urkainischen erarbeitet wurde, stellt die erste wissenschaftlich zuverlässige Makarenko-Edition dar; sie ist als eine Leistung von höchstem internationalem Rang zu werten.[18]

Ein zweites Arbeitsfeld innerhalb der von L. Froese betriebenen Vergleichenden Erziehungswissenschaft und Bildungsforschung war die Entwicklung des Bildungswesens der DDR. Vor allem im Zeitraum zwischen 1959 und 1970 hat er in einer Reihe von Studien, die in namhaften pädagogischen Zeitschriften, thematisch einschlägigen Büchern oder als selbständige Schriften veröffentlicht wurden, die

17 Zum zuletzt genannten Symposion vgl. Stand und Perspektiven der Makarenko-Forschung. Materialien des 6. internationalen Symposions (28. April-2.Mai 1989). Hrsg. von G. Hillig/S. Weitz. München 1994. (Marburger Beiträge zur Vergleichenden Erziehungswissenschaft und Bildungsforschung. Bd. 27.)

18 Anton Makarenko. Gesammelte Werke. Marburger Ausgabe [zweisprachig]. Hrsg. von L. Froese/G. Hillig/S. Weitz/I. Wiehl. Ravensburg 1976ff.; ab 1982 Stuttgart, bisher 8 Bände. Einzelne Bände erschienen auch in einer gesonderten, ausschließlich deutschsprachigen Fassung.

geistigen Grundlagen der DDR-Pädagogik (1959, 1962)[19], die Phasen des „Gestaltwandels“ der Schule im Zusammenhang mit der jeweiligen innen- und außenpolitischen Entwicklung der DDR (1960)[20], Sowjetisierungstendenzen im ersten Jahrzwölft des Schulwesens der DDR (1962)[21], die Entwicklung der Lehrpläne in der sog. „Tauwetterperiode“ um die Mitte der 60er Jahre (1964)[22] und neue Tendenzen am Ende dieses Jahrzehnts (1970)[23] dargestellt und kritisch erörtert. Auch für diesen Bereich der Arbeit der Forschungsstelle hat sich mit Froeses Unterstützung ein selbständig arbeitendes Forschungsteam (Horst Messmer und Dr. Rainer Brämer) herausgebildet, das bis 1989 unter der Bezeichnung „Forschungsgruppe für Sozialgeschichte der Erziehung in der DDR“, danach bis 1994 als „Arbeitsgruppe deutsch-deutsche Bildungsreform“ tätig war. Mit Unterstützung durch Mittel des Bundesministeriums für innerdeutsche Beziehungen hat diese Arbeitsgruppe vor allem in den 80er Jahren die Ergebnisse mehrerer Forschungsprojekte in einer Reihe von bedeutsamen Publikationen vorgelegt. Geleitet von originellen erziehungswissenschaftlich-sozialwissenschaftlichen Fragestellungen und mit Hilfe entsprechender Analysemethoden hat die Arbeitsgruppe neue Resultate in den Unterrichtsbereichen „Bildung und Sozialstruktur“, „Bildung und Arbeit“, „Tendenzen des naturwissenschaftlich-technischen Unterrichts in der DDR“ und „Bildung und Ideologie“ gewonnen und gut fundierte, kritisch differenzierte Einschätzungen entwickelt. Diese Untersuchungen gehören m. E. zu den besten und ergebnisreichsten Arbeiten der bundesrepublikanischen Forschung über das Bildungswesen der DDR, und sie sind darüber hinaus auch nach dem Zusammenbruch dieses Staates für die Rekonstruktion seiner Bildungs- und Sozialgeschichte bedeutsam.[24]

19 Die geistigen Grundlagen des mitteldeutschen Bildungswesens. In: Zeitschrift für Pädagogik 5 (1959) S. 372–386.

20 Der Gestaltwandel der mitteldeutschen Schule. In: Erziehung und Schule in Theorie und Praxis. Hrsg. von G. Geissler/H. Wenke. Weinheim 1960. S. 33–41.

21 Sowjetisierung der deutschen Schule. Entwicklung und Struktur des mitteldeutschen Bildungswesens. Freiburg/Basel/Wien 1962. (Das pädagogische Gespräch.)

22 Mitteldeutsche Lehrpläne. Die staatlichen und kirchlichen Lehrpläne in der „Tauwetterperiode“. Wiesbaden 1964. (Schriften der Arbeitsgemeinschaft für Osteuropaforschung der Universität Münster.)

23 Gegenwartsprobleme im Bildungswesen der DDR aus der Sicht der Bundesrepublik. Vortrag, gehalten am 08.04.1970 bei der Hochschulwoche für staatswissenschaftliche Fortbildung in Bad Nauheim. Bad Homburg v. d. Höhe 1970. [Sonderdruck]

24 Auch die Arbeiten dieser Gruppe sind bis 1986 in der in Anm. 28 genannten Bibliographie der Forschungsstelle erfaßt.

Seit etwa 1960 hat Froese auch die Entwicklung des Bildungswesens in westlichen Industriestaaten, so vor allem in Schweden und den USA, schrittweise intensiver in seine Untersuchungen einbezogen[25], entsprechende Forschungs- und Vortragsreisen

25 Erziehungs- und Bildungswesen in West- und Osteuropa. In: Die Pädagogik im XX. Jahrhundert. Eine enzyklopädische Darstellung ihrer Grundfragen, geistigen Gehalte und Einrichtungen. Hrsg. von W. Scheibe. Stuttgart 1960. S. 383–405; Bildungstendenzen in der modernen Welt. In: Bildungswettlauf zwischen Ost und West. Hrsg. von L. Froese u. a. Freiburg/Basel/Wien 1961. S. 7–36. (Das pädagogische Gespräch.); Das West- und Osteuropäische Bildungswesen. In: Formen und Kräfte des ländlichen Bildungswesens im Ausland. Frankfurt a. M. 1964. S. 8–18; Bildungsstrukturen in Ost und West. In: Paedagogica Europaea 1 (1965) S. 209–219; Reform der Wissenschaftlichen Hochschule. Vergleichende Analyse der amerikanischen, der sowjetrussischen und der deutschen Universität. In: Frankfurter Hefte 20 (1965) S. 307–318; Zur modernen Bildungsproblematik und -kritik in den USA. Vortrag, gehalten am 23.04.1965 bei den Hochschulwochen für staatswissenschaftliche Fortbildung in Bad Wildungen. Bad Homburg v. d. Höhe 1965. [Sonderdruck]; Amerikanische Bildungspolitik aus deutscher Sicht. In: Pädagogische Rundschau 20 (1966) 1: Festschrift zum 65. Geburtstag von Ernst Lichtenstein. Hrsg. von W. Klafki. S. 105–111; Die Überwindung des Deweyismus in den USA. In: International Review of Education 12 (1966) S. 24–37; Zur aktuellen amerikanischen Bildungspolitik. Motivation und Maßnahmen. In: Pädagogische Rundschau 20 (1966) S. 920–934; Bildung – Bildungspolitik – Fortbildung. Zur deutschen und internationalen Situation. In: Auswärtige Kulturbemühungen. Hrsg. von B. Martin. Neuwied 1967. S. 61–71. (Jahrbuch der auswärtigen Kulturbemühungen. Bd. 4.); The Educational Race between East and West. „The Educational Discourse". In: General Education in a Changing Word. Proceedings of the Comparative Education Society of Europe. Berlin 1965. S. 52–56; Die sozio-pädagogische Problematik und der bildungspolitische Auftrag der modernen Industriegesellschaft. In: Industriestaatliche Tendenzen im Bildungswesen der beiden Teile Deutschlands. Weinheim/Berlin 1967. S. 19–46. (Marburger Forschungsstelle für Vergleichende Erziehungswissenschaft. Berichte. H. 2.); auch unter dem Titel: Zur sozio-pädagogischen Problematik der Industriegesellschaft. In: Pädagogische Analysen und Reflexionen. Festschrift für Elisabeth Blochmann zum 75. Geburtstag. Hrsg. von P. M. Roeder. Weinheim/Berlin 1967. S. 243–258; Bildungspolitik und zweite industrielle Revolution. Bad Homburg v. d. Höhe 1968. (Schriftenreihe des Forschungsrates des Landes Hessen. H. 16.); Skandinavische und deutsche Bildungspolitik gestern und heute. Ein kritischer Vergleich. In: Beiträge zur schwedischen Schulreform. Weinheim/Berlin 1968. S. 247–278. (Marburger Forschungsstelle für Vergleichende Erziehungswissenschaft. Berichte. H. 4.); Zur Bildungspolitik in führenden Industriestaaten. Vortrag, gehalten am 04.12.1968 bei den Hochschulwochen für staatswissenschaftliche Fortbildung in Bad Hersfeld. Bad Homburg v. d. Höhe 1969. [Sonderdruck]; Projektgruppe der Marburger Forschungsstelle für Vergleichende Erziehungswissenschaft: Qualifizierung und wissenschaftlich-technischer Fortschritt am Beispiel der Sekundarstufe in ausgewählten Industriestaaten. Bd. 1 (Italien/Schweden). Ravensburg 1975. Einführung: L. Froese. S. 12–46.

in diese Länder durchgeführt und 1986 eine Gastprofessur an der Harvard-Universität in Cambridge/Massachusetts wahrgenommen.[26]

Diese Aktivitäten und entsprechende Veröffentlichungen waren – analog zur Entwicklung der Marburger Makarenko- und der DDR-Forschung – vielfach verzahnt mit dem Aufbau einer dritten Arbeitsgruppe der Forschungsstelle für Vergleichende Erziehungswissenschaft, der Projektgruppe „Schule und wissenschaftlich-technischer Fortschritt". Froese hat sich auch hier als Hochschullehrer und Forschungsorganisator wesentliche Verdienste erworben. Er hat diese Gruppe jüngerer Erziehungswissenschaftler herangebildet, ihnen zunehmend größere wissenschaftliche Entwicklungs- und Entscheidungsmöglichkeiten eröffnet und mit ihnen zusammen allmählich das Grundkonzept einer vergleichenden Bildungsstrukturforschung entwickelt. Auch diese Gruppe hat in Deutschland und international als besonders qualifiziertes Arbeitsteam Vergleichender Erziehungswissenschaft Anerkennung gefunden. Ich hebe hier als Mitarbeiter, die dieser Forschungsgruppe über besonders lange Zeit angehört haben und ihr – mit Ausnahme des zuletzt Aufgeführten – noch heute angehören, hervor: Dr. Heinz Stübig, Dr. Viktor von Blumenthal, Dr. Bodo Willmann und Dr. Bruno Nieser.

Gegenstand der Arbeiten dieser Wissenschaftler und zeitweilig anderer Mitarbeiterinnen und Mitarbeiter[27] waren – im Sinne von Länderstudien und Vergleichen – Entwicklungen im Bildungswesen Englands, Frankreichs, Italiens, Schwedens, der USA, in den Jahren 1990/91 auch Österreichs und der Schweiz, und zwar in einem auffallend breiten Spektrum von Fragestellungen: Bildungsstatistik, Bildung, Beschäftigungssystem und Chancengleichheit, Vorschulerziehung, Sekundarstufe I, Sekundarstufe II, Gesamtschul-Entwicklung, Berufliche Weiterbildung, Zweiter Bildungsweg, Schulabschlüsse, Behinderte im Schulwesen, Arbeitswelt und Schule, Schülermitbestimmung, Beratung in der Schule u. ä.[28] Allerdings spiegelt sich in der Vielzahl der Aspekte auch der Zwang, in relativ kurzen Abständen die Drittmittelfinanzierung durch Übernahme extern vorgegebener Themenstellungen zu

---

26 Nach Harvard – der Lehre wegen. In: alma mater philippina. Zeitschrift des Marburger Universitätsbundes. Wintersemester 1986/87. S. 29–31; vgl. den Nachdruck in dem Sammelband: L. Froese: Universität und Gesellschaft. Vorträge und Aufsätze aus der Marburger Zeit. Hrsg. von Th. Schiller. Marburg 1989. S. 95–101.

27 In der Anfangsphase der Forschungsstelle sind hier vor allem Hon.-Prof. Dr. Christian W. Schneider und Prof. Dr. Hartmut Vogt zu nennen; in späteren Phasen waren, jeweils für einige Jahre, Dr. Uwe Zänker, Dr. Roland Hein, Dr. Herbert Bode, Dr. Gerda Achinger und Dr. Annemarie Buttlar in der Forschungsstelle tätig.

28 Bis 1986 sind die Publikationen dieser Forschungsgruppe in einem „Verzeichnis der Veröffentlichungen zur Vergleichenden Erziehungswissenschaft und Bildungsforschung (1966–1986)" der Forschungsstelle, Marburg 1986, zusammengestellt.

sichern. Das hat dazu geführt, daß Studien über die einzelnen Länder gegenüber detailliert vergleichenden Analysen, wie sie das Bildungsstrukturkonzept vorsah, bis zum ersatzlosen Auslaufen dieser Forschungsförderung im Jahre 1990 das Übergewicht erhalten haben. Das bedeutet nun keineswegs, daß Froese und der Forschungsgruppe „Schule und wissenschaftlich-technischer Fortschritt" nicht bereits wesentliche Schritte in Richtung auf ihr zentrales Forschungsziel gelungen seien, nämlich systematisch-vergleichende Strukturanalysen über den Zusammenhang zwischen ökonomischen, gesellschaftlichen und politischen Entwicklungen einerseits und Prozessen in den jeweiligen Bildungssystemen andererseits zu verbinden. Als generelle Voraussetzung solcher komparatistischen Studien und zugleich als Auswahlgesichtspunkt für die zu untersuchenden Bildungssysteme schälte sich schon früh das Kriterium heraus, daß es sich um ökonomisch hochentwickelte Industriegesellschaften bzw. Industriestaaten handeln sollte. Die Leitfragen richteten sich dabei sowohl auf übergreifende Gemeinsamkeiten oder mindestens Ähnlichkeiten in den gesellschaftlichen und pädagogischen Problemstellungen und den bildungsorganisatorischen und curricularen Lösungsversuchen als auch auf spezifische, z. T. in unterschiedlichen gesellschaftlich-politischen und pädagogischen Traditionen begründete Spielarten oder Sonderentwicklungen in einzelnen Ländern.

In Froeses eigenen Arbeiten zeichnet sich die schrittweise Herausbildung der eben umrissenen inhaltlichen Problematik, die für ein angemessenes Verständnis der Bildungssystem-Entwicklung in der Bundesrepublik im internationalen Horizont damals wie heute unverzichtbar ist, in einer Folge von Aufsätzen und Abhandlungen ab. Als besonders wichtige Situationen hebe ich folgende Beiträge heraus: den Artikel „Erziehungs- und Bildungswesen in West- und Osteuropa" (1960), den Aufsatz „Bildungsstrukturen in Ost und West" (1965), den mehrfach wiederabgedruckten Beitrag „Die sozio-pädagogische Problematik und der bildungspolitische Auftrag der modernen Industriegesellschaft (1967), die Broschüre „Bildungspolitik und zweite industrielle Revolution" (1968), die Druckfassung des Vortrages „Zur Bildungspolitik führender Industriestaaten" (1969) und die große Einführung zu dem von der Forschungsstelle herausgegebenen Band „Qualifizierung und wissenschaftlich-technischer Fortschritt am Beispiel der Sekundarschulreform in ausgewählten Industriestaaten" (1975).[29] Der Zusammenhang von Schule und Gesellschaft ist auch der Leitgesichtspunkt einer „geschichtlich-vergleichenden Betrachtung" aus dem Jahre 1987, in der Froese unter dem Titel „"Gesamtschule international: Trends und Gegentrends" Schulstruktur-Entwicklungstendenzen in synchroner und diachroner Perspektive verfolgt und dabei nicht nur die USA,

29 Vgl. die genaueren bibliographischen Angaben in Anm. 25.

West-, Süd- und Nordeuropa sowie die Staaten des vormals sozialistischen Blocks, sondern auch Japan einbezieht.[30]

Froese hat seine eigenen Länderstudien und komparatistischen Beiträge und die analogen Untersuchungen seiner Mitarbeiter immer wieder durch methodologische Reflexionen begleitet. Das Problem des internationalen bzw. interkulturellen Vergleichs zwischen Bildungssystemen, die aus verschiedenen Traditionszusammenhängen erwachsen und politisch unterschiedlich organisierten Wirtschafts- und Gesellschaftssystemen angehören, die aber gleichzeitig in wachsendem Maße durch übergreifende, tendenziell globale wissenschaftlich-technische und industrielle Tendenzen bestimmt werden, hat sich dabei als voraussetzungsreich und schwierig erwiesen, sofern man hohe Ansprüche an die intersubjektive Überprüfbarkeit und Diskutierbarkeit entsprechender Aussagen stellt. Vor allem seit seinen Literaturberichten zu methodologischen Problemen der Vergleichenden Pädagogik, die 1960 und 1967 in der Zeitschrift für Pädagogik erschienen[31], läßt sich eine kontinuierliche wissenschaftstheoretische Entwicklungslinie nachzeichnen. Sie führt über den Lexikon-Artikel „Vergleichende Erziehungswissenschaft" vom Jahr 1964 und die Neubearbeitung aus dem Jahr 1973[32] sowie die „Marginalien zur Begriffsdiskussion der wissenschaftlich-technischen Revolution im Systemvergleich" (1975)[33] bis zu der Druckfassung des Vortrages über „Grenzen und Möglichkeiten des Vergleichs" auf der Tagung der Sektion der Bundesrepublik Deutschland in der „Comparative Education Society in Europe" im Jahr 1981[34] und zu einem Beitrag zur methodologischen Problematik der Vergleichenden Erziehungsgeschichte und Erziehungswissenschaft aus dem gleichen Jahr[35]; eine gekürzte englische Fassung

30 Gesamtschule international: Trends und Gegentrends. Eine geschichtlich-vergleichende Betrachtung. In: Neue Bildung – Neue Schule. Hrsg. von K.-H. Braun/D. Wunder. Weinheim/Berlin/Basel 1987. S. 185–202.

31 Neuere Beiträge zum methodologischen Problem der Vergleichenden Pädagogik. In: Zeitschrift für Pädagogik 6 (1960) S. 265–268; Paradigma des Selbstverständnisses der Vergleichenden Erziehungswissenschaft. Kritisch-vergleichende Bestandsaufnahme. In: Zeitschrift für Pädagogik 13 (1967) S. 315–324.

32 Vergleichende Erziehungswissenschaft. In: Fischer-Lexikon Pädagogik. Hrsg. von H.-H. Groothoff. Frankfurt a. M. 1964. S. 331–338; Neuausgabe 1973. S. 330–345.

33 Marginalien zur Begriffsdiskussion der wissenschaftlich-technischen Revolution im Systemvergleich. In: Bildungstradition und moderne Gesellschaft. Festschrift für Hans-Hermann Groothoff. Hrsg. von J. L. Blass u. a. Hannover 1975. S. 137–142.

34 Grenzen und Möglichkeiten des Vergleichs. Erschienen als Vorwort zu: Marburger Beiträge zur Vergleichenden Erziehungswissenschaft und Bildungsforschung. Hrsg. von V. v. Blumenthal u. a. Bd. 7–11. München 1979 und 1980, jeweils S. VII-XI.

35 Zum Vergleichsaspekt in den Geschichtswissenschaften – ein Beitrag zur methodologischen Problematik der Vergleichenden Erziehungsgeschichte und -wissenschaft. In:

dieser Publikation erschien 1982.[36] Erfreulicherweise liegen einige dieser methodologischen Beiträge seit 1983 in einem Sammelband des Autors wieder vor.[37]

Nach der Emeritierung Leonhard Froeses bzw. seitdem er die Leitung der Forschungsstelle 1992 aus gesundheitlichen Gründen aufgeben mußte, wird diese Einrichtung in formell modifizierter und reduzierter Form fortgeführt, letzteres vor allem, weil die finanzielle Stützung durch Drittmittel zweier Bundesministerien entfallen ist und andere Drittmittelgeber nicht gefunden werden konnten. Diese wissenschaftliche Einrichtung umfaßt jetzt nur noch das Makarenko-Referat – mit verringerter Personalausstattung – die ehemalige Projektgruppe „Schule und wissenschaftlich-technischer Fortschritt", deren jetzige Bezeichnung „Schule und Migration" (unter Leitung von Prof. Dr. Georg Auernheimer) eine neue thematische Akzentuierung signalisiert, nämlich die Untersuchung von Problemen der interkulturellen Erziehung und der Situation von Kindern ausländischer Mitbürger in deutschen Schulen.

Gleichwohl bleibt es ein gravierender Verlust in wissenschaftlicher und in bildungspolitisch-praktischer Hinsicht, daß das so aussichtsreich angelaufene langfristige Projekt einer international vergleichenden Bildungsstrukturforschung anhand ausgewählter Industriestaaten wegen finanzieller und personeller Restriktionen nicht fortgeführt werden kann.

Aus der Arbeit im Bereich der Vergleichenden Erziehungswissenschaft erhielt Froese, wenn ich recht sehe, die ersten Impulse, sich auch im Bereich der wissenschaftlich reflektierten Politikberatung zu betätigen. Ich werde diesen Gesichtspunkt später noch einmal aufgreifen, weil entsprechende Aktivitäten nicht auf die in diesem Abschnitt leitende Perspektive begrenzt geblieben sind.

Grundfragen der Vergleichenden Erziehungswissenschaft. München 1981. S. 1–26.

36 On the Comparative Aspect in Historical Studies: a contribution to discussion of methodological problems in comparative education and comparative studies in the history of education. In: Comparative Education 18 (1982) S. 305–311.

37 Ausgewählte Studien zur Vergleichenden Erziehungswissenschaft. Positionen und Probleme. München 1983. (Marburger Beiträge zur Vergleichenden Erziehungswissenschaft und Bildungsforschung. Bd. 19.)

3 Allgemeine Erziehungswissenschaft, insbesondere Bildungstheorie, Schultheorie, Pädagogische Anthropologie und Pädagogische Ethik im Hinblick auf „Rechte des Kindes"

Froeses Untersuchungen zur Vergleichenden Erziehungswissenschaft erfolgen jeweils auf der Basis und als bereichsspezifische Konkretisierung von Fragestellungen, Kategorien und Methoden der Allgemeinen Erziehungswissenschaft. In *dieser* Dimension hat er sich zum einen mit einer Reihe fundierter Einzelbeiträge in die Diskussion von Grund- und Zeitfragen der Erziehung und der Erziehungswissenschaft eingeschaltet, und zwar meistens in frühen Phasen der jeweiligen Erörterungen, dann nämlich, wenn es darum ging, neue Fragestellungen ins Blickfeld der erziehungswissenschaftlichen Forschung und der pädagogischen Praxis zu rücken oder zu einer für notwendig erachteten *Neu*fassung pädagogischer Grundprobleme beizutragen. Ich erwähne als Beispiele Aufsätze zur Frage der Sexualpädagogik (1954)[38], zur Freizeitpädagogik (1958)[39], zur Frage „Unterricht durch Technik" (1963)[40] und zu der heute wieder intensiv erörterten Problematik der sittlichen bzw. moralischen Erziehung (1961).[41]

Zum anderen gibt es einige *durchgehende* Problemstellungen, die Schwerpunkte seiner allgemein-erziehungswissenschaftlichen Forschungs- und Theoriebildungsbemühungen bezeichnen. Schon 1952 griff er in einem m. E. bis heute bedeutsamen Beitrag[42] ein Grundproblem der Geisteswissenschaftlichen Pädagogik, die Frage nach der relevanten Autonomie oder Eigenständigkeit der Erziehung in Theorie und Praxis, erneut auf und kam zu einer überzeugenden Bestimmung der „bleibenden Bedeutung des pädagogischen Autonomieprinzips", indem er dieses Prinzip – Unklarheiten der älteren Geisteswissenschaftlichen Pädagogik überwindend und den Grundsatz kritisch weiterdenkend – als „relationale Autonomie" bestimmte: nämlich als eine spezifisch praktische und theoretische Verantwortlichkeit für die Entwicklung junger Menschen zur Mündigkeit, zur Selbständigkeit, dies aber nicht

38 Die sexuelle Aufklärung und Erziehung. In: Pädagogische Provinz 11 (1954) S. 580–585.

39 Erziehung zum rechten Gebrauch der Freiheit. In: Westermanns Pädagogische Beiträge 10 (1958) S. 132–134.

40 Unterricht durch Technik – eine Realität heute und morgen. In: Die Deutsche Universitätszeitung 18 (1963) 12, S. 28f.

41 Zum methodischen Problem der sittlichen Erziehung. In: Pädagogische Rundschau 15 (1961) S. 37–46.

42 Die bleibende Bedeutung des pädagogischen Autonomieprinzips. In: Bildung und Erziehung 5 (1952) S. 561–567.

in einem undialektisch-individualistischen Verständnis, sondern in der Bezogenheit auf Politik, Gesellschaft und Kultur, eine Orientierung, die im neuzeitlichen Geschichtsprozeß als argumentativ begründbare Option gewonnen worden sei. Ich bedauere nach wie vor, daß der von Froese geprägte Terminus der „relationalen Autonomie" sich in der Allgemeinen Erziehungswissenschaft nicht eingebürgert hat.

Den Grundgedanken jenes frühen Aufsatzes hat Froese dann später vor allem in seiner schultheoretischen Abhandlung über „Die gesellschaftlichen Mächte und die Schule" (1959)[43] und in dem Aufsatz über „Das Prinzip der pädagogischen Autonomie in der evangelischen Unterweisung und politischen Bildung" (1959)[44] konkretisiert und noch einmal in der Münsteraner Antrittsvorlesung „Pädagogisches Ethos und gesellschaftlicher Auftrag" und ihrer Druckfassung (1961)[45] auf grundsätzlicher Ebene weiterentfaltet. Diese Arbeiten waren zugleich produktive Beiträge innerhalb eines Prozesses der Erziehungswissenschaft in der Bundesrepublik oder doch wesentlicher Strömungen dieser Disziplin, in der sie den spezifischen, nämlich *eigenständigen* politisch-gesellschaftlich-kulturellen Auftrag der Erziehung theoretisch zunehmend klarer herausarbeitete und ein neues Selbstverständnis der Erziehungswissenschaft im kooperativen Zusammenhang der anthropologischen und der Sozialwissenschaft entwickelte.

In den gleichen, übergreifenden Zusammenhang kann man m. E. auch Froeses historisch-systematische Studie zum „Bedeutungswandel des Bildungsbegriffs" (1962), die Druckfassung seiner Marburger Antrittsvorlesung[46], einordnen, insofern die hier entwickelte, historisch-fundierte, aber auf die Gegenwart bezogene Auslegung des Bildungsbegriffs als „personale Bildung" individualistische Verkürzungen des Bildungsverständnisses korrigiert und einerseits seine gesellschaftlich-politische Dimension wiedergewinnt, andererseits die theoretisch unhaltbare und praktisch verhängnisvolle Scheidung von „Allgemeinbildung" und „Berufsbildung" im Ansatz überwindet.

Die problem- und begriffsgeschichtliche Dimension, die Froese in dieser Abhandlung bereits nachdrücklich zur Sprache bringt, hat er zum einen 1963 in einem

---

43 Die gesellschaftlichen Mächte und die Schule. In: Die Sammlung 14 (1959) S. 438–445. [Zum begrenzt veränderten Wiederabdruck vgl. Anm. 49.]

44 Das Prinzip der pädagogischen Autonomie in der evangelischen Unterweisung und politischen Bildung. In: Die Sammlung 14 (1959) S. 144–153. [Zum begrenzt veränderten Wiederabdruck vgl. Anm. 49.]

45 Pädagogisches Ethos und gesellschaftlicher Auftrag. In: Zeitschrift für Pädagogik 7 (1961) S. 11–31. [Vgl. Anm. 49.]

46 Der Bedeutungswandel des Bildungsbegriffs. [Antrittsvorlesung an der Philipps-Universität Marburg am 10.05.1961.] In: Zeitschrift für Pädagogik 8 (1962) S. 121–142. [Vgl. Anm. 49.]

Aufsatz mit dem Titel „Vom Anfang der Erziehung und Bildung“[47] bis in frühe Phasen der menschlichen Kulturentwicklung zurückverfolgt, zum anderen 1989 noch einmal unter Kulturentwicklung sowie gattungs- und kulturgeschichtlicher Fragestellung auf dem jüngeren Stand der einschlägigen Forschung in aufschlußreicher Weise dargestellt, nun unter besonderer Betonung des Zusammenhanges zwischen der Entwicklung der Schriftkulturen seit der sumerischen Periode (ca. 3000 Jahre v. Chr.) und der Entwicklung von Schulen als Einrichtungen zur Tradierung der Grundkompetenzen zum rezeptiven und aktiven Umgang mit der Schrift (Lesen und Schreiben) und zur Aneignung schriftlich überlieferter Inhalte solcher Kulturen.[48]

Mehrere der bisher genannten und weitere Beiträge zum Autonomie- und zum Bildungsproblem fanden, z. T. überarbeitet, 1962 in dem Sammelband „Schule und Gesellschaft“ Aufnahme; er erschien 1967 unter dem Titel „Erziehung und Bildung in Schule und Gesellschaft“ in einer veränderten und erweiterten Neuauflage.[49]

Die schultheoretische Perspektive nahm Froese später wieder in seinem Beitrag „‚Schulkrise‘ – woher kommt sie, wohin geht sie?“ (1983)[50] auf. Die weitausholende, den internationalen Vergleich einbeziehende Argumentation mündet in eine originelle Prognose: Im Zuge einer generellen Renaissance der europäischen Aufklärung würden und müßten sich Gesellschaft und Schule einem grundlegenden Umstrukturierungsprozeß unterziehen, in dessen Vollzug an die Stelle der heute dem gesellschaftlichen Leistungssystem integrierten Organisationsform der Schule ein Gefüge von Lernorten und weitgehend selbstverwalteten Institutionen eines freien, offenen pädagogischen Umgangs von Erwachsenen und jungen Menschen in einer konsequent demokratisch verfaßten Gesellschaft träte. – Schließlich ist hier an den bislang letzten Beitrag Froeses zur Schultheorie und zur Schulentwicklungstheorie in internationaler Sicht zu erinnern, auf den ich bereits im vorigen

---

47 Vom Anfang der Erziehung und Bildung. In: Internationale Pädagogische Kontakte. Hrsg. von G. Hausmann. Heidelberg 1963. S. 42–54. [Wiederabdruck vgl. Anm. 49.]

48 Von der Bildung der Schrift zur schriftlich vermittelten Bildung. Eine Bild-orientierte Betrachtung. In: Bildung – Glaube – Aufklärung. Zur Wiedergewinnung des Bildungsbegriffs in Pädagogik und Theologie. Hrsg. von R. Preul u. a. Gütersloh 1989. S. 19–36.

49 Erziehung und Bildung in Schule und Gesellschaft. Erziehungswissenschaftliche Fragestellungen. Weinheim/Basel 1967. [2., veränd. und erw. Aufl. des Buches „Schule und Gesellschaft“.]

50 ‚Schulkrise‘ – Woher kommt sie, wohin geht sie? In: Schulkrise – international? München 1983. S. 5–10. (Texte, Dokumente, Berichte zum Bildungswesen ausgewählter Industriestaaten. H. 27.)

Hauptabschnitt hinwies, den Aufsatz „Gesamtschule international – Trends und Gegentrends“ (1987).[51]

Seit der Mitte der 60er Jahre zeichnete sich in Froeses Arbeiten zur Allgemeinen Erziehungswissenschaft ein weiterer Schwerpunkt ab, nämlich die Bemühung um Grundlagenfragen einer Pädagogischen Anthropologie des Kindes und des Jugendlichen, die als integratives Moment einer allgemeinen, historisch-gesellschaftlich reflektierten Anthropologie der Person verstanden wird. Froeses grundlagentheoretische Überlegungen, die sich auf eine kritische Rezeption der aspektreichen Forschungs- und Diskussionslage sowohl in der eher einzelwissenschaftlich als auch in der eher generalistisch-philosophisch ansetzenden Anthropologie seit den 20er Jahren stützen, haben ihren Niederschlag in mehreren Aufsätzen gefunden, die in namhaften Fachzeitschriften, u. a. auch in spanischer Übersetzung gedruckt wurden.[52] Sie sind größtenteils in den 1970 zusammen mit Dietmar Kamper verfaßten großen Artikel „Anthropologie und Erziehung“ des Erziehungswissenschaftlichen Handbuches eingegliedert worden.[53] Ohne hier auf Einzelheiten eingehen zu können, darf doch gesagt werden, daß diese Arbeiten auf der Linie jener Bemühungen um eine neue, integrale „Pädagogische Anthropologie“ lagen und liegen, die in Heinrich Roths gleichnamigem Standardwerk (Bd. I 1966, Bd. II 1971) ein umfassende konzeptionelle Ausformung erreicht haben. Froese hat die anthropologische Problematik dann 1973 noch einmal auf die Frage des behinderten Menschen hin ausgelegt, und zwar in einem englischsprachigen Beitrag „Anthropology of Damaged Human Beings“.[54]

Wer die Bemühungen um eine philosophisch-pädagogisch orientierte Anthropologie des Kindes in ihrer langen Problemgeschichte verfolgt, wird immer wieder auf den engen Zusammenhang solcher Reflexionen mit den Fragen einer pädagogischen

---

51 Vgl. Anm. 30.

52 Anthropobiologie und Anthropologie der Person. In: Marburger Sitzungsberichte der Gesellschaft zur Beförderung der Naturwissenschaften. Bd. 86. Marburg 1964. H. 1–2. S. 49–63; Die Lehre vom Menschen im Verständnis heutiger Forschung. In: Universitas 21 (1966) S. 915–926; Zur Anthropologie des Kindes und Jugendlichen. In: Pädagogische Rundschau 23 (1969) S. 602–612; Anthropologie der Erziehung des Kindes und Jugendlichen. In: Pädagogische Rundschau 24 (1970) S. 595–604.

53 L. Froese/D. Kamper: Anthropologie und Erziehung. In: Erziehungswissenschaftliches Handbuch. Bd. III. Hrsg. von Th. Ellwein/H.-H. Groothoff u. a. Berlin 1970. S. 67–154.

54 Anthropology of Damaged Human Beings. In: Universitas. Quarterly English Language Edition. Stuttgart 1973. S. 245–254; auch unter dem Titel „Problems of the Damaged Human Beings“ in: Law and State. A Biannual Collection of Recent German Contribution to these Fields. Ed. by the Institute for Scientific Co-operation. Tübingen 1972. S. 94–102.

Ethik stoßen. So nimmt es nicht wunder, daß auch bei Froese diese Beziehung nicht nur anklingt, sondern ausdrücklich aufgenommen worden ist. Darin kommt, wenn ich recht sehe, auch eine charakteristische, sehr persönliche Komponente Leonhard Froeses zur Geltung: seine spontane Liebe zu Kindern. Charakteristischerweise sieht er das Problem aber nun nicht nur als ein je personales, sondern zugleich als ein gesellschaftlich-politisches Problem. So hat er 1979 das Jahr des Kindes zum Anlaß genommen, in origineller Weise in die öffentliche Diskussion um „Rechte des Kindes", „Kinderfeindlichkeit", „Bemühungen um eine kinderfreundliche Umwelt- und Gesellschaftsgestaltung" und um die Entwicklung pädagogischen Ver-antwortungsbewußtseins nicht nur von Eltern und Berufserziehern, sondern aller Erwachsenen einzugreifen, und zwar mit der Publikation von „Zehn Postulaten", gleichsam einem Dekalog über Kindesrechte und Erwachsenenverantwortung. Diese „Postulate", die zunächst in der Marburger Universitätszeitung erschienen[55], wurden von der Tagespresse, im Rundfunk, im Fernsehen und in mehreren Zeitschriften aufgegriffen und kommentiert sowie auf Tagungen, Elternabenden und in Schulklassen diskutiert. Die Thesen sind in erweiterter Form im gleichen Jahr noch einmal in seinem Buch „Zehn Gebote für Erwachsene – Texte für den Umgang mit Kindern" veröffentlicht worden, ergänzt durch historische Textbeispiele und vom Autor zusammenfassend kommentiert.[56]

Die Frage nach „Grundrechten des Kindes" in einer humanen Gesellschaft hat Froese in jüngerer Zeit in eine gleichsam reziproke Perspektive gerückt: In einer knappen, gleichwohl überaus aspektreichen anthropologisch-ethischen Reflexion fragt er nun nach der „Bedeutung der Kindheit in der Erwachsenheit".[57] Nach einem Rückblick auf charakteristische Situationen der Entwicklung des „Bildes vom Kinde in der abendländischen Geistesgeschichte" geht es ihm darum, Kindheit nicht nur als ein in sich selbst wertvolles Stadium der menschlichen Entwicklung in den Blick zu rücken, sondern zugleich als einen Zusammenhang von Erfahrungen und Qualitäten, die in der „Erwachsenheit" „aufgehoben" (in der von Hegel geprägten Wortbedeutung) werden müßten. Welchen Sinn könnte und müßte die kindliche Weltsicht, die Unbefangenheit, die „Unmittelbarkeit", die intensive Subjektivität und Spontaneität kindlicher Lebensäußerungen, wie sie sich etwa im kindlichen Lachen und Weinen, in seiner Lust an der Begegnung mit Neuem, Ungewohntem,

55 Zehn Postulate aus Marburg zum „Internationalen Jahr des Kindes". In: Marburger Universitätszeitung. Nr. 1 (1979) S. 3.

56 Zehn Gebote für Erwachsene. Texte für den Umgang mit Kindern. Frankfurt a. M. 1979.

57 Das andere Ich oder: Über die Bedeutung der Kindheit in der Erwachsenheit. In: Wandel und Kontinuum. Festschrift für Walter Falk zum 65. Geburtstag. Hrsg. von H. Bernsmeier/H.-P. Ziegler. Frankfurt a. M. 1992. S. 23–26.

seiner Offenheit des Fragens zeigen, für den Weg des Menschen in eine sinnerfüllte Erwachsenenexistenz haben? Mit Marcuse, Bloch und Sartre, Buytendijk, Plessner und Claessens fragt er, welche Bedeutung für das Ich-Verständnis des Erwachsenen, für seine immer neu zu leistende Identitätsbildung die Transposition des in der Kindheit und bedingt auch in der Jugend „geborgenen Schatzes" menschlicher Möglichkeiten, nicht zuletzt auch ihre utopischen Gehalte gewinnen könnten und sollten, in dialogischer Verantwortung gegenüber den Mitmenschen, zumal den Kindern, und in der Begegnung des und der einzelnen mit seinem bzw. ihrem eigenen, früheren kindlichen Ich.

4 Geschichte der Pädagogik, insbesondere Pestalozziforschung, Bildungspolitik- und Schulrechtsgeschichte

Daß weder Allgemeine Pädagogik noch Vergleichende Erziehungswissenschaft im Verständnis Froeses unabhängig von der erziehungsgeschichtlichen Forschung, und zwar theorie- und institutionsgeschichtlicher Forschung möglich ist, kam in den vorangehenden Abschnitten dieses Beitrages bereits deutlich zur Geltung. Historische Perspektiven gingen folglich in die bisher genannten Publikationen Froeses häufig, jeweils problembezogen, ein. Darüber hinaus sind nun aber weitere Untersuchungen und Dokumentationen zu nennen, in denen erziehungsgeschichtliche Fragestellungen (wiewohl nie losgelöst von Gegenwartsfragen) dominieren.

Einzelbeiträge sind u. a. dem reformpädagogischen Erbe Georg Kerschensteiners (1954)[58], Wilhelm Diltheys (1974)[59] und den „Voraussetzungen der Geisteswissenschaftlichen Pädagogik" (1965)[60] gewidmet, ein rezeptionsgeschichtlich wichtiger Aufsatz dem Marburger Neukantianer Paul Natorp als einem nach 1945 fast vergessenen Philosophen und Pädagogen (1965)[61]; dieser zuletzt genannten Arbeit kommt auch insofern Bedeutung zu, als sie einem Schüler Froeses, dem allzu früh verstorbenen Kollegen Richard Pippert, wichtige Impulse zu seinen Natorp-Forschungen gegeben hat.

58 Das reformpädagogische Erbe Georg Kerschensteiners. In: Ganzheitliche Bildung 5 (1954) S. 321–336.

59 W. Diltheys 130. Geburtstag. In: Pädagogische Rundschau 18 (1964) S. 50–53.

60 Voraussetzungen der geisteswissenschaftlichen Pädagogik. In: Beispiele. Festschrift für Eugen Fink zum 60. Geburtstag. Hrsg. von L. Landgrebe. Den Haag 1965. S. 277–290.

61 Paul Natorp – ein vergessener Pädagoge? In: Pädagogische Rundschau 16 (1962) S. 245–253.

Das Zentrum der theoriegeschichtlichen Forschungen Froeses im deutschen Sprachraum aber bildet die Pädagogik Pestalozzis. Seine Untersuchung über „Pestalozzi und der Pietismus" aus dem Jahre 1963 kennzeichnet wohl weitgehend auch heute noch den Forschungsstand zu diesem Aspekt der geistesgeschichtlichen Voraussetzungen und Implikationen des Pestalozzischen Denkens.[62] Hier wird der Nachweis geführt, daß pietistische Einflüsse auf Pestalozzi stärker gewesen sind, als man bislang angenommen hatte. Große Beachtung fand dann vor allem der von L. Froese zusammen mit einigen seiner damaligen Mitarbeiter und Schüler verfaßte Sammelband „Zur Diskussion: Der politische Pestalozzi" aus dem Jahre 1972. Die Wirkung dieses Buches, das jenen Impuls aufnahm und fortführte, den Adalbert Rang mit seinem Buch „Der politische Pestalozzi" (1967) zur Wiederentdeckung und zur kritischen Neuinterpretation der politischen Dimension in Pestalozzis Gesamtwerk und als Moment seines pädagogischen Denkens gegeben hatte, ist in der internationalen Pestalozzi-Diskussion bis heute nachweisbar.

Froese leitete den Band mit einem Beitrag unter der Überschrift „Der politische Pestalozzi – Der Beginn einer Pestalozzi-Renaissance?" ein.[63] M. E. ist es ihm in seiner Analyse, die zunächst problemgeschichtlich ansetzt und dann die kontroversen Positionen in der Debatte zwischen Adalbert Rang und der damaligen Marburger Forschergruppe (Georg M. Rückriem, Horst Messmer, Dietfrid Krause-Vilmar, Richard Pippert, Dietmar Kamper) präzis rekonstruiert, gelungen, ebensosehr den unverzichtbaren Erkenntnisfortschritt der radikalen, gesellschaftskritisch orientierten Pestalozzi-Kritik einiger seiner Schüler herauszuarbeiten wie die Grenzen dieses Interpretationsaspekts aufzuweisen und zugleich weiterführende Fragestellungen, insbesondere hinsichtlich der Auslegung der Pestalozzischen „Nachforschungen" in ihren beiden Fassungen von 1795 und 1797, zu exponieren sowie textkritische Hinweise zu geben.

Aus dem Jahre 1980 liegt ein weiterer Aufsatz über den „historischen Pestalozzi"[64] und aus dem Jahre 1982 eine souveräne „Porträtskizze"[65] vor; diese Skizze kann man in gewisser Weise als einen – wenn auch in besonderem Maße auf die religiöse Komponente in Pestalozzis Denken und Werk hin akzentuieren – Aufriß einer umfassenden Lebens- und Werkgeschichte des Schweizers verstehen.

---

62 Pestalozzi und der Pietismus. In: Pädagogische Rundschau 17 (1963) S. 331–354.

63 L. Froese u. a.: Zur Diskussion: Der politische Pestalozzi. Weinheim/Basel 1972; darin: Der politische Pestalozzi – der Beginn einer Pestalozzi-Renaissance? S. 1–19.

64 Zur Diskussion: Der historische Pestalozzi! In: Pädagogische Rundschau 34 (1980) S. 89–92.

65 Johann Heinrich Pestalozzi. In: Gestalten der Kirchengeschichte. Hrsg. von M. Greschat. Stuttgart 1983. S. 383–394.

Ein weiterer Aspekt des erziehungsgeschichtlichen Interesses L. Froeses betrifft den Problemkreis der Schulpolitik und der Schulgesetzgebung seit dem Aufkommen des neuzeitlichen Schulwesens. 1953 gab er den Quellenband „Deutsche Schulgesetzgebung 1763–1952" heraus, der 1968 – zusammen mit W. Krawietz völlig neubearbeitet und einerseits wesentlich erweitert, andererseits auf den Zeitraum bis 1945 konzentriert (und als Band I bezeichnet) – in zweiter Auflage erschien und in entsprechenden Veranstaltungen an Hochschulen und Universitäten häufig als Textgrundlage benutzt worden ist.[66] Froese hat diesem Band eine ausführliche „Bildungspolitische Entwicklungsskizze" vorangestellt, die die großen historischen Linien der Schulentwicklung und Schulpolitik im deutschen Sprachraum seit dem Mittelalter nachzeichnet und den historischen Ort der Dokumente verständlich macht.

Froeses Edition des Text- und Dokumentenbandes „Bildungspolitik und Bildungsreform" aus dem Jahre 1969 kann man als den angekündigten, aber nicht erschienenen zweiten Band der vorher genannten Publikation betrachten. Das umfangreiche Buch enthält die bedeutendsten amtlichen Dokumente der Bildungspolitik in der Zeit des Besatzungsregimes in Deutschland seit 1945 sowie in der Bundesrepublik und der DDR von 1949 bis zum Jahre 1968.[67] Froeses einführender Text über „Motivation und Genese der Bildungsreformpolitik seit 1945" (S. 13–74), der den Zusammenhang der Quellentexte kritisch-interpretativ herausarbeitet, war eine der ersten zusammenfassenden Darstellungen der jüngeren Bildungspolitik- und Schulgeschichte, die in der Bundesrepublik vorgelegt wurden; sie hat der weiteren Forschung zu diesem Problemkreis wichtige Anstöße gegeben.

5 Systematische und programmatische Beiträge zur Bildungspolitik und Bildungspolitikberatung

Seine primär historischen Darstellungen zur Bildungspolitik und Schulgesetzgebung ergänzte Froese in systematischer Absicht schon im Jahre 1967 durch einen Buchbei-

66 Deutsche Schulgesetzgebung. Bd. I: Brandenburg, Preußen und Deutsches Reich bis 1945. Weinheim/Berlin/Basel 1968. (Kleine Pädagogische Texte. Bd. 37.) [Überarb. und stark erw. Neuaufl. der Textausgabe „Deutsche Schulgesetzgebung 1763–1952", Weinheim 1953.]

67 Bildungspolitik und Bildungsreform. Amtliche Texte und Dokumente zur Bildungspolitik im Deutschland der Besatzungszonen, der Bundesrepublik und der DDR. Hrsg. von L. Froese. München 1969. [Vorwort und Einleitung: S. 9–74.]

trag über „Bildungschancen, Bildungsansprüche, Bildungspolitik“[68] und zehn Jahre später (1977) durch die Erörterung der Frage „Von welchen Prämissen aus entwirft sich Bildungspolitik?“ Diesen Aufsatz verstand er als Beitrag „Zur Theorie und Praxis der Politikberatung“; Josef Derbolav nahm ihn in das von ihm herausgegebene Werk „Grundlagen und Probleme der Bildungspolitik“ auf, einen Sammelband mit bis zu jenem Zeitpunkt repräsentativen Aufsätzen zum Thema.[69] Froese begründet in seinem Aufsatz im konzis gefaßten ersten Teil in Auseinandersetzung mit einer Position, die wissenschaftliche Politikberatung einerseits und Verwendung der Beratungsinhalte durch die Bildungspolitik andererseits reinlich glaubt scheiden zu können, die alternative Auffassung, daß in einer dezidiert demokratischen Gesellschaft, die „offen für die politische Mitwirkung und Zusammenarbeit aller ihrer Bürger“ ist, „nicht zuletzt ihre ‚sachverständigen‘ Mitglieder gehalten“ seien, „auf die politischen Entscheidungsprozesse einzuwirken, und zwar sowohl in der Phase der Entscheidungsvorbereitung wie der Entscheidungsfindung als auch der Entscheidungskontrolle“ (S. 253). Er exemplifiziert Probleme und mögliche Inhalte so verstandener wissenschaftlicher Politikberatung dann an den Schwierigkeiten des Deutschen Bildungsrates und an den „Stuttgarter Leitlinien einer liberalen Bildungspolitik“ aus dem Jahre 1977.

Im Sinne der eben skizzierten Position hat Froese – ohne je die Unterscheidung zwischen wissenschaftlicher Forschung und wissenschaftlichen Aussagen einerseits und politischen Aussagen und politischem Handeln andererseits zu verkennen, freilich auch, ohne diese *Unter*scheidung als beziehungslose Scheidung mißzuverstehen – Möglichkeiten zur wissenschaftlich reflektierten Beratung in verschiedenen Feldern der Kultur- und Bildungspolitik wahrgenommen.

Ein Zugang ergab sich aus dem Zusammenhang seiner Arbeiten zur Vergleichenden Erziehungswissenschaft. 1966 veröffentlichte er in der Zeitschrift „Pädagogische Rundschau“, die er von 1964 bis 1982 mit herausgab, einen Aufsatz „Zur aktuellen Situation unserer auswärtigen Kulturpolitik“[70], ein Jahr später im „Jahrbuch der auswärtigen Kulturbeziehungen“ Überlegungen zur deutschen und internationalen Situation unter dem Gesichtspunkt des Zusammenhangs von

68 Bildungschancen, Bildungsansprüche, Bildungspolitik. In: Konzepte für eine neue Schule. Hrsg. von R. Hörl. Neuwied/Berlin 1967. S. 95–104. (Aktuelle Pädagogik.)

69 Von welchen Prämissen aus entwirft sich Bildungspolitik? Zur Theorie und Praxis der Politikberatung. In: Grundlagen und Probleme der Bildungspolitik. Hrsg. von J. Derbolav. München 1971. S. 250–261.

70 Zur aktuellen Situation unserer auswärtigen Kulturpolitik. In: Pädagogische Rundschau 20 (1966) S. 1036–1039.

„Bildung, Bildungspolitik und Fortbildung“[71] und 1969 in einem Buch seines damaligen Mitarbeiters Christian W. Schneider über „Die deutsche Schule im Ausland“ den Beitrag „Auswärtige Kulturpolitik – Kulturelle Außenpolitik“[72]. Er hatte sich damit für die Mitarbeit in der Enquete-Kommission für Auswärtige Kulturpolitik des Deutschen Bundestages, in die er 1970 berufen wurde, in besonderem Maße ausgewiesen. Sowohl an dem Zwischenbericht der Kommission aus dem Jahre 1972 als auch am Schlußbericht, der 1975 erschien[73], war er wesentlich beteiligt.

Die im vorangehenden Abschnitt hervorgehobenen Beiträge zum „Recht des Kindes“ sind von ihrem Autor an zentralen Stellen explizit auch als politikberatende Anstöße und Forderungen formuliert worden, insofern sie konkrete rechts- und bildungspolitische Konsequenzen einschließen.

In einem anderen bildungspolitisch bedeutsamen Feld hat er noch in jüngster Zeit Beratungsfunktionen übernommen: Als Mitglied der baden-württembergischen „Strukturkommission Lehrerbildung 2000“ hat er sich gutachtlich zur “Lehrerbildungspolitik und Lehrerbildungsstruktur in ausgewählten westeuropäischen Industriestaaten“ geäußert und aus seiner kritisch-vergleichenden Trendanalyse eine trotz ihrer behutsamen Form eindeutige Empfehlung ausgesprochen, die der mehrheitlichen Kommissionsempfehlung entsprach, ohne daß die Landesregierung Baden-Württembergs ihr bislang gefolgt ist: Man soll „die Lehrerbildung für alle Schularten und Schulstufen als universitäre Aufgabe [...] betrachten“; dementsprechend sollten die Landesuniversitäten „eine integrierte Lehrerbildung akzeptieren“ und sie als „Chance“ wahrnehmen (S. 177).[74]

Weitere politikberatende Aktivitäten hat Froese auch im Bereich der Hochschulpolitik entfaltet. Sie werden im Zusammenhang des folgenden Abschnitts zur Sprache kommen.

---

71 Bildung – Bildungspolitik – Fortbildung. Zur deutschen und internationalen Situation. In: Auswärtige Kulturbeziehungen. Hrsg. von B. Martin. Neuwied 1967. S. 61–71. (Jahrbuch der auswärtigen Kulturbeziehungen. Bd. 4.)

72 Auswärtige Kulturpolitik – kulturelle Außenpolitik. In: Die deutsche Schule im Ausland. Hrsg. von C. W. Schneider. Heidelberg 1969. S. 7–18.

73 Bericht der Enquete-Kommission Auswärtige Kulturpolitik. Bonn-Bad Godesberg 1975.

74 Lehrerbildungspolitik und Lehrerbildungsstruktur in ausgewählten westeuropäischen Industriestaaten. In: Strukturkommission Lehrerbildung 2000. (Pädagogische Hochschule 2000): Lehrerbildung in Baden-Württemberg. Materialien. Stuttgart 1994. S. 168–177.

6 Hochschulfragen und Hochschulreform

Seit Beginn seiner Marburger Lehrtätigkeit hat Froese sich praktisch – in der akademischen Selbstverwaltung auf verschiedenen Ebenen, durch Mitwirkung in zahlreichen Kommissionen, bei Diskussions- und Vortragsveranstaltungen – und durch entsprechende Veröffentlichungen bemüht, Probleme der Hochschule und der Hochschulreform zu klären und produktiv an Lösungen mitzuwirken. So leitete er bereits 1961 ein Marburger Podiumsgespräch über die Frage „Mit welchen Voraussetzungen kommt der Student zur Universität?" ein und skizzierte die „Voraussetzungen eines geisteswissenschaftlichen Studiums"[75], nahm 1963 in der Deutschen Universitätszeitung zu Anregungen des Wissenschaftsrates zur Errichtung von Kollegienhäusern an wissenschaftlichen Hochschulen Stellung[76], kritisierte 1964 Reduktionstendenzen in der Hochschulpolitik einiger Bundesländer, insbesondere unter dem Gesichtspunkt der Lehrerausbildung und der Unverzichtbarkeit pädagogischer Studienanteile im Studium *aller* künftigen Lehrer[77], und legte 1968 vor dem Hintergrund einer Skizze der Universitätsgeschichte und des ungelösten Problems einer wissenschaftlichen Lehrerbildung für alle Lehrer sowie in Auseinandersetzung mit Reformvorschlägen aus den 60er Jahren den Grundriß für (leider nie realisierte) Modellversuche mit neu strukturierten „Pädagogischen Fakultäten" als universitären Institutionen wissenschaftlich fundierter Lehrerbildung, für erziehungswissenschaftliche Hauptfach-Studiengänge und erziehungswissenschaftliche Forschung vor.[78] Im gleichen Jahr wies er anhand einer Analyse der Diskussionen um die Universitätsreform an der Freien Universität Berlin – auf die nicht eliminierbare, vielmehr immer wieder neu fruchtbar zu machende Polarität von fachwissenschaftlicher Spezialisierung und Wahrnehmung des gesellschaftlich-politischen Auftrages der Hochschule an der Demokratie hin, indem er „Hochschulautonomie" und „Demokratisierung der Hochschule" als sich

75 Mit welchen Voraussetzungen kommt der Student zur Universität? In: Jahrbuch des Marburger Universitätsbundes. Bd. I. Forum Philippinum 1961. S. 227–228; Voraussetzungen eines geisteswissenschaftlichen Studiums. Ebd., S. 245–251.

76 Reeducatio ex post – Bemerkungen zu den Anregungen des Wissenschaftsrates ‚zur Errichtung von Kollegienhäusern an wissenschaftlichen Hochschulen'. In: Deutsche Universitätszeitung 18 (1963) 2, S. 6–10.

77 Universitätsreform mit oder ohne Pädagogicum? In: Pädagogische Rundschau 18 (1964) S. 338–343; Universitätsreform durch Reduktion? In: Deutsche Universitätszeitung 19 (1964) 6, S. 3–4.

78 Pädagogische Fakultät – eine Alternative? In: Lehrerseminar – Akademie – Hochschule. Hrsg. von H.-K. Beckmann. Weinheim 1968. S. 13–28.

wechselseitig bedingende Prinzipien verdeutlichte.[79] Diesen Grundgedanken hat er dann 1973 noch einmal in einem großen Vortrag in der italienischen Società Sassarese an der Universität Sassari über „Die Hochschulautonomie. Eine permanente Herausforderung der Gesellschaft" weitergeführt und vertieft, indem er das Verhältnis von Universität, Staat und Gesellschaft in den Grundzügen seiner Entwicklung seit der mittelalterlichen Begründung der Universitäten in Italien und in Paris nachzeichnete und die aktuelle Situation dann prägnant anhand der durch die Studentenbewegung neu artikulierten Diskussionslage strukturierte. Der Aufsatz wurde in deutscher und italienischer Sprache veröffentlicht.[80] Froeses Grundforderungen – weitgehende universitäre Selbstverwaltung innerhalb staatlicher Rahmenbestimmungen, konsequent gesicherte Freiheit der Wissenschaft in Forschung und Lehre unter Anerkennung der Verfassungsprinzipien, Wahrnehmung der gesellschaftlich-politischen Verantwortung der Wissenschaft in kritischer Loyalität zu Staat und Gesellschaft, Überwindung quasi-ständischer Sozialstrukturen in den Hochschulen, funktionsgerechte Partizipation *aller* Gliedgruppen der Hochschule an Entscheidungsprozessen – sind m. E. nach wie vor gültig und in ihrer progressiven Tendenz heute fast noch akuter, weil gefährdeter als in den beginnenden 70erJahren.[81]

Froese hat, wie es zu Beginn dieses Abschnitts angedeutet wurde, nicht nur theoretisch Hochschulreform begründet und verflochten, sondern ist in vielfältiger Weise praktisch tätig geworden, etwa durch Mitwirkung an hochschulpolitischen Planungen und Aktivitäten innerhalb der FDP (er war z. B. um die Mitte der 70er Jahre stellvertretender Vorsitzender des FDP-Bundesausschusses für Kultur- und Bildungspolitik), durch Gesetzesvorschläge an den Hessischen Kultusminister, die u. a. die Einrichtung des Landeshochschulverbandes im Hessischen Hochschulgesetz vom 12.05.1970 beeinflußt haben, als Mitglied des Dreier-Direktorats der Universität Marburg in der hochschulpolitisch schwierigen Übergangssituation der Jahre 1969/70, als Senatsbeauftragter für die politische Bildung an der Universität

79 „Fachidiotie" und Sozialutopie. Zur Kontroverse über den fachwissenschaftlichen und gesellschaftlichen Auftrag der „Hochschule in der Demokratie". In: Politische Bildung in der Demokratie. Fritz Borinski zum 65. Geburtstag. Hrsg. von G. Doerry u. a. Berlin 1968. S. 195–204.

80 Die Hochschulautonomie: Eine permanente Herausforderung der Gesellschaft. In: Studi Sassaresi. Serie III. H. III: Autonomia e Diritto di Resistenza. (Università di Sassari. Società Sassarese per le Scienze Giurdiche). Anno Adademico 1970–71. Milano 1973. S. 575–596. [Übersetzung ins Italienische: S. 596–601.]

81 Die in den Anmerkungen 76, 78, 79 und 80 genannten sowie 5 weitere Beiträge zum Themenkreis Universität und Gesellschaft liegen in dem in Anm. 26 aufgeführten Sammelband vor; vgl. auch den in Anm. 74 genannten Beitrag.

Marburg und Initiator des studium politicum generale dieser Universität, nicht zuletzt als Mitgestalter eines Mitbestimmungsmodells in der damaligen Fachrichtung Erziehungswissenschaft an der Universität Marburg, das noch vor der Hochphase der Studentenbewegung von Lehrenden und Studierenden gemeinsam geschaffen wurde und zu den konsequentesten Demokratisierungsmodellen auf Fachbereichs- bzw. Fachrichtungsebene gehört hat, die in der Bundesrepublik in den ausgehenden 60er und den beginnenden 70er Jahren erfolgreich praktiziert worden sind, bevor Novellierungen in der Hochschulgesetzgebung des Landes deutliche Reduktionen notwendig machten.

7 Beiträge zu aktuellen politischen Problemen: Deutschland-Politik und Friedenspolitik

L. Froese gehört zu jenem Kreis von Personen der ersten Nachkriegsstudentengeneration, die aus ihrem Studium und aus der Bemühung um die individuelle Aufarbeitung ihrer Erfahrungen in der NS-Zeit und ihres Kriegseinsatzes das Motiv gewannen, am Aufbau demokratischer Verhältnisse produktiv mitzuwirken. Seine politischen Aktivitäten gehen dabei über die bereits erwähnten Initiativen im Felde der Bildungs- und Hochschulpolitik hinaus. – Auf seine Mitarbeit in der FDP seit den 60er Jahren wurde bereits hingewiesen. Er verließ die Partei nach deren Berliner Bundesparteitag 1982 und unterstützte die „Liberalen Demokraten" im Rahmen einer Wählerinitiative im Hessischen Landtagswahlkampf 1983.

Besondere Bedeutung kommt im allgemein-politischen Bereich seinen Initiativen im Felde der Deutschlandpolitik während der 60er Jahre zu; sie umfassen u. a. auch die entsprechende Aufklärungsarbeit innerhalb der Hochschule, so etwa in Form des von ihm initiierten Marburger studium politicum generale, und die Mitwirkung in einem 1967 begründeten Deutschlandpolitischen Arbeitskreis von Professoren und Studenten der Universität Marburg und anderer Universitäten. Diese Bemühungen gehören in den Zusammenhang der geistigen Vorbereitung jener neuen Deutschland- und Ostpolitik, für die sich gegen Ende der 60er Jahre politische Mehrheiten in der Bundesrepublik abzuzeichnen begannen und die dann unter der sozial-liberalen Koalitionsregierung seit 1969 realisiert worden ist. Für Froeses diesbezügliche, frühe Orientierungen sind vermutlich auch Erkenntnisse aus seinen wissenschaftlichen Studien über die Entwicklung des Bildungswesens in der DDR als Impulse wirksam geworden.

Aus Ansätzen des oben erwähnten Marburger studium politicum generale ging dann auch L. Froeses Anregung zu einem Sammelband hervor, der von ihm 1968 unter dem Titel „Was soll aus Deutschland werden? Neue Aspekte der Deutschlandpolitik“ herausgegeben wurde und der Beiträge von so namhaften Wissenschaftlern und Politikern wie Ferdinand Friedensburg, Herbert Wehner, Bernhard Leverenz, Wilhelm Wolfgang Schütz, Erich Mende, Gerhard Hoffmann, Ludwig Raiser, Theodor Ellwein, Wolfgang Abendroth, Hans Wolfgang Rubin u.a. enthält. Der Herausgeber ist in dem Band zum einen mit dem Wiederabdruck eines bereits 1966 in den Frankfurter Heften veröffentlichten Beitrages zur Reform der Deutschland- und Ostpolitik vertreten, zum anderen mit einer m. E. hervorragenden zeitgeschichtlich-politologischen Analyse der deutschen politischen Entwicklung zwischen 1945 und 1968, insbesondere der Deutschlandpolitik der Bundesrepublik im Spannungsfeld zwischen Deutschlandpolitik der Sowjetunion und der DDR auf der einen und der USA, Englands und Frankreichs auf der anderen Seite.[82] Dem Buch darf inzwischen der Rang eines historischen Dokumentes für eine wichtige Phase und einen zentralen Aspekt der politischen Entwicklung der Bundesrepublik zugesprochen werden.

Dieser Publikation folgte 1969, aus der Arbeit des oben erwähnten, von L. Froese und G. Kade geleiteten Deutschlandpolitischen Arbeitskreises hervorgehend, eine Schrift unter dem Titel „30 Thesen für eine neue Deutschlandpolitik“; an ihr waren außer Froese und Kade u. a. auch Karl-Dietrich Bracher, Wolfgang Gerhardt, Wolfgang Roth, Walter Hirche, Eike Gerken und Ulf Andersen beteiligt.[83] Es handelt sich um politische Thesen aufgrund fachwissenschaftlicher Analysen, m. a. W. um ein Dokument, das einmal mehr die Legitimität von Versuchen bestätigt, auf der Basis wissenschaftlicher Untersuchungen auf politische Entwicklungen und Entscheidungsprozesse einzuwirken und auch in dieser Form die politische Verantwortung der Wissenschaft in einer Demokratie wahrzunehmen.

Da Froese Deutschlandpolitik in den 60er Jahren wie auch danach immer zentral als Beitrag zu einer internationalen Friedenspolitik verstand, ist sein bis zuletzt anhaltendes Engagement in friedenspolitischen Initiativen als konsequente Fortsetzung seiner damaligen Bemühungen zu verstehen. Die wichtigsten seiner bis zum Frühjahr 1984 in verschiedenen Zeitschriften und Sammelbänden erschienenen

---

82 Was soll aus Deutschland werden? Neue Aspekte der Deutschlandpolitik. Hrsg. von L. Froese unter Mitarbeit von E. Gerken. München 1968; darin vom Herausgeber: Das Postulat der „Anerkennung“ – ein Plädoyer gegen die Wiedervereinigung? S. 9–40; Reform der Deutschland- und Ostpolitik. S. 199–209.

83 30 Thesen für eine neue Deutschlandpolitik. Hrsg. vom Deutschlandpolitischen Arbeitskreis. Hamburg 1969.

Aufsätze zu diesem Fragenkreis faßt der Band „Deutschlandisierung des Sicherheitsrisikos – oder Deutschland- und Sicherheitspolitik im Wandel“[84] zusammen.

Wenn ihm 1985 vom Bundespräsidenten das Bundesverdienstkreuz 1. Klasse verliehen wurde, dann waren wohl nicht nur für die Anreger zu dieser Auszeichnung, sondern vor allem auch für den Bundespräsidenten selbst seine Verdienste als Erziehungswissenschaftler ebensosehr ausschlaggebend wie sein weitschauendes politisches Engagement im Bereich der gegenwärtigen Kulturpolitik sowie in der Deutschland-Politik im Rahmen umfassender friedenspolitischer Initiativen.

An die vom vorletzten Absatz hervorgehobenen friedenspolitischen Beiträge schloß Froese im Wintersemester 1984/85 im Rahmen einer Vorlesungsreihe mit dem erst vor kurzem veröffentlichten Vortrag über „Kriegs- und Friedenserziehung im Wandel der Zeiten“[85] an. Vor dem Hintergrund des christlich-biblischen Friedensgebotes, seiner Auslegung bei den griechischen Kirchenvätern, bei Thomas von Aquin und Erasmus von Rotterdam, den Quäkern, Täufern und einigen weiteren Glaubensgemeinschaften seit der Reformationszeit skizziert er an prägnanten Dokumenten jene gleichsam säbelrasselnde „Kriegslogik“, die in Deutschland vor allem seit der Wilhelminischen Zeit nicht nur von den Kaisern und ihren Militärs, sondern auch von erheblichen Teilen der deutschen „Intelligenz“ vor und nach dem Ersten Weltkrieg offen und vehement verfochten wurde. Sie beherrschte überdies nicht nur die militärische Erziehung in den Offiziers- und Unterführer-Schulen und die Rekrutenausbildung, sondern wirkte tief bis in die familiäre und die schulische Erziehung der letzten Jahrzehnte des 19. und der ersten Jahrzehnte des 20. Jahrhunderts hinein. Hier konnte der Nationalsozialismus mit seinem Programm totaler Militarisierung der Jugenderziehung und des öffentlichen Bewußtseins anknüpfen. – Nach 1945 wurde das frühe Programm der Alliierten, das auf eine konsequente, faktische und mentale Entmilitarisierung Deutschlands zielte, allzufrüh durch die Wiederaufrüstung im Zuge der Ost-West-Konfrontation konterkariert. Froese vertritt dann angesichts des in den 80er Jahren zwischen den Kultusministerien sozialdemokratisch oder von der CDU geleiteter Länder der Bundesrepublik geführten Disputs über die Frage der Erörterung von Wehrdienst und Wehrdienstverweigerung in den Schulen und im Hinblick auf die „Wehrerziehung“ und weitere Militarisierungstendenzen der damaligen DDR konsequent den Vorrang der Friedenserziehung und das in der Bundesrepublik de

84 Deutschlandisierung des Sicherheitsrisikos oder Deutschland- und Sicherheitspolitik des Ausgleichs. Braunschweig 1984.

85 Kriegs- und Friedenserziehung im Wandel der Zeiten. In: Epochenwandel. Hrsg. von H. H. Holz/D. Losurdo. Bonn 1994 S. 169–178. (Topos. Internationale Beiträge zur dialektischen Theorie. H. 3.)

jure grundgesetzlich verankerte Prinzip, die Gewissensfreiheit eindeutig „über die Wehrdienstpflicht" zu stellen (S. 178).

1988 führt er diesen Denkansatz mit neuer Akzentsetzung in einem Aufsatz unter dem Titel „Neues Denken – neues Handeln. Zum Bewußtseins- und Verhaltenswandel in der Friedensfrage" fort.[86] Er erinnert zunächst in großen Zügen an die lange Zeit eher verdrängte, gleichsam „subversive" Geschichte der Idee des universalen Friedens, der man bei den jüdischen Propheten, in chinesischen Weisheitslehren und frühchristlichen Utopien begegnet, verfolgt diese Linie über den ersten Humanismus, den „linken Flügel der Reformation", die Aufklärung und Kant bis zu den Friedensinitiativen des 19. Jahrhunderts und zu dem tiefen Rückschlag, den der Zweite Weltkrieg und seine Folgewirkungen für solche Bestrebungen darstellten. Mit der Entwicklung der Nuklearwaffen während des Zweiten Weltkriegs, ihrem Einsatz und der Weiterentwicklung nach 1945 sowie der Aufrüstung im Prozeß des „Kalten Krieges" wird dann eine weltgeschichtliche Zäsur erkennbar, die auch den Friedensbewegungen und -initiativen eine neue Qualität verleiht, weil nun die Möglichkeit der physischen Selbstzerstörung der Menschheit zur realen Gefahr geworden ist. Froese würdigt am Ende seiner Betrachtung – also im Jahre vor dem Zusammenbruch der Sowjetunion – die politische Leistung Gorbatschows, die darin liege, von seiten der damaligen östlichen Supermacht aus die Chance eröffnet zu haben, in einen Abrüstungsprozeß der Weltmächte und ihrer Verbündeten einzutreten mit dem Ziel, langfristig eine globale Sicherheitspartnerschaft zu entwickeln und die Idee einer zukünftigen internationalen Weltfriedensordnung in den außenpolitischen Denkhorizont zu rücken.

Seine eigene politische Entwicklung in der Bundesrepublik Deutschland hat bei Froese auch das Interesse für prägnante Biographien anderer, politisch engagierter Menschen geweckt. Ein eindrucksvoller Beleg dafür ist seine ausführliche „Nachbetrachtung" zu vier Publikationen bzw. Editionen über die Person und das Werk des religiösen Sozialisten Erwin Eckert (1893–1972), die der Marburger Gymnasiallehrer und Historiker Friedrich Martin Balzer veröffentlicht hat; das letzte dieser Werke, das im Zentrum der Reflexionen Froeses steht[87] – ein Sammelband mit Beiträgen namhafter Theologen, Philosophen, Politologen und Rechtswissenschaftler über

86 Neues Denken – Neues Handeln. Zum Bewußtseins- und Verhaltenswandel in der Friedensfrage. In: Philosophie als Verteidigung des Ganzen der Vernunft. Hrsg. von D. Losurdo/H.-J. Sandkühler. Köln 1988. S. 294–306.

87 Demokratie – Christentum – Sozialismus. Leben und Werk Erwin Eckerts. In: Demokratie. Hrsg. von H. H. Holz/D. Losurdo. Bonn 1993. S. 165–177. (Topos. Internationale Beiträge zur dialektischen Theorie. H. 2.)

Eckert – erschien unter dem Titel „Ärgernis und Zeichen. Erwin Eckert – sozialistischer Revolutionär aus christlichem Glauben“ (Bonn 1993).

Froese zeichnet zunächst noch einmal den ungewöhnlichen Lebensweg Eckerts nach, von der Mitgliedschaft in der SPD schon vor dem Ersten Weltkrieg, seinem Kriegsdienst als Freiwilliger, seiner Tätigkeit als evangelischer Pfarrer, gleichzeitig aber als Gründer bzw. aktives Mitglied antimonarchistischer und antimilitaristischer Bünde religiöser Sozialisten in der Weimarer Zeit, über seinen Bruch mit der SPD und die Hinwendung zur KPD, seinen Austritt aus der Kirche und aus dem „Bund religiöser Sozialisten“, seine illegale antifaschistische Tätigkeit in der NS-Zeit bis zu seinen Aktivitäten in Spitzenpositionen der KPD nach 1945 und als Mitglied des Weltfriedensrates, schließlich den Kontroversen, die es zwischen dem eigenwilligen Erwin Eckert und der KPD schon seit 1949 gegeben hat. Froeses Reflexionen gelten vor allem den Spannungen zwischen den religiösen und den politischen Überzeugungen Eckerts, konzentriert im „Problem der Vereinbarkeit oder Nicht-Vereinbarkeit von ‚Christentum‘ und ‚Kommunismus‘“, außerdem den Positionen der Autoren des Sammelbandes zu dieser Frage. Froese selbst hält die Disparität zwischen christlichem und kommunistischem Bekenntnis für nicht aufhebbar. Er schließt seine Überlegungen mit der nonkonformistischen These, daß Eckert – unbeschadet seiner Widersprüchlichkeiten – „in jedes Geschichtsbuch“ gehöre, „das die deutsche Geschichte dieses Jahrhunderts behandelt“, und zwar „in jenes Kapitel des ‚anderen, demokratischen Deutschland‘, das nicht fremdenfeindlich, nicht antisemitisch, nicht nationalistisch nicht militaristisch ist“ (S. 176).

8 Abschließende Bemerkung

Eine Gesamtwürdigung Leonhard Froeses müßte – über die Darstellung seines bisherigen wissenschaftlichen Werkes, seiner Leistungen in der akademischen Selbstverwaltung, seiner Beratungsaktivitäten und seines politischen Wirkens für die Weiterentwicklung der Demokratie in Deutschland im Geiste eines konsequenten Liberalismus mit deutlichen sozialen Komponenten und dezidiert friedenspolitischer Orientierung hinaus – auch seine Tätigkeit als akademischer Lehrer in rund vier Jahrzehnten umfassen, vor allem bei der Ausbildung von Lehrerinnen und Lehrern und bei der Betreuung von Doktorandinnen und Doktoranden, viele von ihnen wurden später seine akademischen Kolleginnen und Kollegen. Dieser Wirkungsbereich konnte im Rahmen meines Beitrages aber nur an einigen Stellen angesprochen werden.

8 Wolfgang Kramps wissenschaftliches Werk

W. Klafki, *Pädagogisch-politische Porträts*, Neuere Geschichte der Pädagogik, https://doi.org/10.1007/978-3-658-26751-3_9

Die erschrockene Betroffenheit über Wolfgang Kramps allzu frühen Tod beginnt trauernder Erinnerung zu weichen. Die heutige Feier verstehe ich als einen Versuch der gemeinsamen Besinnung darauf, was wir mit ihm verloren haben – als Kollegen, als engagierten Lehrerbildner, als Erziehungswissenschaftler – und manche unter uns darüber hinaus: als Freund; Besinnung aber auch darauf, was er uns in der Erinnerung weiterhin bedeuten kann.

Ich möchte in meinem Beitrag vor allem Wolfgang Kramps Leistungen als Erziehungswissenschaftler beleuchten, soweit das innerhalb begrenzter Zeit möglich ist.

Nun kann man seine wissenschaftliche Arbeit nur würdigen, wenn man sie – in ihren Akzentsetzungen und Perspektiven – auf dem Hintergrund der wichtigsten Stationen seines beruflichen und wissenschaftlichen Lebensweges zu kennzeichnen versucht. Ich werde daher einige der von Gerhard Wehle bereits erwähnten Lebensphasen Wolfgang Kramps noch einmal kurz zur Sprache bringen müssen, und zwar nicht zuletzt deshalb, weil sich in diesem individuellen wissenschaftlichen Berufsweg einige der umfassenderen Entwicklungsstadien und -tendenzen der westdeutschen Erziehungswissenschaft und des Bildungswesens seit 1945 spiegeln. – In meinem Rückblick wird mehrfach anklingen, daß ich Wolfgang Kramp mehr als drei Jahrzehnte lang freundschaftlich verbunden sein konnte.

Eigentlich wäre es meines Erachtens notwendig, zunächst ausführlicher auf die ersten drei Phasen seines beruflich-wissenschaftlichen Bildungsweges einzugehen, weil bereits hier zentrale Motive für die weitere Entwicklung begründet wurden.

Hier wäre zunächst von dem viersemestrigen Studium an der Pädagogischen Hochschule Hannover seit 1946 zu berichten, in dem ich Wolfgang Kramp kennen und schätzen lernte, einer Zeit, die wir – zu Beginn 18 bzw. 19 Jahre alt – dankbar und ungemein intensiv als Chance eines Neubeginns nach dem Zusammenbruch des nationalsozialistischen Regimes erfuhren. Sie eröffnete uns die Erfahrung eines offenen, bildenden Umgangs zwischen älteren und jüngeren Menschen, Hochschullehrern und Studenten und Orientierungen sowie erste Erfahrungen darüber, was eine humane und demokratische, von Motiven der Reformpädagogik geprägte Kinder- und Jugendschule sein könnte und welche Formen des Lehrens und Lernens ihr entsprechen würden. Es war zugleich eine Lebensphase, die unsere Vorstellung von einer sachgemäßen, auf die pädagogische Berufsaufgabe konzentrierten, aber keineswegs engstirnigen Lehrerbildung weiterwirkend prägte, einer Lehrerbildung, in der intellektuelle Anforderungen mit ästhetischen Aktivitäten und ersten pädagogisch-praktischen Erprobungen verbunden waren.

Es müßte dann die vierjährige Lehrertätigkeit charakterisiert werden, eine Zeit, die Wolfgang Kramp als erfolgreich und bereichernd, als erfüllte pädagogische Gegenwart erfahren hat.

Schließlich wäre vom Göttinger Zweitstudium der Pädagogik, Philosophie und Germanistik – mit manchen Ausgriffen wie Geschichte, Psychologie und Soziologie – zu berichten, einer Lebensphase, die es uns – um die Perspektive auf die Erziehungswissenschaft einzugrenzen – erlaubte, Impulse und Problemstellungen des ersten Studiums und der eigenen Lehrererfahrung im Horizont der damaligen Geisteswissenschaftlichen Pädagogik und hier insbesondere in der Begegnung und der Auseinandersetzung mit unserem Lehrer Erich Weniger weiterzuverfolgen und wesentlich zu bereichern. Es war aber auch eine Studienzeit, in der wir das Glück hatten, in einen Kreis von Studierenden eintreten zu können, die auf ähnlichen Lebenswege und – meistens – ebenfalls nach Lehrerausbildung und Berufspraxis ihr erziehungswissenschaftliches Zweitstudium betrieben; das Göttinger Pädagogische Seminar war für uns weit mehr als nur ein wissenschaftlicher Lernort. Einige aus jenem Kreise nehmen heute an dieser Gedenkstunde für Wolfgang Kramp teil.

Ich muß es bei diesen skizzenhaften Hinweisen bewenden lassen, um mich sogleich der ersten größeren wissenschaftlichen Arbeit Wolfgang Kramps, seiner Dissertation, zuzuwenden, die 1957 abgeschlossen wurde und der Promotion im Jahre 1958 zugrunde lag. In dieser Untersuchung nahm er ein Problem auf, das seit dem 17. Jahrhundert ein Standardthema der neuzeitlichen Pädagogik gewesen ist: Das Problem der Verfrühung. Dieser Begriff – oder sinnverwandte Ausdrücke wie „Überforderung", „Überbürdung" und ähnliche – ist eine kritische Kategorie, durch die unzweckmäßige oder unverantwortbare, jedenfalls einer positiven Entwicklung von Kindern oder Jugendlichen zuwiderlaufende Zumutungen und Anforderungen im Erziehungsprozeß bezeichnet werden sollen. Das Thema hat bis heute nichts von seiner Aktualität – und seiner Kompliziertheit! – verloren und es wird, so ist zu vermuten, in periodischen Zyklen wieder auf die Tagesordnung professionell-pädagogischer und öffentlich-pädagogischer Diskussion kommen, weil die unvermeidbare, neuzeitliche Diskrepanz zwischen der Kultur und Gesellschaftsentwicklung mit ihren Wandlungen, ihren Konflikten, ihrer wachsenden Fülle von Informationen, Anforderungen, Angeboten, Möglichkeiten, Komplikationen, Pluralismen, Widersprüchen einerseits und den je begrenzten, sich erst entwickelnden Fähigkeiten, Interessen, Verständnis- und Handlungsmöglichkeiten der jeweiligen Kinder- und Jugendgeneration andererseits sich notwendigerweise auch in den gesellschaftlichen Ansprüchen an die Erziehung und in deren eigenen Zielsetzungen niederschlägt.

Welches Gewicht das Thema heute wieder besitzt, ließe sich – stünde mehr Zeit zur Verfügung – etwa an den Klagen und Befunden über Schulstreß und Schulunlust zeigen, an der Kritik gegenüber dem falsch verstandenen oder falsch praktizierten Prinzip der Wissenschaftsorientierung des Unterrichts, an der zunehmenden Zahl neurotischer Störungen und Erkrankungen von Kindern und jungen Menschen, an den Flucht-, Verdrängungs- und Kompensationsversuchen, wie sie angesichts offensichtlicher Überforderungen durch die gesellschaftliche Lebenssituation vieler Jugendlicher bedingt sind, um nur an einige Symptome zu erinnern. Jede künftige Bearbeitung wird an seine umfangreiche Analyse anknüpfen müssen[1]. – Ich kann hier nur anhand einiger Beispiele andeuten, welche Erkenntnisbasis darin gelegt worden ist, und ich muß aus Zeitgründen gerade die differenzierteren Argumentationsgänge aussparen.

Zu den bleibenden Ergebnissen gehört meines Erachtens die Unterscheidung zwischen vier Grundformen der Verfrühung, nämlich

- der „quantitativen Überforderung“, wie sie etwa in der Kritik an der Stoffüberbürdung von Lehrplänen zur Sprache kommt;
- der „qualitativen intellektuellen Überforderung“, die dort vorliegt, wo im Erziehungsprozeß Forderungen gestellt werden, die über die Verständnis- und Verarbeitungsmöglichkeiten der betreffenden jungen Menschen zum gegebenen Zeitpunkt uneinholbar hinausgreifen;
- der Überforderung aufgrund unzulänglicher Methoden – gemeint sind pädagogische Zumutungen an den Lernenden, die von ihm potentiell bewältigt werden könnten, sofern die methodische Gestaltung ihm gelingende Aneignung ermöglichen würde;
- schließlich der „existentiellen Überforderung“, einer Fehlform, deren Problematik über die kognitive Dimension und damit über Schule und Unterricht weit hinausreicht, insofern hier Anforderungen im Erziehungsprozeß gestellt werden, denen junge Menschen emotional und moralisch nicht gewachsen sind.

Als die zentralen pädagogischen Argumente gegen alle Formen solcher Verfrühung – das ist ein weiteres Resultat – werden auch heute die von Kramp herausgearbeiteten und differenzierten Argumente gelten dürfen, daß Verfrühungen dem jungen Menschen die Erfahrung erfüllter Gegenwart und damit eine notwenige Bedingung der Entwicklung eigener Interessen und personaler Mündigkeit rauben, daß sie also zukünftige Entwicklungsmöglichkeiten verbauen und beschränken, indem die Mißerfolgserlebnisse oder die äußerlich übernommene Schein- oder Halbbildung den Aufwachsenden daran hindern, zum Beispiel zu ästhetischen Phänomenen,

---

1 Soweit ich sehe, ist das Problem in größerem Umfang auf der Ebene der Allgemeinen Erziehungswissenschaft seither nur noch einmal behandelt worden, und zwar unter dem Blickwinkel der Überforderung, jedoch ohne Bezugnahme auf Kamps Untersuchung: Dieter Sengling: Das Problem der Überforderung im Kindes- und Jugendalter. Weinheim 1967.

zur Politik oder zur Selbstreflexion, zu mathematischen oder zu exakt-naturwissenschaftlichen oder zu technischen Fragestellungen einen produktiven Zugang zu finden oder aber, indem Kinder und Jugendliche auf eine bestimmte Zukunft festgelegt werden.

Ein dritter Komplex von bleibenden Resultaten, hinter die auch die gegenwärtige Diskussion nicht selten erheblich zurückfällt, ist der präzise Aufweis der Implikationen, der Widersprüche und der fragwürdigen Folgen, die mit einer Reihe von vermeintlich entwicklungspsychologisch, kognitionspsychologisch oder begabungspsychologisch abgesicherten Lösungsversuchen des Verfrühungs- bzw. des Überforderungsproblems verbunden sind: Das gilt für die sogenannte Pädagogik des Wachsenlassens, die heute in einigen Varianten der sogenannten Antipädagogik und der radikalen Schulkritik wiederkehrt, wie für alle pädagogischen Spielarten der „entwicklungsgemäßen", „phasen- oder stufentreuen Führung in Erziehung und Unterricht" und schließlich auch für das Theorem vom „rechten pädagogischen Augenblick". Wolfgang Kramp hat den zentralen Mangel aller dieser theoretischen oder progorammatischen Lösungsversuche nachgewiesen, nämlich ihre undialektische und unhistorische Denkweise, derzufolge die geschichtlich-gesellschaftliche Mitbedingtheit aller menschlichen Entwicklungs- und Lernvorgänge und damit auch aller Erziehungsprozesse ausgeblendet wird. Am Ende des ersten und in den beiden letzten Kapiteln der Dissertation hat er demgegenüber die Unverzichtbarkeit pädagogischer Vorgriffe im Erziehungsprozeß und ihr Pendant auf der Seite der Educandi, nämlich deren spontane Antizipationen auf ihre nächsten Perspektiven und ihre weitere Zukunft im Medium der Phantasie, herausgearbeitet. Er hat in diesem Zusammenhang die vor allem von Erich Weniger und Wilhelm Flitner entwickelte Kategorie der Vorwegnahme als angemessene und notwendige Form pädagogischer Vorgriffe aufgenommen und – unter Zuhilfenahme der bis zum Abschluß der Arbeit vorliegenden pädagogischen und psychologischen Literatur – einen detaillierten Aufriß der Grundlagen und der Probleme einer pädagogischen Theorie der Vorwegnahme sowie einen meines Erachtens bis heute hin bedeutsamen Ansatz zur Beschreibung von Grundformen solcher Vorwegnahmen entwickelt.

Nun habe ich bislang ein wichtiges Charakteristikum dieser Arbeit, die ja den Titel „Die Pädagogik des J. A. Comenius und das Problem der Verfrühung" trägt, ausgeklammert: Sie ist methodisch als historisch-systematische Untersuchung angelegt, also im Sinne jenes Verfahrens, das für große Teile der Untersuchungen aus der Göttinger Schule der Geisteswissenschaftlichen Pädagogik charakteristisch ist: Ein aktuelles pädagogisches Problem wird zunächst hinsichtlich der in der betreffenden historischen Situation sich abzeichnenden Diskussionslage analysiert, damit wird die hermeneutische Ausgangsposition gewonnen. In einem zweiten Schritt verfolgt man die betreffende Frage in ihre historischen Ursprünge hinein und rekonstruiert die Problemgeschichte. Der Ertrag dieser Rekonstruktion aber geht dann – auf einem gleichsam höheren Niveau der hermeneutischen Spirale – in den abschließenden, grundsätzlich als offen und historisch überholbar verstandenen eigenen Systematisierungsentwurf ein.

Wolfang Kramp hat jene problemgeschichtlich orientierte, mittlere Forschungsphase mit der Untersuchung des Verfrühungsproblems in der Pädagogik des Johann Amos Comenius begonnen; der weitere problemgeschichtliche Weg sollte dann mindestens über Rousseau und Pestalozzi zu Schleiermacher, wahrscheinlich auch über Herbart und die Herbartianer führen. Aber schon die Comenius-Untersuchung wuchs sich zu einer breiten Spezialstudie aus, weil Kramp – noch vor dem Erscheinen der drei Jahrhunderte lang als verschollen geltenden „Pampaedia" des Comenius – dessen didaktische Schriften und sein Programm der „entwicklungsgemäßen Erziehung" – als vermeintlicher Überwindung des Verfrühungsproblems – auf die pansophische Gesamtkonzeption des Comenius bezog, soweit sie sich aus den damals zugänglichen Quellen ermitteln ließ. Nicht nur für die Geschichte des Verfrühungsproblems, sondern auch darüber hinaus handelt es sich bei Kramps Comenius-Untersuchung um einen immer noch relevanten Beitrag zur Comenius-Forschung. Wolfgang Kramp hat sich dann übrigens später, 1963, noch einmal durch eine große, musterhafte Sammelrezension über Neuerscheinungen zur Comenius-Forschung im Zeitraum zwischen 1958 und 1962 als souveräner Sachkenner ausgewiesen (Neue Beiträge zur Comenius-Forschung. In: Zeitschrift für Pädagogik 9 (1963) S. 296–314).

Kehren wir noch einmal zu seiner Dissertation zurück, so ist festzustellen: Daß er den geplanten problemgeschichtlichen Durchgang ausschließlich auf die Comenius-Analyse beschränken, auf eine ähnlich gründliche Darstellung des Verfrühungsproblems von Rousseau bis zu den Herbartianern aber verzichten und zur abschließenden systematischen Erörterung seiner Arbeit gleichsam nur durch einen weiten historischen Sprung in die Gegenwart gelangen konnte, hat ihn letztlich unbefriedigt gelassen. Und hier liegt nach meiner Einschätzung auch der Grund dafür, daß er sich trotz manches Zuspruchs nicht entschließen konnte, das von Weniger und Nohl sehr positiv berurteilte Werk zu veröffentlichen. Nur einen begrenzten Teil der systematischen Resultate hat er in dem Aufsatz „Überforderung als Problem und Prinzip pädagogischen Handelns" 1961 zunächst in Westermanns Pädagogischen Beiträgen (13 (1961) S. 390–401) publiziert. Gleichwohl wird man hier von einem Standardtext zum Verfrühungsproblem sprechen dürfen. Ich sehe es als eine Bestätigung meiner Einschätzung an, daß Andreas Flitner und Hans Scheuerl diesen Aufsatz von Anfang an unter die Beiträge ihres repräsentativen Textbandes „Einführung in pädagogisches Sehen und Denken (München 1967, 9.

Aufl. 1978. S. 142–159) aufgenommen haben; er wird auch in der neubearbeiteten 10. Auflage dieses Buches, die zur Zeit vorbereitet wird, seinen Platz behalten.

Der Göttinger Promotion im Jahre 1958 folgten – Gerhard Wehle hat darauf bereits hingewiesen – Wolfgang Kramps Assistentenjahre an der Pädagogischen Hochschule Oldenburg und an der Universität Frankfurt, bevor er 1963 für sechs Jahre als Professor für Erziehungswissenschaft mit besonderer Berücksichtigung der Schulpädagogik an die Pädagogische Hochschule Berlin ging.

Hinsichtlich seiner wissenschaftlichen Tätigkeit zog er aus den hohen Ansprüchen, die er an die Qualität eigener und fremder wissenschaftlicher Publikationen stellte, eine klare Konsequenz: Von einigen, freilich nicht unbedeutenden Ausnahmen abgesehen, konzentrierte er Forschung und Lehre auf die beiden Felder der Didaktik – im weiten Sinne des Wortes als Unterrichtstheorie verstanden – und der Schultheorie, letzteres ein Arbeitsgebiet, dem er sich seit der Mitte der sechziger Jahre und später hier an der Universität Düsseldorf in zunehmendem Maße widmete.

Wolfgang Kramp hat Erziehungswissenschaft immer als praxisbezogene und für die Praxis letztlich mitverantwortliche Forschung und Theoriebildung verstanden; er folgte hier den Impulsen, die ihm zunächst das erste Studium an der Pädagogischen Hochschule Hannover und seine engagierte Lehrertätigkeit vermittelt hatten, insbesondere aber dem Selbstverständnis der Geisteswissenschaftlichen Pädagogik, wie wir es uns im Göttinger Studium bei Erich Weniger aneigneten. Seine Aufgaben in der Lehrerbildung in Oldenburg, in Frankfurt und in Berlin kamen einer so verstandenen erziehungswissenschaftlichen Position entgegen.

Wir blicken einen Augenblick lang historisch zurück: Schon in der Weimarer Epoche sah es die hermeneutisch-pragmatische, Geisteswissenschaftliche Pädagogik als eine ihrer zentralen Aufgaben an, die reformpädagogische Praxis – gleichsam als deren theoretisches Gewissen – kritisch-reflexiv zu begleiten, mit anderen Worten: dieser Praxis mit den in ihr beschlossenen, aber nicht explizierten Bedingungen und Implikationen sowie den sie stützenden und programmatisch begleitenden Theorieansätzen durch eine wissenschaftliche Theorie – in Wenigers Terminologie: eine Theorie dritten Grades – zu einem aufgeklärten Selbstverständnis ihrer Voraussetzungen, Möglichkeiten und Grenzen zu verhelfen. – Der analogen Aufgabe waren nun – angesichts der erfreulichen Wiederbelebung und Fortbildung reformpädagogischer Bemühungen um „innere Schulreform“ in der bundesrepublikanischen Nachkriegspädagogik, an denen wir als junge Lehrer selbst kritisch teilgenommen hatten – auch einige Aufsätze Wolfgang Kramps in der Phase der ausgehenden fünfziger und der beginnenden sechziger Jahre gewidmet.

Er selbst hatte in seiner Lehrerzeit unter anderem Versuche mit dem „freien Gesamtunterricht“ bzw. dem „freien Unterrichtsgespräch“ im Sinne Berthold Ottos gemacht. In einem Aufsatz über „Berthold Otto und der freie Gesamtunterricht“, der 1959 in Westermanns Pädagogischen Beiträgen (11 (1959) S. 307–314) erschien, bestimmte er nun in einem präzisen Gedankengang den Sinn und die Stellung dieser am Modell des familiären Tischgesprächs orientierten Unterrichtsweise im Gesamtzusammenhang der Schulkonzeption Ottos und arbeitete die pädagogischen Sinnbestimmungen dieser konsequent kommunikativen, vorfachlichen Unterrichtsform heraus, aus der bei Otto fachlich differenzierte Kurse erst hervorgingen. Der Aufsatz ist – innerhalb der in den letzten Jahrzehnten schmalen Sekundärliteratur zu Berthold Otto – meines Erachtens nicht nur eine der besten Interpretationen dieses originalen Elements der Pädagogik des bedeutenden Schulreformers, sondern er enthält auch wichtige Anregungen, um heute erneut über die mögliche Bedeutung des freien Unterrichtsgesprächs innerhalb einer Gesamtkonzeption der Erziehung zur Kommunikationsfähigkeit nachzudenken.

In einem ergänzenden Aufsatz über „Begriff und Problem des Gesamtunterrichts" hat Wolfgang Kramp 1961 dann noch einmal in die damals akute, aber theoretisch vielfach unzureichend strukturierte und durch Scheinkontroversen belastete Diskussion zum Thema eingegriffen (in: Westermanns Pädagogische Beiträge 13 (1961) S. 331–342). Er wies hier zum einen nach, daß es sich bei den Termini „freier" und „gebundener" Gesamtunterricht nicht etwa um Bezeichnungen für zwei Varianten eines übergreifenden pädagogischen Prinzips handelt, sondern um Ausdrücke für zwei „nach Wesen und Ursprung ebenso verschiedene wie grundsätzlich unvereinbare Sachverhalte" (S. 332). – Zum anderen gelang es ihm, Sinn, Grenzen und Ergänzungsbedürftigkeit einerseits fächerübergreifenden, andererseits fachlich differenzierten Unterrichts zu klären. Man wird diese Arbeit, die insbesondere auch die gewiß unbeabsichtigten, aber gewichtigen konservativ-kulturkritischen und soziale Schichtgrenzen festschreibenden Implikationen mancher Gesamtunterrichtskonzepte herausstellte, rückschauend in den größeren Zusammenhang jener Entwicklung einordnen dürfen, die im Laufe der sechziger Jahre zum Programm einer inhaltlichen und methodischen Neukonzeption der Grundschule und der Volksschuloberstufe bzw. der Hauptschule führte und dann auch zur Gesamtschulentwicklung. Hermann Röhrs hat diesen Aufsatz vermutlich vor allem aus diesem Grund in seinen Textband „Theorie der Schule" (Frankfurt 1968. S. 253–269) aufgenommen.

Einen vergleichbaren Stellenwert kann man auch dem Aufsatz „Das Prinzip der Lebensnähe als pädagogisches Problem" zusprechen, der 1961 in der Zeitschrift „Die Deutsche Schule" (53 (1961) S. 487–498) erschien. Noch stärker als bei dem zuvor genannten Beitrag wird hier deutlich, wie intensiv die in der Spätphase Erich Wenigers, also bereits innerhalb der Geisteswissenschaftlichen Pädagogik begonnene, sozialwissenschaftlich orientierte Forschung und die Rezeption soziologischer, vor allem bildungssoziologisch relevanter Forschungsergebnisse und

Theorieansätze nun von Weniger-Schülern fortgesetzt wurden. Wolfgang Kramp macht nämlich in einer bildungsgeschichtlich und bildungssoziologisch akzentuierten Argumentationskette ebensowohl die Unhaltbarkeit der schematischen Scheidung von „Bildung" und „Ausbildung" und von „Bildung" und „Leben" deutlich wie die Unzulänglichkeit aller Versuche, jene Momente undialektisch zu harmonisieren. Demgegenüber begründet er die Notwendigkeit des wechselseitigen Vermittlungsverhältnisses: „Die Schule", so heißt es in diesem Aufsatz, „wird ihrer Aufgabe als ‚autonome Erziehungsprovinz' nur und gerade dadurch gerecht, daß sie ihre Zöglinge fähig macht, künftig im ‚Gespräch der Gesellschaft mündig mitzusprechen' … und Verantwortung in ihr zu übernehmen. Das bedeutet aber umgekehrt: Die Schule wird ihrer Aufgabe als ‚Funktion der Gesellschaft' nur und gerade dadurch gerecht, daß sie den jungen Menschen vor einer verfrühten Eingliederung in jene Gesellschaft behütet, daß sie ihm einen ‚bildenden Aufenthalt' vor dem Eintritt in die Arbeitswelt gewährt, daß sie seine geistigen und seelischen Kräfte in die Begegnung mit dem kulturellen Erbe und in der vorwegnehmenden Auseinandersetzung mit den Problemen der Gegenwart allgegenseitig entwickelt, formt und im Hinblick auf künftige Belastungen widerstandsfähig macht" (1961, S. 497). Dies aber sei in einer sich als demokratisch verstehenden Gesellschaft ein Anspruch jedes jungen Menschen, der dürfe weder programmatisch noch faktisch ein gesellschaftliches Privileg bleiben oder werden (1961, S. 494).

Es gibt – neben dem bereits genannten Aufsatz zum Verfrühungsproblem – noch eine weitere Abhandlung Wolfgang Kramps, der man bis heute den Rang eines Standardtextes unserer Disziplin wird zusprechen dürfen. Gemeint ist die Druckfassung des Vortrages „Fachwissenschaft und Menschenbildung", den er zum Abschluß der Berliner Pädagogischen Hochschultage 1963 hielt und der mehrfach, unter anderem in der Zeitschrift für Pädagogik (9 (1963) S. 148–168) und erneut 1970 in dem Sammelband „Allgemeine Didaktik, Fachdidaktik, Fachwissenschaft" (Hrsg. von D. C. Kochan. Darmstadt 1970. S. 322–350), publiziert wurde. Anhand einer Veröffentlichung der Arbeitsgemeinschaft Deutsche Höhere Schule über „Bildungsauftrag und Bildungspläne der Gymnasien" vom Jahre 1958 führt Kramp hier eine mustergültige kritisch-hermeneutische Analyse durch, der exemplarische Bedeutung für die Beurteilung einer Fülle ähnlicher Verlautbarungen bis zum heutigen Tage zukommt. Es handelt sich nämlich um den stringenten, bislang nirgends widerlegbaren – meines Erachtens auch schlechthin unwiderlegbaren – Nachweis, daß pädagogische, insbesondere fachdidaktische Aussagen über den Bildungssinn von Schulfächern, ihre Inhalte und Methoden, nicht aus den modernen Erziehungswissenschaften, soweit sie als Bezugswissenschaften der betreffenden Schulfächer in Betracht kommen, abgeleitet werden können. Mit anderen Worten: Fachdidaktiken können grundsätzlich nicht allein oder auch nur vorrangig von einzelwissenschaftlichen Bezugsdisziplinen her begründet werden, weil es eine nicht hintergehbare Beziehung von wissenschaftlichen Fragestellungen und inhaltlichen wissenschaftlichen Aussagen gibt und weil daher nirgends didaktisch relevante Aussagen aus Disziplinen hergeleitet werden können, die die didaktische Fragestellung nach der Bedeutung von Inhalten und Verfahren zielgerichteter, am Kriterium der Mündigkeit orientierter Lehr- und Lernprozesse und nach den Bedingungen solcher Förderungs- und Aneignungsvorgänge nicht stellen. Überdies ist es historisch nachgewiesenermaßen falsch, Schulfächer einst oder heute als aus den neuzeitlichen Einzelwissenschaften hervorgegangene propädeutische Vorstufen oder Abkömmlinge zu interpretieren. Völlig irrig freilich wäre es nun allerdings auch, jene schlüssige Argumentation als Affront der Erziehungswissenschaft oder der Allgemeinen Didaktik gegen die Fachwissenschaften oder als generelles, wissenschaftliches Ressentiment, als Leugnung der zunehmenden Wissenschaftsbestimmtheit der modernen Welt oder in dem Sinne deuten zu wollen, daß eine Begründung der einzelnen Fachdidaktiken ohne Bezug auf bestimmte, heute meist auf mehrere wissenschaftliche Fachdisziplinen gefordert würde. Keine dieser möglichen oder auch tatsächlich geäußerten Unterstellungen trifft zu. Was die Untersuchung positiv zeigt, ist zunächst nicht mehr – aber auch nicht weniger – als die Notwendigkeit, daß Fachdidaktiken als relational eigenständige wissenschaftliche Disziplinen mit spezifischer Fragestellung entwickelt werden müssen, und zwar mit Bezug auf die Allgemeine Didaktik, auf relevante einzelwissenschaftliche Bezugsdisziplinen und schließlich auf Wissenschaftstheorie, Wissenschaftssoziologie und Lernpsychologie. Es wäre nicht schwierig, an jüngeren Publikationen und Stellungnahmen zum Thema und nicht zuletzt an den längst fixierten hochschulorganisatorischen Entscheidungen und den vorwaltenden Trends in fast allen deutschen Bundesländern nachzuweisen, welche Aktualität für die Lehrerbildung und für die Entwicklung der Fachdidaktiken zu fundierten und leistungsfähigen wissenschaftlichen Disziplinen der von Kramp vorgelegten Argumentation – muß man hier sagen: leider – nach wie vor zukommt.

Wolfgang Kramp hat die Reflexion über Grundfragen der Erziehung und des Unterrichts ebenso ernstgenommen wie diejenige über die konkreten Aufgaben und Bedingungen erzieherischen Handelns, insbesondere der Lehrertätigkeit. Er zog aus der Grundeinsicht, daß die Theorie der Praxis nicht die Verantwortung für das Handeln in der konkreten Situation abnehmen könne, mitnichten die Konsequenz, es läge außerhalb der Aufgaben der Erziehungswissenschaft oder sei unter ihrer Würde, konkrete Hilfen für die pädagogischen Praktiker, nicht zuletzt für Studenten und Berufsanfänger, im Bereich der Schule also für junge Lehrer, bis in die Detailfragen des Schulalltags hinein zu entwickeln. Seine „Hinweise zur Unterrichtsvorbereitung für Anfänger", die 1962 zuerst als Aufsatz veröffentlicht wurden (in: Die Deutsche Schule 54 (1962) S. 78–103) und dann in ein Bändchen der bekannten Auswahl-Reihe des Schroedel-Verlages zum Thema der Unterrichtsplanung Aufnahme fanden (Didaktische Analyse. Hrsg. von H. Roth und A. Blumenthal. (Auswahl-Reihe A. Bd. 1) S. 35–67), haben sicherlich maßgeblich dazu beigetragen, daß dieses aus eigener Unterrichtspraxis, der Praktikumsbetreuung und unterrichtswissenschaftlicher Reflexion hervorgegangene Angebot in der Lehrerausbildung der ersten und zweiten Phase bis heute überraschend breiten Widerhall fand und bislang nicht weniger als 14 Auflagen (1977) erlebte. – Wolfgang Kramp hat mit mir in den letzen Jahren mehrfach die Notwendigkeit besprochen, unsere beiden Beiträge zu dieser kleinen Publikation gründlich zu überarbeiten, sie auf unseren heutigen Erkenntnisstand zu bringen und diese neugefaßten Empfehlungen vor der Publikation nach Möglichkeit mit Praktikern zu erproben. Diese erneute Zusammenarbeit an einem Thema, das uns mehr als zwei Jahrzehnte lang beschäftigte, ist nun nicht mehr möglich.

Ich kann hier aus Zeitgründen nur kurz auf zwei Beiträge Wolfgang Kramps zur Allgemeinen Pädagogik aus dem Zeitraum der beginnenden sechziger Jahre hinweisen: Zunächst auf seine „Betrachtungen zur Pädagogik Makarenkos“, einen Aufsatz, der unter anderem aufschlußreiche Vergleiche zwischen Makarenkos Erziehung in der Gorki-Kolonie und Pestalozzis Erziehungsarbeit in Stans enthält (in: Westermanns Pädagogische Beiträge 15 (1963) S. 269–277). – Die zweite Arbeit trägt den Titel „Die Frage nach dem Wesen der Erziehung“; sie wurde ebenfalls 1963 veröffentlicht (in: Die Deutsche Schule 55 (1963) S. 281–291). Es bedürfte ausführlicherer Darlegungen, als sie hier möglich sind, um meine Einschätzung zu begründen, daß diese primär wissenschaftstheoretisch akzentuierte Arbeit nach wie vor Beachtung verdient, gerade weil Kramp einerseits unhistorisch-ontologisierende oder phänomenologische Redeweisen und Antwortversuche auf die im Titel gestellte Frage als unhaltbar und ideologieverdächtig erweist, andererseits jener Frage aber doch eine bleibende, wissenschaftlich begründbare Bedeutung als Hinweis auf unverzichtbare sinntheoretische Voraussetzungen gerade einer praxisbezogenen Erziehungswissenschaft abzugewinnen weiß.

Die Berliner Tätigkeit Wolfgang Kramps, die seiner Berufung nach Düsseldorf im Jahre 1969 vorausging, ist für ihn – abgesehen von der starken Beanspruchung durch hochschulpolitische Aufgaben, nicht zuletzt im Zusammenhang mit der Umstrukturierung der Pädagogischen Hochschule Berlin und starken Trends zur Herauslösung der Fachdidaktiken aus dem ursprünglichen Zusammenhang mit Allgemeiner Pädagogik und Allgemeiner Didaktik – hinsichtlich seiner wissenschaftstheoretischen Weiterentwicklung und der Herausbildung eines neuen Schwerpunktes seiner Lehr- und Forschungstätigkeit, nämlich der Schultheorie, von hoher Bedeutung gewesen. Gewiß kann man in beiden Hinsichten nicht etwa von einem Bruch im Verhältnis der Göttinger Studienzeit zur Oldenburger und Frankfurter Arbeitsphase sprechen. Denn erstens begann schon seit den ausgehenden fünfziger Jahren auch bei den meisten aus der Geisteswissenschaftlichen Pädagogik stammenden jüngeren Erziehungswissenschaftlern die Einsicht Platz zu greifen, daß die hermeneutisch-pragmatische Pädagogik sich der Auseinandersetzung mit der aufkommenden empirisch-pädagogischen Forschung stellen müßte; zweitens war die Öffnung der Geisteswissenschaftlichen Pädagogik – wie bereits erwähnt – für sozialwissenschaftliche Fragestellungen und Betrachtungsweisen bis hin zur Ideologiekritik im Sinne kritischer Soziologie schon längere Zeit im Gange, nicht zuletzt gefördert durch einen erziehungswissenschaftlichen Arbeitskreis beim Comenius-Institut in Münster, in dem sich über acht Jahre hinweg – 1959 bis 1967 – zwischen Erziehungswissenschaftlern und pädagogisch interessierten Soziologen ein ungemein intensiver und fruchtbarer Arbeits- und Diskussionszusammenhang entwickelte. Diesem Arbeitskreis gehörten etliche jener pädagogischen Assistenten und jungen Dozenten an, die ihre ersten wissenschaftlichen Qualifikationen bei Erich Weniger und Wilhelm Flitner, Eduard Spranger und Theodor Litt, Fritz Blättner und Elisabeth Blochmann, Otto-Friedrich Bollnow und Ernst Lichtenstein gewonnen hatten. Wolfgang Kramp war einer der regelmäßigen Diskussionspartner dieser Gruppe. – Daß die Bemühungen dieses Kreises auf der Linie der schon von Weniger selbst seit den sechziger Jahren begonnenen Öffnung und Weiterentwicklung der Geisteswissenschaftlichen Pädagogik zu einer kritischen Sozialwissenschaft – unbeschadet ihrer nach wie vor beanspruchten Eigenständigkeit – lagen, das hat unter anderem die von Wolfgang Kramp betreute Düsseldorfer Dissertation Helmut Gaßens „Geisteswissenschaftliche Pädagogik auf dem Wege zu kritischer Theorie“ (in der Druckfassung Weinheim 1978) detailliert herausgearbeitet. – Es ist nun eine Auswirkung dieser Weiter- und Umbildung der älteren Geisteswissenschaftlichen Pädagogik, ihrer beginnenden Integration in ein umfassenderes Konzept von Erziehungswissenschaft gewesen, daß Wolfgang Kramp seit seiner Berliner Wirkungszeit und danach in Düsseldorf zwar die Didaktik bzw. die Unterrichtstheorie nach wie vor weiterverfolgte und vertrat, den Schwerpunkt seiner Forschungstätigkeit nun aber auf die Schultheorie legte, also die Theorie der Schule als zugleich gesellschaftlicher und pädagogischer Institution. Dieses war ein Problemfeld, das der Didaktik eng verschwistert ist, teils sie umgreift, das aber – entgegen erstem Anschein – in der vorangehenden Geisteswissenschaftlichen Pädagogik, von Ansätzen abgesehen, nicht systematisch, seinem Gewicht entsprechend und begrifflich sowie methodisch zulänglich bearbeitet worden ist. Eben dieser Nachweis ist eines der Teilergebnisse der ersten Kapitel von Wolfgang Kramps Buch „Studien zur Theorie der Schule“ (München 1973), dem drei Jahre zuvor eine große Abhandlung zum Thema in dem von Josef Speck und Gerhard

Wehle herausgegebenen „Handbuch pädagogischer Grundbegriffe" vorausgegangen war (Bd. 2. München 1970. S. 529–589).

In den ersten seiner „Studien zur Theorie der Schule" hat Wolfgang Kramp zum einen die Ergebnisse präziser, kritischer Analysen praktisch der gesamten einschlägigen pädagogischen Literatur seit Beginn der Reformpädagogik um 1900 vorgelegt, zum anderen wissenschaftstheoretische Argumentationsgänge über Probleme einer erziehungswissenschaftlichen Schultheorie, ihren Gegenstandsbereich, die Möglichkeiten ihrer Begründung, den Geltungscharakter ihrer Aussagen und damit ihren Theoriebegriff sowie über die Notwendigkeit interdisziplinärer Forschung. – Das fünfte Kapitel – identisch mit der Düsseldorfer Antrittsvorlesung vom Juni 1971 – bildet dann auch kompositorisch die Mitte des Werkes. Hier entfaltet Kramp den Zusammenhang von Schulreform, Bildungspolitik und erziehungswissenschaftlicher Forschung und macht damit die Dimensionen deutlich, in denen Schultheorie und die ihr integrierte Schulforschung künftig betrieben werden müssen. Gleichzeitig vollzieht er in diesem Zusammenhang methodologisch den Übergang von einem am Kritischen Rationalismus Karl Poppers und Hans Alberts orientierten Theoriebegriff, dessen Reichweite er in den vorangehenden Studien ausgelotet hatte, zu einem inhaltlich-kritischen Theorieverständnis, in ausdrücklicher Anlehnung an eine Position, wie sie etwa Klaus Mollenhauer vertrat oder auch Herwig Blankertz, der in diesem Sommer Wolfgang Kramp im Tode wenige Tage vorangehen mußte.

Blicken wir noch einmal auf Kramps „Studien", so ist hinsichtlich dieses zweiten Teils, der Kapitel sechs bis zehn, festzustellen: Sie enthalten Untersuchungen zu fast allen bis heute als grundlegend erkannten Dimensionen des Lehrerberufs und der Lehrtätigkeit. Das Gewicht, das damit dem Lehrer als dem pädagogischen Sachverwalter im institutionellen und gesellschaftlichen Funktionsgefüge der Schule zugesprochen wird, zeichnet Kramps Buch innerhalb der jüngeren Beiträge zur Schultheorie in besonderem Maße aus. Er hat die damals vorliegenden pädagogischen, psychologischen und soziologischen Forschungsarbeiten der deutschen und der angloamerikanischen Literatur einschließlich eigener empirischer Erhebungen, die er in Berlin durchgeführt oder betreut hatte, in vorbildlich durchschaubarer Form verarbeitet und hinsichtlich der Tragweite ihrer Aussagen beurteilt: Untersuchungen zum gesellschaftlichen Image des Lehrers und zur Bedeutung des Selbst- und des Fremdbilds für die Wahrnehmung des Erziehungsauftrages in der Schule, weiterhin den Forschungsstand über unterschiedliche pädagogische Führungsstile im Schul- und Unterrichtsfeld, über die Bezugsgruppen des Lehrers – nämlich die Sozialgruppen der Akademiker, der Schüler, der Eltern und der Kollegen – und ihre – sei es vermuteten, sei es erwiesenen – Verhaltenserwartungen, die sie an Lehrer richten. Es folgen Analysen der Stellung des Lehrers als Beamter und Erzieher im institutionellen Gefüge der Schule und die Diskussion über angemessene Modelle der Gestaltung der Schule als Organisation, schließlich eine Studie über die verschiedenen, rollentheoretischen Interpretationsversuche der Lehrertätigkeit; diese Untersuchung schließt mit einer erziehungswissenschaftlichen Begründung für Wolfgang Kramps eigene Orientierung am kritisch-interaktionistischen Rollenmodell.

Insgesamt ist das Buch ein weiterer Beleg für die ungewöhnliche sprachliche Präzision, die sein Autor sich abverlangte und die die Lektüre oft nicht nur zu einem intellektuellen, sondern auch zu einem ästhetischen Genuß werden läßt, zugleich ist es ein Musterbeispiel für folgerichtiges erziehungswissenschaftliches Argumentieren. Es setzte – und setzt nach wie vor – Maßstäbe für zukünftige schulwissenschaftliche Forschung und Theoriebildung, hoch angesetzte Maßstäbe, denen in der deutschsprachigen Literatur der Folgezeigt wohl am ehesten Helmut Fend mit seinem Buch „Theorie der Schule" (München/Wien/Baltimore 1980) entsprechen konnte. – Wolfgang Kramp taxierte das von ihm selbst Geleistete äußerst bescheiden ein: Er habe, so heißt es im Vorwort des Buches, vielleicht „zur Aufhellung mancher Probleme" beitragen können, die er jedoch „allenfalls artikulieren, keineswegs aber nur annähernd" habe lösen können (1973, S. 8).

Seine weiteren Forschungsbemühungen in der Düsseldorfer Zeit seit 1973 und seine zum Teil damit gekoppelte Lehrtätigkeit, die sich unter anderem in einigen der immens materialreichen, differenziert gegliederten und durchstrukturierten „Düsseldorfer Materialien zum Studium der Erziehungswissenschaft" der letzten Jahre spiegelt, lassen vermuten, daß er plante, einige Aspekte seines schultheoretischen Problemaufrisses aus dem Jahre 1973 durch Detailforschung inhaltlich schrittweise abzudecken. Was ich von seinen schulhistorischen Vorlesungen der letzten Jahre weiß, berechtigte zu der Hoffnung, daß er eines Tages eine neue Geschichte der Schule und des Lehrerstandes in Deutschland seit dem 19. Jahrhundert auf dem Niveau moderner, sozialgeschichtlich fundierter pädagogischer Geschichtsschreibung vorlegen würde. Diese Hoffnung muß nun unerfüllt bleiben.

Wir haben Abschied nehmen müssen von einem Menschen, der – im übertragenen Sinne des Bloch'schen Wortes – den „aufrechten Gang" liebte und der selbst „aufrecht ging" – und dies doch zugleich in der Demut seines protestantischen Glaubens;

von einem Gesprächspartner, der nicht immer bequem, aber stets wahrhaftig war;

von einem Erziehungswissenschaftler, der es sich mit seiner Wissenschaft nicht leicht gemacht hat, weil er die hohen Maßstäbe, die er an sie anlegte, mit besonderer Strenge auf seine eigenen Bemühungen bezog und der gerade deshalb für einige erziehungswissenschaftliche Kernprobleme neue Erkenntnisse und Perspektiven mit großer Prägnanz zu formulieren vermochte;

von einem Schul- und Hochschulreformer mit starkem Gestaltungswillen und mit Augenmaß, das ihm aber nicht die weiteren Perspektiven verstellte;

von einem Mitstreiter für die Entwicklung einer humanen und demokratischen Erziehung und für den Aufbau eines diesen Prinzipien entsprechenden Erziehungswesens;

von einem ästhetisch, in besonderem Maße musikalisch und sprachlich sensiblen und gestaltungsfähigen Menschen und zugleich von jemandem, der die humorvolle und spritzige wie auch die besinnliche Kommunikation liebte.

Wir können ihn in dankbarer Erinnerung behalten – und wir sollten diese Erinnerung in uns produktiv weiterwirken lassen.

9 Zwischen Führerglauben und Distanzierung

Autobiographisches zur politischen Identitätsbildung in Kindheit und Jugend unter dem Nationalsozialismus

W. Klafki, *Pädagogisch-politische Porträts*, Neuere Geschichte der Pädagogik, https://doi.org/10.1007/978-3-658-26751-3_10

I

Seit einigen Jahren ist innerhalb der Erziehungswissenschaft die Frage nach der Bedeutung von Biographien bzw. Autobiographien und nach autobiographischen Materialien (Tagebuchaufzeichnungen, Resultaten „narrativer Interviews" u.ä.) als Quellen pädagogisch relevanter Erkenntnis erwacht.[1] Damit wird eine Forschungsperspektive aufgegriffen, die in Ansätzen bereits von einigen Vertretern der Pädagogischen Psychologie in der Zeit vor 1933,[2] aber auch innerhalb der Schule Peter Petersens verfolgt worden ist[3] und deren Bedeutung innerhalb der Geisteswissenschaftlichen Pädagogik – in der Nachfolge Diltheys und seiner Beiträge zur Biographie/Autobiographie-Forschung – mindestens bewußt gehalten wurde. Ich nenne diesen Ansatz, auf dessen bisher vorliegende Varianten hier nicht näher eingegangen werden kann, im folgenden abkürzend „biographische Forschung" bzw. „Biographie-Forschung".

An dieser Stelle soll nicht intensiver der Frage nachgespürt werden, welche inner- und außerwissenschaftlichen Entwicklungen zu dem neuen erziehungswissenschaftlichen Interesse an biographischer Forschung geführt haben; diese Frage ist jedoch, systematisch gesehen, von erheblichem Gewicht, verweist sie doch auf die „Erkenntnisinteressen"[4], die in entsprechende Untersuchungen eingehen und an denen sich – explizit oder implizit – die Interpretationen des Materials orientieren. Dieter Baacke und Theodor Schulze, die Herausgeber und maßgeblichen Mitautoren eines repräsentativen Sammelbandes zum Thema, sprechen mindestens

1 Vgl. u.a.: Sozialisation und Lebenslauf. Hrsg. von Klaus Hurrelmann. Reinbek 1976; Projektgruppe Jugendbüro (Jürgen Zinnecker u.a.): Wahnsinn, das ganze Leben ist Wahnsinn. Ein Schülertagebuch. Frankfurt a.M. 1978; Aus Geschichten lernen. Zur Einübung pädagogischen Verstehens. Hrsg. von Dieter Baacke und Theodor Schulze. München 1979; Interpretationen einer Bildungsgeschichte. Überlegungen zur sozialwissenschaftlichen Hermeneutik. Hrsg. von Thomas Heinze, Hans-Werner Klusemann und Hans Georg Soeffner. Bensheim 1980; Werner Fuchs (zusammen mit Artur Fischer und Jürgen Zinnecker): Jugend '81. Lebensentwürfe, Alltagskulturen, Zukunftsbilder. 9. Jugendstudie der Deutschen Shell. Bd. 1–3. Hamburg 1981; Nachdruck von Band 1 und 2. Opladen 1982.

2 Vgl. z.B. Charlotte Bühler: Zwei Knabentagebücher. Jena 1925; Zwei Mädchentagebücher. Jena 1927; Jugendtagebuch und Lebenslauf. Zwei Mädchentagebücher mit einer Einleitung. Jena 1932; Drei Generationen im Jugendtagebuch. Jena 1934.

3 Vgl. Elisabeth Apelt: Der Schulalltag von Horst und Karli. Meisenheim a. Glan 1959.

4 Der Begriff „Erkenntnisinteresse" wird hier nicht im strengeren Sinne der Terminologie von Habermas verwendet, sondern in einer weiter und konkreter gefaßten Bedeutung; er bezeichnet die bestimmten Motive und Intentionen, aus denen heraus und auf die hin Forschung betrieben wird.

einige der vermutlich wirksamen Impulse an, wenn sie im Vorwort formulieren: Die grundlegende Idee der pädagogischen Biographie-Forschung „verdankt sich einer Einsicht, die gerade um Reform bemühte Pädagogen, gerade Anhänger der Kritischen Theorie, Vertreter der Studentenbewegung machen mußten: Daß eine umfassende gesellschaftskritische Programmatik (auch und gerade in pädagogischer Hinsicht; d. Verf.) fehlgeht, wenn sie nicht den Anschluß im Subjekt sucht. Inzwischen sind wir dabei, den sogenannten subjektiven Faktor zu entdecken … Das pädagogische Interesse an Interaktionstheorien, Deutungsmustern und am Alltagswissen von Personen und Gruppen fügt sich … in diesen Zusammenhang. Die ‚gesellschaftlichen Bedingungen' finden ihren Counterpart im Detail einer Biographie, einer Situation, eines Erlebnisses".[5]

Innerhalb des damit angedeuteten Problemrahmens hebe ich einen bestimmten Fragenkomplex heraus. Gerade im Zusammenhang pädagogischer Konzepte, die sich – sei es auf eher theoretisch-interpretativer Ebene, sei es auf praktisch-programmatischer Ebene – an Zielsetzungen wie „Mündigkeit", „Selbstbestimmungs- und Selbstverantwortungsfähigkeit", „Diskursfähigkeit", „reflektierte gesellschaftliche Handlungsfähigkeit" a. ä. orientieren, taucht immer wieder die Kategorie der *Identitätsbildung* bzw. der *Ich-Identität* auf, im Sinne eines konstitutiven Moments oder einer „Voraussetzung" für die Ausbildung der vorher genannten „Fähigkeiten". Ich-Identität, damit ist die wie auch immer spannungsreiche, individuelle Einheit der im Sozialisations- und Erziehungsprozeß angeeigneten und ausgebildeten Einstellungen, Haltungen, Sichtweisen, Wertungen, Fähigkeiten, Erkenntnisse gemeint, die eine Person als „zu sich gehörig", ihre Personalität ausmachend betrachtet und die sie sowohl in ihren Beziehungen zu ihrer engeren sozialen Wirklichkeit und zu den umgreifenden gesellschaftlichen Zusammenhängen und Prozessen als auch reflexiv zu sich selbst immer wieder neu zur Geltung bringt, bringen *muß*, um sie zu bewahren, zu verteidigen, sie neu „auszubalancieren", sie weiterzuentwickeln. Ich-Identität ist, mit Hilfe einer der Leitkategorien dieser Festschrift [gemeint ist die Festschrift für Fritz Bohnsack zum 60. Geburtstag] formuliert, als das jeweils vorläufige „Resultat" von zahlreichen *Sinn*auslegungs-, *Sinn*aneignungs-, *Sinn*abwehr-, *Sinn*-Setzungsprozessen zu verstehen, die die (kindliche oder jugendliche oder erwachsene) Person in ihrem bisherigen Lebenslauf – in der Prägung *durch* und der Auseinandersetzung *mit* den Einwirkungen und „Angeboten" ihrer historisch-gesellschaftlichen Wirklichkeit reflektiert oder unreflektiert vollzogen hat und ständig weiter vollzieht. Ich-Identität ist der in der individuellen Aneignung *von* der Auseinandersetzung *mit* objektiv, d. h. geschichtlich-gesellschaftlich vorgegebenem Sinn aufgebaute *subjektive Sinnzusammenhang* des einzelnen, der seine Subjektivität

---

5 Aus Geschichten lernen. Zur Einübung pädagogischen Verstehens. S. 7.

(Personalität) also nie als isolierter einzelner entwickelt, sondern immer schon im Kontext seiner konkreten gesellschaftlichen Vermittlungen. – Erziehung aber, pädagogisches Handeln ist in dieser Perspektive als bewußte Hilfe zur Identitätsbildung von Kindern, Jugendlichen und ggf. Erwachsenen zu verstehen, *emanzipatorische* Erziehung als ein Konzept von Hilfen, das die gesellschaftlichen Vermittlungen, in denen Identitätsbildung sich vollzieht, auf ihre historische Bedingtheit hin befragt, sie *im* Erziehungsvorgang thematisiert und den Identitätsbildungsprozeß an den Prinzipien der Selbstbestimmungsmöglichkeit *aller*, damit zugleich der Solidarität mit den Benachteiligten und der Verpflichtung zu argumentativer Rechtfertigung von Ansprüchen und Normsetzungen orientiert.

Wie geht jener Prozeß der Identitätsbildung, der also *als* historisch-gesellschaftlich vermittelter zugleich ein individueller Aneignungs- und Auseinandersetzungsprozeß ist, vor sich? Das scheint mir die Leitfrage biographischer Forschung in pädagogischer Perspektive zu sein. Lassen sich in diesem Prozeß wirkende „Faktoren" genauer bestimmen, gibt es typische Verlaufsstrukturen, mehr oder minder verallgemeinerbare „Gesetzmäßigkeiten"? Mit welchen Modellen und Kategorien lassen sich „Faktoren", „Verlaufsstrukturen", etwaige „Gesetzmäßigkeiten" beschreiben und verstehen?

Begreift man Erziehungswissenschaft als eine handlungsorientierte, in das Theorie-Praxis-Verhältnis dialektisch einbezogene Disziplin, so sollen alle solche Erkenntnisbemühungen letztlich dazu dienen, dem pädagogischen Praktiker zum einen zum besseren Verstehen der Identitätsbildungsprozesse der Kinder, Jugendlichen und Erwachsenen (aber auch seiner eigenen Identitätsentwicklung) zu verhelfen, zum anderen der Einsicht in Aufgaben, Möglichkeiten und Grenzen seines pädagogischen Handelns im Hinblick auf jene Prozesse.

II

Im folgenden sollen die Probleme biographischer Forschung nicht auf der Ebene methodologischer Erörterungen weiterverfolgt werden. Mein Vorhaben ist weitaus bescheidener. Ich möchte unter dem Gesichtspunkt der Identitätsbildung als Prozeß subjektiver Sinnentwicklung einen autobiographischen Beitrag zur Erweiterung von Materialien, die vermutlich einen gewissen Aussagewert für pädagogische Analyse besitzen, und zur vorläufigen Interpretation leisten.

Ich gestehe, daß mich dieses Vorhaben trotz eines sehr begrenzten Anspruchs einige Überwindung gekostet hat. Daß ich letzten Endes die Bedenken zurückgestellt und die „Peinlichkeitsschwelle" überschritten habe, verdanke ich vor allem dem Beispiel, das Jürgen Henningsen in seinem Aufsatz „Vielleicht bin ich heute noch ein Nazi" (Zeitschrift für Pädagogik 1982, S. 341–354) gegeben hat. Dieser Beitrag hat mich davon überzeugt, daß es notwendig ist, gerade auch von der Seite der heute in pädagogischen Berufen tätigen Angehörigen *der* Generation, der ich angehöre und die ihre Kindheits- und Jugendentwicklung weitgehend unter dem Nationalsozialismus erlebt hat, Beiträge zur Erweiterung biographischen bzw. autobiographischen Materials zu leisten. Wenn auch die Gefahr professioneller Blickverengungen und Selbstrechtfertigungen nicht von der Hand zu weisen ist, so bietet die Veröffentlichung autobiographischer Berichte gerade durch Pädagogen doch andererseits auch besondere Chancen:

- die grundsätzlich notwendige Selektion beim autobiographischen Berichten kann gezielt auf vermutlich pädagogisch besonders aufschlußreiche Zusammenhänge und Prozesse gerichtet werden;
- die spezifische Generationsproblematik heutiger Erwachsener, die ihre Kindheit und Jugend im Nationalsozialismus erlebt haben, die heute in irgendeiner Weise pädagogisch tätig sind – als Eltern, Lehrer, Sozialpädagogen, Erwachsenenbildner, Hochschullehrer a. ä. – und die in diesem Zusammenhang einer Generation begegnen, die *ihre* Kindheits- und Jugendentwicklung *nach* dem Nationalsozialismus vollzogen hat oder vollzieht, könnte auf diesem Wege auf breiterer Basis als bisher aufgehellt werden;
- die Kindheits- und Jugendentwicklung von Angehörigen jener Generation wirkt auch auf der Ebene erziehungswissenschaftlicher Forschung vermutlich in unsere Sichtweisen, Fragestellungen, Interpretationsperspektiven hinein und bedarf daher einer möglichst intensiven Aufklärung.

Für meinen Versuch wie für alle autobiographischen Aussagen gilt selbstverständlich, was in der methodologischen Diskussion mit Recht *generell* betont worden ist: Die Kennzeichnung autobiographischer Entwicklungen ist nie bloße Nachzeichnung eines Prozesses, der auch *für* das betreffende Individuum in seinem damaligen Erfahrungs- und Bewußtseinsstand sich so dargestellt hätte, wie es der nachträgliche Bericht zur Sprache bringt. Autobiographische Aussagen sind *interpretierende Rekonstruktionen*; sie erfolgen von jenem Erfahrungs- und Bewusstseinsstandort aus, den der Autobiograph zum Zeitpunkt seiner Rückschau einnimmt, also von einer Position her, die dem Subjekt in den dargestellten Phasen seiner Entwicklung allenfalls in Ausnahmefällen und dann auch nur annhäherungsweise oder in „Vorstufen" zugänglich sein konnte, wobei schon der Begriff „Vorstufe" wiederum den retrospektiv-interpretativen Charakter der Aussagen dokumentiert. Mit diesem Tatbestand sind unausweichlich die Gefahren der Selbststilisierung, der Harmonisierung, der rückwirkenden „Konstruktion" eines konsistenten Zusammenhanges u. ä. verbunden.

III

Ich konzentriere mich im folgenden im Blick auf die Kindheits- und Jugendphase auf einen einzigen Aspekt, nämlich die eigene „politische" Identitätsbildung im Einflußfeld des Nationalsozialismus: Als die Nationalsozialisten in Deutschland endgültig „die Macht ergriffen", war ich knapp 6 ½ Jahre alt; den endgültigen Zusammenbruch des nationalsozialistischen Herrschaftssystems nahm ich – gut 17 ½ Jahre alt, im April 1945 als Soldat im ostpreußischen Samland verwundet und mit einem der letzten von dort auslaufenden Transporte über die Ostsee verschifft – sozusagen aus der Ferne, nämlich von einem deutschen Lazarett in Dänemark aus wahr.

Die wesentlichsten Erinnerungen, die ich unter dem Aspekt „Kindheit und Jugend im Nationalsozialismus" unter der vorher formulierten Fragestellung zu reaktivieren vermag, beziehen sich auf drei Erfahrungsbereiche: mein Elternhaus bzw. die familiäre Erziehung, die Schule und den außerschulischen Lebensbereich, hier insbesondere das Verhältnis zu den NS-Jugendorganisationen für Jungen, dem Jungvolk und der Hitlerjugend. Durch jene Erfahrungsbereiche hindurch verlaufen die beiden widersprüchlichen Grundtendenzen, unter denen mir das Material meiner Erinnerungen in der Rückschau auf meine eigene politische Identitätsbildung als Kind und Jugendlicher verstehbar wird: einerseits die partielle *ideologische*[6] *Identifikation* mit dem, was ich für „nationalsozialistisch" hielt, andererseits die zunehmende Ausbildung von *Distanzierungsmomenten* zur Realität des Nationalsozialismus, soweit er in meinen Erfahrungs- und Bewußtseinshorizont trat.

Meine zentrale Frage lautet: Wie habe ich – aus retrospektiv-autobiographischer Sicht interpretiert – als Kind und Jugendlicher die Spannung zwischen jenen beiden widersprüchlichen Tendenzen „verarbeitet", ein erstes „politisches" Selbstverständnis und Identitätsbewußtsein auszubilden versucht? Wie verstand ich mich als Kind und Jugendlicher im nationalsozialistischen System mit seinen Ansprüchen und „Angeboten", soweit ich sie wahrnahm und auf mich bezog?

6 Die Bezeichnung „ideologisch" verwende ich im Sinne der strengeren Variante des Ideologie-Begriffs, nämlich als Terminus für *gesellschaftlich bedingtes falsches Bewußtsein.*

IV

Um die familiäre Erziehungssituation charakterisieren zu können, muß ich z. T. Informationen und Einschätzungen skizzieren, die erst „auf den zweiten Blick" ihren Zusammenhang mit der hier interessierenden Leitfrage erkennen lassen.

> Ich wurde am 1. September 1927 in der ostpreußischen Keisstadt Angerburg, der „nördlichen Pforte Masurens" mit ihren etwa 10.000 Einwohnern, geboren. Mein älterer Bruder war damals fast 4 Jahre alt, 1935 vergrößerte sich unsere Familie durch die Geburt eines weiteren Bruders. – Meine Eltern, die beide gebürtige Westpreußen waren und aus Familien mittlerer städtischer oder staatlicher Angestellter bzw. Beamter mit, wenn ich es richtig einschätze, klein- bis mittelbürgerlichem Lebenszuschnitt stammten, waren 1922 nach Angerburg gezogen, nachdem mein Vater sein Studium der Fächer Deutsch, Geschichte und Erdkunde an den Universitäten Königsberg, Greifswald und Berlin und seine Studienreferendarzeit in Königsberg abgeschlossen hatte und – nach anderthalbjähriger Hauslehrertätigkeit auf einem ostpreußischen Gut – an der neu gegründeten höheren Schule mit Aufbauzügen (ab Klasse 7) in Angerburg seine erste feste Anstellung als Studienassessor erhalten hatte. 1926 wurde er dort zum Studienrat und 1943 zum Oberstudienrat ernannt.[7]

Den Sozialisationsraum meines Elternhauses, der sich auch in der pädagogischen Atmosphäre ausprägte und zugleich wesentlich von ihr mitbestimmt wurde, kann man als den einer in vieler Hinsicht vermutlich typischen, preußisch-ostpreußischen Beamten-, genauer: einer „Studienratsfamilie" im Überschneidungsfeld von mittlerer und oberer Mittelschicht der 20er und 30er Jahre kennzeichnen, mit klein- bis mittelständischem Zuschnitt des durch bescheidenen Wohlstand und gleichwohl ausgeprägte Sparsamkeit gekennzeichneten Lebensstils. Für meinen Vater und meine Mutter bedeutete der mit dem Beruf eines „Akademikers" verbundene gesellschaftliche Status lebensgeschichtlich, d. h. im Vergleich mit ihren eigenen Herkunftsfamilien, einen sozialen Aufstieg; indessen habe ich vor allem an meinem Vater nie wahrgenommen, daß er diesen seinen „sozialen Ort" als Privileg betrachtete oder zur Geltung brachte, wohl aber als Verpflichtung oder zu besonders konsequenter Einhaltung von Normen bürgerlicher Redlichkeit und Rechtschaffenheit im beruflichen und außerberuflichen Leben.

> Eigene Erinnerungsspuren und manche späteren Erzählungen meiner Eltern sprechen dafür, daß ich in den frühen Kinderjahren eine besonders enge, emotionale

7 Eine Lebensskizze meines Vaters habe ich in dem Beitrag „Adolf Klafki" zu zeichnen versucht. In: Jugendjahre in Angerburg. Eine Dokumentation über die Hindenburg-Schule Angerburg/Ostpr. Hrsg. von der Vereinigung der ehemaligen Schüler und Schülerinnen der Hindenburg-Schule und Frieda-Jung-Schule Angerburg/Ostpr. Uelzen 1978. S. 32–36.

> Beziehung zu meiner Mutter gehabt habe. Mir ist in den ersten Lebensjahren jene positive gefühlsmäßige Fundierung, jene liebevolle Zuwendung zuteil geworden, die etwa Erikson als die Bedingung für die Entwicklung jenes „Urvertrauens“ bezeichnet, welches das Kind befähigt, sich auf die Erfahrung mit seiner gegenständlichen Wirklichkeit und den Menschen seiner frühen Lebenssphäre einzulassen. – Je mehr meine biographische Rekonstruktion an die eigene Schulzeit heranrückt und vor allem die Knaben-, Vorpubertäts- und Pubertätsphase betrifft, um so stärker gewinnt mein Vater in meinem Erinnerungszusammenhang an Kontur und Bedeutung. Einer seiner ehemaligen Schüler hat ihn 1948, nach seinem Tode, in einem Beileidsbrief an meine Mutter als „streng, aber gerecht“ charakterisiert. Ich selbst habe ihn – als Vater und als Lehrer – wohl als sehr gerecht, aber, von seltenen Ausnahmen abgesehen, nicht als streng in Erinnerung. Soweit ich seine pädagogischen Zielvorstellungen zurückschauend zu kennzeichnen vermag, erschienen sie mir als einfach und klar, im Sinne einer liberal-kulturprotestantischen, kirchlich kaum gebundenen, bürgerlichen Lebensauffassung mit einigen deutlichen sozialen Akzenten, zugleich national-liberal in einer nicht parteipolitisch-programmatischen, eher indirekt zur Geltung kommenden Bedeutung. Daran änderte auch sein späterer Eintritt in die NSDAP – ich glaube, es war in den Jahren 1936 oder 1937 – nichts; ich komme auf diesen Gesichtspunkt später mehrfach zurück. Solche normativen Orientierungen brachte mein Vater in seinem Verhältnis zu uns Kindern und als Lehrer nur selten explizit und, meiner Erinnerung nach, fast nie „mit dem Brustton der Überzeugung“ oder moralistisch zur Geltung, sondern mit einer eher untheatralischen, nüchternen „Selbstverständlichkeit“, die vor allem dadurch wirkte, daß er seine Lebensgrundsätze im Alltag des Berufs- und Familienlebens verwirklichte. In seinem Umgang mit uns wie mit Schülern habe ich ihn gewöhnlich als ruhig, gütig und konsequent in Erinnerung, von unaufdringlicher, gleichwohl intensiver pädagogischer Wirkung.

Spezifisch nationalsozialistisches Gedankengut hat meiner Erinnerung nach in der familiären Erziehung meines Elternhauses nie eine zentrale Rolle gespielt, und ich glaube sicher sein zu können, mit einer solchen Aussage weder Verdrängungen noch falschen, nachträglichen Rechtfertigungstendenzen anheimzufallen. Meine Eltern waren wohl zu keiner Zeit entschiedene oder vorbehaltlose Anhänger der nationalsozialistischen Programmatik und Ideologie oder gar Verfechter des tatsächlichen nationalsozialistischen Herrschaftssystems, freilich auch keine prinzipiellen und entschiedenen, sei es heimlich oder gar offenen Opponenten. Meine Mutter verstand sich – wie große Teile des Bürgertums in der Weimarer Zeit und im Nationalsozialismus – als „unpolitisch“, ihre tendenziell bürgerlich-national-konservative (aber nicht nationalistische) Orientierung galt ihr, wenn ich es recht sehe, irrtümlicherweise als „selbstverständlich“, nicht aber als eine bestimmte politische Option. Aber auch für meinen Vater gilt m. E. folgende Einschätzung: Da ihm weder seine eigene familiäre Erziehung noch die Schule oder die Universitätsausbildung – trotz des Geschichtsstudiums oder vielleicht gerade dadurch mitbedingt – wesentliche Impulse zur Entwicklung eines differenzierten, politisch-demokratischen Bewußtseins gegeben zu haben scheint, ist ihm die Perversion des Gedankens nationaler Souveränität und Einheit zum imperialistischen Nationalismus der Nationalsozialisten, aber auch die Zentralstellung der „völkischen", zumal der Rassenideologie und ihre Unvereinbarkeit mit humanen und christlichen, aber auch mit bürgerlich-konservativen und liberalen Grundsätzen wohl viel zu spät bewußt geworden. So gab es denn, wenn ich das im Rückblick richtig sehe, auch in seinem Erziehungshandeln uns Kindern gegenüber kaum direkte Anstöße von grundsätzlicher Art, die – wie immer abgesichert „nach außen" hin – uns *gezielte* Hilfen zum Aufbau kritischer Positionen gegenüber nationalsozialistischer Beeinflussung hätten werden können. Es mag allerdings sein, daß meine Eltern auf solche Einwirkungen, soweit sie von ihren Einstellungen her denkbar gewesen wären, erstens mit Rücksicht auf die möglichen Schwierigkeiten, in die mein älterer Bruder und ich hätten geraten können, verzichteten, zweitens aber deshalb, weil ihnen kaum entgangen sein kann, daß wir ohnehin infolge eigener Erfahrungen mit Jungvolk und Hitlerjugend und zufolge einer im ganzen wenig politisierten und „politisierenden" Schulerziehung eine Reihe von Distanzierungsmomenten zum Nationalsozialismus, mindestens zu einigen seiner *realen* Erscheinungsformen, entwickelten. In dieser Hinsicht sind nun, eher indirekt, nicht zuletzt auch die von uns Kindern erfahrenen, normativen Orientierungen unserer familiären Erziehung als fördernde und stützende Faktoren solcher Distanzierungsprozesse wirksam geworden.

V

1934 trat ich in die Grundschule ein. Ich habe sie nur drei Jahre lang besucht. Für Schüler mit überdurchschnittlichen Leistungen gab es zu jener Zeit die Möglichkeit, auf Empfehlung des Klassenlehrers und mit Einwilligung der Eltern vorzeitig zur Aufnahmeprüfung an einer höheren Schule angemeldet zu werden. Mit drei anderen Klassenkameraden zusammen bestand ich 1937 diese Prüfung und trat damit in die erste Klasse (– damals noch als „Sexta" bezeichnet –) der Angerburger Oberschule ein. – Zu Beginn der siebten Klasse, im Herbst 1943, wurde der größte Teil der Schüler des Jahrganges 1927, z. T. auch Schüler des Jahrgangs 1926, zum Luftwaffenhelferdienst eingezogen; Ausbildung und späterer Einsatz erfolgten im Großraum Hamburg und am Jagdfliegerhafen Rotenburg/Wümme. Wir blieben in dieser Zeit aber formell Schüler der Angerburger Oberschule und erhielten – mit stark reduzierter Fächer- und Stundenzahl, die im Jahre 1944 immer häufiger durch Unterrichtsausfall nach unseren Nachteinsätzen an den Flakgeschützen dezimiert wurde – Unterricht durch wenige, abgeordnete Lehrer. Nach der Versetzung in die Klasse 8 und mit der Einberufung zum Reichsarbeitsdienst im September 1944 erhielten wir den sogenannten „Reifevermerk", der besagte, daß wir zu dem Termin, an dem wir normalerweise das Abitur abgelegt hätten, also mit dem Abschluß der Klasse 8, das Reifezeugnis erhalten würden.

Unter dem Gesichtspunkt politischer Einflüsse vermag ich aus meiner Grundschulzeit keine aussagekräftigen Erinnerungen zu reaktivieren, es sei denn, man betrachtete den autoritären Erziehungsstil jenes Grundschullehrers, der während meiner gesamten Grundschulzeit oder mindestens ihres größten Teils mein Klassenlehrer gewesen ist und der sich häufig der Prügelstrafe bediente, als wenn nicht typisch, so mindestens mit dem „Geist der Zeit" durchaus vereinbar. Erst meine Angerburger Oberschulzeit kann ich auf der Basis breiteren Erinnerungsmaterials auch politisch einzuschätzen versuchen. Diese Schule habe ich zwischen 1937 und 1943/44 nicht als „nationalsozialistische Schule" erlebt, sie war aber selbstverständlich „Schule im Nationalsozialismus".

Im Rückgriff auf Beiträge zur Geschichte dieser Schule (Jugendjahre in Angerburg, 1978) vermute ich, daß man das Gros der Lehrer, die vor 1933 dort tätig waren, hinsichtlich der politischen Einstellungen im Spektrum zwischen preußisch-bürgerlichem Konservatismus, Nationalsozialismus und deutsch-demokratischen sowie, vereinzelt, wohl auch tendenziell sozialdemokratischen Positionen wird ansiedeln müssen; allerdings gab es, wenn überhaupt, wohl nur sehr wenige Lehrkräfte, die parteipolitisch gebunden oder gar aktiv waren. 1933 oder bald danach wurden aus rassischen oder politischen Gründen drei damals an der Angerburger Hindenburgschule tätige Lehrer entlassen.

In meiner eigenen Schulzeit habe ich nur wenige Lehrer kennengelernt, deren politische Einstellung im Unterricht überhaupt erkennbar wurde. Das gilt auch für diejenigen, die – sofern wir davon erfuhren – zu irgendeinem Zeitpunkt, meist wohl erst einige Jahre nach der nationalsozialistischen Machtergreifung, in die NSDAP eintraten und zwar vermutlich meistens im Sinne pragmatischen Mitläufertums. Übrigens habe ich nie beobachten können, daß sich eine größere Zahl von Schülern überhaupt dafür interessierte, wer von den Lehrern Parteimitglied war und wer nicht. Und die Teilnahme der Lehrkräfte an den vom Reichsminister für Wissenschaft, Erziehung und Volksbildung Bernhard Rust (– über den ich in meinem Elternhaus mindestens einmal Bemerkungen meines Vaters aufschnappte, deren abschätzigen Tenor ich erfaßte, ohne sie inhaltlich zu verstehen und ohne mich dafür zu interessieren –) oder von nachgeordneten Dienststellen durchgesetzten Veranstaltungen nationalsozialistisch-propagandistischen Inhalts, etwa an den Fahnenappellen auf dem Schulhof zu Beginn und zum Ende der Schulhalbjahre, kann man gewiß nicht umstandslos als Beleg für aktive Dokumentation nationalsozialistischer

Gesinnung betrachten. Die meisten Lehrer unserer Schule, selbst diejenigen, die gelegentlich durch beflissene, subjektiv wahrscheinlich ehrlich gemeinte Anpassungsformen auffielen, wirkten bei solchen Pflichtdemonstrationen, bei denen wir Schüler vollzählig und in Uniform zu erscheinen hatten und von HJ-Führern aus der Schülerschaft befehligt wurden, ziemlich unglücklich-linkisch, verlegen oder auch ausgesprochen lächerlich; sie gaben uns damit manchen Anlaß zu kleinen, karikaturistischen Nachahmungen. – Im Unterricht habe ich keinen Lehrer als dezidierten und konsequenten Vertreter nationalsozialistischer Weltanschauung und Propaganda erlebt, weder im Deutsch-, Geschichts- oder Erdkundeunterricht noch in der Biologie oder im Sport, schon gar nicht in den übrigen Schulfächern.

Unter den verschiedenen Varianten von Mitläuferschaft und Anpassung, die ich auch an einigen Lehrern beobachten konnte, nenne ich das prägnanteste Beispiel, das mir bekannt ist, das mich, wie noch zu zeigen wird, mitbetraf und das mindestens ein Teil der Schüler als Anpassungsstrategie interpretierte: Der Musiklehrer unserer Schule hatte schon seit 1926 die Tradition des guten „Auswahlchores" und eines recht leistungsfähigen Schulorchesters begründet. Seit der Mitte der 30er Jahre gerieten die nachmittäglichen Übungsstunden des Chores und des Orchesters immer häufiger in Kollision mit den Anforderungen der Hitlerjugend an etliche Chor- und Orchestermitglieder. Ob nun seitens der HJ ein entsprechendes Angebot erfolgte oder ob jener Lehrer von sich aus die Initiative ergriff – jedenfalls „rettete" er Chor und Orchester bis zu seiner Einberufung zur Wehrmacht im Jahre 1939, indem er in die HJ eintrat und irgendeinen Dienstgrad – ich glaube, es war der des „Scharführers" – zugesprochen erhielt. Damit konnte er nun beide Einrichtungen in Personalunion zugleich als Schulinstitutionen und, mit personell weitgehend gleicher Besetzung, als „HJ-Spielschar" leiten. Die männlichen Chor- und Orchestermitglieder, zu denen auch mein Bruder Günther und ich gehörten und die – seit 1936 obligatorisch – gleichzeitig Jungvolk- bzw. HJ-Mitglieder waren, entgingen damit weitgehend dem vielfach öden Exerzierdienst der normalen Formationen des Jungvolks und der Hitlerjugend; stattdessen sangen und musizierten wir vorwiegend und legten jeweils nur auf Anmahnung der örtlichen HJ-Bannführung ab und an Stunden mit „Ordnungsübungen" ein, die wir dann teils murrend, teils eher mit versteckten Albernheiten absolvierten.

In wenigen Fällen deuteten Lehrer unserer Schule – in mehr oder minder kaschierter Form – ihre Gegnerschaft gegen den Nationalsozialismus oder mindestens Kritik an bestimmten seiner Maßnahmen und Einrichtungen an, insbesondere an Anmaßungen der Hitlerjugend. Die für mich eindrucksvollsten Beispiele, die ich damals allerdings nur z. T. zu deuten wußte, gab der Studienrat Ernst Gronenberg. Herr Gronenberg war der Vater des besten Spielgefährten meiner Kinderjahre, und meine Eltern waren mit ihm und seiner Frau, anfangs im gleichen Hause wohnend, befreundet. Klaus Gronenberg, mein Kinderfreund, hat seinen Vater später in einer kleinen biographischen Skizze als überzeugten Demokraten ausgewiesen, der nach 1933 in die „innere Emigration“ auszuweichen gezwungen war.[8] Die NS-kritische Grundposition dieses Lehrers war unter seinen Kollegen und Schülern weithin bekannt. – Ich erinnere mich, daß er z. B. im Erdkundeunterricht in meiner Klasse große Teile eines Erdkundebuches zur „Allgemeinen Geographie“, vermutlich wegen ihres nazistisch-geopolitischen Einschlages, einfach übersprang. Einen Anlaß zum Widerspruch gegen solche „Eigenwilligkeiten“ oder gar zur Denunziation dieses Lehrers bei HJ- oder Parteidienststellen hat offensichtlich kein Schüler gesehen. Daß seinerseits irgendwie politische Opposition mit im Spiele war, habe ich damals mindestens dunkel geahnt. – Offenkundiger wurde Gronenbergs Opposition, als er einmal eine Konfrontation wagte, deren Brisanz uns Schülern sofort deutlich war: Als der Sohn des Angerburger Kreisleiters, eines ehrgeizigen, hochengagierten Nazis, dessen Frau leitende Funktionen in der örtlichen NS-Frauenschaft ausübte, an mehreren Tagen hintereinander morgens in HJ-Uniform zu spät zum Unterricht erschien und Entschuldigungen des Inhalts vorbrachte, seine Eltern seien mit dienstlichen Aufgaben stark eingedeckt und er selbst habe bis in die Abendstunden hinein HJ-Verpflichtungen, wies ihn Studienrat G. letzten Endes scharf zurecht und kommentierte – mit kaum überhörbarem „politischem“ Unterton – jene Entschuldigungen mit der Bemerkung: In einer Familie, in der es, weil wohl anderes als wichtiger erscheine, so oft nicht gelänge, die Kinder, die dazu selbst offenbar außerstande wären, rechtzeitig zur Schule zu schicken, müsse ja eine „schöne Wirtschaft“ herrschen. Obwohl ich zu jenem Sohn des Kreisleiters ein zwar nicht konfliktfreies, aber im ganzen doch recht gutes persönliches Verhältnis hatte (das aber – davon wird noch zu sprechen sein – gerade nicht auf dessen engagierter Jungvolk-Mitgliedschaft basierte), war ich emotional auf der Seite jenes mutigen Lehrers und berichtete später zu Hause mit diesem Akzent von dem Vorfall.

Ich füge an dieser Stelle noch eine Information an, obwohl sie nicht auf eigener Erfahrung beruht. Klaus Gronenberg berichtet, daß sein Vater nach der „Reichskristallnacht“ 1938 in seiner Klasse erklärt habe: „Was in dieser Nacht geschehen ist, kann ich nicht billigen“.[9]

Keinesfalls darf man solche mutigen Einzeläußerungen zu Belegen eines konsistenten Widerstandes gegen den Nationalsozialismus hochstilisieren. Aber selbst wir jüngeren Schüler, damals 12 bis 15 Jahre alt, oder mindestens etliche von uns

8 Siehe dazu auch Klaus Gronenberg in seinem Beitrag über seinen Vater Ernst Gronenberg: Ein Lehrer unserer Hindenburgschule, Ernst Gronenberg. In: Jugendjahre in Angerburg. Eine Dokumentation über die Hindenburg-Schule Angerburg/Ostpr. S. 37–40.

9 Ebd., S. 39.

erfaßten durchaus die Bedeutsamkeit solcher „oppositioneller" oder kritischer Bekundungen und stimmten ihnen mindestens teilweise zu. Erfahrungen dieser Art gehören folglich in den größeren Zusammenhang der Ansätze zur kritischen Distanzierung von Erscheinungsformen des nationalsozialistischen Herrschaftssystems, der an späterer Stelle weiterverfolgt werden wird.

Insgesamt haben die Einwirkungen der Schule nach meiner Einschätzung relativ geringen Einfluß auf die Ausbildung „nationalsozialistischer" Elemente in meinem Bewußtsein und meinen Einstellungen gehabt; einige Schulerlebnisse haben, wie eben bereits betont wurde, eher die ansatzweise Ausbildung von Distanzierungsmomenten gefördert. Ob das anders gewesen wäre, wenn diese pädagogische Institution eine „nationalsozialistische Schule" in einem dezidierten Sinne gewesen wäre, vermag ich natürlich nicht zu sagen. Daß die Angerburger Oberschule jedenfalls erfreulich wenig dazu getan hat, mich zum überzeugten jungen Nationalsozialisten zu machen, würde noch deutlicher werden, wenn es möglich wäre, nun breiter darzustellen, wie ich das inhaltliche Angebot bzw. die inhaltlichen Anforderungen der Schule und ihre methodischen Vermittlungsformen erfahren und mich damit – z. T. im Zusammenhang mit meinen außerschulischen Interessensschwerpunkten – auseinandergesetzt habe. Eine solche Darstellung würde aber den Rahmen dieses Beitrages sprengen.

VI

Bevor ich zur Frage nach meinem Verhältnis zum Jungvolk (als der NS-Jugendorganisation für die zehn- bis vierzehnjährigen Jungen) und zur HJ (der Einrichtung für die Fünfzehn- bis Achtzehnjährigen) übergehe, muß eine wichtige Passage zwischengeschaltet werden. Was nämlich bisher über die familiäre und die schulische Sozialisation und Erziehung berichtet wurde, könnte den Eindruck erwecken, als wäre mein Verhältnis zum Nationalsozialismus in Kindheit und Jugend vorwiegend von neutralisierenden oder tendenziell distanzschaffenden Wirkungen bestimmt gewesen, und der nächste Abschnitt wird die in diese Richtung weisende Informationen noch anreichern. Die Einseitigkeit dieses Bildes muß nun jedoch zunächst korrigiert werden, indem ich *die* Momente meiner Kindheits- und Jugendentwicklung skizziere, die eine Identifikation mit Elementen des Nationalsozialismus oder besser: dem, was ich dafür hielt, bedeuteten. Da ich die entscheidenden Quellen solcher identifikatorischer Entwicklungsaspekte in der Rückerinnerung kaum in der familiären noch in der schulischen oder der außerschulischen Erziehung innerhalb von Jungvolk und HJ zu entdecken vermag, muß ich annehmen, daß die stärksten

Einflüsse in dieser Hinsicht dem dichtgeknüpften „Sendenetz" der allgemeinen öffentlichen Propaganda und Meinungsbildung als einem wesentlichen Medium nationalsozialistischer Bewußtseinsmanipulation entstammten.

Das wichtigste, identifikatorische Moment meines „politischen" Bewußtseins als Kind und Jugendlicher war die idealisierte Vorstellung vom „großen Führer", die ich wohl schon mit 7 oder 8 Jahren entwickelt habe und deren Geltung erst im Zweiten Weltkrieg – meiner Erinnerung nach beginnend mit der Stalingrad-Katastrophe – erste Erschütterungen erfuhr. Aufkeimende Zweifel habe ich aber lange verdrängt, auch über die Zeit als Luftwaffenhelfer (– mit ihren Ernsteinsätzen als Flakkanonier im Raum Hamburg und Rotenburg/Wümme bei Luftangriffen englisch-amerikanischer Bomber und Tiefflieger auf deutsche Kriegsflughäfen –) und als Arbeitsdienstmann hinweg. Erst der Fronteinsatz als 17jähriger Soldat in den Kesseln von Danzig/Gotenhafen und dem ostpreußischen Samland, nicht zuletzt die in den letzten Tagen der Kämpfe in Gotenhafen durchsickernde Information, es gäb einen „Führerbefehl", der uns, wenn die Munition verschossen wäre, zur Verteidigung mit dem Bajonett verpflichtete, ließ jene Zweifel bei mir erneut, und nun weit nachhaltiger als vorher, wieder aufbrechen – Anfang eines Desillusionierungsprozesses, der dann nach dem Kriegsende in kurzer Frist zu einem relativ „endgültigen" Abschluß gelangte.

Jenes Führerbild trug – weit über die Entwicklungsphase des 7- bis 9jährigen hinaus – Züge eines pseudo-politischen Kindermythos, der freilich offenbar auch bei vielen Erwachsenen jener Zeit anzutreffen war: Der „Führer" erschien darin mit den Qualitäten des zugleich politisch genialen und moralisch außerordentlichen Menschen ausgestattet: als der „Retter Deutschlands aus den Wirren der ‚Systemzeit' (‚Weimar')", wobei das Wort „Systemzeit", zumal die Weimarer Epoche auch in dem von mir erlebten Geschichtsunterricht nie, nicht einmal in nationalsozialistischer Sicht, behandelt wurde, in meinem Kopf eine aus irgendwelchen Führerreden „aufgeschnappte", negativ besetzte, aber völlig diffuse Chiffre blieb, bei der ich „Hunger", „Massenarmut", „Unruhen", „Terror", „rücksichtslose Bereicherung von Schiebern und Gaunern" und ähnliche Vorstellungsfetzen assoziierte; Hitler erschien als der mutige und verantwortungsvolle Freund des deutschen Volkes, der ihm zu Ansehen und allgemeinem Wohlstand verhelfen wolle und der sein Leben ausschließlich der „Volksgemeinschaft" widme; als der „große Feldherr", als „Kunstfreund", „Tierfreund", „Kinderfreund".

Die Einwirkungen auf mich, die zur Entstehung eines solchen „Führerbildes" geführt haben, kann ich – mit einer Ausnahme – nicht mehr im einzelnen identifizieren. Daß ein solcher „Mythos" in der NS-Propaganda auf allen Ebenen öffentlicher Meinungsbildung – in der Presse und im Rundfunk, im Film, in Bildangeboten mannigfacher Art bis hin zu Zigarettenbild-Sammlerserien, Plakaten und Transparenten sowie in den öffentlichen Kundgebungen der Partei und der dort gehaltenen Reden – aufgebaut und verbreitet wurde, ist bekannt. Das einzige konkrete Medium, das ich als eine Quelle für die Entstehung meines „Führerbildes" bezeichnen kann, verweist in die Zeit zwischen meinem 7. bis 9. Lebensjahr. Es handelt sich um ein Kinderbuch des Schneider-Verlages von Hermine Morgenroth und Maria Schmidt mit dem Titel „Kinder, was wißt ihr vom Führer?" (In einem Bibliotheksexemplar konnte ich unlängst feststellen, daß es schon 1933 eine Auflage von über 50.000 Exemplaren erreicht hatte!) Ich muß das Buch, dessen Inhalt sich bei erneutem Lesen als ein kitschiges, emotionalisierendes und durchgehend mit pseudoreligiösen Beschwörungsformeln (– der Führer als der von Gott zur Befreiung des deutschen Volkes Beauftragte u. ä. –) operierendes Machwerk enthüllt, in der Zeit zwischen 1934 und 1936 zu einem Geburtstag oder einem sonstigen Festtag geschenkt bekommen haben; ob von Kindern als Geburtstagsgästen, von Verwandten oder meinen Eltern, weiß ich nicht mehr. Jedenfalls hat es von seiten meiner Mutter oder meines Vaters offenbar keinen Versuch gegeben, das Buch, das mich damals beeindruckte, irgendwie „aus dem Verkehr" zu ziehen oder seinen Inhalt zu kommentieren bzw. zu relativieren. Ich weiß freilich auch nicht, ob meine Eltern den Text überhaupt zur Kenntnis genommen haben. Mit Sicherheit kann ich jedoch sagen, daß in meinem Elternhaus solcherart Führerkult sonst nirgends gepflegt worden ist.

Die zentrale Bedeutung jenes „Führerbildes" für meine Weise, als Kind und Jugendlicher im Nationalsozialismus so etwas wie ein politisches „Selbstverständnis" als eine Dimension meiner Identität zu entwickeln, kann erst an späterer Stelle hinreichend deutlich werden. Hier sollen zunächst noch zwei weitere Identifikationsaspekte genannt werden.

Die propagandistisch immer wieder beschworene „soziale" Komponente des NS-Programms, die nicht zuletzt in der Formel von der „Volksgemeinschaft" ihren ständig wiederholten Ausdruck fand, habe ich als Kind und Jugendlicher als vermeintlich zentrale nationalistische Zielsetzung ernstgenommen. Innerhalb meines damaligen Erfahrungs- und Verständnishorizontes glaubte ich manche Bestätigung für die Geltung dieser Zielkomponente des Systems finden zu können, so etwa in manchen der Ernteeinsätze, zu denen wir seitens der HJ und der Schule in manchen Ferienwochen, vor allem etwa 1938, verpflichtet wurden. Solche Einsätze habe ich gerade wegen ihrer z. T. hohen physischen Anforderungen als Abenteuer und ernste Bewährungsprobe besonderer Art in kleineren oder größeren Gruppen Gleichaltriger positiv erlebt, z. B. auch die „Gleichstellung" mit Landarbeitern oder die Anerkennung als „höherer Schüler, der doch auch körperlich hart arbeiten kann", während der Erntephase auf dem Hof eines ostpreußischen Kleinbauern. – Die Diskrepanz zu Beobachtungen, wie ich sie etwa bei privaten Ferienaufenthalten auf dem Gut der Eltern eines mir befreundeten Klassenkameraden machen konnte – in der Welt einer noch halb patriarchalischen, ostdeutschen Gutsherrschaft – ist mir damals eigentümlicherweise nicht bewußt geworden.

Ich blende hier noch einmal in frühere Phasen meiner kindlichen Entwicklung zurück. Eine meiner ersten Erinnerungen „politischen" Gehalts ist nämlich folgende: Schon vor meiner Schulzeit und auch in der Grundschulzeit hatte ich ausgesprochene Freude an kleinen, spielerisch-rhetorischen Auftritten. Vor dem Zubettgehen, schon im Nachthemd, auf der Bettkante oder dem Heizkörper in unserem Kinderzimmer stehend, hielt ich in gespielter Erregung „Volksreden". Dabei bildete gewöhnlich mein älterer Bruder den realen Kern eines imaginären Publikums; bisweilen, wenn er eine Vorführung besonders lustig fand, holte er meine Mutter hinzu. Eines der Themen solcher „Reden" war nun eine zeitlang die „Systemzeit" mit ihren sozialen Nöten und Wirren und ihre Überwindung in der „neuen Zeit"; darin steckten für mich, bei aller Mischung mit Clownerie, zugleich ernstgemeinte Vorstellungen. Es müssen wohl Elemente aus Reden nationalsozialistischer „Größen" gewesen sein, deren ich mich dabei bediente.

Die „soziale" Komponente des Nationalsozialismus bzw. seiner Programmatik, die ja – sozialgeschichtlich gesehen – nicht ohne jeden Realitätsgehalt war, deren Verquickung mit dem Aufbau neuer, gesellschaftlich-politischer Hierarchien ich aber nicht einmal in Spuren begriff, hatte für mich emotional und moralisch ein hohes Gewicht. Denn sie berührte ein Moment in der Lebensauffassung meines von mir hoch geschätzten Vaters. Ich halte es auch für glaubwürdig, wenn er mir nach dem Zusammenbruch des Nationalsozialismus einmal andeutete, daß die soziale Programmatik Mitte der 30er Jahre das wesentlichste Motiv für seinen Eintritt in die NSDAP gewesen sei. – Wie sich nun diese soziale Orientierung in meiner Wahrnehmung und meinen Wertungen niederschlug, vermag ich an zwei Beispielen zu zeigen, die vielleicht gerade deshalb pädagogisch aufschlußreich sind, weil sie zunächst banal erscheinen könnten; für mich aber hatten sie, wie ich mich sehr deutlich erinnere, hohe, „repräsentative" und von mir ausgesprochen positiv gewertete Bedeutung.

Das erste Beispiel hat keinen Bezug zum nationalsozialistischen System. Wenn ich als Grundschüler an manchem Morgen einen guten Teil des Schulweges mit meinem Vater zusammen zurücklegte, kamen wir öfters an Arbeitern vorbei, die die Straße fegten oder reparierten oder im Winter Schnee schippten; dann war fast immer *er* es, der ihnen zuerst einen guten Morgen zurief und dabei den Hut zog. – Später habe ich ihn einige Male beim pflichtgemäßen SA-Dienst, der etwa wöchentlich zwei Nachmittagsstunden umfaßte, bisweilen auch beim Sport, beobachtet; mich beeindruckte dabei die Selbstverständlichkeit seines Umgangs vor allem mit Mitgliedern dieser SA-„Schar", die unteren Sozialschichten angehörten.

Ein drittes Moment, das ich den identifikatorischen Wirkungen zurechne, war die ästhetische Komponente nationalsozialistischer „Demonstrationen“. Ich ließ mich davon emotional stark beeindrucken, wenn auch die Faszination solcher Affekte meistens wieder schnell von den Banalitäten des Alltags verdrängt wurde. „Schauspiele“ der gemeinten Art waren etwa nationalsozialistische Großkundgebungen und Massenaufmärsche, Filmdokumentationen über Parteitage, Sonnenwendfeiern u.ä., wirkungsvoll inszenierte, politisch-pathetische Jugendfilme wie „Hitlerjunge Quex“, der mich zu Tränen rührte, oder später der Olympia-Film Leni Riefenstahls. Nicht zuletzt übte die in solchen Zusammenhängen immer wieder ins Spiel gebrachte Theatralik nationalsozialistischer Programm- und Weihemusik ihre Faszination auf mich aus. Chorlieder dieses Typs gehörten auch zum Pflicht-Repertoire jener Kombination von HJ-Spielschar und Schulchor, die ich bereits erwähnte und die u.a. bei den Fahnenappellen zu Beginn und zum Abschluß der Schulhalbjahre in Aktion trat. „Flamme empor ...“, „Deutschland, heiliges Wort, du voll Unendlichkeit ...“, „Heilig Vaterland ...“ oder – der Schlußrefrain eines Liedes – „Führer befiehl, wir folgen Dir“, in solchen Titeln tritt die Pathetik, der die tonale Gestaltung entsprach, deutlich zutage. – „Riefenstahl-Stil“ – in dieser Formel kann man den verführerisch-emotionalisierenden, pseudo-religiösen und das Denken mindestens vorübergehend paralysierenden Charakter dieser Ästhetik des Nationalsozialismus, die ihren politisch-instrumentellen Charakter raffiniert zu verschleiern wußte, vielleicht treffend zusammenfassen.

VII

Im Dezember 1936 war durch das „Gesetz über die Hitler-Jugend“ die Mitgliedschaft im „Jungvolk“ bzw. im „Bund Deutscher Jungmädel“ vom 10. Lebensjahr an und in der „Hitler-Jugend“ bzw. dem „Bund Deutscher Mädel“ vom vollendeten 14. Lebensjahr an verbindlich gemacht worden. Ich trat im Herbst 1937, ein halbes Jahr nach dem Übergang in die höhere Schule, in das Jungvolk ein, zunächst, einer generellen Regelung entsprechend, „auf Probe“. Die sogenannte „Pimpfenprobe“, ein zweitägiges Zeltlager in der Nähe Angerburgs, habe ich noch begeistert, voll kindlicher Abenteuerlust, mitgemacht, und sie wurde insofern tatsächlich zu einer kleinen Erprobung, als wir unsere Zeltnacht, nach einem starken Gewitter und stundenlangen Regengüssen, durchnäßt, frierend und hungrig durchstehen mußten und den halben Tag, der darauf folgte, weitgehend mit dem vergeblichen Versuch verbrachten, über offenem Feuer ein Reisgericht zu kochen. – Indessen verlor der wöchentliche Jungvolkdienst in der Folgezeit schnell an Neuigkeitswert, nicht zuletzt das einfallslose, formale Exerzieren nach quasi-militärischem Reglement. Vor allem aber stieß ich mich daran, daß ich bei diesen Ordnungsübungen auf dem Schulhof der Angerburger Volksschule mehrfach einige Jungen beobachtete, die ich von der Grundschule her als aggressiv und als „Angeber“ kannte, die es nun im Jungvolk bereits zum ersten „Dienstgrad“, nämlich zum „Hordenführer“ gebracht hatten und die ihre Befehlsgewalt nun dazu nutzten, die ihnen untergeordneten Neulinge, sobald die Ordnungsübungen nicht „klappten“, im Stile des Strafexerzierens zu „schleifen“, ohne daß sie von den nächst höheren Jungvolk-Führern zurechtgewiesen wurden. Kurze Zeit später bot mir der ältere Sohn des bereits erwähnten Kreisleiters, der Bruder meines Klassenkameraden, in seiner HJ-Führer-Funktion an, selbst „Hordenführer“ zu werden, mit der Aussicht, bald danach zum „Jungenschaftsführer“ aufzusteigen. Des weiteren Laufes der Dinge erinnere ich mich noch recht genau: Ich bat mir einen Tag Bedenkzeit aus und lehnte dann sinngemäß mit dem Argument ab: Solange Jungen wie jene „Schleifer“ Jungvolk-Führerpositionen erhielten, ohne ihren Führungsstil zu ändern, würde ich keine Leitungsfunktion übernehmen. Auch durch mehrfache Überredungsversuche, die die beiden Kreisleiter-Söhne in der Folgezeit unternahmen, ließ ich mich von meinem Entschluß nicht abbringen, und ich entsinne mich, damals kindlich stolz darauf gewesen zu sein. Diese Weigerung hinderte mich übrigens nicht daran, mir in meiner Phantasie, vor allem vor dem abendlichen Einschlafen, „Heimabende“ (– so hießen offiziell die Jungvolk-Zusammenkünfte, soweit sie in geschlossenen Räumen stattfanden –) nach meinem Geschmack auszumalen. Sie gerieten immer zu Bericht-, Erzähl- und Bildbetrachtungsstunden mit Themen aus dem Bereich von Kinderliteratur, Geschichte und Erdkunde, also aus einigen meiner schulischen Lieblingsfächer.

In den folgenden Jahren habe ich dann noch einmal an einem Jungvolk-Wochenlager und in einem Sommer an einer vierzehntägigen Radtour über Königsberg durch das nördliche Ostpreußen nach Memel teilgenommen; diese Veranstaltungen dürften sich wenig von vergleichbaren Unternehmungen der Jugendgruppen aus der Jugendbewegung vor 1933 unterschieden haben. Im übrigen aber hatte ich bereits am Ende meiner Grundschulzeit – neben dem bleibenden Interesse an Lektüre – ein neues Interessengebiet entdeckt, dem ich mich mit wachsender Intensität widmete: das Fußballspielen. Ich trat in den örtlichen Ballsportverein ein und spielte in der Knaben- und später der Jugendmannschaft, übernahm nach einiger Zeit die Trainingsleitung bei Anfängergruppen, war darüber hinaus Mitglied in den jeweiligen Klassenmannschaften der Schule und verbrachte außerdem mehrmals in der Woche etliche Nachmittagsstunden mit Freunden fußballspielend auf dem Sportplatz meiner Heimatstadt. Dieses sportliche Engagement erweiterte sich mit den Jahren auf Feldhandball, Faustball und Leichtathletik; zum Schwimmen in der Angerapp und den stadtnahen Seen trat später das Rudern, nachdem ich in den örtlichen Ruderverein eingetreten war; im Winter kompensierte ich die Ausfälle bei den Sommersportarten durch Schlittschuhlaufen, Eishockey, Geräteturnen in der Halle, Hallenhandball und Anfänge beim Skilauf. Waren diese sportlichen Tätigkeiten für mich einerseits weitaus attraktiver als die üblichen Angebote von Jungvolk und Hitlerjugend, so erzeugten sie andererseits keinerlei innere Konflikte, weil die NS-Programmatik insbesondere dem Jugendsport bekanntlich einen überaus hohen Stellenwert zusprach, mochten meine eigenen Intentionen und die meiner Sportfreunde auch wenig mit den Zielen der offiziellen Sport-Ideologie wie dem der Wehrertüchtigung zu tun haben.

Die weitere Entwicklung meines Verhältnisses zum Jungvolk bzw. zur HJ gehörte dann, wie schon jene „Absage" des 10jährigen vorwiegend in den Zusammenhang der Ausbildung von Distanzierungsmomenten, verbunden mit Handlungsformen, die man als pragmatisch-instrumentelle Nutzung einzelner attraktiver Möglichkeiten, die die NS-Jugendorganisationen boten, bezeichnen kann.

Noch im Jahre 1937 oder im folgenden Jahre wurde ich in den Schulchor und einige Zeit danach in das Schulorchester aufgenommen, nachdem ich im Geigenspiel durch Privatunterricht bescheidene, aber offenbar hinreichende Fortschritte gemacht hatte; es handelte sich um jene Schuleinrichtungen, die, wie bereits berichtet wurde, weitgehend deckungsgleich mit der HJ-Spielschar waren. Auch daß viele Spielschar-Mitglieder diese Einrichtung als eine Art Refugium gegenüber dem normalen Jungvolk- und HJ-Dienst betrachteten, ist schon hervorgehoben worden. Besonders prägnant kam das zu Geltung, als unser Musiklehrer und Spielscharleiter 1939 zum Militär eingezogen wurde. Die Spielschar wurde nun vom Musiklehrer der Angerburger Blinden- und Versehrtenschule geleitet, jedoch nahmen Intensität und Kontinuität der Musikpflege – vermutlich infolge der nun abgerissenen Verbindung mit dem schulischen Musikunterricht, der überdies stark reduziert wurde – schnell ab, und die Teilnehmerzahl sank beständig. Jedoch hielten die Verbleibenden gegenüber der HJ-Bannführung und weiteren aktiven HJ-Führern auf Anfragen hin die Fiktion aufrecht, es handele sich nach wie vor um regulären HJ-Dienst. Zunehmend schwieriger wurde diese Täuschung, als die Spielschar de facto auf ein Häuflein von 4 oder 5 „Instrumentalisten", darunter mein Bruder Günter und ich, zusammengeschrumpft war, die sich in unregelmäßigen Abständen und nur noch manchmal unter der Leitung jenes Musiklehrers zum gemeinsamen Musizieren trafen. Das Kartenhaus brach zusammen, als die HJ-Bannführung – ich glaube, es war im Jahre 1941 – einen großen, sonntäglichen Appell anberaumte, mit dem ausdrücklichen Ziel, alle Jungvolk- und HJ-Mitglieder neu zu registrieren und etlichen Drückebergern auf die Spur zu kommen. Denjenigen, die sich nicht von sich aus zur Mitarbeit in tatsächlich funktionierenden HJ-Unterorganisationen, vor allem der Motor-, der Marine- oder der Flieger-HJ melden würden, drohte man die Einweisung in die „Zwangs-HJ“, mit (angeblich) erhöhter Dienststundenzahl, Ordnungsübungen u. ä. an. Ich hatte zu jener Zeit, wie eine Reihe von Klassenkameraden, bereits lebhaftes Interesse für Flieger und Flugzeuge entwickelt, sammelte entsprechende Bilder, las Jugendzeitschriften zu diesem Thema und eignete mir mit Begeisterung eine reiche Flugzeugtypen-Kenntnis an. Zu jenem Zeitpunkt schwebte mir, in noch sehr kindlicher Manier vor, später einmal „Flieger“ zu werden, eine Vorstellung, die ich aber schon als 16jähriger eindeutig zugunsten des festen Zieles, den Lehrerberuf mit den Fächern Deutsch, Geschichte und Erdkunde zu ergreifen, aufgegeben hatte. Zunächst aber lag es nahe, unter den gegebenen Bedingungen in die Flieger-HJ einzutreten, dort im Winter vor allem Segelflugmodellbau zu treiben und in den folgenden Sommerferien, also 1942 oder 1943, an einem Segelfliegerlehrgang auf der Kurischen Nehrung teilzunehmen und die sogenannte A-Prüfung abzulegen; der Fortsetzung dieser Ausbildung schoben die Kriegsereignisse dann zu meinem Bedauern einen Riegel vor.

Neben solchen Formen, in denen wir – denn ich bin sicher sagen zu können, daß ich nicht allein so handelte – Einrichtungen der HJ als positive Möglichkeiten werteten und nutzten, um eigene Interessen zu verwirklichen, sind aber, gerade im Blick auf die Kriegsjahre, weitere Momente der Distanzierung zu erwähnen. Deutlich erinnere ich mich, daß unter meinen Schul- und Sportkameraden mehrere waren, die, wie ich, die seit etwa 1941 zunehmenden Aktivitäten des HJ-Streifendienstes ablehnten. Diese HJ-Sondereinrichtung,[10] die andernorts bereits seit 1934 bestand, in Angerburg aber m. W. erst erheblich später eingerichtet worden ist, jedenfalls erst während der Kriegsjahre spürbar wirksam wurde, war eine Art Hilfspolizeigruppe, die aus besonders engagierten HJ-Führern bestand und die u. a. die Einhaltung von Jugendschutzbestimmungen (z. B. durch Kinokontrollen), abendlicher Sperrstunden und ähnlicher Anordnungen kontrollierte. Dem Angerburger HJ-Streifendienst gehörten u. a. einige meiner Mitschüler, insbesondere ein Junge an, der sich durch besondere Brutalität auszeichnete. Informationen über entsprechende Aktionen wurden unter uns erregt und mit Abscheu kommentiert, und wir distanzierten uns z. T. deutlich und offen von jenen HitlerjugendFanatikern und besonders dem bekanntesten Schläger. So wurde z. B. einmal darüber berichtet, daß ein 10- oder 11jähriger, der bei Dunkelheit von einem Kindergeburtstag nach Hause eilte, von der diensttuenden „Streife“ wegen Überschreitung der 20 Uhr-Grenze verprügelt und ins Gesicht geschlagen worden war. Vollends deutlich wurde der

10 Vgl. zum Thema „Streifendienst“ wie zu anderen, in diesem Aufsatz angesprochenen historischen Fakten über die NS-Jugendorganisationen: Hannsjoachim W. Koch: Geschichte der Hitlerjugend. Ihre Ursprünge und ihre Entwicklung, 1922–1945. Percha 1975.

Trennungsprozeß zwischen solcherart fanatischen HJ-Mitgliedern und etlichen anderen Altersgenossen, als die Mehrzahl der Angerburger Oberschüler des Jahrgangs 1927 und die noch nicht zur Einziehung zum Militär vorgesehenen Schüler des Jahrgangs 1926 im Herbst 1943 als Luftwaffenhelfer eingezogen wurden. Vom Luftwaffenhelferdienst ausgenommen wurden außer den Mädchen und Schülern mit gesundheitlichen Schäden vor allem höhere „Funktionsträger" der HJ, darunter die kleine Zahl von Streifendienst-Angehörigen. In den Augen aller derer oder doch der meisten Luftwaffenhelfer galt diese Freistellung der 150%igen HJ-Funktionäre nicht etwa als beneidenswerter Vorzug, sondern als eine Art Bonzen-Privileg, das wir ablehnten. – Die Absetz-Tendenzen von der HJ gingen aber weiter, verstärkt durch unseren Einsatz in großer Entfernung vom heimatlichen Ostpreußen, nämlich dem Raum Hamburg und Rotenburg/Wümme, und durch den im Laufe des Jahres 1944 immer deutlicher werdenden Ernstcharakter unseres Einsatzes als Flakhelfer. Wir verstanden uns als junge Soldaten und waren stolz darauf, von unseren militärischen Ausbildern, unbeschadet mancher Zugeständnisse an unseren Jugendlichen- und Schülerstatus, tendenziell in jenem Sinne anerkannt und gefordert zu werden. Unverkennbar wirkte bei uns hier die ganz unkritische und insofern „systemkonforme" Identifikation mit „dem deutschen Soldaten" und mit dem, was wir idealisierend als „deutsches Soldatentum" betrachteten. Die Wehrmacht war indessen in meinem (und gewiß nicht nur in meinem) Verständnis keineswegs ein bloß funktionales Teilelement im realen nationalsozialistischen System, sondern „irgendwie" – über eine begrifflich gefaßte Deutung verfügte ich natürlich nicht – eine davon deutlich verschiedene Institution. Und den Krieg, der für uns bis in die letzte Phase hinein „natürlich" nur mit dem „Endsieg" seinen Abschluß finden konnte, begriff auch ich nicht als neoimperialistischen Angriffskrieg, sondern als Verteidigungskampf, der Deutschland aufgezwungen worden war und dessen Eroberungsaktionen – vom Polen- und Norwegen- bis zum Afrikafeldzug, vom Frankreichfeldzug bis zum Einfall in die Sowjetunion – uns als strategisch notwendige Operationen erschienen.

Wie deutlich wir uns von der formellen Zugehörigkeit zur HJ zu distanzieren versuchten, wird u. a. an folgendem Sachverhalt deutlich, der nur äußerlich banal erscheinen könnte, für uns indessen einen hohen Stellenwert im Prozeß der eigenen Identitätsdeutung hatte: Die „Ausgehuniform" der Luftwaffenhelfer bestand u. a. aus blaugrauen „Überfallhosen" (Ski-Hosen) und einer gleichfarbigen Überzieh-Jacke (Ski-Jacke), an deren linkem Ärmel wir eine rote HJ-Binde mit dem Hakenkreuz auf weißem Rundfeld zu tragen verpflichtet waren. Meistens entfernten wir diese Armbinde jedoch, sobald wir uns – nach der ordnungsgemäßen Abmeldung – beim Sonntagsurlaub außerhalb unserer Batteriestellungen befanden, vor allem aber, wenn wir (– ich erlebte das zwei Male –) Heimaturlaub erhielten. Uns lag entschieden daran, unter den vielen Frontulaubern in den Zügen und auf den Bahnhöfen, bei unseren Eltern und Bekannten und nicht zuletzt auch bei den Angerburger Mädchen eben als „Soldaten“, nicht aber als HJ-Jungen zu gelten.

Während des letzten Urlaubs einer Gruppe von Angerburger Luftwaffenhelfern gab es eine für unseren Zusammenhang aufschlußreiche Konfrontation: Wir Urlauber organisierten ein abendliches Fest in einer Gaststätte in der Nähe Angerburgs, luden ehemalige Klassenkameradinnen und weitere Mädchen ein und sicherten uns außerdem durch die Einladung eines Studienrats unserer Schule ab. Obwohl wir Mitglieder des HJ-Streifendienstes, darunter zwei unserer bisherigen Klassenkameraden, informiert und um eine gewisse Großzügigkeit gebeten hatten, erschien eine Streifendienstgruppe Punkt 10 Uhr abends, zum offiziellen Sperrstundenbeginn für noch nicht 18jährige, triumphierend im Tanzsaal, mit deutlich zur Schau gestelltem Machtbewußtsein. Sie ließ sich weder von uns noch von dem anwesenden Lehrer, dem man mit einer Anzeige drohte, dazu bewegen, eine ausnahmsweise Verlängerung des Festes um ein oder zwei Stunden zu genehmigen. – Mit Rücksicht auf jenen Lehrer und die Mädchen verzichteten auch wir Luftwaffenhelfer darauf, die Konfrontation weiter zuzuspitzen. Wir brachten unsere Verachtung aber auf dem Heimweg, an den „HJ-Bonzen“ vorbei, wenigstens verbal zum Ausdruck, und eine kleine Gruppe warf einem der Streifendienstler während der Nacht alte Glühbirnen ins Fenster. Einigen von uns, darunter auch mir, trug der abendliche Zusammenstoß am nächsten Morgen eine Vorladung beim damaligen Angerburger HJ-Bannführer ein. Er ließ es allerdings bei einer Ermahnung und dabei bewenden, der Hoffnung auf ein zukünftig konfliktfreies Verhältnis der in Norddeutschland im Ernsteinsatz stehenden Angerburger Luftwaffenhelfer und der im Heimatort verbliebenen HJ-Führer Ausdruck zu geben, sei es, daß er die Angelegenheit letztlich als harmlos betrachtete, sei es, daß er kein öffentliches Aufsehen erregen wollte.

VIII

Im folgenden soll der Aspekt der Entwicklung von Distanzierungsmomenten zunächst noch einmal über mein Verhältnis zum Jungvolk und zur Hitlerjugend hinaus ausgeweitet werden, bevor ich abschließend auf die Frage eingehe, wie ich mit der Diskrepanz zwischen identifikatorischen und distanzschaffenden Momenten in meinen Erfahrungen in der NS-Zeit fertig zu werden versuchte, m. a. W.: in der politischen Dimension meiner Kindheits- und Jugendentwicklung Ich-Identität zu entwickeln und zu bewahren versuchte.

Es gab, über die bisher skizzierten Beispiele hinaus, nämlich noch tiefer reichende Ansätze der inneren Distanzierung von Realitätsaspekten des nationalsozialistischen Systems, die bisweilen, wenngleich nur bruchstückhaft, in mir aufkeimten. So hörte ich, z. T. schon vor der Kriegszeit, aus Unterhaltungen Erwachsener, daß der leitende evangelische Geistliche in Angerburg, Superintendent Gabler, mehrmals verhaftet und für jeweils begrenzte Zeitspannen in einem „KZ" inhaftiert worden sei; ungefähr erfaßte ich auch, daß das mit systemkritischen Äußerungen Gablers zusammenhing. Daß ich in solchen vergleichbaren Fällen, sonst ein fragefreudiger Junge, nicht weitere Fragen stellte, um Genaueres zu erfahren, kann ich mir nur mit jener Atmosphäre von Ängstlichkeit, Peinlichkeit, Tabuisierung erklären, die ich in Situationen solcher Art an den Informanten meistens erspürte, nicht zuletzt in den Reaktionen meiner Mutter. (Nach dem Kriege erfuhr ich, daß Superintendent Gabler der Bekennenden Kirche angehörte oder ihr doch nahestand.) So habe ich denn auch bis zum Kriegsende von niemandem explizit erfahren oder zu erfragen versucht, was denn ein KZ sei, erfaßte allerdings – mit einem Anklang von Angst – soviel, daß es sich um einen Typ von besonderen Gefängnissen, insbesondere auch für Kritiker oder Gegner des Nationalsozialismus, handeln müsse.

Über die Judenverfolgung haben weder meine Eltern mit uns Kindern, jedenfalls nicht mit mir, gesprochen, noch hat es im Schulunterricht, den ich erlebte, entsprechende Hinweise, geschweige denn ausführlichere Gespräche gegeben. Daß solche Tabuisierung des Themas jedoch in der Angerburger Hindenburgschule mindestens nicht ausnahmslos galt, beweist jene früher angeführte Information über meines Vaters Stellungnahme zur „Reichskristallnacht" in einer anderen Klasse; es muß sich dabei um ein 6. oder 7. Schuljahr gehandelt haben, also nicht erst um eine Oberstufenklasse.

Von der systematischen Ausrottung der Juden habe ich erst nach dem Kriege mit Erschütterung erfahren. Was ich von der nazistischen Judenpolitik, ohne die Herkunftsquellen genauer benennen zu können, wußte, war, daß man Juden, ihrer angeblichen staats- und volksschädlichen Machenschaften wegen, aus allen anspruchsvollen Funktionen und Berufen entfernt hatte. Eine Wirkung der Diffamierung des „jüdischen Wesens" in der öffentlichen NS-Propaganda war es zweifellos, daß ich mit dem Wort „Jude" zum einen die diffuse Vorstellung eines mir physisch-ästhetisch unsympathischen Menschentypus verband, zum anderen die ebenfalls ganz vage Meinung, es handele sich dabei in Deutschland um eine minimal kleine Anzahl von Menschen. Deutlich erinnere ich mich aber noch jener Mischung von unterschwelliger Angst, Nicht-Verstehen und dem dumpfen Gefühl, hier geschehe Unrecht, das mich beschlich, als ich mit einigen Mitschülern bei einem von der HJ und der Schule organisierten, verpflichtenden Tageseinsatz in einem landwirtschaftlichen Betrieb zur Feldarbeit abgeordnet wurde und wir am

Ende eines Feldes, undeutlich im herbstlichen Frühnebel, eine Gruppe von hageren, offenbar frierenden Menschen erkennen konnten, wobei uns eingeschärft wurde, wir dürften mit ihnen keinerlei Kontakt aufnehmen; irgendwie sickerte dann die Information durch, es handele sich um Juden beim Zwangs-Arbeitseinsatz.

1943 oder 1944 erzählte Frau Gronenberg – eine überzeugte Protestantin, die, wie ihr Mann, der evangelischen Gemeinde um Superintendent Gabler aktiv verbunden war – ihrem Sohn Klaus und mir in erstaunlicher Offenheit, spürbar erregt und voller Abscheu, daß viele russische Kriegsgefangene in deutschen Massenlagern verhungerten, und sie hielt auch mit dem Hinweis auf Fälle von Kannibalismus nicht zurück, die eine solche unmenschliche Behandlung z. T. zur Folge gehabt habe. Mich beschäftigte nach diesem Tage die Frage, ob so Schreckliches tatsächlich „in unserem Lande" geschähe. Wehrte ich mich auf der einen Seite dagegen, jene Darstellung ohne weiteres als wahr zu akzeptieren, so wies ich die Möglichkeit doch zu jenem Zeitpunkt schon nicht mehr einfach von mir, nicht zuletzt auf Grund des Vertrauens, daß ich Frau Gronenberg entgegenbrachte.

– Ob das im folgenden skizzierte Vorkommnis zeitlich früher oder später als die eben geschilderte Szene lag, vermag ich nicht mehr zu sagen. In der Umkleidebaracke am Rande des örtlichen Sportplatzes war 1942 oder 1943 für einige Wochen oder auch Monate eine kleine Gruppe von russischen Kriegsgefangenen untergebracht. Wir beobachteten manchmal die abgehärmten, geschwächten und schlecht gekleideten Männer. Eines Tages wurde ich Zeuge einer makaberen Szene. Der deutsche Wachmann veranstaltete mit den Gefangenen militärische Ordnungsübungen im Stil deutscher Rekrutenausbildung; z. B. sollten mehrere Gefangene, in gerader Linie und im Gleichschritt, an ihm vorbeimarschieren und ihn vorschriftsmäßig-„zackig" grüßen. Solche Übungen gelangen den ausgemergelten Russen selbstverständlich nicht, woraufhin ihnen der Bewacher Strafexerzierübungen (Robben, Liegestütz u. ä.) abforderte. Als sie dabei noch eindeutiger versagten, versuchte er sie mit Beschimpfungen und Gewehrkolbenschlägen dazu zu zwingen, als gesteigerte Strafe Flankensprünge über die Holzplanken der Sportplatzbegrenzung zu machen. Mehrere Gefangene brachen dabei kraftlos zusammen. – Mich erschreckte die Brutalität des deutschen Wachmannes zutiefst, die Beobachtung beschäftigte mich in der Vorstellung tagelang. Daß ich damals aus Angst nicht protestiert oder danach irgendwas unternommen habe, gehört zu jenen Schulderfahrungen, von denen ich mich rückblickend auch unter Berücksichtigung meines damaligen Alters keineswegs freisprechen kann.

Es gab weitere Anlässe, die in meinem Bewußtsein damals vorhandenen Ansätze zu kritischer Einschätzung verschiedener Aspekte des realen NS-Systems zu verstärken und zu erweitern. So gingen in den Jahren seit 1943 mehrfach Gerüchte um, daß nächtlicherweise im Hause des bereits mehrfach genannten Kreisleiters illegale Lebensmittelsendungen angeliefert würden. Ob diese Gerüchte zutrafen oder nicht, vermag ich nicht zu behaupten; die Betrugsmanöver des gleichen Mannes, die er unter falschem Namen *nach* 1945 in der Bundesrepublik, eine Zeitlang erfolgreich, einfädelte, legen das durchaus nahe. Symptomatisch war jedenfalls, daß sie offensichtlich von vielen Angerburgern, auch von mir, für wahrscheinlich gehalten wurden – ein Beispiel für wachsende Zweifel daran, daß Programm und Wirklichkeit des Nationalsozialismus im Alltag tatsächlich zusammenstimmten. – In diesen Zusammenhang gehört auch jener im Laufe der Kriegsjahre immer häufiger zu hörende, sicherlich der Sache nach problematische Slogan verärgerter Zeitgenossen: Wenn die Frontsoldaten nach dem Kriegsende zurückkehrten, würden sie sich die Parteibonzen-Herrschaft nicht gefallenlassen und schon „für Ordnung sorgen" – eine Floskel, die ich einige Male aufschnappte und der ich innerlich zustimmte.

Noch eindeutiger richtete sich meine innere Distanzierung gegen die SS. Diese Aversion begann schon in meiner frühen Knabenzeit. Ich erinnere mich nämlich des abschreckenden Eindrucks, den die Hetz-Karikaturen des antisemitischen „Stürmer" auf mich machten; da sie in einem Schaukasten nicht weit von unserer Wohnung ausgehängt wurden und dieser Schaukasten zugleich mit den SS-Runen versehen war, assoziierte ich jene negativen Anmutungen – im wesentlichen ja durchaus nicht unzutreffend – mit der SS. Solche frühen Abwehremotionen verstärkten sich später, vor allem während des Krieges im Hinblick auf die Waffen-SS, zu angstbesetzter Abneigung. Wir erfuhren vom militanten Atheismus dieser „Elitetruppe" und von den oft besonders brutal-autoritären Ausbildungsmethoden. Gleichaltrige und etwas ältere Jugendliche berichteten aber auch davon, daß während der Durchführung von HJ-Lagern und bei medizinischen Tauglichkeitsuntersuchungen häufig SS-Unterführer auftauchten und mit einer Mischung aus Versprechungen und psychischem Druck für die Voranmeldung zum späteren Eintritt in die SS „warben". Insbesondere diese Informationen waren der Grund dafür, daß ich mich als 15- oder 16jähriger für die Reserveoffizierslaufbahn bei der Heeresflak vormerken ließ – eine „Ersatzlösung", zu der ich mich entschloß, nachdem ich infolge einer kleinen Sehschwäche auf einem Auge meine Chancen, später zum fliegenden Personal der Luftwaffe kommen zu können, meinte negativ einschätzen zu müssen. Meine Befürchtungen hinsichtlich der SS-Werbung sollten sich bald als durchaus berechtigt erweisen. Kurze Zeit später wurde ich nämlich – kurioserweise während der Konfirmationsfeier eines Schülers, dem ich Nachhilfeunterricht gab – Adressat zudringlicher Werbungsversuche für die SS durch ein Mitglied des SS-Wachbataillons Himmlers. Ich vermochte diese Aktion nur deshalb relativ schnell, wenn auch voller Angst, abzuwehren, weil ich auf die bereits erfolgte Voranmeldung für die spätere Einberufung zu einer Heereseinheit verweisen konnte.

In den angedeuteten Kontext zunehmender Ansätze von Skepsis und meist heimlich ansetzender Kritik gehören auch die Ereignisse im Zusammenhang mit dem 20. Juli 1944, also dem gescheiterten Hitler-Attentat und dem Aufstandsversuch aus dem Kreis verschiedener, vorwiegend bürgerlich-konservativer oder militärischer Widerstandsgruppen. Zwar erinnere ich mich einerseits der erschrockenen Ablehnung, die der Umsturzversuch bei mir und bei meinen Luftwaffenhelferkameraden auslöste. Aber die Informationen über hochdekorierte und bis dahin vielfach hochgerühmte Offiziere als Teilnehmer an dieser Widerstandsaktion, die im Zusammenhang mit den Prozessen gegen die Verschwörer und mit den Hinrichtungen und Inhaftierungen bekannt wurden, lösten doch eine neue Nachdenklichkeit aus, vertieften gleichsam die bis dahin noch fast unmerklichen Risse im Fundament unseres naiven Führer-Glaubens; erste Spuren davon waren jedoch bereits seit der Stalingrad-Katastrophe spürbar geworden. Solche Irritationen hatten z. B. auch dazu geführt, daß Informationen der Art, der Generalstabchef des Heeres, Generaloberst Halder, sei einer der wenigen Männer im Kreis der höchsten militärischen Führungsgremien, der Hitler offen zu widersprechen wage, in unseren Gesprächen mit positiver Wertung kommentiert werden konnten. – Einen weiteren Wirkungsfaktor in diesem langsamen Erosionsprozeß, der allerdings das Führeridol in meinem Bewußtsein noch keineswegs entscheidend erschütterte, bildeten dann die Gerüchte um den Tod des Generalfeldmarschalls Rommel im Oktober 1944. Die NS-Propaganda hatte ja ihrerseits jahrelang mit größtem Erfolg nichts unversucht gelassen, um Rommel in unseren Vorstellungen zu einem der größten deutschen Kriegshelden hochzustilisieren. Diese „Heldenverehrung" trug auf meiner Seite noch eine besondere, persönliche Note, die im Hinblick auf die folgenden Aussagen mehr als ein bloßes Randphänomen bezeichnet: Das Oberkommando des Heeres, in das Rommel mehrfach zu Lagebesprechungen kam, lag seit dem Rußlandfeldzug in der Nähe Angerburgs am Mauersee, etwa 20 km vom „Führerhauptquartiert" bei Rastenburg entfernt. Während einer Segelpartie auf dem See, zu der mich Klaus Gronenberg mitgenommen hatte (– es muß wohl im Sommer 1943, vor der Einberufung zum Luftwaffenhelferdienst, gewesen sein –) erkannten wir Rommel, der mit zwei weiteren Offizieren offensichtlich in einer Erholungspause, in einem winzigen Boot am Seeufer entlangruderte. Wir ließen uns die Gelegenheit nicht nehmen, nah an das Boot heranzusteuern und dem Feldmarschall einen Gruß zuzurufen, den er freundlich erwiderte. Nach seinem Tode lösten Gerüchte, die besagten, daß der berühmte Heeresführer nicht, wie offiziell behauptet wurde, durch einen Unfall ums Leben gekommen sei, sondern ermordet bzw. zum Selbstmord gezwungen worden war, erneut Fragen, Unverständnis,

Zweifel an der Zuverlässigkeit amtlicher Informationen der NS-Führung aus. Ich leistete zu jener Zeit meine Arbeitsdienstpflicht in Ostpreußen ab; ihr folgten im Januar 1945 die Einberufung zur Wehrmacht und sehr bald der bereits früher erwähnte Fronteinsatz.

IX

Am Ende dieses Versuchs biographischer Rekonstruktionen unter dem Gesichtspunkt meiner politischen Identitätsentwicklung als Kind und Jugendlicher im nationalsozialistischen System versuche ich die Frage zu beantworten, wie ich innerlich mit der Spannung zwischen den identifikatorischen und den im Laufe der Jahre immer zahlreicher werdenden Distanzierungs- und Zweifelmomenten fertiggeworden bin, anders formuliert: wie ich meine kindliche und jugendliche politische Identität angesichts jener Diskrepanz zu wahren suchte.

Es geschah mit Hilfe einer einfachen Deutungsfigur: Ich erhielt im wesentlichen bis in die letzten Kriegsmonate hinein das idealisierte Hitlerbild auch gegen die sich verstärkenden Verunsicherungen aufrecht und damit zugleich eine positive Fiktion dessen, was „der Nationalsozialismus" als Programm vermeintlich „eigentlich" wollte. Gleichzeitig aber konnte ich die erhebliche Zahl negativer Erfahrungen und Beobachtungen – im Horizont meiner Verständnis- und Auslegungsmöglichkeiten – ohne Beschönigung wahrnehmen, mich offen oder im Inneren davon distanzieren, ohne den „Überbau" grundsätzlich in Zweifel ziehen zu müssen. Ich erinnere mich, daß ich angesichts von mir negativ gewerteter Vorkommnisse des Alltags im Nationalsozialismus oft den Gedanken bemüht habe: Wenn das der Führer wüßte, er würde für Abhilfe sorgen, die Schuldigen bestrafen oder sie ihrer Funktion entheben.

Es leuchtet ein, daß ein solches Deutungsmuster es mir ermöglichte, das innere Gleichgewicht zu wahren, an Leitvorstellungen, die ich als verbindlich ansah und im Einklang mit den „eigentlichen" Zielen Hitlers und des Nationalsozialismus glaubte, festzuhalten und gerade deshalb hinsichtlich der eigenen, kritischen Einschätzung von Realerfahrung und Beobachtungen und vor allem hinsichtlich des eigenen *praktischen* Verhaltens, nämlich der doch z. T. recht deutlichen Distanzierung von den Ansprüchen der NS-Jugendorganisationen und der selektiven Instrumentalisierung einzelner ihrer Angebote im Sinne privater Interessen, vor mir selbst gerechtfertigt zu sein. – Ich vermute, daß jenes Deutungsmuster, das ich zu jener Zeit selbstverständlich nicht als solches reflektierte, eine subjektive

Verarbeitungsweise darstellte, deren sich viele Kinder und Jugendlich im Nationalsozialismus bedient haben.

Auf dem Hintergrund der eben skizzierten Interpretation vermag ich mir auch zu erklären, warum sich – nach den Erschütterungen und Ernüchterungen des Fronteinsatzes in der letzten Kriegsphase – die, wie ich meine, in allen zentralen Punkten endgültige eigene Abkehr vom Nationalsozialismus und der Entwicklung demokratischer Überzeugungen nach dem Zusammenbruch des NS-Regimes bei mir – wie vermutlich bei etlichen Altersgenossen – erstaunlich schnell und ohne größere innere Krisen vollzog: Als mir nach dem 9. Mai 1945 in kurzer Frist Informationen und glaubwürdige Belege über die wahren Ziele des Nationalsozialismus und Hitlers als seines führenden Repräsentanten zugänglich wurden und als ich von dem grausigen Ausmaß der verübten Verbrechen erfuhr, brach der „Überbau" des idealisierten Hilterbildes zusammen und damit das zentrale, identifikatorische Element jener vorher skizzierten Deutungsfiktion. Warum ich diesen, sich ungemein rasch vollziehenden Prozeß nicht als Krise, sondern als Befreiung und Eröffnung neuer, positiver Horizonte erfahren habe, bedürfte einer weitergehenden autobiographischen Reflexion.

Die Lüdersfelder Freischargruppe 1947/48–1956/58 und ihre „Nachklänge" bis heute*

10

* *Anm. der Herausgeber*in:* Die im ersten Teil des Aufsatzes „Die Lüdersfelder Freischargruppe 1947/48–1956/58 und ihre ‚Nachklänge' bis heute" bestehenden inhaltlichen und teilweise wörtlichen Übereinstimmungen mit Partien des Beitrags „Zwischen Führerglauben und Distanzierung. Autobiographisches zur politischen Identitätsbildung in Kindheit und Jugend unter dem Nationalsozialismus" wurden mit Blick auf die innere Struktur und die bessere Lesbarkeit der jeweiligen Texte nicht bereinigt.

W. Klafki, *Pädagogisch-politische Porträts*, Neuere Geschichte der Pädagogik, https://doi.org/10.1007/978-3-658-26751-3_11

Wenn ich in diesem Beitrag zu der Frage Stellung nehme, wie ich – drei Jahre nach dem Ende des NS-Regimes – seit dem Frühjahr 1948 zur Mitwirkung in der Lüdersfelder Gruppe der *Deutschen Freischar* kam, so darf meines Erachtens nicht ausgeklammert werden, wie ich als Kind und Jugendlicher die NS-Zeit erlebt und wie ich mich selbst in dieser Zeit und nach dem Zusammenbruch des nationalsozialistischen Systems verstanden und verhalten habe. Ich versuche, auf diese Frage einige Antworten zu geben.[1]

Kindheit und Schulzeit in der NS-Zeit[2]

Soweit ich mich erinnern kann, hat spezifisch nationalsozialistisches Gedankengut in der familiären Erziehung durch meine Eltern zu keinem Zeitpunkt eine nennenswerte Rolle gespielt. Meine Eltern waren auch keine entschiedenen Befürworter von Kernelementen nationalsozialistischer Weltanschauung und seiner Herrschaftspraktiken: der Ideologie vom Vorrang der nordischen Rasse, des autoritären Führerprinzips, des NS-Imperialismus und der so genannten „Massenführung". Sie waren allerdings auch keine prinzipiellen, entschiedenen Gegner oder gar aktive Opponenten. – Den „Sozialisationstraum" unseres Elternhauses, der sich auch in der pädagogischen Atmosphäre ausprägte, kann man wohl als den einer typischen, preußisch geprägten, zum Teil recht liberalen Beamtenfamilie bezeichnen, genauer: einer „Studienratsfamilie" im Überschneidungsfeld von mittlerer und oberer Mittelschicht der 20er und 30er Jahre, mit bescheidenem Wohlstand, der ausschließlich auf dem Einkommen meines Vaters beruhte, und mit ausgeprägter Sparsamkeit.

Meine Mutter verstand sich, wie große Teile des Bürgertums in der Weimarer Zeit und noch im Nationalsozialismus, irrigerweise als unpolitisch. Sie war weder

1 Eine frühere Fassung dieses Beitrags ist erschienen in: Klaus Rauschert: „Und wieder erblüht nach Nebel und Nacht …" Bundesgeschichte der Freischar 1946 bis1953. Über die Neugründung eines Jugendbundes und zur Jugendpolitik in den Nachkriegsjahren. Stuttgart 2006. S. 178–188. In dem Buch ist die Geschichte der Freischar jener Jahre über die Lüdersfelder Gruppe hinaus nachzulesen.

2 Vgl. ausführlicher meinen Beitrag „Politische Identitätsbildung und frühe pädagogische Berufsorientierung in Kindheit und Jugend unter dem Nationalsozialismus. Autobiographische Rekonstruktionen" in dem von mir herausgegebenen Sammelband „Verführung, Distanzierung, Ernüchterung. Kindheit und Jugend im Nationalsozialismus. Autobiographisches aus erziehungswissenschaftlicher Sicht". Weinheim 1988. S. 131–183.

Mitglied einer NS-Organisation noch hat sie sich meines Wissens – unorganisiert – irgendwann im Sinne des Systems betätigt.

Für meinen Vater, der 1922 als Studienreferendar, ab 1926 als Studienrat und seit 1943 als Oberstudienrat an der Oberschule in Angerburg in Ostpreußen die Fächer Deutsch, Geschichte und Erdkunde unterrichtete, gilt meines Erachtens folgende Einschätzung: Da ihm weder seine eigene familiäre Erziehung noch die Schule oder die Universitätsausbildung wesentliche Impulse zur Entwicklung eines differenzierten, politisch-demokratischen Bewusstseins gegeben zu haben scheinen, ist ihm die Perversion des Gedankens nationaler Souveränität und Einheit zum imperialistischen Nationalismus der Nationalsozialisten, aber auch die Zentralstellung der „völkischen“, zumal der Rassenideologie und ihre Unvereinbarkeit mit humanen und christlichen, aber auch mit bürgerlich-konservativen und liberalen Grundsätzen, wie er sie nach meiner rückschauenden Einschätzung faktisch vertrat, wohl viel zu spät bewusst geworden. Ich halte es für glaubwürdig, wenn er mir nach dem Zweiten Weltkrieg einmal andeutete, dass es vor allem die vom Nationalsozialismus stets lautstark beschworene, vorgeblich soziale Komponente des NS war, die ihn einige Jahre nach der Machtergreifung bewog, der NSDAP beizutreten. Die hier leitend gewordene Fehleinschätzung hat ihn 1938, am Morgen nach der sogenannten „Reichskristallnacht“ vom 9. zum 10. November, nicht gehindert, in mindestens einer seiner Klassen zu erklären: „Was in dieser Nacht geschehen ist, kann ich nicht billigen.“ Das hat einer seiner Schüler später glaubwürdig berichtet.

Zusammenfassend stelle ich fest: Einerseits erfuhr ich von der Seite meiner Eltern – und Gleiches darf ich vermutlich für meine beiden Brüder sagen – keine wesentlichen Erziehungseinflüsse im nationalsozialistischen Sinne, andererseits aber auch keine *direkten* Anstöße, die – wie immer auch nach außen hin abgesichert – uns gezielte Hilfen zum Aufbau kritischer Vorbehalte oder gar einer prinzipiell systemkritischen Position hätten werden können.

Wie stand es mit dem Einfluss der Schule hinsichtlich politisch relevanter Einwirkungen? Aus meiner Grundschulzeit (1934–1937) kann ich zu dieser Frage keine Erinnerungen berichten. Im Rückgriff auf Beiträge zur Geschichte der Angerburger Höheren Schule vermute ich, dass man das Gros der Lehrer (und einiger Lehrerinnen), die schon vor 1933 dort tätig waren, hinsichtlich der politischen Einstellungen im Spektrum zwischen preußisch-bürgerlichem Konservatismus, Nationalliberalismus und deutsch-demokratischen sowie, vereinzelt, wohl auch tendenziell sozialdemokratischen Positionen wird ansiedeln müssen; allerdings gab es, wenn überhaupt, wohl nur sehr wenige oder gar keine Lehrkräfte, die schon vor 1933 parteipolitisch gebunden oder gar aktiv gewesen waren.

In meiner Schulzeit habe ich nur wenige Lehrer kennen gelernt, deren politische Einstellung im Unterricht überhaupt erkennbar wurde. Das gilt auch für diejenigen, die – sofern wir davon erfuhren – zu irgendeinem Zeitpunkt, meist wohl erst einige Jahre nach der nationalsozialistischen Machtergreifung, in die NSDAP eintraten, und zwar vermutlich meistens im Sinne pragmatischen Mitläufertums. Für mich und die meisten Schülerinnen und Schüler meiner Klasse meine ich sagen zu können, dass es allenfalls wenige gegeben hat, die sich dafür interessierten, wer von den Lehrkräften Parteimitglied war und wer nicht, und im Unterricht habe ich keinen Lehrer und keine Lehrerin als entschiedenen und konsequenten Vertreter nationalsozialistischer Propaganda erlebt. – Auch die Teilnahme der Lehrkräfte an den vom Reichsminister für Wissenschaft, Erziehung und Volksbildung Bernhard Rust (über den ich in meinem Elternhaus mindestens einmal Bemerkungen meines Vaters aufschnappte, deren abschätzigen Tenor ich erfasste, ohne sie inhaltlich zu verstehen und ohne mich dafür zu interessieren) oder von nachgeordneten Dienststellen durchgesetzten Veranstaltungen nationalsozialistisch-propagandistischen Inhalts, etwa bei den Fahnenappellen auf dem Schulhof zu Beginn und zum Ende der Schulhalbjahre, kann man nicht umstandslos als Beleg für aktive Dokumentation nationalsozialistischer Gesinnung der Lehrerinnen und Lehrer unserer Schule betrachten. Unsere Lehrkräfte, selbst diejenigen, die gelegentlich durch beflissene, subjektiv wahrscheinlich ehrlich gemeinte Anpassungsformen auffielen, wirkten bei solchen Pflichtdemonstrationen, bei denen wir Schüler vollzählig und in Uniform zu erscheinen hatten und von HJ-Führern aus der Schülerschaft befehligt wurden, ziemlich unglücklich-linkisch, verlegen oder ausgesprochen lächerlich; sie gaben uns damit manchen Anlass zu kleinen karikaturistischen Nachahmungen. Auch im Unterricht habe ich jedenfalls keinen Lehrer als dezidierten und konsequenten Vertreter nationalsozialistischer Weltanschauung und Propaganda erlebt.

In wenigen Fällen deuteten einzelne Lehrer unserer Schule – mehr oder minder kaschiert – ihre Gegnerschaft gegen den Nationalsozialismus oder mindestens Kritik an bestimmten seiner Maßnahmen und Einrichtungen an, insbesondere an Anmaßungen der Hitlerjugend.

Insgesamt haben die Einwirkungen der Schule nach meiner Einschätzung relativ geringen Einfluss auf die Ausbildung „nationalsozialistischer" Elemente in meinem Bewusstsein und meinen Einstellungen gehabt; einige Schulerlebnisse haben, wie ich bereits betont habe, eher die ansatzweise Ausbildung von Distanzierungsmomenten gefördert.

Indessen: Einer der gegenläufigen, d.h. hier: der zustimmenden Faktoren meines politischen Bewusstseins zum NS-System – besser: zu dem, was ich als den zentralen Faktor dieses Systems betrachtete – war die idealisierte Vorstellung vom „großen Führer", eine Vorstellung, die ich wohl schon mit 7 oder 8 Jahren entwickelt habe und deren Geltung erst im Laufe des Zweiten Weltkriegs – meiner Erinnerung nach beginnend mit der Stalingrad-Katastrophe – erste Erschütterungen erfuhr. Aufkeimende Zweifel habe ich aber lange verdrängt, auch über die Zeit als Luftwaffenhelfer in Nordwest-Deutschland (mit Ernsteinsätzen als Flakkanonier bei Luftangriffen englisch-amerikanischer Bomber und Tiefflieger auf deutsche Kriegsflughäfen) und als „Arbeitsdienstmann" hinweg. Erst der Fronteinsatz als 17jähriger Soldat in den Kesseln Danzig-Gotenhafen (Gdingen) und dem ostpreußischen Samland in den ersten Monaten des Jahres 1945, nicht zuletzt die in den letzten Tagen der Kämpfe in Gotenhafen durchsickernde Information, es gäbe einen „Führerbefehl", der uns Soldaten, wenn die Munition verschossen wäre, zur Verteidigung mit dem Bajonett verpflichtete, ließ jene Zweifel bei mir erneut, und nun weit nachhaltiger als vorher, wieder aufbrechen; das war der Anfang des Desillusionierungsprozesses, der nach dem Kriegsende in kurzer Frist zu einem relativ „endgültigen" Abschluss gelangte. Jenes detaillierte Führerbild hatte – weit über die Entwicklungsphase des 7- bis 9jährigen hinaus – Züge eines pseudo-politischen Kindermythos, der freilich offenbar auch bei vielen Erwachsenen jener Zeit anzutreffen war. Der „Führer" erschien darin mit den Qualitäten des zugleich politisch genialen und moralisch außerordentlichen Menschen ausgestattet zu sein: als der mutige und verantwortungsvolle Freund des deutschen Volkes, der ihm zu Ansehen und allgemeinem Wohlstand verhelfen wollte und der sein Leben ausschließlich der „Volksgemeinschaft" widmete; als der „große Feldherr", als „Kunstfreund", „Tierfreund", „Kinderfreund" usf. Nicht zuletzt die propagandistisch immer wieder beschworene „soziale" Komponente des NS-Programms, die vor allem in der Formel von der „Volksgemeinschaft" ihren ständig wiederholten Ausdruck fand, habe ich in meiner Kindheit und der frühen Jugend als eine vermeintlich zentrale nationalsozialistische Zielsetzung ernst genommen.

Ich blende an dieser Stelle chronologisch unter dem Gesichtspunkt meines Verhältnisses zur Hitlerjugend zurück.

In der HJ – Luftwaffenhelfer – Kriegsende

Im Herbst 1937 trat ich als 10Jähriger auf eigenen Wunsch – aus Neugierde – mit Zustimmung meiner Eltern in die erste Stufe der Hitlerjugend, das Jungvolk, ein; die Mitglieder dieser Novizenphase wurden auch im offiziellen Jargon „Pimpfe" genannt. Die Aufnahme war an die Teilnahme an einem anderthalbtägigen Zeltlager in der Umgebung Angerburgs gebunden. Dieses Lager wurde infolge eines plötzlichen Wetterumschwungs zu einer kleinen Mutprobe: Stundenlange nächtliche Gewitter-, Regen- und Sturmböen durchnässten unsere kleinen Zelte, die Decken und Rucksäcke völlig; eine aus ihrem Gatter ausgebrochene Schafherde drohte die Zelte einzureißen und wurde von einigen Freiwilligen, zu denen ich gehörte, vertrieben. Den kalten, windigen nächsten Vormittag verbrachten wir mit dem erfolglosen Versuch, auf offenem Feuer mit durchnässtem Holz in einem großen „Hordentopf" ein Reisgericht zustande zu bringen. Gleichwohl: Diese bestandene Probe war mindestens für einen Teil der Teilnehmer ein spannendes, tapfer durchstandenes Abenteuer. Dagegen wurde für mich ein oder zwei Jahre später eine etwa 14-tägige Radtour unter Leitung zweier Jungvolk-Führer durch das mittlere und nördliche Ostpreußen nach Memel und zurück eher enttäuschend; nicht so sehr wegen der erheblichen Anstrengungen, sondern vor allem wegen des Mangels an gezielten Stadterkundungen und gemeinsamen Aktionen an den Rastorten. An weiteren HJ-Fahrten habe ich deshalb nicht mehr teilgenommen, sondern u. a. zusammen mit meinem älteren Bruder und zwei seiner Klassenkameraden eine sehr schöne, selbstständig geplante Radtour ins westliche Ostpreußen nach Danzig und ein Jahr später mit meinem Vater eine kombinierte Rad- und Bahnreise in seine einstige westpreußische Heimat unternommen.

Ein zweites Beispiel für meine recht frühe Distanzierung von der Hitlerjugend, wie ich sie in meiner Heimatstadt erlebte, ist mir in deutlicher Erinnerung geblieben. Bereits innerhalb des ersten Mitgliedsjahres bei den Pimpfen oder bald danach fragte mich einer meiner Klassenkameraden, der als Sohn des NSDAP-Kreisleiters schon die erste Stufe in der Pimpfen-Hierarchie als „Hordenführer" (mit, wenn ich mich richtig erinnere, zunächst drei „untergebenen" Pimpfen) erklommen hatte, ob ich nicht auch eine solche Aufgabe übernehmen wolle. Nun hatte ich inzwischen mehrfach beobachtet, wie ein anderer „Hordenführer", den ich von der Grundschule her als Schläger kannte, „seine" Pimpfe nach kleinen Exerzierfehlern beschimpfte und mit Strafübungen drangsalierte. Ich bat mir bei dem Kreisleitersohn, zu dem ich als Mitschüler ein recht gutes Verhältnis hatte, einen Tag Bedenkzeit aus. Am nächsten Tag erklärte ich ihm: Solange man Jungen wie den vorher genannten Schläger zu Hordenführern ernenne, würde ich keine Leitungsfunktion im Jungvolk der Hitlerjugend übernehmen. Ich habe es auch später nicht getan.

Ein drittes Beispiel für Distanzierungsprozesse vom gängigen HJ-Betrieb ist folgendes: Dem gängigen, einmal in der Woche stattfindenden, meistens ziemlich öden HJ-Dienst entgingen mein älterer Bruder Günter und ich durch die folgende „Fügung": unser Musiklehrer, Herr Sch., hatte an der Oberschule einen recht qualifizierten Schulchor und ein Orchester aufgebaut. Die an einem Nachmittag – meiner Erinnerung nach: in jeder Woche – stattfindende Chor- und/oder Orchesterstunde, an der Günter und ich – über den privaten Cello- bzw. Geigenunterricht hinaus – teilnahmen, gerieten dann in Konkurrenz zu dem ebenfalls wöchentlich angesetzten HJ-Dienst. Herrn Sch. gelang nun ein geschickter Schachzug: Er verhandelte erfolgreich mit der örtlichen HJ-Führung, bot seinen Eintritt in die

HJ-Führung (oder formell in die SA) an, erklärte, Schulchor- und Orchester und HJ-Dienst abwechselnd an einem Nachmittag zum Zuge kommen zu lassen und rettete so seine musikalische Aufbauarbeit. In Wahrheit erfolgten die paramilitärischen Exerzierübungen nur in mehr oder minder großen Abständen, öfters erst nach Mahnung der HJ-Bannführung, und selbst dann selten in mehr als 10 oder 15 Minuten am Ende der Chor- bzw. Orchesterstunden. – Nach der Einberufung von Herrn Sch. zum Militärdienst und kurzem Zwischenspiel eines Angerburger Musiklehrers lösten sich Chor und Orchester auf, mit einer Ausnahme: Günter und ich und zwei weitere musikinteressierte Schüler trafen sich weiterhin zum Musizieren; auf Nachfragen von HJ-treuen Jugendlichen behaupteten wir, den Rest der bisherigen HJ-Spielschar zu bilden. Diese Seifenblase platzte erst 1943, als, wohl aufgrund von zunehmenden Sezessionserscheinungen, die generell im Jugendbereich zunahmen, auch in Angerburg ein großer Pflichtappell stattfand, durch den vor allem Drückeberger ermittelt werden sollten. Wir vier Orchestermitglieder wurden aufgefordert, uns einer der bestehenden Interessengruppen (Flieger-HJ, Marine-HJ, Motor-HJ) anzuschließen; anderenfalls würden wir der sogenannten „Pflicht-HJ" mit erhöhter Dienstpflicht zugeordnet, de facto einer Art Disziplinierungseinrichtung. Ich hatte inzwischen seit längerer Zeit lebhaftes Interesse an der Fliegerei entwickelt und trat in die „Flieger-HJ" ein, in der wir im Winter vor allem Modellbau betrieben. Im Sommer 1943 konnte ich dann auf der Kurischen Nehrung an einem ebenso anstrengenden wie begeistert absolvierten Segelflugkurs teilnehmen und die erste Segelflugprüfung ablegen. Die beiden nächsten Kursstufen konnte ich allerdings nicht mehr besuchen, da im Herbst 1943 schon die Einberufung zu den Luftwaffenhelfern anstand.

Ein viertes Beispiel: Als Luftwaffenhelfer waren wir zwar verpflichtet, außerhalb des Flughafengeländes die auffällige HJ-Armbinde mit dem Hakenkreuzsymbol zu tragen, wollten aber mehrheitlich sozusagen als Jung-Soldaten betrachtet werden. Wir nahmen die Armbinde oft ab, sobald wir uns außerhalb des Flughafengeländes unbeobachtet glaubten. Man darf diese Verhaltensweise nicht umstandslos als *generelle* Distanzierung vom NS-System deuten. Gleichwohl kam es in einem Heimaturlaub, den wir in der Luftwaffenhelferzeit erhielten, in Angerburg zu ernsthaften Spannungen zwischen einer Urlaubergruppe, der auch ich angehörte, und einigen unserer bisherigen Angerburger Klassenkameraden, die in der Hitlerjugend Führungsränge bekleideten und deshalb nicht zum Luftwaffenhelferdienst eingezogen worden waren. Sie hatten u. a. auch die Aufgabe, darüber zu wachen, dass Jugendliche unter 18 Jahren strikt die 22-Uhr-Ausgangssperre einhielten. Als wir Luftwaffenhelfer dieses Ausgangs-Limit bei einem abendlichen Fest mit Angerburger Schülerinnen um eine Stunde verlängern wollten, drohten sie uns und einem Lehrer unserer Oberschule, der unserer Bitte entsprechend die Aufsicht über die Veranstaltung übernommen hatte, mit einer Anzeige beim Angerburger HJ-Bannführer und damit wohl zugleich bei der Polizei. Nach heftigen verbalen Auseinandersetzungen mit den Streifendienstlern beugten wir uns, nicht zuletzt auch mit Rücksicht auf den erwähnten Lehrer, der Drohung.

Dem Luftwaffenhelferjahr folgte – nun wieder in Ostpreußen – eine kurze Arbeitsdienstphase und Anfang Januar 1945 die Einberufung zum Wehrdienst. Ich übergehe Einzelheiten der auf wenige Wochen verkürzten Ausbildungsphase und des Fronteinsatzes, erwähne nur meine Verwundung wenige Wochen vor dem Kriegsende im ostpreußischen Samland, den nicht mehr erhofften Schiffstransport über die Ostsee in ein Lazarett in Dänemark und, nach hinreichendem Ausheilungsprozess, im Herbst 1945 den Transport nach Duderstadt im niedersächsischen Eichsfeld, wo ich als Lazaretthilfsarbeiter noch bis zum Ende des Jahres „überwintern" konnte. Danach habe ich mit meinem aus englischer Kriegsgefangenschaft entlassenen Vater zusammen bis zum April 1946 in Neumünster (Schleswig-Holstein) als Bauhilfsarbeiter gewirkt.

Studium an der Pädagogischen Hochschule Hannover und Übergang in den Schuldienst

Durch eine Zeitungsnotiz und den Hinweis eines anderen Rekonvaleszenten im Duderstädter Lazarett angeregt, bewarb ich mich kurz vor oder bald nach dem Jahreswechsel 1945/46 um die Zulassung zum Studium an einer der niedersächsischen Pädagogischen Hochschulen und wurde zur zweitägigen Aufnahmeprüfung in der PH Hannover zugelassen. Bald danach erhielt ich, überglücklich, den Bescheid über meine Zulassung zum Studium. Nur jeder 10. Bewerber konnte 1946 in Niedersachsen zu dem aus finanziellen Gründen zunächst auf 4 (statt auf die „normal" vorgesehenen 6) Semester begrenzten Studium zugelassen werden. Für mittellose Bewerber, zu denen ich gehörte, war die Zulassung mit einem monatlichen Stipendium von 125 RM verbunden, einem Betrag, mit dem man bei den damaligen, sehr knapp bemessenen Lebensmittelmarken, wenngleich oft hungrig, leben konnte, zumal, wenn man als Nichtraucher auf den Schwarzmärkten die zugeteilten Tabakmarken verkaufte.

Mit dieser Zulassung war für mich ein Wunsch in Erfüllung gegangen, den ich spätestens seit meinem 16. Lebensjahr hegte: Als mich unmittelbar nach der Einberufung zum Luftwaffenhelfer-Dienst einer der Lehrer der Angerburger Schule, von dem ich mich verabschiedete, fragte, ob ich schon wüsste, welches Berufsziel ich denn nach dem Krieg anstreben wolle, antwortete ich prompt: „Ich möchte

Lehrer für Deutsch, Geschichte und Erdkunde werden." Es waren die Studienfächer meines Vaters.

Das Studium an der PH Hannover war – ähnlich wie an den anderen Pädagogischen Hochschulen Niedersachsens – stark durch Impulse einiger Richtungen der deutschen Reformpädagogik seit dem ausgehenden 19. Jahrhundert bis zum Ende der Weimarer Republik geprägt: die Arbeitsschulbewegung und das Prinzip der Förderung der Selbsttätigkeit der Schüler und Schülerinnen, die „Erlebnispädagogik", den „Gesamtunterricht", die „musische Bildung", Gemeinschaftserziehung, ein neues Verständnis der Beziehung von Lehrenden und SchülerInnen („pädagogischer Bezug"), Schulwanderungen und Schulreisen sowie manche Impulse aus der Jugendbewegung. Ich entdeckte in einigen dieser Impulse überdies kleine Ansätze wieder, die ich schon als Schüler – implizit als Kritik am Unterricht mancher Lehrkräfte – in Form von Vorschlägen zur Unterrichtsgestaltung eingebracht hatte, überdies in dem Nachhilfeunterricht, den ich einem jüngeren Schüler gegeben hatte.

Damit habe ich einige Voraussetzungen, genauer: pädagogische Erfahrungen negativer und positiver Art angedeutet, Ideen, an denen ich mich in meiner pädagogischen Arbeit orientieren wollte und weitgehend tatsächlich orientiert habe.

Dass mich bereits im PH-Studium, zusammen mit einem meiner Studienfreunde, die Vorstellung fesselte, vielleicht einmal in einer pädagogischen Einrichtung tätig werden zu können, in der Lehrertätigkeit mit umfassenderer Kinder- und Jugendarbeit verknüpft würde, mag folgendes Beispiel zeigen: Ein Hochschullehrer der PH Hannover, ein (mindestens in der Theorie) begeisterter Pestalozzi-Verehrer, stellte uns Studierenden in seinen Vorlesungen mehrfach in enthusiastischem Stil Pestalozzis ganzheitliches Waisenhauskonzept, genauer: dessen Begründung und dessen Praxis einer moralisch *und* handlungspraktisch begründeten, ganzheitlichen Erziehung vor. Er deutete mehrfach auch an, dass er unter den schwierigen Bedingungen der Nachkriegszeit plane oder doch versuchen würde, eine vergleichbare pädagogische Einrichtung zu gründen. Als jener Studienfreund und ich ihn aber einige Monate später in einer Sprechstunde – sehr vorsichtig – auf den Stand des Projekts hin ansprachen, „überhörte" er unsere Frage und beendete zu unserer Enttäuschung schroff das „Gespräch". Ziemlich verwirrt verließen wir das Sprechzimmer und wagten in der Folgezeit nicht mehr, jenen Hochschullehrer noch einmal auf das Thema anzusprechen. Die Perspektive aber, Schularbeit und außerschulische Kinder- und Jugendarbeit vielleicht einmal „irgendwie" zu verknüpfen, geriet bei mir nicht ins Vergessen.

Im April 1948 schloss ich als Zwanzigjähriger das Studium in Hannover mit sehr erfreulichem Prädikat ab. – Dem Kultusministerium bzw. seiner Schulabteilung konnten wir nach bestandenem Examen hinsichtlich unseres zukünftigen Einsatzorts zwei Vorschläge mitteilen. Ich gab „Schaumburg-Lippe" und „Lüneburg" an:

„Schaumburg-Lippe“, weil ich dort, in der Nähe von Obernkirchen, mein Landschulpraktikum gemacht hatte, „Lüneburg“, weil ich seit meiner Schulzeit eine – gewiss romantisierende – Vorstellung von der Lüneburger Heide entwickelt hatte und weil mich bei Hin- und Rückfahrten in die Semesterferien immer wieder vom Zug der Blick auf den schlanken Kirchturm der Stadtkirche ansprach. Darüber hinaus kannte ich von Niedersachsen außer dem weithin zerstörten Hannover und der unzerstörten Kleinstadt Duderstadt nur wenige Orte in studienbezogener Perspektive: Durch einige Studientage im Rahmen des Wahlfachs „Geschichte“ unter Leitung des von allen Studentinnen und Studenten verehrten Direktors, Prof. Dr. Arno Koselleck, durch „Studientage“, so in Springe am Deister, oder durch eine mich faszinierende, musisch-„jugendbewegte“ Exkursionswoche auf der Burg Ludwigstein an der Werra; weiterhin die Erwachsenenbildungsstätte Hustedt im Osten der Lüneburger Heide durch ein Sozialpraktikum und schließlich Obernkirchen, an dessen Rand ich mein Landschulpraktikum in einer einklassigen Schule durchgeführt hatte. – Die zuständige Schulbehörde wies mich dann nach Lüdersfeld, etwa 6 km nordöstlich von Stadthagen gelegen, ein.

Lüdersfeld – mein Anfang als Junglehrer und mein Beitritt zur Lüdersfelder Freischargruppe

Lüdersfeld hatte damals eine dreiklassige Schule. Bei meinem Dienstantritt lernte ich den Schulleiter, Herrn G., kennen und die Lehrerin Lotte Blaume, außerdem den Lehrer Wilhelm Koller; er war allerdings zu jenem Zeitpunkt bereits auf seinen Wunsch hin nach Nienstädt bei Stadthagen versetzt worden, wo seine Familie und seine Eltern wohnten; ich trat nun in Lüdersfeld an seine Stelle.

Lotte Blaume (geb. Sierig, 1909) hatte – nach Kindheit und Jugend in Sachsen, im nordwestlichen Hessen und Uerdingen (Niederrhein) – Ende der 20er Jahre an der Technischen Hochschule Braunschweig Pädagogik studiert und dort den aus Schaumburg-Lippe stammenden, zwei Jahre älteren Karl Blaume kennen gelernt, der den gleichen Studiengang gewählt hatte. Sie heirateten 1934 nach dem abgeschlossenen Studium. Ihre Söhne Hans und Karl wurden 1936 bzw. 1939 geboren. Karl Blaume (sen.) war nach dem Studium Lehrer in mehreren Dörfern Schaumburg-Lippes, Lotte Blaume zunächst Privatlehrerin, u.a. in Wiedensahl, einem Dorf am Rande des Schaumburger Waldes. 1942 kam sie als „Jung-Lehrerin“, noch ohne formelles Zweites Lehrerexamen, nach Lüdersfeld. Ihr Mann war bereits zum Militärdienst eingezogen worden, geriet in der letzten Kriegsphase in sowjetische Kriegsgefangenschaft und kehrte erst nach 1949 zurück. Er übernahm eine Lehrerstelle in Lauenhagen, einem Nachbardorf Lüdersfelds. Seither war er unserer Gruppe freundschaftlich verbunden. Die großen Fahrten hat er mitgeplant und mitgestaltet, und er war der Gruppe dank seiner beneidenswerten landeskundlichen Kenntnisse und seiner Beziehung zu jungen Menschen ein unverzichtbarer Reiseführer.

Lotte Blaume war in gewisser Weise ein „jugendbewegter Mensch". Ob sie vor 1933 einem Jugendbund angehört hat, weiß ich nicht. Ich bin aber ziemlich sicher, dass sie um die Jugendbewegung wusste, zumal ihre beiden Brüder in der *Akademischen Freischar* sehr aktiv gewesen waren; ich lernte sie bei ihren Besuchen in Lüdersfeld kennen und schätzen.

Wilhelm Koller – sein Freischar-Kürzel lautete „Wiko" – war nur wenige Jahre jünger als Lotte Blaume. Er wie auch Lotte hatten, durch den Krieg bedingt, noch nicht die Zweite Lehrerprüfung abgelegt, waren also 1948 formell noch „Junglehrer" wie auch ich. – Meine Begegnung mit Wiko war nur kurz. Er erzählte von seinen Schulklassen, von der Freischar, die er mitbegründet hatte und deren Bundesführung er angehörte, von seiner Freischargruppe in Nienstädt und von seiner bündischen Herkunft vor 1933. Er und Lotte Blaume berichteten mir gemeinsam von der Freischargruppe in Lüdersfeld, die sie jüngst gegründet hatten, und fragten mich, ob ich nicht auch da an Wilhelm Kollers Stelle treten wolle. Das habe ich ohne Zögern und hocherfreut bejaht. Ich freute mich auf eine Freundschaft mit Wiko. Überdies hoffte ich wohl auch, von ihm Genaueres über die *Deutsche Freischar* erfahren zu können. Schließlich hatte ich den Eindruck, in ihm einen reformpädagogisch orientierten Berufskollegen kennen gelernt zu haben. Leider sind beide Erwartungen nicht in Erfüllung gegangen. Ich kann mich nicht erinnern, ihn nach dieser ersten Begegnung wiedergesehen oder die Nienstädter Freischargruppe kennen gelernt zu haben. Auch bei den jährlichen Schaumburger Kreisjugend-Treffen, die der einsatzfreudige Kreisjugendpfleger Rudi Früchel organisierte, oder bei Lehrertagungen sind wir ihm nicht mehr begegnet.

Unsere Lüdersfelder Freischargruppe war in den übergreifenden Freischar-Bund nur schwach integriert. Wir waren zwar reguläre Mitglieder, haben aber – meiner Erinnerung nach – zunächst keine Mitgliederbeiträge erhoben, obwohl wir Liederblätter aus Heidenheim bezogen. Jedenfalls sind Beitragszahlungen an den Bund in unseren, allerdings unvollständigen Unterlagen erst seit 1952 durch Quittungen belegt; woher das Geld dafür stammte, ist mir allerdings nicht mehr erinnerlich. – An den großen Bundestreffen haben wir nicht teilgenommen. Warum nicht? Grundsätzliche Ablehnung unsererseits war es mit Sicherheit nicht, denn zur „Freischar" zu gehören, hatte für unsere Mädchen und Jungen einen hohen Stellenwert. Ich kann also in dieser Hinsicht nur Vermutungen äußern.

Zuvor aber möchte ich auf unsere Kontakte zu einigen anderen Freischargruppen im Kreis Schaumburg-Lippe hinweisen. Denn innerhalb *dieses* Kreises waren unsere Kontakte zu anderen Gruppen wohl kaum wesentlich schwächer, als das für andere Gruppen galt. So nahmen wir aktiv an den jährlichen Treffen der Jugendgruppen des Kreises in Bückeburg, Stadthagen oder auf dem Bückeberg teil, nicht zuletzt, aber nicht nur durch unsere Liederdarbietungen, für die wir bald bekannt wurden. Besonders gute Beziehungen bestanden zu der Stadthäger Freischargruppe, die Karl-Heinz Everding leitete, bevor er sich in der Folgezeit in der Bundesleitung, viele Jahre lang als Bundesführer, große Verdienste erwarb.

Noch intensiver und langfristiger entwickelte sich unsere Beziehung zu Fritz Sattler, der die Freischargruppe in Helpsen, einem Dorf wenige Kilometer westlich von Stadthagen, leitete. Er hatte keine Höhere Schule besucht, mehrere seiner Gruppenmitglieder – ausschließlich Jungen –, waren aber Gymnasiasten. Seine Autorität indessen war meines Wissens völlig unangefochten. Die Helpsener Gruppe, die durchschnittlich älter und homogener als unsere Gruppe war, fiel u. a. durch ihre „zackige" Disziplin auf, was bei einigen unserer Jungen und Mädchen Bewunderung auslöste. Auch dass Fritz und seine Gruppenmitglieder Balalaika spielten, war etwas Besonderes. Zum Stil der Helpsener Gruppe gehörte auch die einheitliche Freischarkluft. Auch das gefiel, mindestens anfangs, einigen unserer Mädchen und Jungen. Lotte und ich hingegen plädierten für individuelle Vielfalt, jedenfalls gegen formellen Zwang. Das schloss nicht aus, dass einzelne oder mehrere Gruppenmitglieder bei unseren wöchentlichen Treffen, auf Wanderungen oder Fahrten Halstücher oder ähnliche Merkzeichen trugen, auch nicht, dass sie Wimpel mitbrachten, wie einige Fotografien belegen. Reguläre Abstimmungen hat es über solche Fragen meiner Erinnerung nach nicht gegeben. – Die Freundschaft mit Fritz besteht noch heute, und sie schließt seit langem seine Frau Ursel ein; beide nehmen fast immer an unseren Jahrestreffen teil.

Unsere Freischargruppe hatte, als ich nach Lüdersfeld kam, außer Lotte und Wiko, den ich dann ablöste, etwa 12 Mitglieder; sie wuchs recht bald auf 23 Mädchen und Jungen an. Gezielte Werbung haben wir nicht betrieben. Aber es gab unter den Mitgliedern – außerhalb und innerhalb der Schule – mit Sicherheit Gespräche über unsere Gruppe und damit wahrscheinlich sozusagen „individuelle Werbung" – mit oder ohne Erfolg.

Zum stabilen Stamm der Gruppe zählten seit dem Frühsommer 1948 also 15 Mädchen und 8 Jungen – in der Altersspanne zwischen 9 und 15 Jahren; diese Sechs-Jahre-Spanne umfasste also – entwicklungspsychologisch gesehen – das sogenannte Mädchen- und Knabenalter, die Vorpubertät und die erste Pubertätsphase. Dieser Tatbestand erklärt sicherlich manche Besonderheiten unserer Gruppe. Lotte und ich haben sie nie als Belastung empfunden, sondern eher als

Chance für die personale und soziale Entwicklung der Gruppenmitglieder. Die überwiegende Zahl der Mädchen und Jungen besuchte während der Hauptphase der Freischargruppe (1948 bis etwa 1956/58) nach der Grundschulzeit die zusammengefasste Oberstufe der Lüdersfelder Volksschule; die meisten Fächer dieser Stufe erteilte der Schulleiter. Einige der Mädchen und Jungen wechselten nach dem 8. Volksschuljahr in Mittel- bzw. Realschulen oder in Berufs- bzw. Berufsfachschulen über. Sechs unserer Freischärler gingen nach der Grundschulzeit auf die Höhere Schule in Stadthagen. Ich habe nie beobachten können, dass die unterschiedlichen Schul-Laufbahnen unserer Gruppenmitglieder zu ernsthaften Spannungen geführt haben. – Ergänzend sei erwähnt, dass Lotte, die das 1. und 2. Schuljahr, und ich, der die zusammengefassten Klassenstufen 3 und 4 unterrichtete, nach einigen anfänglichen Scharmützeln mit dem Schulleiter, die sowohl unsere unterschiedlichen pädagogischen Auffassungen (einschließlich des Unterrichtsstils) als auch die Freischaraktivitäten betrafen, allmählich zu einem friedlich-schiedlichen Verhältnis mit Herrn G. gelangten.

Schon nach einem halben Jahr, im Herbst 1948, wurde ich an die nur drei Kilometer entfernte Volksschule in Lindenhorst versetzt. Der frühere Inhaber der Stelle an der Lüdersfelder Schule, in der ich als „Junglehrer" unterrichtete, war nach seiner Rückkehr aus der Kriegsgefangenschaft zunächst an einer anderen Schule tätig gewesen, erreicht dann aber die Versetzung an seinen früheren Schulort. – Mein Kontakt zu Lüdersfeld blieb von meinem Schulwechsel unbeeinträchtigt, und mein Verhältnis zu dem Kollegen war von Anfang an freundlich-kollegial. – In Lindenhorst habe ich dann „meine" dritte Jugenklasse seit der Mitte des dritten bis zum Ende des sechsten Schuljahrs in reformpädagogischem Stil unterrichtet und im Herbst 1951 mein Zweites Lehrerexamen mit sehr erfreulichem Erfolg bestanden.

In der Lüdersfelder Freischargruppe wurde als gruppeninterne Sprachregelung vereinbart, dass wir erwachsenen Gruppenleiter in der Freischar „Lotte" und „Wölf" (diese freundschaftliche Form meines Vornamens hatten die Mädchen und Jungen vorgeschlagen) waren, in der Schule aber mit „Frau Blaume" und „Herr Klafki" angeredet wurden; bei denjenigen Schülerinnen und Schülern, die nicht der Freischar angehörten, sollte auf keinen Fall der Eindruck einer Bevorzugung erweckt werden.

Ich komme noch einmal auf die Frage nach dem Verhältnis der Lüdersfelder Gruppe zur Bundesführung und zu den „großen" Bundestreffen zurück. Für unsere Zurückhaltung im Hinblick auf intensivere Kontakte zur Bundesführung und für die Tatsache, dass wir an den Bundestreffen nicht teilgenommen haben, gab es meines Erachtens mindestens zwei Gründe. Zunächst: Angesichts des relativ hohen Anteils jüngerer Mitglieder unserer Gruppe, der 9- bis 12jährigen Mädchen und Jungen, hatten wir meiner Erinnerung nach erhebliche Zweifel, ob die „großen" Treffen für sie genügend interessant sein könnten. Mindestens gleichgewichtig war folgender Sachverhalt: Die Anzahl kleiner und vor allem größerer mehrtägiger oder mehrwöchiger Fahrten unserer Gruppe war unter den finanziellen Bedingungen etlicher Eltern so erheblich, dass wir ihnen weitere Belastungen wohl kaum hätten zumuten können; fast die Hälfte unserer Gruppenmitglieder stammte aus Flüchtlingsfamilien. Darüber hinaus hat meines Erachtens auch folgender Faktor mitgespielt: Ich *vermute*, dass bei Lotte Blaume, und ich *weiß*, dass bei mir auch eine durch die NS-Zeit bedingte emotionale Abneigung gegenüber „Großveranstaltungen" mitwirkte.

Inhalte und Formen unserer Freischar-Aktivitäten

Eines der wichtigsten „Markenzeichen" unserer Gruppe, das auch nach außen hin, vor allem unter den Jugendgruppen des Kreisjugendrings Schaumburg-Lippe und bei unseren größeren Fahrten wirksam wurde, war das *Singen*, das ich oft mit der Gitarre begleitete. Die Mehrzahl unserer Mädchen und Jungen beherrschte im Laufe der Jahre wohl 100 bis 150 Lieder, einschließlich etlicher Kanons; manche brachten es wohl auf nahezu 200. Wir hatten Freude daran, auch vor Publikum aufzutreten. Das Spektrum unseres Liedguts reichte von älteren Kunst- und Volksliedern ernsten oder heiteren Charakters über Wander- und Jahreszeitenlieder, nicht zuletzt solche aus der Jugendmusikbewegung der ersten Jahrzehnte des 20. Jahrhunderts (z.B. von Gottfried Wolters und Fritz Jöde), lustigem Liedgut, u.a. auch etliche Schnulzen, Seemanns-, Rabauken- und „Angeberlieder", deren Texten nach wir z.B. die halbe Welt durchsegelt und Spelunken besucht hatten, bis hin zu zarten, einfachen Liebesliedern und vielen Kanons. Einige eigene Stücke habe ich zu diesem Repertoire beigesteuert. Noch heute nutzen wir bei unseren Jahrestreffen während kleiner Wanderungen z.B. die Möglichkeit, sowohl im Freien als auch in Kirchen Lieder und Kanons, ggf. vor zufällig anwesendem Publikum zu singen.

Karl Blaume jun. hat, umfangreiche Vorarbeiten seiner Mutter und mehrerer Freischar-Mitglieder fortführend, vor einigen Jahren in mühsamer Kleinarbeit unter dem Titel „Die freie Schar. Lieder einer Jugendgruppe" etwa 240 Liedtexte und eine große Zahl von Melodie-Notierungen (Liedern und Kanons) – thematisch gegliedert – zusammengestellt. Er hat sie mit kleinen Bildern, scherenschnittartigen Bild-Skizzen und Vignetten illustriert und mit einer Einleitung sowie zwei Fotos unserer Gruppe 1997 in einem broschierten, vervielfältigten Heft (140 Seiten) zugänglich gemacht.

Hinsichtlich des *Tanzens*, das ich mit meinen mäßigen Schifferklavierkünsten begleitete, sind wir über einige kleine Ansätze nicht wesentlich hinausgekommen.

Unvergessen bleibt bis heute wohl nur ein kleiner, aus Schweden stammender Schreit- und Kreistanz mit ins Deutsche übertragenem Liebeslied-Text: „Nun wollen wir beginnen den Richtertanz …" Dabei wechselt eine einzige brennende Kerze an bestimmten Stellen der Melodie von einem Jungen zu einem Mädchen oder umgekehrt, und an den Blicken und Gesten war oft ablesbar, dass hier zarte Sympathien ins Spiel kamen.

Ein weiterer wesentlicher Bestandteil an Freischar-Spätnachmittagen war auch das *Vorlesen*. Lotte übernahm diesen Teil besonders gern. Aus einem größeren Kreis von Büchern sind einigen unserer Gruppenmitglieder noch folgende Titel in Erinnerung geblieben: Fritz Reuters „Ut mine Stromtid", Felix Timmermans' „Das Jesuskind in Flandern", Josephine Siebes „Oberheudorfer Geschichten" und Jugendromane A. E. Johanns.

Szenisches Spielen bzw. *Theaterspiel* gehörte wegen des Zeitaufwands nicht zu den regelmäßig wiederkehrenden Gruppenaktivitäten. Während meiner vier schaumburg-lippischen Jahre haben wir nur zweimal Theaterspiele aufgeführt: ein von uns erfundenes Weihnachtsspiel, das wir vor Kindern und Erwachsenen des Dorfes aufführten, und später Ruth Schaumanns szenisch gestaltete Fassung des Märchens „Von dem Fischer un syner Fru". Das war nun wirklich ein halbprofessionelles Vorhaben. Wie es dazu kam, ist mir nicht mehr genau in Erinnerung. Ein namhafter Regisseur, früher Leiter der Ruhr-Festspiele, inszenierte mit einem erheblichen Teil unserer Gruppe an mehreren Wochenenden, an denen wir nach Schloss Baum im Schaumburger Wald radelten, an Sonnabendnachmittagen und Sonntagvormittagen überaus intensiv, von Theaterleidenschaft gepackt, mit unermüdlichen Wiederholungen die einzelnen Szenen: Lotte spielte die raffgierige Fischersfrau, ich den geplagten Fischer, unsere Mädchen und Jungen die keineswegs leicht zu gestaltenden, symbolisch ans Ufer rollenden Wogen, stundenlang fast ohne Pausen, ohne Protest der Kinder. Wir Erwachsenen haben die Durchhaltefähigkeit unserer Mädchen und Jungen bewundert. Die Mühe wurde schließlich durch eine sehr gelungene öffentliche Aufführung auf einer Bühne in Bückeburg belohnt.

Öfters haben wir *Gespräche über kleine oder größere Alltagsfragen der Gruppe* geführt, über Heiteres und Ernstes. Schulische Fragen spielten meiner Erinnerung nach nur eine Rolle, wenn es Spannungen mit dem Schulleiter gegeben hatte. Lotte und ich versuchten dann, die Gemüter zu besänftigen, um die weitere Arbeit der Gruppe nicht zu gefährden.

Politisches – sei es im lokalen, sei es im weiteren Horizont – kam meines Wissens nie zur Sprache, weder von Seiten der Jugendlichen noch von uns Erwachsenen. Hinsichtlich der Frage, ob das – aus der Rückschau betrachtet – als kritikbedürftig beurteilt werden muss, bin ich mir bis heute nicht im Klaren.

Weitere, wichtige Elemente unserer Gruppenaktivitäten – für viele wohl die Höhepunkte – waren die *Planung* und die *Gestaltung* unserer kleineren Wochenendwanderungen und -fahrten und der großen, meistens zweiwöchigen oder auch etwas längeren Touren, die überwiegend mit Fahrrädern oder in Kombination von Anreise per Bahn zu einem Ausgangsort als Startplatz für die anschließenden Radtouren durchgeführt wurden.

Wochenend-Wanderungen oder -fahrten führten uns anfangs in die engere Umgebung Lüdersfelds: das nahe gelegene Wäldchen „Dülholz" oder die Bückeberge, dann u. a. nach Steinhude am Steinhuder Meer und an die Porta Westfalica. Höhepunkte unserer Freischar-Zeit waren die „großen" Fahrten, an denen etwa 12 bis 16 – uns Leiter eingeschlossen – Freischar-Mitglieder teilnahmen: nach Polle an der Weser und auf den Ludwigstein (1948), auf die Insel Langeoog (1949), nach Braunlage im Harz (1950) und – seither regelmäßig unter Mit-Leitung durch Karl Blaume (sen.) – an den Nieder- und Mittelrhein (1951), im nächsten Jahr vom Mittelrhein südwärts bis nach Heidelberg, dann nordwärts durch das südliche Hessen zur Saalburg, weiter lahnaufwärts zum Edersee und weserabwärts über Rinteln nach Schaumburg-Lippe zurück. Spätere Fahrten der Gruppe unter Lottes und Karl Blaumes (sen.) Leitung nach Frankreich (1953) und, als letzte große Fahrt der Gruppe, 1954 nach Hindelang im Allgäu konnte ich wegen meines Zweitstudiums nicht mehr mitmachen.

Im Rückblick auf unsere kleinen und die „großen" Fahrten liegt mir daran, noch zwei Aspekte unserer Gruppenaktivitäten hervorzuheben.

Zunächst: Mich hat öfters das soziale Verhalten der älteren, etwa 13- bis 15jährigen Mädchen und Jungen gegenüber den jüngeren beeindruckt. Bei längeren Wanderungen nahmen sie den „Kleinen" von sich aus und ohne Überheblichkeit z. B. deren Rucksäcke für eine erhebliche Wegstrecke ab, halfen ihnen, wenn bei den Fahrradtouren lange, relativ steile Strecken bewältigt werde mussten, mit einer Hand beim Schieben der Räder, während sie mit der anderen ihr eigenes Gefährt bergauf bugsieren mussten, flickten bei Radpannen die Fahrradschläuche der Jüngeren oder leiteten sie dabei an, um einige Beispiele zu nennen.

Und nun zum zweiten Aspekt: Soweit es möglich war, haben wir während unserer Wanderungen und Fahrten bei beginnender Dunkelheit gern Lagerfeuer entzündet, viel gesungen und die eigentümliche nächtliche Stimmung bei flackerndem Feuer auf uns wirken lassen. Sentimentalität? Ja, sie ist nichts generell Falsches, kann eine beglückende, wertvolle Erfahrung sein, sofern sie nicht kitschig wird.

Mein unerwarteter Abschied von Lüdersfeld und Lindhorst im Frühjahr 1952

Oben habe ich schon angedeutet, dass ich Schaumburg-Lippe bereits nach vier Lehrerjahren verließ und daher zwar nicht den Kontakt zu unserer Freischargruppe aufgegeben habe, aber nicht mehr kontinuierlich in ihr mitwirken konnte. Wie kam es dazu?

Im Herbst 1951, also nach dreieinhalbjähriger Schulpraxis, legte ich mit erfreulichem Erfolg meine Zweite Lehrerprüfung ab; damals galt in Niedersachsen die pädagogisch sinnvolle Regelung, dass Junglehrerinnen und -lehrer je nach ihrer Selbsteinschätzung frühestens nach zweijähriger und spätestens nach fünfjähriger Schulpraxis ihr Zweites Lehrerexamen ablegen konnten. – Im Schuljahr 1952/53 sollte und wollte ich nach Absprache mit dem Lindhorster Schulleiter ein 1. Schuljahr übernehmen und hatte bereits neue reformpädagogische Ideen im Kopf. Wenige Monate nach meiner zweiten Lehrerprüfung erhielt ich dann jedoch, gänzlich überraschend, auf Vorschlag der Pädagogischen Hochschule Hannover vom Niedersächsischen Kultusministerium das Angebot, ab dem Sommersemester 1952 an der Universität Göttingen mit Hilfe eines durch das Ministerium finanzierten Stipendiums ein 8-semestriges Universitätsstudium zu beginnen. Die inoffizielle Erwartung des Ministeriums war es wohl, auf diese Weise durch etwa zehn jährlich vergebene Stipendien vor allem den Nachwuchs an Hochschullehrern für die Pädagogischen Hochschulen zu gewährleisten.

Ich habe mich, so gern ich auch weiter in der Volksschule gearbeitet hätte, dann doch dafür entschieden, jenes einmalige Angebot anzunehmen. 1956, schon ein Jahr vor dem Studienabschluss mit der Promotion in Erziehungswissenschaft, Philosophie und Germanistik, erhielt ich eine Assistentenstelle an der Pädagogischen Hochschule Hannover und konnte nun auch als Betreuer von Studentinnen und Studenten der PH in der Zeit ihrer Landschulpraktika in schaumburg-lippischen Landschulen wieder engeren Kontakt zur Lüdersfelder Freischargruppe aufnehmen.

Seit etwa 1957/58 ließen sich regelmäßige Zusammenkünfte und Fahrten der Gruppe nicht mehr durchführen. Mehrere Gruppenmitglieder hatten ihre Schullaufbahn abgeschlossen und Berufsausbildungen begonnen oder bereits abgeschlossen, manche wohnten nicht mehr in Lüdersfeld oder in dessen Umfeld. Seitdem gingen wir zu den jährlichen Treffen am Wochenende im Oktober über, und wir wollen diese Tradition so lange wie möglich fortsetzen.

Rückblick und Ausblick

Abschließend hebe ich ohne Anspruch auf Vollständigkeit fünf Aspekte meiner Darstellung der Lüdersfelder Freischargruppe heraus.

Dass ein erheblicher Teil der 1948 gegründeten „Lüdersfelder Freischargruppe" bis heute – also seit nunmehr fast 58 Jahren und hoffentlich noch eine gute Zeit lang – freundschaftlichen Kontakt hält und sich einmal in jedem Jahr für etwa anderthalb Tage in Schaumburg-Lippe zum Erfahrungsaustausch, zum Singen, besinnlichem Plaudern, Erinnern, einer kleinen Wanderung, gemeinsamem Essen trifft, empfinden wohl alle als ein Geschenk. Wahrscheinlich ist die Bedeutung, die das jährliche Treffen für jede und jeden von uns hat, unterschiedlich. Besonderes Gewicht hat dieses Treffen, so vermute ich, für diejenigen, die eine Lebensgefährtin oder einen Lebensgefährten verloren haben, die unserer Gruppe angehörten oder ihr nahestanden. Nicht zuletzt bleiben allen Gruppenmitgliedern Lotte Blaume und ihr Mann Karl Blaume (sen.) unvergessen: Lotte als Mitbegründerin und -leiterin unserer Gruppe, Karl, der erst 1949 aus sowjetischer Gefangenschaft zurückkehrte und seine Lehrertätigkeit fortsetzte, zwar nicht als formelles Freischarmitglied, aber als Freund, unentbehrlicher geographischer Kenner und inoffizieller Mit-Leiter auf den großen Fahrten der Gruppe. – Einige Mitglieder unserer Gruppe verbinden das Jahrestreffen regelmäßig mit einem Besuch des Doppelgrabes Lottes und Karl Blaumes (sen.) auf dem Stadtfriedhof in Bückeburg: Lotte starb im Jahre 1979, Karl 1995.

Für mich waren die vier Jahre der aktiven Freischarmitgliedschaft und der Mit-Leitungstätigkeit der Lüdersfelder Freischargruppe eine sehr schöne, eindrucksreiche Zeit. Unsere Aktivitäten waren aus meiner Sicht kein Kontrastprogramm zu meiner Schul-Arbeit als engagierter, reformorientierter „Junglehrer", wohl aber ein relativ freier Erfahrungs-, Spiel- und Handlungsraum, in dem ich eine Lebensphase sozusagen „nachholen" konnte, die mir wie vielen meiner Altersgenossen – als 16-/17jährigen „Luftwaffen-" oder „Marine-Helfern" und als jungen Soldaten – nicht vergönnt gewesen war.

Manche Erfahrungen und Gestaltungselemente der Freischar-Aktivitäten konnte ich in ähnlicher Form in meine vierjährige Volksschullehrertätigkeit einbauen, vor allem im Bereich der Musik und bei kleinen oder größeren heimatkundlichen Ausflügen, mit meinen Schülern des dritten bis sechsten Schuljahres.

Meine Schul-Arbeit und die Mitwirkung in der Freischar-Leitung verstand ich als einander ergänzende Ausprägungen des „pädagogischen Bezuges" (im Sinne des Göttinger Philosophen und Pädagogen Herman Nohl), einer intensiven Beziehung zwischen erzieherisch engagierten Erwachsenen und jungen Menschen. Schwerpunkte dieser Konzeption waren und sind in der außerschulischen Jugendarbeit zum einen die *Erlebnispädagogik*, zum anderen die *Entwicklung offener, freundschaftlicher Gruppenbeziehungen* sowohl zwischen den Jugendlichen als auch zu den Gruppenleitern.

Der erste Abend des Freischartreffens findet traditionsgemäß immer im einstigen Lüdersfelder Schulhaus statt. Die Wiedersehensfreude der Gruppe – etwa zwanzig „Ehemalige" finden sich meistens ein – ist stets groß, und drei oder vier Stunden vergehen wie im Fluge: Wir plaudern, sprechen Heiteres und Ernstes an, planen für den nächsten Vormittag einen Spaziergang oder eine kleine Wanderung. Erinnerungen an frühere Ausflüge, kleine oder größere Radtouren, große Fahrten, Lagerfeuer, Zeltlager, Aufenthalte in Jugendherbergen, Theateraufführungen der Gruppe, brenzlige und heitere Situationen klingen an, auch sehr Persönliches kommt bisweilen zur Sprache. Vor allem aber singen wir: Ernstes, Lustiges, auch Hochwertiges, Sentimentales, auch „Schnulzen", nicht zuletzt auch „klassische" und humorvolle jüngere Kanons, insgesamt eine mehr oder minder spontane Auswahl aus unserem Repertoire von schätzungsweise 100 bis 120 Liedern. Gegen Mitternacht klingt dieser erste Tag unseres Treffens mit einem besinnlichen Lied aus: „Nehmt Abschied Brüder, ungewiß ist alle Wiederkehr" oder „Gute Nacht, Kameraden, bewahrt euch diesen Tag!" Auf den Gesichtern ist häufig ein Anklang von Wehmut unverkennbar.

Am nächsten Vormittag steht immer der schon erwähnte Spaziergang auf dem Programm, und zur Mittagszeit finden wir uns im Dorf Krebshagen nahe Stadthagen in einem schönen Fachwerkhaus ein, das vier Mitgliedern und Freunden unserer Gruppe gehört und als Ferienhaus dient. „Natürlich" wird dort das zünftig-frugale Mittagessen und das Kaffeetrinken wieder mit Liedern und Gesprächen begleitet, bis diejenigen, die weitere Heimwege haben, aufbrechen müssen. – Dass wir uns im jeweils folgenden Jahr wiedertreffen, gilt nach wie vor als selbstverständlich.

Nachweise

1. Pädagogische Erfahrung und pädagogische Theorie bei Johann Friedrich Herbart. Vortrag an anläßlich der Festwoche zum 150jährigen Bestehen des Herbartgymnasiums in Oldenburg am 09. Mai 1994. In: Herbartgymnasium Oldenburg i. O. Festvorträge. Oldenburg 1994. S. 4–29.

2. Theodor Litt und Herman Nohl 1925–1960. Zur Entwicklung ihrer Freundschaft. Eine Korrespondenz-Analyse. In: Theodor-Litt-Jahrbuch 4 (2005) S. 125–187.

3. Theodor Litt (1880–1962). In: Klassiker der Pädagogik. Bd. 2. Hrsg. von Hans Scheuerl. München: C. H. Beck 1979. S. 241–257.

4. Elisabeth Blochmann – Bemerkungen zu ihrer Biographie und ihrem pädagogischen Werk. Vortrag bei der Eröffnung der Ausstellung des Fachbereichs Erziehungswissenschaften der Philipps-Universität Marburg in Zusammenarbeit mit der Universitätsbibliothek „Elisabeth Blochmann (1892–1972). Die erste Professorin für Pädagogik an der Philipps-Universität" am 1. Juni 1992. (bislang unveröffentlicht)

5. Adolf Reichwein: Bildung und Politik. In: Adolf Reichwein – Widerstandskämpfer und Pädagoge. Gedenkveranstaltung an der Friedrich-Schiller-Universität Jena, 15. Oktober 1998. Hrsg. von Martha Friedenthal-Haase. Erlangen, Jena 1999. S. 53–80.

6. Reformpädagogik aus dem Geist der Jugendbewegung. Karl Seidelmann (1899–1979). In: Jahrbuch des Archivs der deutschen Jugendbewegung 12 (1980) S. 139–146.

W. Klafki, *Pädagogisch-politische Porträts*, Neuere Geschichte der Pädagogik, https://doi.org/10.1007/978-3-658-26751-3

7. Erziehungswissenschaft und politisches Engagement aus liberal-demokratischem Geist. Ein Versuch, Leonhard Froeses wissenschaftliches Werk und seine bildungs- und allgemeinpolitischen Aktivitäten zu würdigen. In: Bildungsreform und Vergleichende Erziehungswissenschaft. Aktuelle Probleme – historische Perspektiven. Leonhard Froese zum Gedenken. Hrsg. von Bodo Willmann: Münster: Waxmann 1995. S. 255–285.

8. Wolfgang Kramps wissenschaftliches Werk. In: Wolfgang Kramp 1927–1983. Hrsg. vom Erziehungswissenschaftlichen Institut der Universität Düsseldorf. Düsseldorf 1984. S. 29–50.

9. Zwischen Führerglauben und Distanzierung. Autobiographisches zur politischen Identitätsbildung in Kindheit und Jugend unter dem Nationalsozialismus. In: Subjektivität und Schule. Pädagogisches Handeln zwischen subjektivischem Sinn und institutioneller Macht. Fritz Bohnensack zum 60. Geburtstag gewidmet. Hrsg. von Wilfried Breyvogel und Hartmut Wenzel. Essen: Neue Deutsche Schule Verlagsgesellschaft mbH 1983. S. 100–125.

10. Die Lüdersfelder Freischargruppe 1947/48 bis 1956/58 und ihre „Nachklänge“ bis heute. In: Historische Jugendforschung. Jahrbuch des Archivs der deutschen Jugendbewegung NF 1 (2004) S. 192–210. [Ersch. 2006]

Den aufgeführten Verlagen danken wir aufrichtig für die Genehmigung des Wiederabdrucks der betreffenden Studien in diesem Band.

Bildnachweise

1. Johann F Herbart [post mortem auctoris]
2. Theodor Litt (Blick nach links) [Deutsche Fotothek]
3. Herman Nohl [Elisabeth Blochmann: Herman Nohl in der pädagogischen Bewegung seiner Zeit. 1879–1960. Göttingen: Vandenhoeck & Ruprecht 1969]
4. Theodor Litt (Blick nach rechts) [Theodor-Litt-Schule, Michelstadt]
5. Elisabeth Blochmann [Berühmte und vergessene Frauen in Marburg. 450 Biografien aus 800 Jahren Marburger Frauengeschichte. Hrsg. vom Magistrat Marburg. Marburg 2013]
6. Adolf Reichwein [Adolf-Reichwein-Schule, Göttingen]

7. Karl Seidelmann [Reformpädagogik aus dem Geist der Jugendbewegung. Karl Seidelmann (1899 – 1979). In: Jahrbuch des Archivs der deutschen Jugendbewegung 12 (1980) S. 139–146]
8. Leonhard Froese [Bildungsreform und Vergleichende Erziehungswissenschaft. Aktuelle Probleme – historische Perspektiven. Leonhard Froese zum Gedenken. Hrsg. von Bodo Willmann: Münster: Waxmann 1995]
9. Wolfgang Kramp [Wolfgang Kramp 1927–1983. Hrsg. vom Erziehungswissenschaftlichen Institut der Universität Düsseldorf. Düsseldorf 1984]
10. Wolfgang Klafki als Schüler [Privatbesitz]
11. Wolfgang Klafki als Junglehrer [Privatbesitz]

Sollten andere Personen Anrechte haben, so bitten wir sie, sich beim Verlag zu melden.

Editorischer Hinweis

Die hier abgedruckten Studien folgen der jeweiligen Erstpublikation.

Die vom Verfasser für die Anmerkungen und die Literaturangaben gewählte Zitierweise wurde beibehalten, jedoch wurden die Angaben innerhalb der einzelnen Beiträge vereinheitlicht und – wo es erforderlich war – ergänzt. Fehlerhafte Angaben wurden stillschweigend berichtigt.

The manufacturer's authorised representative in the EU is Springer Nature Customer Service Centre GmbH, Europaplatz 3, 69115 Heidelberg, Germany. If you have any concerns regarding our products, please contact ProductSafety@springernature.com

Printed and bound by CPI Group (UK) Ltd, Croydon, CR0 4YY
26/04/2026
02097302-0002